長安學術

松林題

第一辑

陕西师范大学文学院　编

商務印書館

2010年·北京

图书在版编目(CIP)数据

长安学术．第一辑/陕西师范大学文学院编．—北京:商务印书馆,2010
ISBN 978-7-100-07333-2

Ⅰ．①长… Ⅱ．①陕… Ⅲ．长安(历史地名)—文化史—文集

Ⅳ．K294.11-53

中国版本图书馆 CIP 数据核字(2010)第 149746 号

长安学术
(第一辑)
陕西师范大学文学院 编

商务印书馆出版
(北京王府井大街36号 邮政编码 100710)
商务印书馆发行
三河市尚艺印装有限公司印刷
ISBN 978-7-100-07333-2

2010年11月第1版 开本 787×1092 1/16
2010年11月北京第1次印刷 印张 17 ¾

定价:39.00元

第一辑

目　　录

发刊词

长安，闻名遐迩的长安，物华天宝，人杰地灵，是中国历史上建都朝代最多、历时最久的古都，也是中华古典文明和传统文化起源、荟萃、发展、兴盛并且辐射九州的圣地。优越的地理位置，古朴的民风民俗，深厚的人文积淀，雄壮的历史风云，孕育和造就了辉煌灿烂、气象万千的长安文化。在源远流长的中国文化长河中，长安文化作为其本源，谱写了五音繁会、响遏行云的华彩乐章，留下了光耀千秋、彪炳万世的丰富遗产，炎黄精神、周秦文明、汉唐雄风，已成为每个炎黄子孙萦绕心头的人文情结，也永远是整个中华民族魂牵神往的精神家园。作为一个时空意义与文化意义上的特殊存在，长安一带既是圣贤辈出、俊豪云蒸的所在，"周以龙兴，秦以虎视"，又曾是名流会聚、才士唱和的舞台，金声玉振，群星璀璨，是那个时代无可替代的文化中心和学术中心。就文化学术经典而言，炎黄传说、雅颂篇什、《周易》《周礼》、《史记》《汉书》、汉赋乐府、唐诗唐文、"颜骨柳筋"、"汉学""关学"……这些长安文化的结晶或以长安文化为核心的杰作，无不是文化史上的丰碑大碣，也一直是人们津津乐道的文坛佳话和取用不竭的精神财富，对中国文化的发展产生了难以估量的影响，甚至对域外文化也产生了一定的辐射作用。长安，已成为我中华古国民族根基、文化渊源、历史名都、盛世风华的符号而流传千古，远播四方。古老而绵延的长安文化，也必然成为华夏文化现代化和世界文化交流共享的资源。

陕西师范大学文学院位处古都长安，具有研究长安文化得天独厚的便利条件。探讨长安文化与中国文学的互动关系，进而展开对中国语言文学与传统文化的全面研究，是长安学人和学术团队义不容辞的历史使命，也是我们矢志不移的既定目标。有鉴于此，我院一直想创办一种学术刊物，搭建一个学术交流、对话和互动的平台，邀天下精英、四方俊杰在这个平台上各显神通，阐古论今，传经弘道，让古典文化之神韵与现代学术之光华在长安大地上交映融会，奏响新的乐章，书写新的辉煌。在有关各方的重视支持下，经过文学院全体同仁的不懈努力，《长安学术》这一辑刊，携带着新中国 60 华诞的祥云瑞气，伴随着陕西师范大学建校 65 周年的欢声笑语，终于诞生问世，和大家见面了。

我院是陕西师范大学最早设立的院系之一,也一直是学校重点发展的院系之一。65年来,一大批蜚声海内外的学者曾在此任教治学。老一辈学者筚路蓝缕,风雨兼程,“扬葩振藻,绣虎雕龙”,奠定了本学科的坚实基础。新一代学者继往开来,奋力开拓,传承斯文,传递薪火。65年的艰苦创业,几代人的辛勤努力,终于形成了我们文学院今天的学术格局。我院现有中国语言文学一级学科博士授权点、中国语言文学博士后流动站、国家中文学科人才培养和科学研究基地、国家级人才培养模式创新实验区、国家级汉语言文学特色专业,中国古代文学学科更于2007年荣获国家重点学科。在新的历史时期,我院和校内外各兄弟院系一样,迎来了新的发展机遇。“潮平两岸阔,风正一帆悬”,陕西师范大学文学院的学术之舟,正乘风破浪,驶向更辽阔的海天。中国语言文学一级学科正处于全面发展的态势,以中国古代文学为龙头的“211工程”3期重点学科建设正紧张有序地进行着。

我们深知,荣誉与压力共生,机遇与挑战并存,学术辑刊的创办和学术研究的使命任重而道远。“路漫漫其修远兮,吾将上下而求索”。面对压力和挑战,我们抱定“立足长安,面向学界”的思想,以“发挥古都地域优势,突出长安文化特色,传播学术研究信息,促进学科建设发展”为办刊宗旨,力求凸显“体现地域性,突出学术性,强调创新性,注重前沿性”的办刊特色。决心在古都长安这一底蕴丰厚的文化沃土上,通过《长安学术》这一平台的搭建,为长安文化研究和中国学术发展做一点实实在在的工作。“积水成渊,蛟龙兴焉”。我们期待着海内外学者的积极参与,想在学界同仁的共同努力下,把本刊打造成特色鲜明的学术精品,为学术研究园地增添一道新的风景。

在长期的发展过程中,我们陕西师范大学文学院业已形成了自己的学术传统,即“厚德积学,严谨求实,兼容并包,尊重个性”。在此基础上,也形成了以文学研究为本体,文献学、文艺学、文化学相互交叉融合的研究理念,注重文献以固其根本,探究文艺以显其特质,放眼文化以求其融通。这已为我们奠定了较好的学术基础,营造了良好的学术氛围,也增强了我们办好本刊的信心。以此为起点,在全球化时代的今天,《长安学术》将以更为开放的气象和格局,更加开阔的视野和思路,全方位开辟富有个性的研究空间,以展示当代学人对长安文化和中国文学的研究成果,把当代学术研究推向更为深广的境界,使相关研究领域的交流、对话更加鲜活精彩。同时,我们怀着对学术的敬畏与热忱,从事这一寂寞而绵远的事业,追求“厚重而不失灵动,质朴而不失博通,守正而不失创新”的优良学风,坚守实事求是、言必有征的基本学术品格,以求真、求实、求新的期盼,面向海内外采撷英华,以便集腋成裘,对我们这小小园地作大气的、姹紫嫣红的建设和装点。我们真诚希冀和海内外学人及新老朋友携手同行,共创辉煌,构建当代中国学术的大境界和真精神。士林有闻此风而起者，吾侪日日引领以望焉！

《长安学术》编委会

2009年10月

长安文化和早期长安文化刍论

刘生良

（陕西师范大学文学院　陕西西安　710062）

摘　要：长安文化应该是自古以来发生在汉、唐等朝代称之为“长安”的这块地方及其附近地区的历朝历代各种文化的总称。它绝不仅限于被称为“长安”及其以后那些时期，也绝不仅限于地方文化的层面。以周、秦文化尤其是西周礼乐文化、秦代制度文化和周秦物质文化、科技文化为代表的早期长安文化，是整个长安文化奠基、形成和发展的极为重要的时期，是长安文化的渊源和根本所在，也是其基础和灵魂所在，绝不能排除在长安文化的范围之外。

关键词：长安文化；早期长安文化；渊源和根本；基础和灵魂

近年来，国家在精神文明方面致力于建设中华民族共有的精神家园，由于长安在历史上具有非常重要的地位并在国内外享有极高的知名度，长安文化、长安学遂成为新兴学科和研究热点。陕西省文史馆成立了长安学研究中心，西安文理学院成立了长安历史文化研究中心，陕西师范大学成立了长安文化与中国文学研究中心，都先后启动了相关研究项目，开展了一些研究工作，并想利用“地利”之便，共同努力，把西安打造成全国的长安文化及长安学研究中心。但是，截至目前，不说别的，就在学界同仁中，有些人对于什么是长安文化，其概念的内涵是什么等问题尚不十分清楚，还存在着一些模糊甚至错误的认识。因此，本文拟将我自己对长安文化和早期长安文化的几点思考简要地谈一谈，以就教于各位方家。

一、长安文化的界定与分期

在不少人的意识和潜意识中，总是觉得所谓长安文化就是指被称为“长安”那些时期及其以后这块地域上的文化，也就是说，长安文化只能从汉代有了“长安”这个名称时算起。还有人认为，长安文化只是一种特殊的地方文化。这些认识都是很不正确的。

笔者认为,所谓长安文化,应该是自古以来发生在汉、唐等朝代称之为“长安”的这块地方及其附近地区的历朝历代各种文化的总称,它绝不仅限于被称为“长安”及其以后那些时期,也绝不仅限于地方文化的层面。因为就名称而言,这块地方在汉、唐等朝代称为长安,而最早尚无名称,至周代称为丰、镐,秦代是其都城咸阳的一部分,王莽时称为常安,隋代称为大兴,五代至宋元间又有大安、永兴、京兆、安西、奉元等叫法,明清以来称为西安(其中民国早年曾改称长安),以后或许还有新的名称,总之,其名称从无到有,几经变化,但它所指的这块地方则亘古不变。因此,在讨论“长安文化”这一话题时,不论这块地方前前后后的名称叫什么,叫不叫“长安”,其文化遗产都无可争议地应该包含在以“长安”为标志性符号的“长安文化”的内涵之中,绝不能因为某一时期没有叫做“长安”,就将其文化排除在“长安文化”之外。这就像一个人一样,早年有小名,长大有大名,随后还有字号和别名,甚至改名,但无论如何,说到底还是这一个人,人们谁也不会认为叫做大名时是这个人,叫做小名、别名、新名时就不是这个人,否则就会出洋相、闹笑话了。至于“长安”这块地方所涉及的范围,显然也不能仅仅局限在其城区、郊区的狭小范围内,而应该包括其周边的畿辅地区在内。大而言之,它可以包括周秦内史地区或者说汉代京兆尹、左冯翊、右扶风地区,即所谓关中地区;至少也不宜小于汉代及其以后京兆尹、京兆府辖区的范围。再就文化构成而言,由于“长安”这块地方曾是我国历史上包括周、秦、汉、唐四大王朝在内的13个王朝的都城所在地,在相当长的历史时期内是全国的文化中心,这一特殊地位就决定了其文化构成的多重性,即既有下层民间的地方文化,又有上层官方的国家文化,在一定程度上还吸纳和荟萃了各地文化乃至外来文化的成分。因此,所谓“长安文化”就不是一般意义上的地方文化,也绝不仅限于地方文化的层面。这又像一个成为万民首领的人,他既有普通人的一面,又有高于普通人的一面;他既代表着自己,也代表着民众,而不仅仅是个普通人了。申言之,长安文化就是自古以来以“长安”为标志性符号的这一地域内形成的多种多重文化的概称,在相当长的时间内它曾是中国文化的代表。

基于以上认识,笔者认为,长安文化的内涵可从两方面考虑。其一,就时代而言,长安文化可分为以下十个时期:(一)先周时期;(二)西周时期;(三)秦国及秦代时期;(四)西汉时期;(五)东汉魏晋及北朝时期;(六)隋唐时期;(七)五代宋金及元代时期;(八)明清时期;(九)民国时期;(十)共和国时期。其中前三个时期可以叫做早期长安文化,是长安文化的形成和发展时期;中间三个时期可以叫做中期长安文化,是长安文化的繁荣和鼎盛时期;后四个时期可以叫做后期长安文化,是长安文化的衰变和持续传承时期。其二,就文化构成而言,早期(除先周时期外)、中期的长安文化,尤其是周、秦、汉、唐时期的长安文化,可分为地方文化和国家文化两个层面,统称为京都文化。这种京都文化不仅属于长安,而且属于中国,是中国文化的代表。它既吸纳和荟萃了各地文化,又对各地文化具有极大的辐射力和影响力。其中作为我国封建社会鼎盛时期的汉、唐两大王朝繁盛时期的文化,按照有些学者的说法,可以称为盛世文化。后期长安失去了国都地位,不再是全国的文化中心,当地文化不再是中国文化的代表,但仍在一定程度上延续着以前的文化传统,因而可以称之为古都文化,成了一种特殊的地域文化。

长安文化的内容博大精深,下面笔者主要就早期长安文化谈点自己粗浅的看法。

二、早期长安文化的基本内容

如上所说,长安文化的源头可追溯至先周时期,经过西周、春秋战国以及秦代时期,基本发育成型。早期长安文化包括先周时期、西周时期、秦国及秦代时期。下面分别作以简要阐说。

(一)先周时期

据历史传说和考古发现,早在一百多万年前就有人类在秦岭和渭河平原一带生活,先后在长安及其附近地区留下了不少文化遗迹。如旧石器时代早期的蓝田猿人遗址及新发现的洛南猿人遗址,[①]中期的大荔人遗址,晚期的黄龙人遗址;中石器时代的大荔沙苑文化遗址;新石器时代的西安半坡、宝鸡北首岭、长武下孟村、渭南史家、临潼姜寨等仰韶文化遗址,长安客省庄、三原邵家河、临潼康家等龙山文化遗址,[②]还有夏代的商州东龙山二里头文化遗址,商代的岐山周原文化遗址等。[③] 尤其值得注意的是,在半坡、姜寨等文化遗址以及近年来在长安、合阳、铜川、宝鸡等地的考古发掘中,还发现了比殷商甲骨文更早的文字符号——陶文,这应该是我国最古的文字。[④] 除了这些文化遗址和早期文字外,还有众所周知的关于女娲造人、夸父逐日及河伯、洛神、河图、洛书等神话,关于炎帝、黄帝、帝喾、大禹等传说,关于后稷封邰、公刘迁豳、古公迁岐、文王伐崇代密、武王代纣灭商等历史记载。此期既是长安文化的源头,也是中国文化的源头之一。

---

① 《1997 年全国十大考古新发现评选揭晓》,《中国文物报》1998 年 2 月 18 日第 1 版。另见余方平《关于洛南猿人生活时代研究的回顾与展望》,《商洛师范专科学校学报》2004 年第 1 期。

② 谭其骧:《中国历史地图集·原始社会遗址图说》,中国地图出版社 1996 年版,第 5—6 页。

③ 陕西省人民政府:《长安——天然的历史博物馆》,华夏经纬网络信息中心 2003 年 5 月 15 日。(http://www.huaxia.com/zjsx/sxbt_sxgl_you2.htm.)

④ 郭琦:《陕西五千年》,陕西师范大学出版社 1989 年版,第 11—14 页。

(二)西周时期

西周时期,长安一带成了周王朝的都城和王畿之地。雄峙于丰、镐之间的"赫赫宗周",就是长安大地上建立的第一个王朝的都城。更重要的是,西周文化以理性觉醒和礼乐文化为主要特征,在中国文明史、文化史上截然划分了一个时代,在世界文明史、文化史上也有着极其重要的意义。周人是个农业民族,在长期务农的过程中,不得不注重现实,注重人事,从而较早冲破了神巫文化的迷雾,进入了理性觉醒时代,加之周公制礼作乐,致力于创建和谐的政治秩序和营造优雅的人文环境,形成了举世闻名的礼乐文化,从而使中国很早就成为世界上的"文明礼仪之邦"。现存《诗经》305 篇中,《周颂》、"二雅"的绝大部分、"二南"及《豳风》等是西周时期的作品。其中又大多属于今陕西地域的诗歌,再加上后来续编的《秦风》,其总数达 162 篇。其中产生于今陕西地域的诗歌不仅在数量上占据《诗经》的半壁江山,而且多是《诗经》各个方面的代表作,其思想内容的丰富深刻性、艺术成就的杰出高超性、文化特色上的多重涵容性,再加上其正统地位所产生的无比强大的辐射力和影响力,使其差不多成了《诗经》的主体,对后世诗歌文化和诗歌文学也产生了极为巨大而深远的影响。另外,西周都畿的农业文化、青铜文化、史官文化和教育文化等,也颇有成就和影响。西周时期的长安一带,是名副其实的中国礼乐文化的发祥地和文化中心;西周时期的长安文化,是整个长安文化和中国文化第一座辉煌的里程碑,为整个长安文化和中国文化奠定了坚实的基础。

(三)秦国及秦代时期

周王朝东迁后,秦襄公因以兵护送平王有功,被正式封为诸侯,赐之以岐以西之地,后驱逐犬戎,西周畿内岐、丰之地即长安一带地方遂为秦国所有,于是长安文化进入了东周时代的秦国和统一天下之后的秦代时期。为了行文方便,我们把这一时期的长安文化简称为秦文化。

秦文化是中国文化与文明进一步发展的又一重要阶段。它崛起于周代后期,进而取代周文化成为又一统治全国的强势文化,这便使关中地区再次成为全国的文化中心。由于秦代后期的错误举措和二世而亡的短命事实,人们至今对秦文化的认识仍存在某些偏见和误解,有必要略加说明。

秦文化并非专指秦代文化,它有一个形成、发展和衰落的过程。秦本是周王朝分封的西方小国,其早期除尚武精神比较突出外,在文化上还是相当落后的。随着周王朝的东迁,秦人进入了关中地区,历经春秋尤其是战国时代的发展,在学习、吸纳各种文化的过程中才逐步形成自己的文化特色,至秦统一而达到高潮。其后期又随着专制统治的不断加强而走向极端，并随着秦王朝的覆灭而衰亡。

秦文化除秉承着神话时代特别是炎黄以来自强不息的奋斗创业精神，承传着周文化的现实、理性精神，保持着自身固有的尚武精神外，其精神文化方面的特征之一，是虚怀开放、招贤重客的尚贤精神。春秋时期，秦穆公“西取由余于戎，东得百里奚于宛，迎蹇叔于宋，来丕豹、公孙支于晋”（李斯《谏逐客书》），从而成为西方一霸。及至战国，秦孝公用商鞅变法，移风易俗，民以殷盛，国以富强，百姓乐用，诸侯亲服；接着惠王用张仪，昭王用范雎，庄襄用吕不韦，始皇用李斯等。可见秦历代统治者多能以虚怀开放的文明心态和精神，广纳贤才为己所用，重用客卿成就帝业。这也是秦在为政、用人方面的显著特色。特征之二，是杂采百家、综合为一的学术精神。先秦诸家学派没有一家创立于秦，但后来许多学派的人物多有居于秦者。春秋末年，道家始祖老子就入秦传道授徒，终老于秦，使秦成为道家后期的重要基地之一。墨家巨子腹䵍等人，纵横家张仪等人，法家商鞅、韩非、李斯等人都长期居秦。秦始皇前期还建立博士制度，任用伏胜、淳于越、叔孙通等七十儒生为博士官参政议政。秦地在很长一段时间内成了各家人物施展才学的舞台，更成为法家学说最成功的实验基地。可见秦之前期在思想学术方面还是相对开明、宽松，具有一定民主色彩的。其政治思想的核心内容是崇尚儒墨的举贤授能思想和法家的法治思想与精神。尤其是吕不韦主政期间召集门客撰著的《吕氏春秋》一书，囊括了儒、道、墨、法、名、兵、农、阴阳，纵横各家学说，体现出兼收并蓄、杂糅为一的杂家特色，是秦政治上要求统一在意识形态领域的反映，更是先秦时期最后一部总览性的文化要籍，一部集先秦诸子精英之大成的学术专著。司马迁称它“备天地万物古今之事”（《史记·吕不韦列传》），高诱誉之为“大出诸子之右”（《吕氏春秋序》），许维遹先生更热情赞扬说：“夫《吕览》之为书，网罗精博，体制谨严，析成败升降之数，备天地名物之文，总晚周诸子之精英，荟先秦百家之眇义，虽未必一字千金，要亦九流之喉襟，杂家之管键也。”[①]虽然它还未尽圆融统一，但却在一定意义上代表着战国末期思想文化发展的新趋势和新水平，更代表着先秦秦地的学术特色和最高水平。特征之三，是不拘成法、勇于开拓进取的创新精神。这主要表现在政治体制或曰体制文明的创新上，废除分封制，创立郡县制。这显然是符合时代潮流，体现了历史的必然要求。另外还有统一文字、货币、度量衡等。秦为创建一个新型的大一统的中央集权的封建帝国进行了多方面的探索和创新。

秦之所以能统一天下，人们一般认为是凭借强大的武力取胜的，但在实质和深层内涵上，显然与其政治思想和文化方面的优势以及雄伟博大、昂扬奋进的精神风貌分不开，在一定意义上可以说是其所代表的先进文化及其文化精神的胜利。

---

① 许维遹：《吕氏春秋集释·序》，中国书店1985年版，第1页。

总之,秦国和秦代时期是早期长安文化的重要阶段,是整个长安文化以及中国文化第二座辉煌的里程碑,为整个长安文化以及中国文化奠定了更加坚实的基础。

秦代后期独尊法术,焚书坑儒,实行严酷的专制统治和愚民政策,“仁义不施而攻守之势异也”,“一夫作难而七庙毁”(贾谊《过秦论》),从而导致迅速灭亡,留下了极其深刻惨痛的历史教训。尽管如此,汉承秦制,秦代创立的先进的政治体制以及某些文化成果,还是被汉代以后历朝历代承继着。就连汉代的五经博士制度,也是对秦博士制度的承继。在关中这块帝都故地上,汉、唐两代在批判地继承周、秦文化的基础上,把长安文化推向繁荣和鼎盛,创造出了更加辉煌的盛世文化和盛世文明。

三、早期长安文化与后世长安文化的关系

作为早期长安文化和中国文化核心内容的中国文化元典,是中国人文精神的渊源和宝藏。以中国文化元典为首脑、基础和主导的整个长安文化,其中蕴涵着历代先贤的生存智慧、思想信仰、道德原则、价值观念和审美理想等,是中华民族精神和文学精神的宝贵资源。比如自强不息、不断进取的精神,天人合一、以人为本的精神,以和为贵的和谐精神,与时俱进的经世精神,多元融通的精神,崇尚自然的精神,以及悲剧精神、忧患精神、自适精神、创造精神、抗争精神和以中和为美、以自然为美、以大为美的诗性精神、审美精神等,都是中华民族发展壮大的极其宝贵的精神财富和经验凭借,并对中华民族走向未来具有极其重要的意义。以中国文化元典为主导的整个长安文化,亦蕴涵着丰富的文学思想和文学精神。

除儒家经典外,道家经典《老子》(《道德经》)、《庄子》(《南华经》),墨家经典《墨子》,法家前期代表著作《商君书》、后期集大成著作《韩非子》,以及杂采各家学说的杂家巨著《吕氏春秋》等,都与古代长安文化有着极为密切的关系。尤其是《诗》、《书》、《礼》、《易》这几部经典中的绝大部分内容,属于以丰镐为都城的西周王朝的官方文献;《老子》、《商君书》、《韩非子》、《吕氏春秋》这几部诸子典籍,均成书于“前长安时代”的周秦京畿地区,它们既是早期长安文化的标志性成果和中国传统思想文化宝库中最宝贵的文化元典,也是秦汉以来长安文化和中国文化的理论基础、思想渊源和灵魂所在,具有极强大的辐射力和极深远的影响力。儒家、道家、墨家、法家著作的重要性自不必说,即使如《吕氏春秋》这样的杂家著作,学界也普遍认为它既是对先秦诸子百家争鸣的总结,又是秦汉思想史的开端。[①] 汉代的政治文化来自于秦代,汉代的思

① 王启才:《吕氏春秋研究·附录》,学苑出版社2007年版,第358—360页。

想文化则来自先秦诸子之学，汉代的文学文化受周、秦文学传统的影响很深，当然，由于汉代统治者属于楚人，爱好楚文化的缘故，汉代文学还受到先秦楚辞的很大影响。

另外，周秦时期的政治、经济和科技文化，在丰镐遗址、雍城遗址、栎阳遗址和咸阳遗址的重要发现中都得到了充分的反映。如丰京大型车马坑及青铜重器的发现，镐京5号宫殿遗址的发现，雍城宗庙遗址的发现，咸阳1、2号宫殿遗址的发现，以及秦陵兵马俑、铜车马等陪葬坑的发现等，都是周秦王朝繁荣强大的象征，[①]也是早期长安文化在物质文明和科技文化方面高度发达的象征。这又表明周秦时代也为后世的京都长安在物质文化、科技文化方面奠定了较雄厚的基础，作出了很大贡献，并影响其发展。

要之，长安文化的内容博大精深，以周、秦文化尤其是西周礼乐文化、秦代制度文化和周秦物质文化、科技文化为代表的早期长安文化，是整个长安文化奠基、形成和发展的极为重要的时期，是长安文化的渊源和根本所在，也是其基础和灵魂所在，绝不能排除在长安文化的范围之外。要是没有早期的长安文化，汉代以后的长安文化就成了无源之水、无本之木，所谓长安文化就失去了根本，失去了基础，失去了灵魂，也就不会有汉代及其以后长安文化的发展繁荣。

综上所述，长安文化是该地区以周秦汉唐时期为主要代表从古到今历代历朝所有文化的总和。汉代以前的早期长安文化自然应在长安文化的本义之中，而且因其重要的历史地位和价值，还理应受到应有的重视，绝不能因为当时这块地方没有叫做“长安”而将其摒弃在长安文化研究的视野之外置之不理。这就是本文的结论。

---

① 陕西省人民政府：《长安——天然的历史博物馆》，华夏经纬网络信息中心2003年5月15日。（http://www.huaxia.com/zjsx/sxbt_sxgl_you2.htm.）

关于长安文化的初步思考

魏景波

（陕西师范大学文学院　陕西西安　710062）

摘　要：长安文化指长安地域在长期历史发展过程中孕育、积淀和逐渐成型的文化，其鼎盛期在唐代。从空间到时间再到精神层面，长安文化包含着环环相扣的三个维度，即地域文化、都城文化和盛世文化。对于这一极富魅力的学术命题的研究，既要注意研究对象本身的"无限可阐释性"，又要注意其边界和底线，从而把研究不断推向深入。

关键词：长安文化；地域文化；都城文化；盛世文化

长安文化指长安地域在长期历史发展过程中孕育、积淀和逐渐成形的文化。古都长安，是中国历史上建都朝代最多、历时最久的都市。先后有十余个王朝建都于此，绵延千余年之久。其中西周、秦、西汉、唐，谱写了中国历史上的最辉煌的篇章，经过漫长的岁月洗礼和深厚的文化积淀，诞生了辉煌灿烂的长安文化。

在源远流长、博大精深的中国传统文化变奏曲中，长安文化是雄壮激越的华彩乐章。从狭义到广义，从空间到时间再到精神维度，长安文化包含了环环相扣的三个层面：雄踞关陇的地域文化、兼容并包的都城文化以及开放外扩的盛世文化。笔者于此不揣谫陋，拟作初步的探讨，以就教于方家。

一、雄踞关陇的地域文化

在空间维度上，长安文化是一种自成特色的地域文化，长安雄踞关陇形胜之地，物华天宝，人杰地灵，文化底蕴绵远深厚，文化风貌以雄阔刚健为主。长安地处关陇地域的腹心，占有地理上的制高点，是联结中华东西的纽带，研究长安文化首先应关注其地域特色。

文化本是一个极为复杂的概念，其内涵和外延具有相当的不确定性，至今学者对文化的研究，论说纷纭，已有上百种解释①。但任何一种范畴，自有其边界。文化有所

① 庞朴：《蓟门散思》，上海文艺出版社 1996 年版，第 258 页。

谓历时性和共时性,前者指文化时间,后者指文化空间。简而言之,文化即是指历史上一定区域内的精神和精神的物化形态。[①] 历史不仅是时间的延续,也是空间的扩展。在不同的空间中,历史文化的发展并非同步,而是表现为参差不齐的样态,甚或在某些封闭的区域里出现"不知有汉,无论魏晋"的时间停滞现象。研究古代文化与文学,地域文化都是不可或缺的一维。以此来研究长安文化,首先应在关陇地域文化的背景下予以考察。

地域文化是在一定的地域范围内长期形成的历史遗存、文化形态、社会习俗、生产生活方式等。地域文化首先表现为地域独特性,由于古代交通不便造成的封闭和行政区域的相对独立性,地域文化特色极其鲜明,在长期的历史发展过程中,逐渐形成了不同的地域文化圈,如关陇文化、巴蜀文化、中原文化、吴越文化、荆楚文化、岭南文化等。其次,地域文化形成过程的长期性和层积性。一个地区历史遗存愈多,文化遗产愈丰富,其地域文化就愈发达。大多地域文化的命名可以上追春秋战国时诸侯国名,如"秦"、"晋"、"巴"、"蜀"、"吴"、"越"等,这些诸侯国虽已为历史之陈迹,但作为各自的文化内核却代代传承,长期影响着此地风俗。复次,地域文化具有相互渗透和包容性。地域文化的独立和封闭只是暂时的相对的现象,交融和渗透却是主要的趋向。中国历史上回环往复的统一与分裂,使地域文化也不断地发生交融、演进乃至变异。不同地域的文化习俗互相渗透,互相影响,尤其在几个文化区域的交汇地带,更形成了兼具几种地域文化特点的特色文化。因此,研究地域文化,既要立足于所研究的地域,又不能局限所研究的地域;既要研究其自身的地域特点,又要研究它与邻近地域文化的关联;既要研究其历史渊源,又要研究其现时的表现形式;既要研究其表相的狭义的文化形式,又要研究深层次的文化内核。

以是观之,对长安文化的研究,应立足于关陇地域,由关陇区域入手,层层深入,探究其内核。关中和陇右本有差异,但在长期的地缘历史背景下结为一体。此区以黄土高原为主体,西接河西戈壁,北通内蒙大漠,东连晋豫丘陵,南抵秦岭高山。其核心地理要冲在关中平原、河西走廊一线。沿着这条线,既可西出大漠,也可东进中原。可谓东西文化的交汇处,既有利于吸收外来文化,也有利于输出长安文化。

关中周围群山环抱,东有华山、崤山,西有陇山,南有终南山、秦岭,北有洛水东西的黄龙山、尧山和泾水两岸的嵯峨山、九嵕山。关中居群关之中,东有函谷关,西有陇关、散关,南有武关,北有萧关、临晋关。渭水、泾水、洛水三条大河贯穿关中东西,冲积出一片广阔的平原。由于自古是王都所在,关中的开发历史悠久。司马迁对关中的地理、历史、文化、经济有全面论述:

---

① 朱维铮:《壶里春秋》,上海文艺出版社2002年版,第13页。

> 关中自汧、雍以东至河、华,膏壤沃野千里,自虞夏之贡以为上田,而公刘适邠,大王、王季在岐,文王作丰,武王治镐,故其民犹有先王之遗风,好稼穑,殖五谷,地重,重为邪。及秦文、德、缪居雍,隙陇蜀之货物而多贾。献公徙栎邑,栎邑北却戎翟,东通三晋,亦多大贾。孝、昭治咸阳,因以汉都,长安诸陵,四方辐凑并至而会,地小人众,故其民益玩巧而事末也。南则巴蜀。巴蜀亦沃野,地饶卮、姜、丹沙、石、铜、铁、竹、木之器。南御滇僰,僰僮。西近邛笮,笮马、旄牛。然四塞,栈道千里,无所不通,唯褒斜绾毂其口,以所多易所鲜。天水、陇西、北地、上郡与关中同俗,然西有羌中之利,北有戎翟之畜,畜牧为天下饶。然地亦穷险,唯京师要其道。故关中之地,于天下三分之一,而人众不过什三;然量其富,什居其六。①

关中是周文化的发祥地,这段话也表明所谓陇右文化与关中同俗也是渊源有自。在中华文化的地域格局中,关陇占有特殊的地位。在战国时,关陇便以居高临下之势雄视六国,置天下于掌中,高屋建瓴,势如破竹,收登高而呼、一呼百应之效。苏秦曾游说秦惠王说:"秦四塞之国,被山带渭,东有关河,西有汉中,南有巴蜀,北有代马,此天府也。"②此处张守节《正义》云:"东有黄河,有函谷、蒲津、龙门、合河等关;南山及武关、峣关;西有大陇山及陇山、大震、乌兰等关;北有黄河南塞:是四塞之国,被山带渭以为界。"对关中的地理形势做了详尽的描绘。

关陇自古民风强悍,崇尚武力,班固云:"秦汉以来,山东出相,山西出将。"③所谓山东、山西,即以函谷关附近的崤山为界,所以民谚又说"关西出将,关东出相"④,至于其原因,班固从所处环境予以解释:"山西天水、陇西、安定、北地,处势迫近羌胡,民俗修习战备,高上勇力,鞍马骑射。故秦诗曰:'王于兴师,修我甲兵,与子偕行。'其风声气俗自古而然,今之歌谣慷慨,风流犹存。"⑤

关陇与中原、齐鲁同在一条东西轴线上,易于控制。同时关中距离塞外也远近适宜,可以通过河西走廊紧紧地控制住西域。关中一面向东控制着中原、齐鲁农业区,一面向西北控制着西域游牧区,一面还向南附带控制着巴蜀,具有得天独厚的地理位置优势。中国历来重视都城的选址,郑樵《通志略·都邑序》:"建邦设都,皆凭险阻。山川者,天之险阻也;城池者,人之险阻也。城池必依山川为固。"而关中在历史上的定都之争中也多能立于不败之地,西汉初,在定都争议中,娄敬力谏刘邦定都关中,并陈述缘由:

---

① 《史记》卷一二九《货殖列传》。
② 《史记》卷六九《苏秦列传》。
③ 《汉书》卷六九《赵充国辛庆忌传》。
④ 《后汉书》卷五八《虞傅盖臧列传》。
⑤ 《汉书》卷六九《赵充国辛庆忌传》。

且夫秦地被山带河，四塞以为固，卒然有急，百万之众可具也。因秦之故，资甚美膏腴之地，此所谓天府者也。陛下入关而都之，山东虽乱，秦之故地可全而有也。夫与人斗，不搤其亢，拊其背，未能全其胜也。今陛下入关而都，案秦之故地，此亦搤天下之亢而拊其背也。①

当时有识之人多附和娄敬的说法，力排山东士人之议，如张良的话即具有代表性：

夫关中左殽函，右陇蜀，沃野千里，南有巴蜀之饶，北有胡苑之利，阻三面而守，独以一面东制诸侯。诸侯安定，河渭漕輓天下，西给京师；诸侯有变，顺流而下，足以委输。此所谓金城千里，天府之国也。②

严耕望先生认为，通观历史，凡是据有关陇者，多能处于强势，进而据有天下。秦国之所以能一统天下，固然在于内政革新，外交运用等方面取得成功。但更重要一层，从当时各地经济社会民风的角度看，“秦国民杂西戎，民风强悍，关东三晋民风较秦为弱，对于秦人极为畏惧，最东齐国民风又较三晋为怯弱。而就各国民间经济状况而言，秦国最贫穷，齐民最富庶，三晋也介乎两者之间。所以当时的情形是地方愈东愈富庶，愈西愈贫穷；但民风则愈东愈怯弱，愈西愈强悍。经富家怯弱子弟去当贫穷勇悍的士卒，自然无法取胜”③。正所谓据关陇者据天下。

长安文化的地域特色表现为关陇文化，其特点是雄放劲健，都长安者多能长治久安，前而秦汉，后而隋唐，盛世风采，前后辉映，与长安文化的地域基因密不可分。在长安文化的研究中，不能只囿于城池范围之内，似应放眼于“大长安”所依托和辐射的关陇文化背景。

二、兼容并包的都城文化

“回首可怜歌舞地，秦中自古帝王州”，一方面，长安地处关陇，是一种独具特色的地域文化；另一方面，长安文化是一种具有包容性和开放性的都城文化，充分反映出不同地域之间的文化交融。长安的历史变迁，可视为中国历史的一个投影。在时间维度上，应考察长安长期作为国都的历史事实。从这个意义上来说，长安文化是一种兼容

---

① 《史记》卷九九《刘敬叔孙通列传》。

② 《史记》卷五五《留侯世家》。

③ 严耕望：《治史三书》，辽宁教育出版社1998年版，第11页。

并包的都城文化,而都城文化往往是一个时代的缩影。长时期的政治中心与文化中心的地位,使长安文化汇通天下,兼容并包,既具有时代的代表性,又具有空间的辐射力。这是长安文化的时代特色与政治特色。长安文化既有向内的包容性,又有向外的辐射性。所谓"京兆王都所在,俗具五方,人物混淆,华戎杂错。"①长安文化是王朝文化的窗口和缩影。

从时间维度考察,长安文化的鼎盛期在唐代,唐代是13朝古都的最后一朝,也是最为鼎盛的一朝,在长安都城文化中,最具代表性。长安作为公元8世纪世界上最为辉煌壮丽的都市之一,是全国的政治和文化中心,成为文人墨客宦游干谒与诗酒唱和的中心舞台,名动长安也成为唐代文人的醉心向往。

就都城文化的内部而言,长安文化包含三大民俗文化圈:宫廷民俗文化圈,官员民俗文化圈,市民民俗文化圈。三个文化圈相互影响,互有交叉。就都城文化的外部影响而言,长安文化与边塞文化、隐逸文化互为补充,三足鼎立。长安据有关陇形胜之地,南北和东西的对峙与融和,以及帝都中心的思想,促成了长安文化居高临下的优越性和包容性。长安文化既表现为雍容华丽的帝都文化,又涵盖了隐逸文化与边塞文化的某些侧面。

唐代文人徘徊在山林和廊庙之间,但他们的心态大多是指向魏阙的,隐逸只不过是出仕的补充和过渡。隐士,中国历史上一个特殊的群体,有仕的资格,而放弃仕。当朝统治者为了表示政治贤明,常有礼遇隐士之举。据刘肃《大唐新语·隐逸》可知,自隋文帝至唐玄宗,各朝帝王皆有优渥隐者之举,隐逸遂成为唐代的士林风尚。杨炯《群官寻杨隐居诗序》记载当时隐逸之风之盛:

> 轩皇驻跸,将寻大隗之居,尧帝省方,终全颍阳之节。群贤以公私有暇,休沐多闲。忽乎将行,指林壑而非远;莞尔而笑,览烟霞而在嘱……寒山四绝,烟雾苍苍;古树千年,藤萝漠漠……极人生之胜践,得林趣之奇趣。②

可见当时举朝上下皆趋之若鹜,以为风雅之举。唐代士人中,固然也有真正超然物外、安贫乐道的真隐士,如张志和"以亲既丧,不复仕,居江湖",自称"烟波钓徒"③。又如陆羽隐居于苕溪,自来自往,"或独行野中,诵诗击木,裴回不得意,或恸哭而归,时人谓今接舆也"④。但受当时社会风尚的濡染,对于大多数士人而言,身在山林,情

---

① 《隋书》卷二九《地理志》。
② 《杨炯集》卷三。
③ 《新唐书》卷一九六《张志和传》。
④ 《新唐书》卷一九六《陆羽传》。

系魏阙，以隐沽名，待时而动成为一个很普遍的心态。

史载卢藏用举进士不第，遂隐于终南山，以退为进，即为终南捷径的典型案例[①]。终南、嵩山两座名山，与政治中心的两京相近，成为以隐求仕者的首选。一向被视为田园诗人的孟浩然其实有很强烈的魏阙之思，在唐代诗人中，孟浩然以隐居终老，平生傲岸的李白在《赠孟浩然》中对他大为赞赏："吾爱孟夫子，风流天下闻。红颜弃轩冕，白首卧松云。醉月频中圣，迷花不事君。高山安可仰，徒此揖清芬。"但孟浩然虽为终身布衣，却从未放弃对长安宫阙的向往，只是在干谒无门时有些许牢骚："北阙休上书，南山归敝庐。不才明主弃，多病故人疏。白发催年老，青阳逼岁除。永怀愁不寐，松月夜窗虚。"(《岁暮归南山》)而在赠张说的诗中，这种求仕之心表达得很迫切而又不失分寸："八月湖水平，涵虚混太清。气蒸云梦泽，波撼岳阳城。欲济无舟楫，端居耻圣明。坐观垂钓者，徒有羡鱼情。"(《临洞庭湖赠张丞相》)

当通过科举之途进入长安政权遭受挫折时，唐代士人亦往往把隐居作为一个暂时韬光养晦的手段，岑参的安慰友人下第诗表达了这种隐居待时的心态："正月今欲半，陆浑花未开。出关见青草，春色正东来。夫子且归去，明时方爱才。还须及秋赋，莫即隐嵩莱。"(《送杜佐下第归陆浑别业》)

与隐居以待时相对，立功边塞，封侯万里则是融入长安文化的另一种补充，初唐杨炯的名作《从军行》传达的意蕴很值得玩味：

烽火照西京，心中自不平。牙璋辞凤阙，铁骑绕龙城。雪暗凋旗画，风多杂鼓声。宁为百夫长，胜作一书生。

这里出现了两个长安的意象："西京"和"牙璋"，表征着长安是边塞的出发点，"宁为百夫长"的目的在于回到长安建功封侯。边塞诗人高适亦高唱"万里不惜死，一朝得成功。画图麒麟阁，入朝明光宫。大笑向文士，一经何足穷。古人昧此道，往往成老翁。"(《塞下曲》)在中晚唐，这种立功边塞更多的表现则是入幕，陈寅恪先生分析韩愈《送董如南游河北序》时说："可知在长安文化统治下之士人，若举进士不中，而欲致身功名者，舍北走河朔之外，则不易觅其他之途径也。"中唐以后，基本上形成了长安与幕府两个政治中心，文人的大量聚集幕府是中晚唐特有的现象，幕府成了长安之外文人的又一个聚散地。[②] 边镇成为长安文化的延伸与补充。

京师、山林、边塞既是三种生活空间，也是唐代文人的三种价值选择。邓乔彬先生

① 《新唐书》卷一二三《卢藏用传》。

② 这方面的研究有戴伟华的《唐方镇文职僚佐考》和《唐代使府与文学研究》。

说:“长安文化是帝都文化,其进则为边塞文化,其退则为隐逸文化。”①以长安都市文化为视角,可为文学研究打开一个新的天地。

三、开放外扩的盛世文化

在文化精神层面,长安文化更是一种中国历史鼎盛时期的盛世文化,兼具向心力和辐射性。中国历史上的强盛王朝多定鼎长安,尤其汉唐雄风,于此风起云涌,成为盛世的标志。盛世文化是长安文化的精神内核,长安文化浓缩着中华民族的盛世记忆。

长安文化作为盛世文化的主要特点表现为开放性和外扩性,汉风唐韵造就了古代社会盛世的标本。诚如鲁迅所说:“汉唐虽然也有边患,但魄力究竟雄大,人民具有不至为异族奴隶的自信心,或者竟毫未想到,凡取用外来事物的时候,就如将彼俘来一样,自由驱使,绝不介怀。”②一个强大自信的王朝的确也表现出对异族的“绝不介怀”。长安城是一个开放型的国际大都会,人口最多时达到 100 万人,可谓当时世界上最大的一座城市。唐代的长安不仅是全国的政治、经济、文化的中心,也是世界文明的中心。东罗马从贞观到开元年间五次派使者到长安,波斯仅在开元、天宝年间就十多次派使者前来,日本派出的遣唐使共有十三四次之多,每次前来的人数多时达到五百人左右,在长安居住的时间长的住到二三十年。韩国派来的使节比日本更多。唐都长安不仅是大唐帝国的政治、经济、文化中心,更因其繁荣昌盛成为当时周边各国向往的中心。那一条以长安为起点的丝绸之路,则进一步使长安城的繁盛具有了国际意义。长安城以它开放的英姿迎接世界各地的客人,以包容万象的惊人气魄吸纳着世界各地优秀文化的丰厚营养。同时,又把唐代文明和长安文化远播四方。所有这一切,都为大唐的繁荣和鼎盛注入了勃勃生机。

唐代帝王对异族异国文化持包容吸纳的健康心态。开国之初,高祖即致书高丽王说:“今两国通和,义无阻异”,并向大臣坦陈他无意令异族邻邦臣服之意:“朕敬于万物,不欲骄贵,但据有土宇,务共安人,何必令其称臣,以自尊大。即为诏述朕此怀也。”③或虽为藩属臣民,也不以民族之“异”为尊卑。太宗宣称:“自古皆贵中华、贱夷狄,朕独爱之如一,故其种落皆依朕如父母。”④统治者开放的胸襟为唐王朝的繁荣奠定了基调。

正如王维所写“九天阊阖开宫殿,万国衣冠拜冕旒”(《和贾至舍人早朝大明宫之

① 邓乔彬:《长安文化与王维诗》,《文学评论》2001 年第 4 期。
② 《鲁迅全集》卷一《坟·看镜有感》。
③ 《旧唐书》卷一九九《东夷传》。
④ 《资治通鉴》卷一九八。

作》),长安以开放的胸襟和恢宏的气度矗立于世界的东方。长安文化海纳百川,声震遐迩。向达先生谓:“中国国威及于西陲,以汉唐两代为最盛;唐代中亚诸国即以‘唐家子’称中国人,李唐声威之煊赫,于是可见也。”[①]繁华富丽的唐都长安不仅吸引着来自世界各国的使臣和客商,更是国内各民族共同向往的地方。从唐初以来,陆续有为数众多的诸蕃君长酋帅在长安定居,仅在贞观初年东突厥“入居京师者近万家”[②]。他们生活在长安,有的还被任官赐爵,有的则与本地人通婚,定居下来,逐渐汉化。他们纷纷抛弃原来的蕃人姓名,借助于天子恩赐等方式为自己和子孙取了汉家名姓,这些四夷蕃客为自己融入长安成为唐人而感到无比的自豪。长安也因不同民族杂居而成为一个民族融合的场所。在唐朝人看来,天涯海角不再那么遥不可及,王勃的送别诗一改前人送别黯然神伤的古调,“海内存知己,天涯若比邻”的豪迈吟唱,表达出唐人志在四方、胸怀天下的精神气度。

胡汉文化的融合是长安文化的一个很大特色。关于唐代的胡风,朱熹不无微词地说:“唐源流出于夷狄,故闺门失礼不以为异。”[③]“胡风”、“胡俗”对社会伦理的影响,唐人已习以为常。长安文化对异域的风俗、服饰、饮食、文化等等,少有猜防拒斥而多所延纳兼容,体现了长安文化的开放性和同化力,个中原因,一是长安地处关陇,地近西戎,关陇自汉以来就是五方杂错,华戎相混之地,李唐皇室又出于胡化甚深的六镇集团,其自身即经历了文化的冲突交融,历而对异端文化并不排拒。加以从魏晋南北朝至隋唐,处于民族大交融和文化多元整合的重要阶段。一些传统保守观念已在冲淡,礼法衰微不振,封建等级制等旧规亦在重新调整与编制,同中有异,异者趋同,交相渗透,冲突整合。唐代接纳了这种成果,自然承其余绪,得其正果。二是唐代的繁荣与富强,特别是初盛唐,国力强大,社会安定,经济富庶,文化深湛,对于外来的文化不仅有魄力延纳兼容,也有能力予以消受与驾驭。

如上所述,由于地域与时代的关系,一方面长安迫近西戎,与东方相比,在地缘文化上华夷相融,另一方面,唐之开国者起家关陇,又与胡族有诸多联系。据陈寅恪的考论,不但“李唐皇室之女系母统杂有胡族血胤”,而且,“李唐血统其初本是华夏,其与胡夷混杂,乃一较晚之事实确也。”[④]这种华夷文化碰撞的结果,使唐代长安文化具有包容性和生命力。由此生成了长安文化雍容大度,气势恢宏的特点。其后的王朝,建都东部,中国政治文化中心东移,中国历史进入“后长安”时代,而此时,华夷之大防渐趋严格,而其时的文化也渐趋保守,因循的成分增多,开拓的成分减少。反映在文学

---

① 向达:《唐代长安与西域文明》,河北教育出版社 2001 年版,第 5 页。

② 《通典》卷一九七《边防·突厥上》。

③ 《朱子语类》卷一一六《历代类》。

④ 陈寅恪:《唐代政治史述论稿》上篇《统治阶级的氏族及其升降》,三联书店 1954 年版。

中,唐代文学所形成的豪爽刚健特质也成为再未出现过的绝唱。

长安见证了历史的沧桑,也凝聚着盛世的记忆。长安作为古都的历史已距离我们渐行渐远,而长安文化精神却成为历久弥新、代代承传的珍贵遗产。研究和发扬长安文化是当代学者义不容辞的学术使命,对于这一极富魅力的学术命题的研究,既要注意研究对象本身的"无限可阐释性",又要注意其边界和底线,从而把研究不断推向深入。作为中国传统文化的重要一维,古老的长安文化必将在建设中华民族共有精神家园这一当代伟业中,焕发出新的异彩。

长安文化与长安学

肖云儒

（陕西省文联　陕西西安　710001）

摘　要：本文就长安文化和长安学两个话题谈了作者的一些看法，认为长安（或曰西安）文化的优势可从中华文化的图谱（地理区位）、史谱（历史沿革）和魂谱（精神流脉）三个坐标来认识，并对长安学的研究和建设提出了初步意见。

关键词：长安文化；文化优势；长安学；研究和建设

本文拟就长安文化和长安学这两个话题谈谈自己的一些看法和认识，请有关专家指正。

一、关于长安文化

我不是西安人，但在西安整整住了47年，西安的城墙内外、东西南北角，都有过我的家。一个人60多年的生命，有三分之二遗落在这座城市的大街小巷。这座城市印证着一个人的生命，它穿过沉厚的唐代、元代、明代的城墙，穿过水泥的或柏油的路面，像根系一样扎进黄土深处，扎进古城历史文化的血脉之中。

西安好文化，好古典。一茬一茬小学中学大学听来的读来的那些历史风云，著名人物，市井习俗，诗词歌赋，在别处是印在书本上的知识，到了这里却让你身临其境。千百年前发生的事一下子到了这里便变成了自己正在参与其中的事。历史在进入记忆的同时，也沉淀为文化，沉淀为美。来到西安，你处处都会和文化迎面相遇，一不留心便叫角角落落的美丽绊住了脚步。入夜，徜徉在唐内城的城墙之上，便有李太白的诗句在回响："长安一片月，万户捣衣声"，声声是文化的吟叹，历史的回响。

在全国特大城市中，按综合影响和市区人口西安似乎排在十来位，按经济社会发展排得稍后些，好像是二十五六位。但另外几个指标却又显示出西安的"重量级"来，比如文化类指标。而作为文化古都，西安更无可争议可以排在全国最重的量级上。

有人说北京是包容的，上海是时尚的，广州是生猛的，南京是温润的，杭州是秀美的,开封是自古就有商风的,而西安则千百年来都是古朴雄大的。这些说法不论准确与否,都明快地表述了大众对一个城市的印象。我也总是想用独特而简明的语言来表述自己对西安的印象,表述自己心中对西安的定位。曾经为西安拟过好几个主题词之类的话,譬如"世界文化首善之都,中国科教高新之城","重量级的文化古都,新水平的科教大市"等等,最近拟的一个则是:"古调独弹,长治久安。""古调独弹"是鲁迅的话。1924年7月鲁迅偕陈中凡、孙伏园几位先生来西北大学讲学,连着两晚在西安易俗社看了上、下本秦腔剧《双锦衣》,之后便给剧院题了这四个字。几十年来,大家都把它看成是鲁迅对易俗社和秦腔的褒扬,也把它看成是振兴秦腔的一个殷切期望。其实我想,就"古调独弹"的意蕴看,也未尝不可以作为西安城市建设、文化建设乃至整个经济社会发展的一个理念。"古"是西安的优势,古与新两极震荡所构成的西安城市张力和发展动力,是西安的特色。而这个"独弹",则是建设现代西安不同于众的新思维、新方法。

在中国和世界历史上,西安弹奏得最为高亢的美声是古调,西安是以根性文化而确立自己地位的。对西安来说,这个"古"字举足轻重、至关重要。西安文化建设乃至整个经济社会发展,也包括长安学的研究,虽不能止于"发思古之幽情",却应该"发思古之优势",以现代的、独有的思路和方法,使古城的古调翻成新曲,而不是轻率地、轻易地、轻浮地去抛却古调,另弹别调当新声。

可以从三个坐标来看西安的历史文化优势,这便是中华文化的图谱(地理区位)、史谱(历史沿革)和魂谱(精神流脉)三个坐标。

从"图谱"看,西安大致位居中国之中,大致在东经109度和北纬34.5度的交叉点附近。不要小看这两条经纬度,贯通陕西南北的东经109度,堪称中华民族文化的一条龙脉,蓝田猿人,半坡仰韶文化,人文初祖轩辕黄帝,周、秦、汉、唐,直到新中国的摇篮革命圣地延安,大致都在这个经度上。而地处暖温带的北纬34.5度,则是最适宜人类居住、人类文明起源的地方。我国历史上著名的古三代都城线和周、秦、汉、唐、宋都城线,中国八大古都中有五大古都(西安、洛阳、开封、安阳、郑州)大致布列在这条线上。向西延展,地中海沿岸的几座世界古都(雅典、开罗、罗马),也大致处在这一纬度上。这使西安这座古城在中外历史时空中有了大幅员、大纵深。

西安的区位使她成为北部中国的河(黄河)文化、南部中国的江(长江)文化和西部中国的雪山草原文化三大板块的结合部。三种不同质地的文化在这里形成涡流和冲击波,使西安在文化上具有了极大的容受力和强韧感。

由于西安长期作为中国古代的都城,千百年来形成了以这里为起点的多条经济文化通道,辐射全国。由此往西,有把中原文化和河西、西域文化与中亚、西亚乃至地中海文化贯通的丝绸之路;有把中原文化和藏传佛教文化与南亚印度次大陆文化贯通的唐蕃古道;由此西经宝鸡往南,有把中原文化和巴蜀文化、川滇黔多民族文化与东南亚中南半岛的小乘佛教文化贯通的南方丝路,又有斜向的茶马古道将南方丝路与唐蕃古道相联结;由此往北,有把中原文化和蒙古草原文化与北亚西伯利亚文化贯通的秦直道和其后的骏马之路。这四条以西安为起点的古道,至今仍是辐射四方的经济文化要道,并且进行了一次又一次现代化改造,在故道基础上修建了陇海、包茂、京昆高速公路,修建了陇海(欧亚大陆桥)、青藏铁路,宝成、成昆铁路和包神、神延、西延铁路。

从"史谱"看,在六大古都中,西安独占三个"最":一是建都朝代最多,是13朝古都,比洛阳多4个朝代,比开封多8个朝代,比南京多7个朝代,比杭州和北京多10个朝代;二是建都年代最长,累计达到1062年,其他几个古都没有超过千年,洛阳900多年,北京600多年,南京300多年,开封200多年,杭州100多年;三是中国最早达到百万人口、最早实施城市建设和管理的大都市。西安又是世界五大古都之一,和雅典、开罗、罗马、伊斯坦布尔(君士坦丁堡)齐名。汉唐时期,西安和罗马作为地球上两个最强大帝国的首都,并峙于地球的东西方。

从"魂谱"看,古长安可以说是中华文化的原创基地和民族精神的培育土壤,是中华民族重要的精神家园。

西安对中华文化的留存不仅极具代表性,而且兼具神态、形态、物态三个层面。神态文化的留存具有较广阔的空间性,可以辐射整个中国、华人世界,乃至整个东方文化圈。而形态、物态文化的留存则具有一定的地域性,异地异族不可复制,这都使西安在民族共有精神家园的建设中具有得天独厚、得史独厚、得地独厚的优势。

从神态文化留存看,陕西和西安不但是中华文化核心道、儒、释精神的重要策源地,而且一度是三者的中心舞台。周易生道,老子在周至楼观台写《道德经》而流布世界。周礼生儒,孔子虽在东鲁,却宣告"郁郁乎文哉,吾从周",说秦中"地虽僻,行正中",很有点不敢小瞧的意思。汉儒董仲舒在长安力主"独尊儒术"而奠定儒家思想在中国的核心地位。唐僧玄奘从长安出发取经西天,又归返长安青灯黄卷译介佛典,而有佛教文化在中国的兴盛和融入。这构成了中华精神之三足鼎立的稳固支点。

从形态文化留存看,黄帝融汇各部族优秀的文明而使中华文明有了最早的较为统一的形态。周代的礼乐文化,秦代的制度文化,汉唐的创造有为、开放交汇的文化精神和社会心理,以及相应的艺术文化结晶——盛极一时的诗、书、歌、赋、舞、乐,都早已渗进民族文化心理的深处,成为人类文明的瑰宝,至今令国人自豪于世界。

从物态文化留存看,以上神态、形态文化大多在古长安留下了相应的物态空间和器物性存在,这是最为珍贵难得的。蓝田猿人、半坡遗址物态地显示了中华民族的源头。以黄帝陵和72座历朝皇陵为核心的数以百计的陵墓群,是世界罕有的地下博物馆,几乎将整个中国古代社会兴盛期的精华保存到今天,还将忠实地告诉未来。而楼观、雁塔、碑林和四大古宫殿遗址,则无言地传达着那些时代的精神气象和文化气息。

精神家园的核心是民族文化典籍,但仅有学术典籍,也许可以构成人文知识分子的精神家园,却还不能构成全体民众的精神家园,还必须在有可感可想的神态文化空间的同时,还有可感可想又可见可闻可触摸的形态文化和物态文化空间。西安就是这样三者同时具备的城市,就是这样在全国、全球都屈指可数的城市。

我们应该在经济社会快速发展的基础上,充分发挥古城历史文化优势,把西安尽快建设成民族文化的景观之城,民族精神的追源之城,建设成中华文化共有精神家园的标志之城、示范之城。这是一个大战略、大目标。这些年来,我们做过的、正在做的、将要做的,譬如振兴皇城规划,几大遗址保护规划,大雁塔广场、大唐芙蓉园、顺城巷和西市的改造重建,以致新成立曲江、浐灞、城墙管委会等体制上的创新,国内外各种经济文化的古都论坛,难道不都是在实现这个大战略、大目标吗?

为了这个大战略、大目标,除了策划、实施具体的项目,更应该把学术文化的研究提到议事日程上来,提到首要地位上来。这便是我们今天要分外重视"长安学"研究的原因了。

二、关于长安学

长安(这里指大长安,即秦中地区),作为中国历史上具有标志意义的大都会,其社会、政治、经济、文化各方面,都有较为完备的形态。无论自身结构的完整和典型,发育的完善和成熟,历史积累的深沉厚实,或是在国家历史进程中举足轻重的地位,在民族文化版图中的辐射作用,都值得我们在分门别类深入研究的基础上,进一步系统化、宏观化、学理化,形成"长安学"独有的整体文化视角和理论体系。

"长安学"的研究其实古已有之,千百年来从未中断。围绕"人文初祖"轩辕黄帝开展的中华文化发生学的研究,围绕《诗经》开展的中国文学发生学的研究,围绕周代礼教和秦代改革逐步建立起来的中国政治学研究,围绕先秦关中水利建设开展的中国水利学的开篇,以"留得正气凌霄汉,著成信史照尘寰"的司马迁《史记》开其先河的秦地史学、中国史学,围绕汉唐研究发展起来的汉学和唐学,北宋大哲学家张载的唯物主义哲学"关学"(秦地民间有"家遵东鲁百代训,世守西铭一卷书"的家训,将张载和孔子并提),以孙思邈为代表的民族医学和药学,以及近年来兴起的"秦俑学"、"法门寺学"研究,等等。这些研究无论学科建设是否完备,也无论在学科层面是否得到认可,都作了大量的工作,出了许多成果,初步形成了自己的学术领域和人才群落。和其他地域相比,长安社会经济和文化的一个重要特点,是它对整个民族文化的全息性和辐射力。它是中华民族文化重要的源头,在相当长的历史时期内,它还是中华民族文化的标志和主体。因而在一定程度上可以说,“长安学”不但是“中国学”的一个有机组成部分,而且是“中国学”的一个重要窗口;在一定意义上也可以说,历代对我们民族和历史的研究,都为“长安学”的学科建设提供了前提和基础。

对于“长安学”的研究和建设,我思考不深,更无系统性意见可言,这里只能提出两点初浅的感受,以供各路方家参考。

第一,“长安学”研究要史论结合,史、论、人物、专题、资料全方位展开,但当下最重要是以论带史,对“长安学”作统摄性研究,使这门学科有大致定位,有宏观设置,有理论先导。

我们无妨组织有志者和热心人开展各个圈层的议论和探讨,集思广益、集腋成裘,形成一个比较有分量的总论式的开篇文章,对“长安学”的要旨、精义、体系、方法、在学术版图中的地位等方面,作出简要而又精到的论述。这件事所以重要,倒不在于讲究“开篇正名”,甚至主要也不在于这类总论本身的学术价值,主要是,做这件事的过程就是一个在学界寻求共识、理顺思路的过程,经由这个过程,有助于将相关的微观研究统摄到“长安学”这个大格局中来,也有助于将“长安学”一些最主要的精义渗透到具体的研究之中去,在一定程度上改变目前各自为政的微观研究多,总论研究和体系化设置相对不足的状况。唯如此,“长安学”才能大致看出轮廓,逐渐形成景观,而且从一开始便具有相当的理论色彩。

还有,考虑到“长安学”和古长安在中国文化和世界文化中的地位,“长安学”研究应该更加重视理论思维的开放结构。既要以宏观、开放的视野给“长安学”和它的相关门类定位,又要在关系的研究中揭示“长安学”的全息性和辐射力,在比较的研究中审视和发掘“长安学”在中国和世界格局中的意义。

第二,“长安学”研究要和原有各类相关研究(比如炎黄文化、法门寺文化、秦俑学的研究)衔接融通。“长安学”的提出,对已有的研究不是干扰,更不是否定,这都是自不待言的,但从学科建设的角度考虑,当前尤其要在发掘长安文化的内在特质上下工夫,要以长安文化的研究来为“长安学”的开创举行奠基礼。

各种人文学问的宏观化过程、纵深化过程、理论化过程,其实也就是文化化过程。特有的文化内涵决定着一门学问的特有背景和深层质地,也是一门学问在学林中自成景观的重要条件。在这方面,我似乎觉得在原有的各类相关研究中,存在“三不少三不多”现象:史料梳理和文物考证不少,对其中文化内涵作探幽发微的开掘还嫌不多;古代长安文化的论述不少,对近现代,尤其是当代长安文化的研究还嫌不多;从典籍文化资料(包括庙堂文化和山林文化)着手研究长安文化的不少,以坊间生活中的文化留存,尤其是以当下鲜活的社会文化心理为对象切入长安文化腠理的研究还不多。我想,当我们在一种群体的、自觉的状态下开展“长安学”的研究时,应该在整体设置和人力摆布上有意识地克服上述的不足,使“长安学”具有浓郁的理论气息、文化气息,具有鲜活的民间生活气息、现代生活气息。这几年,一些传媒陆续就秦人文化人格和社会心理组织过讨论,多少使这项研究朝公众的和心理的角度倾斜,一定程度上克服了原来研究的弱点。把秦人文化心理作为秦地文化研究的重要组成部分,我极表赞成。

同时,在一定意义上讲,社会的政治经济军事活动,以及社会日常生活,在由现实转化为历史的那一刻,同时也就由实践活动转化为文化积淀。以此故,长安文化的研究不仅应该在“长安学”研究中占有重要的地位,甚至还可以说,整个“长安学”就是秦文化之学,就是研究秦地政治文化、经济文化、军事文化、科学文化、历史文化、社会文化、艺术文化等等学问的总揽。

若说长安的政治经济文化在全国的地位,自古至今,恐怕最显赫的要数文化了。若说与“长安学”相关的原有各类学科研究成果,恐怕最丰硕的也要数文化研究了。关于长安文化在中华文化中的重要性,七八年前我在《光明日报》记者的专访中曾经这样通俗地表达过:绘制地图有“四色定理”,即只需用四种颜色便可以区分所有的地域,晕染中华民族的文化地图,大体也只需要“四色”,这便是京派文化、海派文化、粤港文化和长安文化。缺少这“四色”的任何一种,中国文化的地图将很难绘制。我总觉得中华文化大致是一种四分天下的格局。在这个格局中,长安文化带有沉厚的根性文化特色,在许多方面构成其他几个大文化板块的历史底色,对整个中华文化产生着重要的影响。拓展和深化长安文化的研究,不只使“长安学”有了坚实的基础,也会对中华文化和“中国学”的研究起到相当的作用。

探讨秦人文化心理的优势,有几个大背景。譬如中国古代社会鼎盛时期的社会人格中那种有为主义和奋发情绪;譬如十几个朝代建都于斯所培育的文化兼容精神和思维统摄意识;譬如几千年的文化积淀所造成的深沉厚实稳重;譬如相对贫瘠的自然条件和艰难的生存状态所锻打的刚毅强韧内忍;譬如周代的管理、秦代的改革、汉代的开拓、唐代的开放给秦人贯注的精气神等等,都赋予这块土地一些极为可贵的精神质地。

探讨秦人文化心理的弱势,也有几个大背景。譬如废弃的皇都意识和失落的贵胄心理;譬如村社文明的重农抑商、疏离市场;譬如小生产的小富即安、不思进取;譬如城墙里的静态生存、封闭自守等等,常常使这块土地上的人在现代社会陷入一种文化困境和心理尴尬。我曾戏言秦人在“八大怪”之外,恐怕还有“十大好”——好溯源,好为中,好称大,好静制,好不争,好自足,好自闭,好非异,好名分,好恋土,此类嗜好还可以举出许多。这虽然只是一些局部现象,且系极而言之,其中甚至带着戏说的成分,也未尝不可以作为研究秦地文化的一些线索。

研究“长安学”,在著述研究的基础上,要加强学术交流,共创共建学术平台,使个体的、部分的思考成果，尽快转化为整个学界共同的财富。“长安雅集·学术论坛”便是这样的一个平台，我们应该倾其全力办好它，将它办成一个全国性甚至国际性的文化论坛。要大幅度走出省门，走出国门，使西安成为向全国向世界开放的一个文化窗口。切忌大而无当，要抓住具有实质性意义的问题，将专题性和系列性结合起来，使每一次论坛成为整体研究的一个部分、一次积累。

譬如，根据时效性原则，在“丝路”申遗前后，做好丝绸之路沿线各省和相关国家文化人参与的专题《长安论坛》，促进申遗，叫响“世界遗产，丝路起点，古都长安”的口号。然后，在适当的时候还可举办有西安、洛阳、郑州、安阳参与的“古三代都城线《长安论坛》”；有西安、洛阳、北京、开封、南京、杭州、郑州、安阳参与的“中国八大古都《长安论坛》”；有西安、宝鸡、天水、兰州、西宁、格尔木、拉萨以至尼泊尔、印度参与的“唐蕃古道《长安论坛》”；有西安、汉中、宝鸡、成都、凉山、大理、瑞丽以至缅甸、泰国参与的“蜀道—南方丝路《长安论坛》”，等等。

还可做东方文化专题性和长线性的《长安论坛》。譬如，在盛唐文化、日本遣唐使和西安—京都、西安—奈良友好城市等文化背景上，做“中、日文化艺术交流的《长安论坛》”。在玄奘西行取经、鸠摩罗什东行传经等文化背景上，做中国和印度、中国和中亚、南亚相关国家文化交流的《长安论坛》。还可以举办中韩文化交流的论坛。中、日、印、韩都跻身于亚洲甚至世界上快速发展的国家之列，处理好和这几国的政治、经济、文化关系，对国家的安全发展、亚洲和世界的和平稳定有很大意义。把东方文化版块的《长安论坛》做好了，相互加深了历史认同和现实交流，对东方各国的多边关系无疑能够起到润滑剂和缓冲器的作用。

还可以做世界五大古都文化对话的专题性《长安论坛》。长安、雅典、罗马、开罗、君士坦丁堡（即现在土耳其的伊斯坦布尔）是公认的世界五大古都，长安是五大古都中唯一的东方古城。《长安论坛》抢占这个平台，便抓住了我们最重量级、最核心、无可争议的优势，随后可以逐年逐城举行古都对话。

西安作为“古都对话”活动的发起人，不仅可以进一步确立自己的世界古都地位，还可以利用这个平台开展强有力的对外文化宣传、对外经贸活动。例如，建议五大古都举办不定期的市长论坛或经贸洽谈会，并把西安作为永久会址；建议成立世界古都民间联络组织，条件成熟后，还可进一步升格为相关国家在古都互设领事馆，等等。

每次论坛除了开展学术研讨，同时安排乐舞、书画多项文化项目的展示。每次都要组织中外媒体、特别是中央和国际电视媒体的现场跟踪报道，形成舆论关注热点。

在出版《四部文明》书系的基础上，将西安打造为国家级周秦汉唐研究中心。利用《四部文明》的资料，分期分批重点研究周秦汉唐的核心精神，不断推出成果。譬如，鉴于商鞅变法、文景之治、贞观之治、开元之治，以及汉唐盛世都在这里，便可以打通研究中国古代的改革精神和有为主义。

优先抓好与民族精神家园有关的物态留存的修缮与重建。如西南郊仓颉造字台、董仲舒墓地下马陵、以碑林为中心的中国文字和书艺一条街,等等。

总之,“长安学”的创建和研究这件事,工作量很大,牵扯面很宽,要求很高,路很长,只要拿出秦人的执着,我想总会干出一点名堂来的。

长安·长安文化·长安学

朱利民

（西安市社会科学院社科基金规划办　陕西西安　710061）

摘　要：本文围绕长安、长安文化、长安学三个话题进行讨论，试图把长安、长安文化放在建设中华民族共有精神家园的视野下进行形而上的思考和形而下的探索，为构建长安学提供科学的检视和理论思考。

关键词：长安；长安文化；长安学

"弘扬中华文化，建设中华民族共有精神家园"，这是当代国人的神圣使命。这不仅引起了人们的普遍关注，而且也已成为理论界重大的研究课题。为此，我们试图把长安、长安文化放在建设中华民族共有精神家园的视野下进行形而上的思考和形而下的探索，为构建长安学提供科学的检视和理论思考。

一、兼容并蓄、博雅大气的长安

阳关大道，丝绸西往，佛法东来；城郭坊里，垂髫耄耋，熙来攘往；东市西市，华服丽质，人头攒动。来自世界各地的商人、工匠、艺人、留学生和官员数以十万计，他们带着不同的信仰和习俗，同住长安，和睦相处，有人甚至还想"转生长安"……

长安对外来文化始终保持一种好奇与兴奋，面对潮水般涌入的外来文明，不惧怕，不过敏，只用强健而自信的胃，大口吞噬，营养自己。长安帝陵的华表融汇了波斯的太阳印痕、印度的莲花底座、两河流域的多棱柱体、罗马的忍冬纹和卷草纹。华表决不是多元外来文化的简单拼装，而是一个赋予新生命的艺术整体。文化交流不是形式的互补，而是生命的碰撞。碰撞基于自信，交流基于自信，开放更基于自信。长安的自信是健康自由，是威武练达，是宽容博大，是阳刚之气，是人文关怀！太宗朝大年初一，五品以上胡人官员向文皇帝贺岁的竟达100人。这是人类文明史上的奇迹。

长安对外来文化始终保持一种主动态势。主动地输送，主动地迎取。拿，毫不介怀，全部拿来；送，义无反顾，毫无保留。从周穆王率七萃之士，驾八骏车，自宗周出，与西王母饮酒酬酢于瑶池，到撒马尔罕金桃飘香弥漫朱雀大街；从爱琴海边的天使、恒河的天人，到徜徉在长安天空的羽人、壁画中的飞天；从张骞“凿空之行”、玄奘“西天取经”，到华容出塞、鉴真“扶桑东渡”。正是由于长安与罗马相互虔诚的取和真诚的送，才使得欧亚贸易和文化交流畅通无阻并绵延东伸。鉴于此，如果抛开长安的文化传承功效和文明创新成就，便无法对中华文化进行全面科学地解读、传承和光大。

二、传承与创新视野下的长安文化

当世界尚在酣睡之时，扬帆奋进的长安已施惠、受惠天下了。就人类文明的起源而言，周秦汉唐的长安既是世界物质文化的中心，同时也是这一时期世界非物质文化遗产的源头和中心。

就中华文明而言，周秦汉唐在长安孕育而生；中华的礼仪、节俗、百戏、衣食住行，无不打上长安的印记；“金文”、“小篆”、“隶书”、“汉人”、“汉语”、“汉赋”、“汉隶”、“汉瓦”、“汉文化”、“汉民族”、“唐人”、“唐诗”、“唐都”无一不在长安留下遗存。

就中华文化资源而言，周礼中所保留的大量古代氏族内部的相亲相爱的伦理情感，随着长安文化第一次文化远征与输出而传播于齐鲁大地，并且通过齐鲁士人的演化和弘扬，构成了中国封建传统文化核心——儒学。

就文化精神而言，从西周“以德配天”、“敬天保民”人本思想的萌芽，到汉唐“民为贵”、“民为舟”人本思想的形成，宗周的伦理文化爆发出旺盛的生命力，进而孕育了中华文化铺张扬厉的恢宏气度、锐意进取的价值取向、宏阔开放和雍容豪迈的精神风韵。

就文化地位而言，长安与希腊、罗马、埃及、印度和巴比伦在人类文明史和世界文化大格局中的作用和特殊地位精彩纷呈。

就文化特征而言，如果赋予长安文化人格化的内涵，那么周人的文化性格是质朴与谦恭，秦人是强悍与暴烈，汉人是自信与宽容，唐人是大度与雍容。

总而言之，研究、建设中华民族共有精神家园视野下的长安文化，是提升国家文化软实力的需要；是积极适应全球化时代世界文化交流、交融、交锋更加频繁的需要；是自觉应对改革和社会转型时期人们思想文化、价值观念多元并存的现实状况的需要；是在文化建设中坚持以民族优秀传统文化为根基，努力把全国各族人民紧紧团结和凝聚在中华文化的旗帜下的需要。同时，研究建设中华民族共有精神家园视野中的长安文化，也是长安学学科建设的需要。

三、建设中华民族共有精神家园，为构建长安学提供了千载难逢的机遇

长安文化博大精深，其宗教文化资源、关学思想资源、长安建筑文化资源、长安民俗文化资源、古长安诗歌舞蹈文化资源和当今西安研究长安文化的团队力量等等，足以构建一个专门学科“长安学”并对其进行科学研究。将长安文化的特殊贡献系统梳理，不仅是构建专门学科“长安学”来进行研究的内容，而且是建设中华民族共有精神家园的题中要义。建设中华民族共有精神家园视野的长安学，是地域文化学发展的理论自觉；建设中华民族共有精神家园视野下的长安学，是从文化比较和当代文化功效的层面重新审视长安文化与华夏诸多民族文化关系的需要；建设中华民族共有精神家园视野下的长安学，对于解读长安、长安文化在人类文明史和世界文化大格局中的特殊地位和作用，彰显城市个性与城市精神，将是一个全新的视角。

具体而言，提炼长安文化精神，探究其在中华民族共有精神家园建设中的地位和作用，这是长安学的创新之一。长安文化具有与中华文明起源的一致性、完整性和持续性，特别是以史前、周、秦、汉、唐文化为代表的文化体系，已经成为中华文化的象征和核心。探索弘扬中华文化之路，这是长安学的创新之二。长安学的构建，无疑是将长安文化与当代社会、现代文明相协调、适应，从而保持长安文化的系统性、科学性、民族性、地域性，充分体现时代性。

长安学亟待解决的重点与难点，一是文化的多样性与文化特性关系的处理；二是传统文化与现代文明关系的处理；三是既不能丢掉民族文化的主体性，也不能过分强调区域文化遗传基因和文化密码。长安学研究的方法与途径，应以文化学、社会学的研究方法为主，借鉴政治学、历史学、考古学等多学科的研究理论与成果，在弘扬中华文化中构建长安学，在继承中华文化中发展长安学，使之与中华诸多民族的文化一起成为建设中华民族共有精神家园的基石。

长安学榷议

李小成

（西安文理学院文学院　陕西西安　710065）

摘　要：本文从“长安学”的提出入手进行探讨，认为作为13朝古都的长安，从周、秦到汉、唐创造了灿烂的中华文明，这种文明的背后有一种理性的文化符号，对此可以将它升华到一种系统的理论的层面来认识，深厚的文化底蕴足以支撑一门学科的建立；指出长安学典籍的整理与编撰乃为当务之急；并提出了近期长安学研究的初步设想。

关键词：长安；长安学；学科建设

“长安学”这个名词，是随着近几年来西安大都市的建设，和西安一步步国际化而提出来的。我认为这里可能也受到了“徽学”、“延安学”等地域文化研究的影响。在学术界，有关长安文化的各方面研究成果很多，而把它上升到“长安学”的地位还尚未成熟。有部分学者接受这种“长安学”的说法，恐怕大部分学者还处于观望阶段。作为区域文化研究的“长安学”要被学者们所接纳，使其成为一门学问甚或是学科，还有一段相当长的路要走，还需要学人们，尤其是身处长安故地的学人们作出坚实的努力才行。

一、“长安学”的提出

早在2000年春，在《人文杂志》举办的座谈会上，有学者就提出了“长安学”这一概念。近几年来，陕西省文史馆馆长李炳武先生力倡“长安学”，已经做了许多基础性的工作。2006年10月27日，全国部分省区市参事工作和文史研究馆工作座谈会在西安召开，陕西省常务副省长赵正永在会上介绍了省参事室及文史研究馆工作的情况，对做好新时期参事工作和文史研究馆工作提出了建议。他认为省参事室和文史研究馆取得了显著成绩，如开展“长安学”的系统研究，出版一系列学术著作，精心举办两届长安雅集活动，精心打造“长安雅集”这一文化品牌，对提升陕西的文化地位和在海内外的知名度起了作用。这次长安文化与中国文学学术会议的召开，就是陕西师范大学和陕西省文史馆同仁共同努力的结果，期望加大研究力度，使“长安学”成为中西方学者共同关注的一个学术论题。他们将全面启动《长安丛书》一百卷的编纂工作，力争编辑出版一些学术专著。同时，要编纂《陕西古籍总目》，开展诗词创作和采风活动以及其他艺术活动。2008 年 10 月，在西安召开的“中国第三届长安雅集大型国际文化活动”，在主题“大唐西市 · 长安文化与精神家园建设论坛”中，国内学者聚焦“长安学”，王巨才、文怀沙、霍松林、舒乙、刘庆柱、方光华、赵世超、肖云儒等学者们对李炳武先生力倡的“长安学”发展献言献策。李炳武认为长安学研究的核心是盛世文化，长安学研究的特点是时代关怀，长安学研究所秉持的精神是开放包容、创新进取。评论家肖云儒先生认为，长安学研究的现状存在“三不少三不多”，即史料梳理和文物考证不少，但对其中文化内涵作探幽析微的开掘尚不多；古代长安文化的论述不少，对近现代尤其是当代长安文化的研究尚不多；从典籍文化资料着手研究长安文化的不少，以坊间生活中的文化留存，尤其是以当下鲜活的社会文化心理为对象切入长安文化深层次的研究还不多。这个建言应该引起人们的思索。

2007 年，西安市社科院还组建成立了长安学研究所，正式提出“长安学”学科概念，对古今长安的文化历史等开展系统研究。这一提案由政协委员周大鹏提出。对于这一提案，市委主要领导批示，要求相关部门进行研究，并重点办理。据悉，研究部门将争取市政府设立专项基金，充实科研力量；争取有关支持条件，创建《长安学刊》。同时还将发行《节日西安》系列丛书，系统地介绍西安的传统节日。

2007 年，在“西安碑林与碑刻研究的历史与文化空间”国际学术研讨会上，北京大学历史系荣新江教授又提出了“长安学”的构想与期望。2008 年 7 月，荣新江教授率领“2008 长安见学之旅”一行 12 人，访问了陕西师大西北环发中心，并与中心的研究人员就“长安学”的话题进行了广泛的学术交流。座谈中，侯甬坚教授提出了一些想法：第一，长安、西安等名称，在历史上的使用时段及其变化，应该有一个细致、完整的研究，以此构成一些重要概念的基础；第二，“长安文化”概念应给予讨论和界定，这是各个学科研究、社会宣传等方面工作迫切需要的一种学术指导；第三，对西安城市史的研究，后都城时代及丰镐时期的研究相对薄弱，还需要加强，不如此则不能建立比较完整的西安城市史研究系列；第四，相对于千年古都长安及其后都城时代的漫长城市史，学术界还没有出现多卷本、高水准、可以与长安城历史比肩对映的学术系列著作，各个方面自当不断积累，勇于开拓。荣新江先生谈了敦煌文化和长安文化的关系，他认为专门做长安，真正研究长安还应在西安，不管是“西安学”还是“长安学”，只要具有扎实、实在的学风，一定能把它研究好。荣教授还介绍了他在北京大学组织的“长安读书班”的相关情况。对于“长安学”，人们有不同的看法，历史学者认为称“西安学”较好。“西安学”研究的空间也很大,但有人提出西安的“皇城复兴计划”,可能里面包含的商业期冀比较大,还有待商榷。

二、深厚的文化底蕴足以支撑一门学科的建立

长安作为古都,在中国曾建都城中历史最为悠久,用“八百里秦川文武胜地,五千年历史古今名城”这句话可作深刻的概括。《三辅黄图》卷一云:“《禹贡》九州岛,舜置十二牧,雍其一也,古丰、镐之地。”①元人骆天骧在《类编长安志》卷一《总序》云:“长安,厥壤肥饶,四面险固,被山带河,外有洪河之险,西有汉中、巴、蜀,北有代马之利,所谓天府陆海之地也。乃《尚书·禹贡》雍州之域,尧封后稷于邰(今武功县),舜置十二牧,雍其一也。又公刘居豳,大王徙岐,及文王作丰,武王置镐,雍州为王畿。平王东迁,以岐、丰之地赐秦襄公,至孝公始都咸阳。始皇并天下,置内史以领关中。项籍杀子婴,分其地为三:封章邯为雍王,都废丘(今兴平市东南的阜寨、南佐一带);司马忻为塞王,都栎阳(今西安市阎良区武屯镇东北的古城屯);董翳为翟王,都高奴(今延安市东延河东岸);谓之三秦。汉高祖元年,更雍州为渭南郡……自周、秦,历汉、西魏、后周、隋、唐为帝都,以为奥区神皋之地,信乎!”②元代安西路儒学教授贾、王二人在《类编长安志》序中说:“长安,古之都会也。自周、秦、汉、魏、唐已降,有国者多建邦于此。所以山川之形胜,宫室之佳胜,第宅之清胜,丘陵之名胜,为天下最。”③古都长安,为我们留下了丰厚的历史文化积淀。自西周起所奠定的典章制度、礼仪文化和物质文明,深刻地影响了中华民族的发展史。因此,创造了周、秦、汉、唐盛世文明的古都长安,不纯是一个简单的地理概念,它已经是中华古代文明的象征,蕴含着长治久安的深刻寓意。

省文史馆何先生撰文认为:“长安学应该是一门综合学科,它涉及政治、经济、军事、外交、宗教、科技、历史、文学、思想、艺术、历史地理、自然环境等方面内容,遍及历史学、考古学、文学、地理学、经济学、哲学等多学科的研究领域。”主要会涉及以下几个领域的研究:一是政治体制。武王灭商,建立周朝,实行分封制;周公姬旦辅佐武王、成王创立礼制。秦国建立了“户籍相伍”制度,以及秦统一后推行的郡县制,把中央集权的行政新体制扩大到了天下,成为了后世王朝行政制度的典范。二是经济政策。周人的始祖后稷“教民稼穑”,周人得以强大,推翻商朝,建立了强大的西周王朝。西陲之秦,始亦为弱小,然至秦穆公时才“益国十二,遂霸西戎”。直至“商鞅变法”,奖励耕

---

① 何清谷:《三辅黄图校释》,中华书局2005年版,第1—3页。

② 骆天骧:《类编长安志》,三秦出版社2006年版,第1页。

③ 同上。

战,发展经济,秦国才得以强大。汉之初建,采取了“休养生息”的经济政策,出现了“文景之治”,使社会经济和人民生活得以恢复。唐初经济凋敝,统治者实行“均田令”和“租庸调法”等,才出现了“贞观之治”、“开元盛世”。三是军事保障。秦行商鞅之法,鼓励庶民建功疆场,功者晋爵,私斗则罚,宗室无战功者不能晋爵,从而使秦成为“虎狼之师”。至汉,武帝先后建立了期门军、八校尉、羽林军,使京师有了一支可以由中央随时调遣的“长从”之师。国力、军力的增强,军事上由被动转为主动,基本消除了匈奴的威胁,亦保障了“丝绸之路”的畅通。隋唐前期所用府兵制,既便于朝廷随时调集,又可以拱卫京师,巩固中央集权,是一种极其周密的中央集权的军事制度。四是文化学术。秦始皇统一文字,为文化学术的繁荣作出了很大的贡献。汉初,奉行黄老思想,对社会经济的恢复和发展起到了积极的作用,而汉武帝“独尊儒术”,统一思想,使中华文化在各个方面都取得了辉煌的成就。司马迁撰《史记》,为“史家之绝唱,无韵之离骚”,影响及于史学与文学。唐,乃为诗歌之黄金时代,流传至今的诗人2200多人,流传下来的诗近5万首。山水画和书法亦为一代绝响,风格各异,流派纷呈。隋唐时期,特别是唐代,华夏文化的繁荣更是达到了前所未有的高度。在开放、开明、包容兼蓄的政策下,无论历史、文学还是艺术成就都是辉煌灿烂的。五是哲学思想。作为中国传统文化思想主干的儒学,其开创者孔子,他所崇尚的就是西周的礼乐制度,他的思想理念直接源自于周文王的礼乐文化。唐代儒、释、道三者融合,各有自由发展的空间。然总体侧重于儒,但佛在当时亦盛。唐在中国哲学史上承前启后,为宋之理学开了先河。六是宗教文化。源于古印度的佛教,自西汉末年传入中国。历东汉而南北朝,时已大盛。唐代,玄奘西求佛法,大量佛教典籍被介绍到东土。佛教各宗派逐渐形成,长安城内佛寺林立,已成为国际佛教中心。而本土的道教,时奉国教,与儒、佛三足鼎立。不仅如此,景教、摩尼教、伊斯兰教等亦相继传入东土。因此,长安宗教文化及其政策,亦有丰富的内涵。七是对外交流。汉武帝派张骞通西域,开启了以长安为起点的丝绸之路,它将黄河文明、恒河文明、两河文明、希腊文明等诸多人类文明最重要的起源地串联在一起。唐长安城的中亚胡人达四千多人,大食国与唐王朝不断有使节来往,[①]日本则派出了一批批遣唐使来到长安学习,使双方文化得以交流。八是科学技术。秦始皇陵的建筑和被誉为世界第八大奇迹的秦兵马俑,向世人展示了秦时先民们高超的科学技术手段和丰富的科技知识。隋匠李春设计建造的赵州桥,是现存世界最早的单孔石拱桥,其建造方法,在世界上也是首创的。僧一行在世界上第一次实测了子午线的长度;《唐本草》是世界上第一部由国家编订的药典;唐中晚期出现的印刷

---

① 大食:唐、宋时期对阿拉伯人、阿拉伯帝国的专称和对伊朗语地区穆斯林的泛称。唐代文献将阿拉伯人称为多食、多氏、大寔,宋代文献多作大食。《酉阳杂俎》卷一〇《物异》:“大食西南二千里有国,山谷间,树枝上生花如人首,但不语,人借问,笑而已,频笑辄落。”

术,更是中国科技对世界文明的一大贡献。九是人事制度。秦灭六国实乃争夺人才之战,譬如尉缭、李斯、郑国等其他国家的人才,在秦实现了抱负。汉武帝用人,不拘一格,如卫青出身贫贱,却能委以重任。金日磾本是匈奴人,武帝临终竟托孤与他。唐太宗"拔人物则不私于党,负志业则咸尽其才"①。他不计较人才来源于何种政治集团,不计较恩仇亲疏,不计较出身经历,善于用人之长,不求全责备;注意官员品德,防止佞臣得宠。十是民族精神。西汉张骞九死一生,西行至帕米尔;唐僧玄奘历尽千辛万苦到达天竺,学成取经回到大唐。这种敢想敢干、忠国为民的开拓精神就是我们民族精神的体现。唐人的开拓进取、积极参与,特别是当国家危难之际,表现出舍身报国的高尚情操。汉乐府和唐诗中许多诗句就典型地反映了这种精神风貌,如李白的"安得倚长剑,跨海斩长鲸",李贺的"男儿何不带吴钩,收取关山五十州"等。

作为13朝古都的长安,从周、秦到汉、唐创造了灿烂的中华文明。这种文明的背后有一种理性的文化符号,对此可以将它升华到一种系统的理论的层面来认识。丰富的周、秦、汉、唐文明,深厚的文化底蕴足以支撑起"长安学"这门学科。它的内涵如此深厚,涉及面如此广博,涉猎到的典籍许许多多、方方面面。我们需要分门别类地去研究,但文、史、哲可分可合,依各人功力而定,不可一概论之。

既然我们要把长安学作为一门学问来研究,那就得首先确立研究的对象。比如,敦煌学,有那么多的卷子和绘画。有着五千年历史的名城——古都长安,为我们留下了丰厚的历史文化积淀,这些都是我们的研究对象。在创造了周、秦、汉、唐灿烂文明的长安大地上,完全有条件、也应该建立一门长安学。从20世纪80年代起,经过老一辈专家学者多年的不懈努力,学术界对于长安的研究,已经取得了一些成果,这为今后的研究打下了良好的基础。除了传统的传世文献外,丰富的文物古迹遗存、大量的考古发掘资料、碑石墓志资料也为研究的进一步开展提供了方便。时至今天,已有相当一批学者开始注意到长安学研究的重要性,并且大家形成了一定的共识。陕西师范大学文学院以"长安文化与中国文学"这一课题(国家"211工程"三期重点学科建设项目)为起始,组织学术界各方力量展开具体而扎实的研究。

三、长安学典籍的整理与编撰乃为当务之急

对长安学的研究不是近几年才开始的,其实,早在20世纪80年代中著名史学家史念海先生和陕西省古籍整理办公室已经率先而行了。当时他们编纂出版"古长安丛书",由史念海先生担任主编,三秦出版社负责出版。但只是推出了《隋唐两京丛

① 《旧唐书》卷三《太宗本纪下》,中华书局1975年版,第63页。

考》和《三辅黄图校注》,不过他们给长安学研究做了一些扎实而必要的基础工作。2006年三秦出版社出版了"长安史迹丛刊",收入了以前出版过的三本书籍,组成一套全新的丛书,即《类编长安志》、《西京杂记》、《三辅黄图校注》、《三秦记辑注　关中记辑注》、《三辅决录　三辅故事　三辅旧事》、《关中佚志辑注》、《两京新记辑校　大业杂记辑佚》、《游城南记校注》、《南山谷口考校注》、《隋唐两京丛考》10本、14种书。这套丛书可以说是基本上概括了古代关中尤其是长安地域文化的重要典籍,其总序仍采用先前史念海先生原撰之文。在《总序》中,史先生对长安文化研究的这套丛书有一个大致的设想,他说:"当前党和政府组织各方力量整理古籍,允为一代盛事。'古长安丛书'也得在这盛世开始编纂,早日克奏肤功,是各方共同的期望。由于前贤有关著述相当繁多,'古长安丛书'拟分集编纂,近人撰述亦往往有涉及古长安的,自应一并收录,俾究心往事者,不必多所问津。初步斟酌,分成五集:甲集、整部撰述,或后世的辑本;乙集、专篇撰述,或由其他著作中节录的有关篇章;丙部、记游撰述而集成专著者;丁集、诗词歌曲;戊集、近人专着。如前所说,有关古长安的撰述,由于传世已久,难免多所讹误,且刊本较多,间有相互参差之处。故整理时,务须详加校勘注解,俾使章节句读的斟酌,字词义例的阐释,篇章段落的分析,情绪思想的反映,皆能有所显现。这都是整理古籍的基本功夫,无容多所赘陈。"①在这里我们可以看出,史先生对"古长安丛书"所作的大致勾勒,因多种原由,虽未付梓,先生之愿未遂,但这些构想对我们今天开启的"长安学"研究,无疑也是一种极有价值的参考。

要从事"长安学"的研究,必须占有尽可能多的与长安有关的一切资料。目前我们在古籍的整理、编纂、出版等基础研究方面还做得不够,应该继承史念海先生未竟的事业。所以,有关撰述古长安方面典籍的整理与编撰,是我们目前在"长安史迹丛刊"的基础上所要开展的工作。我们要依靠国内外学人的力量,做好前期研究的古籍整理工作,为将来的理论研究打下坚实的基础。著名的学者没有不重视基础研究的。姜亮夫先生之所以能在敦煌学研究方面取得那么多的成就,这与他对基础研究的重视是分不开的,他在讲到对敦煌学的研究时说:"编工具书这件事,我们研究学问的人,非做不可,可惜有些学人看不起工具书和编工具书的工作。回忆我的老师王国维先生,他每研究一种学问,一定先编有关的工具书,譬如他研究金文,就先编成了《宋代金文著录表》和《国朝金文著录表》,把所能收集到的宋代、清代讲金文的书全部著录了。他研究宋元戏曲,先做了个《曲录》,把宋元所有的戏曲抄录下来,编成一书。所以,他研究起来,就晓得宋元戏曲有些什么东西,哪个戏最早,哪个戏最后,哪个戏同哪个戏的关系怎样,历史关系怎样,地理关系怎样,人物关系怎样等等,都清清楚楚。他的《宋

① 史念海:《长安史迹丛刊·总序》,三秦出版社2006年版。

元戏曲史》虽然是薄薄的一本书,但是,至今已成为不可磨灭的著作。因为他的东西点点滴滴都是有详细根据的。所以,我也喜欢做工具书,我不怕人家笑话我,你这个专家为什么编工具书,做一个编工具书的人呢?我并不以此为耻,反而认为做工具书是我们每个学人应当负起的责任。"①我觉得姜亮夫先生讲得非常好,非常深刻。

要有扎扎实实研究的学风,这是把"长安"的相关研究上升到"学"这个层次的关键因素。20世纪的汉唐文化研究取得了不少成就,但也存在许多问题和缺陷,没有形成真正的"长安学"研究。中国学者多从经济史、制度史和政治史旁涉周秦汉唐研究,没有专门领域的研究,不少研究略嫌空泛,不够深入;在理路和方法上或是采取局部和个案的研究,或是分政治、经济、社会文化等领域进行阐述,缺乏明显的理论关怀和方法解释,缺乏问题意识和理论指向。在学术机制上,研究多以个人研究为主,多为散兵游勇式的单打独斗,没有形成研究或"学术共同体",学者间缺乏回应和对话、砥砺和辩驳,从而难以形成成果的累积;另一方面,也不够注重学术梯队的建设,研究缺乏继承性和连续性,因而缺乏深度。

四、近期长安学研究的初步设想

目前地域文化研究,学术界纷纷为之。长安学亦属地域文化研究之一种,显得是刚刚苏醒,好在我们已经意识到了这个领域的重要了。自20世纪80年代以来,有一批新老学者致力于长安文化与思想的研究,在这里默默地耕耘,出版了一些质量较高的学术专著,有黄新亚先生的《长安文化简论》(陕西师范大学出版社1987年版)、《三秦文化》(辽宁教育出版社1998年版),赵吉惠先生的《三秦文化》(山西教育出版社2006年版),李浩先生的《唐代关中士族与文学》(台湾文津出版社1996年版),耿占军先生的《唐长安的休闲娱乐文化》(西安地图出版社2000年版)等。

长安方言研究也应是今后努力的一个方向。据2007年10月11日《西安晚报》报道:黄河机械厂退休工人伍永尚,以十年心血撰写了《原生态的西安话》一书,西安交大出版社出版。该书近日出版后,得到社会重视,陕西日报社原总编骞国政说,目前国内掀起了"国学热",由于西安是13朝古都,"长安学"古老、丰富,是国学的一个重要基础。目前"长安学"热尚需增温,特别是对长安方言的研究还不够,专家学者应当像伍永尚这样下工夫研究"长安学"。省文史馆馆长李炳武说,他们从去年开始组织编写"长安学"丛书,计划用5到10年的时间出100部,每部百万字,作者为文史馆馆员、研究员及社会各界著名学者等,正在编写的有10部。

---

① 姜亮夫:《敦煌学概论》,云南人民出版社1999年版,第5页。

域外长安学的研究,也是我们今后关注的一个重要方面。长安底蕴深厚,不但对中国古代历史文化以及文学都产生了很大的影响,同时对域外文化也产生重要影响。

为了把长安学的真实面貌展现给世人,通过对长安的政治、经济、社会、思想、文化、民族、对外关系等方面的进一步研究,通过对长安历史的论述,给今天的人们提供一些教益和启迪。希望省、市社科联启动"长安学"的研究项目。以西安的人文社会科学重点研究基地为依托,以研究院所的研究员、高校教师为主要骨干,邀集省内外、国内外相关领域的学者,从政治制度、国际关系、地域结构、女性与社会、宗教信仰等多方面、多视角地研究周秦汉唐历史的各个方面,用跨学科的方法并借助今天科技进步提供的一些技术手段,揭示长安的伟大。要建立"长安学研究院",像北大的"盛唐工程"那样,规划相关课题,如"长安文献要籍研究"、"长安简史"、"考古艺术所见的古长安"、"长安文学史"、"长安方言长编"等,投入一定的科研经费,建设国内一流的长安学研究资料中心,在此基础上,建设长安学史料和研究文献的数据库,使这里成为全国、全世界的一个以周秦汉唐为中心的长安学研究平台。要出版一份《长安学》研究的学刊,争取办成核心学术刊物。西安作为文化大都,学术单位林立,可社科类核心期刊太少,研究成果不能及时转化为社会效应,这与文化大都显得极不协调。要定期召开大规模的、高层次的"长安学国际学术研讨会",扩大影响,推介学术研究成果。

创立"长安学"是一个大工程,如何找到它的内在规律,建立完整的科学体系,还有赖于众多专家学者的积极参与。"长安学"的题目大、范围广、内容多,应该从基础的文献建设开始。先从汇集整理我省丰富的文献资料和考古史料做起;同时,开"长安学"讲坛,设"长安学"专栏;边建立、边研究、边讨论。动员组织一大批造诣深厚、热心研究的饱学之士从不同角度来开展工作。这样大的学术工程要由政府部门出面组织,如此才能为学者们建立了一个长期研究的平台,又能为文化大省建设作出应有的贡献。

彰显多元文化魅力的“长安学”建构刍议

田文棠

（陕西师范大学　陕西西安　710062）

摘　要：长安曾经是中国历史上13个王朝建都的地方，特别像周、秦、汉、唐这样一些强盛的帝国，都曾依托长安和关中地区比较富庶优越的经济条件和极其重要的地理位置发展壮大起来。长安又是中古时期中国文化的中心，从长安文化所涵盖的思想文化内涵来看，道家思想或道家元素始终是具有主导作用的重要因素之一。因此，“长安学”的建构很有必要。这有利于从新的视角深入研究中国传统文化发展变化的基本规律，也有利于建构适应新时代需要的新的文化体系。

关键词：长安文化；多元文化；文化中心；“长安学”；建构

长安曾经是中国历史上13个王朝建都的地方，有着长达1120年的建都史。特别像周、秦、汉、唐这样一些强盛的帝国，都曾依托长安和关中地区比较富庶优越的经济条件和极其重要的地理位置发展壮大起来。“周文化就发生在现在陕西省之东部，黄河大曲之西岸，渭水两岸，及流入黄河的桠杈地带。”①古代的周原和关中一带，不像现在这样干旱，气候也比现在温和湿润。当时，这里不仅有数不清的河流溪涧，而且还星罗棋布着诸多水泉泽薮，有着各种鱼类和植物资源，适宜于农业耕种。②

一、长安与历史上的周秦汉唐

周平王东迁洛阳之后，秦人氏族，作为一个无身份、无地位、无地盘的弱小奴隶氏族，因其擅长养马，且守护“西陲”有功，遂有秦襄公被周平王封为“诸侯”之事，并将“岐以西之地赐于秦”，允其建国。但当时的“丰岐之地”及其以西的大片土地，经常受到戎狄部落的侵扰，而“丰岐之地”的东边，即关中东部还有西周留下来的梁、芮小诸侯国。这使秦人无驻足之地，更增强了他们的忧患意识，激发了他们东征西伐的历史

① 钱穆：《中国文化史导论》，商务印书馆1994年版，第2页。

② 竺可桢：《中国近五千年来气候变迁的初步研究》，《中国科学》1973年第2期。

使命感。在秦襄公到秦穆公的时代,先后用了120多年的时间,消灭了梁、芮小国,并"用由余谋"离间西戎首领,将其彻底打败。至此,从陕西、山西交界处的黄河西岸起,直到遥远的西方,至今甘肃中部以至更远的地方,都由秦国所控制。这就是秦穆公时代"开地千里,遂霸西戎"的丰功伟绩。商鞅变法之后,秦孝公又以优厚的条件招徕晋人来秦垦荒种地,到战国末年,关中地区大部分已成为肥沃良田。所以,司马迁在《史记》中说,"关中自汧雍以东,至河华,膏壤沃野千里。"秦惠文王时,又西取巴蜀,这样,秦国便"南有泾、渭之沃,擅巴、汉之饶",粮食与物资生产供应已不成问题。应该说这是秦之所以强盛乃至最后统一六国的坚实物资基础。

到了汉代,由秦王嬴政采纳建议,征发大量民工,并亲自主持开凿的横贯关中平原长达三百多里的郑国渠,已经成为关中地区主要的灌溉系统。所以,《汉书》云:"郑渠成,溉泽卤之地四万余顷,关中始为沃野。"可见富庶的关中地区,对大汉帝国的经济发展发挥了重要作用。但是,到了唐代中期,由于遭受战乱,又因历经多次分裂割据,关中地区得天独厚的优越条件,已经每况愈下,一年不如一年,正如钱穆所说:"据关中水利言之,唐又不如汉,而唐后又更不如唐。"①由此可见,长安和关中地区的经济状况,对汉、唐帝国的发展有着重要意义。

二、长安是中古时期中国文化的中心

长安作为丝绸之路的起点,又是中古时期中国文化的中心。钱穆先生在其《国学大纲》中说:"唐中叶以前,中国经济文化之支撑点,偏倚在北方。唐中叶以后,中国经济文化的支撑点,偏倚在南方。这一个大转变,以安史之乱为关捩。"②这就是说,作为汉、唐大帝国都城的长安,在唐代之前,一直是中国经济和文化的中心,对中国传统文化的发展和中外文化交流有着重要的作用。但自中晚唐及北宋以降,以安史之乱为起点,中国文化的中心逐步由北方的黄河流域转移到南方的长江流域。而这一转变的根本原因,正是由于多年的社会动乱使北方的经济文化遭到一次又一次的沉重打击,以至出现逐步凋敝衰落的趋势。

其实,这种衰落趋势,早在公元311年发生的"永嘉之乱"中,已露端倪。"属永嘉之乱,天下崩离,长安城中,户不盈百,墙宇颓毁,蒿棘成林"(《晋书·愍帝纪》),造成"中原萧条,千里无烟"(《晋书·慕容皝载记》)的惨破景象。唐代中期的安史之乱,更使黄河流域广大地区再度遭受浩劫,经济文化残破不堪,广大士民被迫南移,关东主要产粮地区如河南、河北、山东一带,均为安史余党所控制,以致南方成为唐王朝主要

① 钱穆:《国学大纲》(下册),商务印书馆1999年版,第753页。

② 同上书,第704页。

的粮食与财赋供应地。正如《全唐书》卷六三〇云:“天宝以后,中原释耒,辇越而衣,漕吴而食。”这说明中国经济文化中心在晚唐时期已开始移向南方。后来的“靖康之难”(发生于公元1126年),又给予北方经济文化以再度摧残,造成“灭顶之灾”,致使中国文化的中心终于不得不向南转移。

这种整体的文化中心由北向南的转移,必然给中国传统文化的发展演变带来巨大的影响,不但使其文化内涵的基本特征出现更多的变化,而且在文化发展格局上,也出现由汉唐时期长安文化所形成的以道家思想为主导的多元整合的文化格局,向北宋以后逐渐出现的以儒家思想为主导的多元整合格局的渐行转移。

众所周知,“儒道互补”是中国传统文化形成发展的一条主线。早在春秋战国时期,经过较长时间的百家争鸣,这条主线即已形成。由于儒道两家基本反映了中国封建社会内部中央政权高度集中与小农经济极端分散的矛盾运动,也基本涵盖了黄河流域文化与长江流域文化各自不同的特征,而“孔子更多地代表中央集权这一方面,强调等级制,严格上下关系,君臣名分等等;老子思想则强调‘与民休息’,轻徭薄赋,少干涉,清静无为,更多地代表了小农经济这方面。这两种思想贯穿了中国两千多年的历史”①。但是,由于中国封建社会在长期的发展过程中,经历了不同的历史时期和阶段,所以,这种“儒道互补”的文化发展格局,也就存在着前后不同的情况。如果说,由战国末期到北宋之前的一千多年时间里,中国传统文化“儒道互补”的文化发展格局,主要表现为以道家思想为主导的多元整合的文化模式,那么,北宋以降直至近代西学东渐之前,“儒道互补”的文化发展格局,则又主要表现为以儒家思想为主导的多元整合的发展模式。我们前面所说的长安文化或“长安学”也正好包含了从春秋战国末年直到北宋之前这一千多年期间,中国传统文化在周、秦、汉、唐时期发展演变的基本状况。

三、长安文化的思想内涵与特征

从长安文化或“长安学”所涵盖的思想文化内涵来看,道家思想或道家元素,始终是具有主导作用的重要因素之一。这不但从“本于黄老”的韩非法家思想,从《韩非子》的《解老》、《喻老》两篇文章突出法家与老子的关系中可以看出,而且,还可以从“以道德为标的,以无为为纲纪”的《吕氏春秋》,以及“其旨近老子,淡泊无为,蹈虚守静,出入经道”的《淮南子》中,看出道家思想的主导地位;汉初的黄老思想,唐代的“天人之辨”,以及道教的开坛设教,佛教的交流引进,又无不彰显着道家思想的重要作

① 任继愈:《中国文化的两大思想流派》,见《老子与中华文明》,第11页。

用。即是汉代董仲舒的儒学,不但其天人思想的形成有着道家思想的因素,而且,其儒学的“谶纬化”倾向,也因受到道家“自然为无”思想的反复批判,才得以清除化解,走上正常发展的道路。从汉唐时期的政治实践来看,汉初的“文景之治”,唐代的“贞观盛世”,也无不凸显着道家思想的文化魅力。

长安文化具有“大气开明”的基本特征。这主要是由道家的“大国心境”和儒家的“礼治情结”所产生形成的。道家以其哲学家的大视野、大格局和大气度来观察一切,在长期实践中形成其“治大国”的心境和有关“治大国”的战略策略,这在《老子》书中曾多次作出表达。儒家的“德治”和“礼治”情结,更是妇孺皆知,无人不晓。正是这种“大度”的道家气质和“开明”的儒家素养在长安文化,特别是汉唐文化中得到了完美的结合与充分的体现。而这种“道风儒骨”的巧妙整合,也正好体现出中国文化儒道互补发展轨迹的基本特征。

道家思想或道家文化为什么会在秦汉之际和李唐时期如此活跃,如此迅速地得到传播,又如此产生出诱人的魅力?这一现象的出现,从根本上讲,固然与儒道文化之所长不同有关,但从文化发展的外部条件来看,则与由于连年战乱儒家经典遭受毁坏散失以致儒学研究处于式微衰落状态有着很大的关系。韩愈在《原道》一文中,从维护儒家“道统”的立场出发,对战国末年以来儒学处于衰弱状态的真实情况,做出了比较客观的描述,虽然他对老子和佛家思想采取了“排斥异端”的态度,但也透露了道家思想主导当时学术论坛以至形成新的文化格局的新的情况。韩愈在《原道》中说:

> 斯吾所谓道也,非向所谓老与佛之道也。尧以是传之舜,舜以是传之禹,禹以是传之汤,汤以是传之文武周公,文武周公传之孔子,孔子传之孟轲,轲之死不得其传焉。荀与扬也,择焉而不精,语焉而不详。

这说明,儒家的“道统”在孟子死后即已中断,连战国时代的儒家学者荀子和汉代的儒家学者扬雄,因其思想中更多吸收了道家思想中有关“天道自然”的成分,所以,不能列入“纯儒”之辈。那么,汉代的儒学大师董仲舒,更因其儒学思想汲取了更多的道家和阴阳家的思想元素而不能称之为真正的儒家“传人”。所以,韩愈在其行文中连董仲舒的名字也未曾提及。这其中的奥秘也是不言而喻的。

对韩愈提出的儒家“道统中断”说,宋代“关学”领袖张载不但表示认同,而且也身体力行,为接续儒学“道统”作出了卓越的贡献。张载曾经把“为天地立心,为生民立命,为往圣续绝学,为万世开太平”,作为他的人生意愿和志向,并终生为之奋斗不懈。在这四句话中,“为往圣续绝学”最为重要,意思就是要为已经中断千年的儒家“道统”

即孔孟儒学尽心地接力传道，以便真正从儒学的根本上“为天地立心，为生民立命”，建构起适应时代需要的具有生命力的新的儒学。

韩愈的《原道》一文，虽然强调了接续儒家“道统”的重要，有着振聋发聩的作用。但他对道家思想的批判却是苍白无力的，这主要是因为他错误地理解了道家思想的原意，甚至达到了扭曲的程度。更让人不能理解的是，他竟然提出以“人其人，火其书，庐其居，明先王之道”的办法，来对付所谓的“异端邪说”。

四、对老子其人其书的评价

韩愈对老子的批判，对后世学者造成很大影响，致使一些有名的后世学者，不但视老子为“横水猛兽”，而且还将老子思想误解为阴谋家的诡计和权术，甚至认为老子是玩世不恭、游戏人生的悲观厌世者。更有甚者，竟将老子思想列为反文化的典型和代表。对于这种说法和看法，梁启超曾在自己的文章中做出了正面回应。他说：

> 常人多说老子是厌世哲学，我读了一部《老子》，就没有看见一句厌世的话。他若是厌世，也不必著这五千言。老子是一位最热心肠的人；说他厌世的，只看见“无为”两个字，把底下“无不为”三个字读漏了。

梁启超还说：

> 老子的大功德，是在替中国创出一种有系统的哲学。他的哲学，虽然草创，但规模很宏大，提出许多问题供后人研究。他的人生观，是极高尚而极适用。

梁启超对老子“其人其书”的评价，非常中肯，也非常深刻，真正触及到老子思想的实质，指明了老子学说之所长。综观《老子》全书，以下几点，尤其引人关注：

其一是开阔的视野。黑格尔在《哲学史讲演录》中，称道家“是以思辨性作为它的特性”的学派，其主要概念“道”就是“理性”，“就是道路、方向、事物的进程，一切事物存在的理性与基础”①，认为老子是“与哲学密切相关的生活方式的创始人”②，意思是说老子以“道”为核心概念所建构的“道法自然”的哲学，是一个包括着他的宇宙论、人生论和政治论在内的完整的哲学系统。在《老子》书中，同一符号形式的“道”字，却有着多种不同的含义，它既是实体存在，又是客观规律，还是人生的一种准则或典范。老

---

① 〔德〕黑格尔：《哲学史讲演录》第1卷，商务印书馆1978年版，第124—127页。

② 同上。

子开阔的哲学视野，正集中表现在他对宇宙和人生的种种规律作出的高度概括和深刻总结。比如：“道法自然”的规律，“循环往复”的规律，“对立转化”的规律，“以柔克刚”的规律，等等。老子的这些思想对于拓展人们的视界，活跃人们的思维，都有着极为重要的意义。

其二是战略的眼光。老子哲学的另一突出特征，就是他在观察任何问题时，总是善于从全局、大局、宏观和整体出发，抓住事物最基本的特征，做出简洁明快的判断；而其结论的针对性和深刻性，又常常不同凡响、惊世骇俗，具有很强的冲击力和震撼力。比如：关于“人法地，地法天，天法道，道法自然”（《老子》第二十五章）的“天人合一”的哲学论断；关于“以正治国，以奇用兵，以无事取天下”（《老子》第五十七章），“治大国若烹小鲜”（《老子》第六十章）的治国方略，以及“大国以下小国，则取小国”（《老子》第六十一章）的大国谋略；关于“执大象（即‘大道’），天下往，往而不害，安平泰”（《老子》第三十五章）的公关和外交策略；关于既反对战争，“吾不敢为主而为客”，又主张自卫防御，“抗兵相加，哀者胜矣”（《老子》第六十九章）的用兵战略；关于“和其光，同其尘”（《老子》第四章）及“韬光养晦”的发展策略等等。都是很有说服力的独到见解。难怪老子的学说，不但在和平年代受到有心治世者的关注，而且在战乱时期也被那些“明君能臣”所看重，甚至受到法家和兵家们的青睐。

其三是批判的精神。老子依据“天道自然”、“万物自化”的基本观点，对种种社会弊端进行了深入的批判。在他看来，“天之道，损有余而补不足。人之道则不然，损不足以奉有余”（《老子》第七十七章），为此，他深刻地指出，那些为政者和“贵生者”，为使自己得到奢厚的奉养，不惜横征暴敛，胡作妄为，以致政令繁苛，连年兵戎，造成贫富悬殊、百姓无法生活的悲惨情景。特别需要指出的是，老子对儒家繁杂的礼仪规定和过度的行为规范，以及儒家思想的保守性和封闭性，不但进行了深刻的批判，而且还形成传统，产生了深远的影响。对于老子的这种批判精神，荀子曾批评为“有见于诎，无见于信（伸）”（《荀子·天论》），意思是说，只有破坏性而无建设性。其实不然。老子在批判儒家推行的过度文明的同时，也提出“修之于身”、“修之于家”、“修之于邦”、“修之于天下”的有关“治国平天下”的主张。只是其根本的出发点和落脚点在于个体生命的扩展，在于个体作用的发挥。因为在老子看来，只有个体的自建、自强、自立，才有百姓“自化”的所欲、所为、所举，进而也才有修身、修邦、修天下的治绩之善。

其四是务实的态度。老子最讲究的就是求真务实，有利于国计民生。所以他在《老子》最后一章中说：“天之道，利而不害。”为此，他主张“去甚，去奢，去泰”，还将“慈”、“俭”、“不为天下先”列为“道”之最大的“三宝”，并将“持而保之”（《老子》六十七章）。在他看来，“治人事天，莫若啬”（《老子》五十九章）。因为只有“俭省”才近于无为，近于真实而合于“自然”，也才能达到根深蒂固、长生久活的目的。他所反对的，正是那些只说不做,只会装饰门面,只会"作乐设饵"以待来客的说"道"者。但在他们那里"道之出口,淡乎其无味,视之不足见,听之不足闻,用之不足既(尽)"(《老子》三十五章),实在是大逆不道的"盗竽",即强盗头子罢了。

五、建构"长安学"的意义

我们仅从以上几点中可以看出:老子哲学不但是有利于"治世"和"顺境"的理论学说,而且也是有用于"乱世"和"逆境"的思想武器,所以,在中国历史的早期和中期阶段,以及中国文化逐步走向繁荣昌盛的重要时期,更显出它的价值和魅力。我们之所以提出要建构"长安学",其意义在于想从一个新的视角来深入研究中国传统文化发展变化的基本规律,探索中国文化沉浮盛衰的主客观原因,以便有利于建构适应新时代需要的新的文化体系,使中国文化能够尽快地走向世界,并融入到世界文明之林,成为世界文明的一支重要力量。为此,我们计划按照"长安学"的发展思路,组织编写一套"长安思想文化名人丛书"或"长安学思想文化系列丛书",对出生于长安或长期旅居长安,且对长安思想文化的发展有着重要奠基作用的文化名人,诸如老子、司马迁、陆贾、董仲舒、王弼、僧肇、窥基、张载、王重阳和贞观君臣等,撰写其思想评传,为"长安学"的起步研究,提供必要的思想资料。

关于长安文化与中国文学研究的几点断想

杨恩成

（陕西师范大学文学院　陕西西安　710062）

摘　要:长安是中华文化的重要发祥地,长安文化以传说中的炎、黄二帝在关中的活动为先导,以丰、镐二京所奠定的礼乐文化为源头,在中国古代文化史上占有极其重要的地位。长安文化孕育了中华民族生生不息、积极向上的民族精神,具有本源性、系统性、多元性、包容性等特点。长安文化所蕴含的凝聚力和感召力以及恢宏博大的人文内涵对中国传统文化以及中国文学所产生的影响是其他任何区域文化所不能比拟的。长安文化是中国古代文学的思想渊源、审美渊源、道德渊源、人生价值观念渊源和民族精神家园。周秦及其以前是长安文化的奠基期,汉唐两代是长安文化的高潮期,魏晋南北朝是长安文化的融合期,宋以后的中国传统文化是长安文化的守成与延续。

关键词:长安文化;中国文学;本源性;系统性;多元性;包容性;民族精神家园

长安是中华文化的重要发祥地,长安文化在中国古代文化史上占有极其重要的地位。这不仅是因为长安在中国历史上建都时间最长,而且以长安为中心所形成的长安文化以周、秦、汉、唐文化为中心奠定了中国古代文化的民族精神的基础,彰显出中华民族不同于其他民族的精神个性,并对后世产生了极其深远的影响。

所以,关于长安文化的研究,首先应该从长安文化所蕴含的民族精神入手,以周秦汉唐文学研究为切入点,发掘中国古代文学在思想的、道德的、哲学的、艺术的、审美的、宗教的等环节中形成的长安文化的本源性、系统性、多元性、包容性等特点。

长安文化以传说中的炎、黄二帝在关中的活动为先导,以丰、镐二京所奠定的礼乐文化为源头。以丰镐为起点的、有文字记载的长安文化使中国文化步入了一个崭新的文明时期。在那个时期,以礼仪为治国纲领。这标志着长安文化成为中国礼仪文化的起源。《诗经》中的"雅"、"颂"就充分体现了那时的文学对礼仪规范的认同。其后,这种礼仪传统在中国文学中成为一种潜意识的存在。而产生于周王室京畿之地的"秦风"、"豳风"等"风"诗,则又是中国古典诗歌写实精神的源头,并由此而奠定了其在中国文学中的崇高地位。其后的汉乐府、古诗十九首、建安诗人、唐朝的杜甫、白居易等都从中汲取精神营养,并在新的时代加以发扬光大。所以,以《诗经》为源头的中国古典诗歌是中国文学所蕴含的文化精神的母体。

所谓的"民族精神母体",充分体现了长安文化在中国古代文化史上所具有的本源性特征。而源远流长的中国古代文学则成为长安文化本源性特征的最重要的载体。

长安文化作为中国古代文化的奠基文化,与其本源性紧密相关的是其所具有的系统性特征。

长安文化决不是一个有限区域内的地域文化,而是包容了中国古代文化精髓的人文符号,呈现出特有的系统性和完整性。它蕴含着中国古代文化各个层面。简单说,包括物质层面和精神层面。尤其是在精神层面上,长安文化为中国古代文化奠定了思想观念、道德观念、人伦观念、礼仪观念、价值观念、审美观念、宗教观念等人文观念的基础,而中国古代文学则是这些相互联系、相互影响的人文观念的重要载体。

儒家文化以周文化为中心,对中国古代文化的发展产生了巨大影响,成为中国文学的主体精神。

道家文化是与儒家文化并行不悖的一种文化思潮。两家思想相互渗透。《孔子家语》中记载的孔子问礼于老子,说明儒与道并不是截然对立的思想。老子入关,使得道家文化在长安这块土地上得以培育发展。在注重礼仪和人生实践文化的基础上,道家思想为中国古代作家展现自己人格提供了另一种方式,从而使得中国古代文学中呈现出儒、道思想交叉影响的特点。在中国古代文学中,许多作家在其作品中呈现出思想矛盾,正是这个原因,李白可以是潇洒、飘逸的李白,但在更多的场合和作品中,我们看到的是希望自己挂云帆、济沧海,实现自己"为帝王辅弼,使寰区大定,海县清一"的人生理想的现实的李白。杜甫虽然一生奔波,"饿走半九州",孜孜追求"致君尧舜"、"再淳风俗"的人生辉煌,但他也有"勋业频照镜,行藏独倚栏"的彷徨和"未试囊中餐玉法,明朝且入蓝田山"的退出尘俗的打算。几乎可以说,从汉乐府和《古诗十九首》开始,儒、道思想在中国古代文学中交互出现,成为长安文化中文人人格及文学风格的重要特征。而且具有明显的前后传承、脉络不断的文化特点。具有其他区域文化所不具备的传承性和稳定性,并对中国古代作家的道德观、审美观、价值观产生了极其深远的影响。

长安文化的另一个明显特征,是它的多元性。关于这个问题,并不仅仅反映在思想观念和审美观念领域。长安文化历史跨度最大、延续时间最长,是中国悠久的历史文化策源地。由于经历了不同的历史时期:商周时期、春秋时期、战国时期、秦汉时期、北朝时期、唐五代时期。因而长安文化又呈现出不同历史阶段其在经济、政治、意识形态、道德、宗教、文化观念等方面的特点。这也是其他地域文化所不能比拟的。这种多元性的文化特点反映在文学上,即形成了异彩纷呈的中国古代文学,尤其是唐、五代以前的文学更是如此。明人所谓的诗必盛唐,文必秦汉,仅仅是作为一个复兴古诗文传统的口号而已,远远不能涵盖长安文化影响下的中国古代文学的多元性特征。作为13朝古都,汉、唐文学的历史地位受到学术界的充分关注和研究。但是,这仅仅是对大一统王朝时期的文学的关注,而对于南北朝时期以长安为都城的北方文学的多元性还没有引起足够的重视。魏征也仅仅是看到了"河朔之气贞刚,便于实用"一个方面。这就为我们在长安文化这个大视野下研究北朝文学留下了广阔的余地。特别是北朝时期,随着中原文化的南移,佛教文化在北方得以广泛传播。而在佛教文化影响下的这一时期的长安文化以及这时的文学,与南朝崇尚绮丽的风尚大相异趣。以庾信为代表的南朝作家为什么入北以后会发生风格的转变?就我个人涉猎所及,学术界对这个问题还没有真正从长安文化的多元性角度上加以研究解决。

关于长安文化的包容性,似乎和其多元性相关联。其实,包容性显示了长安文化内在的精神气概:既对域内各种文化思想广为包容,而且对外来文化广泛吸纳,并使其本土化。李斯的《谏逐客书》仅仅被认为是劝秦王广泛吸纳人才的建议还不够,它其实反映了在农耕文化和游牧文化交互影响下的长安文化所具有的包容性的文化精神。而这种包容精神被唐代帝王尤其是唐初的几位皇帝发挥到了一个新的水平,从而促使长安文化中所蕴含的民族精神达到了一个新的历史高度。尤其是南北朝时期北方的民族融合,使得长安文化不断吸纳少数民族文化精神的优秀传统,尤其是旷放、昂扬的少数民族的民族个性影响了温文尔雅的儒家文化。在唐代,诗歌之所以能够呈现出空前繁荣的景象,与此有着极其密切的关系。

最后,谈谈长安文化研究与守护民族精神家园问题。

从长安文化的内涵看,我们不能把"民族精神"框范在一个狭窄的范畴内,忽视了"中华民族"的"民族精神"的多民族性和多元性。这是我们讨论守护民族精神家园的出发点。

中国古代文学中所反映的民族精神也不是单一性的。比如儒家所倡导的"以和为贵"的民族精神,最初只是从"礼"的范畴出发,强调"礼之用,和为贵"。当"礼"成为一种"施政"纲领被用来调节社会秩序时,"和"就演变成为一种"和谐精神",并随着历史的发展逐渐演变成为中华民族精神的主流意识。社会的"和"与作家在自己的作品中通过言志抒情所表现出来的"人格调和"是相辅相成的,既有现实性,又富有理想色彩。

因此,我们研究"守护民族精神家园"、构建和谐社会这个大问题时,就必须坚持和弘扬"以和为贵"的民族精神。"和",作为民族精神的一个要素之一,强调的是和谐。古人常说"以和致和"、"和气致祥"(《汉书·刘尚传》)。当"和"成为一种公众意识时,就逐渐地对人们的日常行为规范起到潜移默化的作用,并渗透到人们的潜意识中。其实质是:一切都应该在符合社会公众愿望的框范中运行。从先秦诸子的典籍到文人的文学创作,无不贯穿着这样一种精神。

而且这种"和"甚至从古代的最小的"村社"做起。在汉文化区的"社",从最初的宗族、血缘团体逐渐发展为范围更广的村社。宗族、血缘色彩开始淡薄,演变到近代,发展成为以自然村落为基础的民间文化活动。每年的"春社"和"秋社",充分体现了"社内"以及"社"与"社"之间和谐的关系。这在长安文化中表现得尤为突出。反映在文学创作中,唐代诗人王驾的那首"社日"诗很有代表性:"鹅湖山下稻粱肥,豚栅鸡栖半掩扉。桑柘影斜春社散,家家扶得醉人归。"王驾是唐末人,他写这首诗的时候,唐王朝已经处于风雨飘摇之中。但是,在诗中却丝毫看不到这一点,反而使人觉得农村一派祥和宁静。"社",作为民间的一种"文化"存在,反而使人们忘却了动荡中的苦难和不幸。

"社",不仅存在于汉文化区,而且在少数民族聚居的地区,同样也存在着类似于汉民族的"社"的各种少数民族节日。在某种程度上说,少数民族区域的这种民间文化对历史的影响甚至超过了汉文化区。在研究民族精神家园建设时,这是一个不容忽视的领域。只有从多元化、多民族的角度研究中华民族的民族精神,才是真正意义上的民族精神研究。

这就要求我们在进行长安文化和中国古代文学研究的同时,不仅要注意典籍文化的研究,而且还应该特别注意非物质文化遗产对传承民族精神所起的重要作用。因此,在长安文化研究中,从守护民族精神家园的角度出发,拓展研究视野,把长安文化中所存在着许许多多亟待研究的既具有鲜明文化特征、同时在文学层面上又具有审美意义的非物质文化遗产加以研究整理,从而使民俗与民间信仰研究进入长安文化研究的议事日程,这样一来,就会使我们的研究真正为守护民族精神家园、构建和谐社会服务。也只有这样,我们的研究才能更加贴近广大民众,激发出沉潜于民族意识中的文化精神,使得民族精神家园研究以一个崭新的角度为构建和谐社会服务。

长安文化中贯穿着一条与时偕行的经世精神、以和为贵的人文精神。在这种精神的感召下,中华民族自立自强、不断进取。长安文化的多元性和反映在中国文学中的融通精神、人与自然的和谐精神,等等,是我们中华民族文化精神的重要资源。尤其是普遍存在于创作个体中的悲剧精神、忧患精神、自适精神成为中国古代文学的主流精神。在宋以前,诗歌是古代文学的主流形态。中华民族的审美趣味和诗性精神成为我们民族精神的重要组成部分。而这一切都是长安文化研究的重要课题。因此,研究长安文化和中国古代文学的关系时,应该把作为文化主体的"人"和作为文学形象的"人"之间的精神渊源的来龙去脉梳理清晰,从而彰显长安文化在中国文学发展历史上所具有的传承性、守恒性以及融通性。

总之,长安文化源远流长,博大精深。周秦及其以前是长安文化的奠基期,汉唐两代是长安文化的高潮期,魏晋南北朝是长安文化的融合期,宋以后的中国传统文化是长安文化的守成与延续。长安文化与中国古代文学研究是一个崭新的课题,涉及的研究内容非常广泛。我想,只要我们把握住长安文化的人文内涵,以及在中国古代文学中的表现,我们的研究就一定会逐步走向深入,研究的领域也会不断开拓。这是我们的共同期盼。

先周历史与《牛郎织女》传说的起源

赵逵夫

（西北师范大学文史学院　甘肃兰州　730070）

摘　要：《牛郎织女》传说的两个主人公分别来自周人和秦人的祖先，是我国从史前直至近代农业经济社会中男耕女织家庭的集中反映。牛女传说具有突出的反封建性，反映了广大劳动人民对幸福生活的不断追求和对爱情的无限忠贞。《山海经·海内经》、《大荒经》中有周祖叔均突出贡献的记载，《诗经》、《史记·周本纪》中更有祭祀周田祖和先周历史的详细描述。周祖叔均发明了牛耕，是周民族历史上杰出的首领，也成为周民族的田祖。甘肃庆阳地区属于古代文献中所说豳地的范围之中，是周人的发祥地和早期活动地区。《诗经·小雅》中的《甫田》、《大田》是周人祭祀田祖叔均的诗篇，表现了周人对远古祖先的缅怀与崇敬。叔均应名"均"，"叔"是辈分的排序，不是周祖的长子，应有哥哥，这与牵牛（牛郎）有哥哥的情节相合。分析民国时期不同地区流传的六个主要采录本，再结合古代诗、词、赋、小说和戏曲来看，牛女故事也是最早流传于北方，应产生于西北。

关键词：先周历史；《牛郎织女》；传说；牵牛；叔均；田祖

一、《牛郎织女》传说的文化蕴含与流传的广泛性

《牛郎织女》的传说是我国古代四大民间传说中孕育时间最久、产生时代最早、最集中而典型地反映了中华民族社会经济、历史文化的特征，有很强的思想性，是海内外影响最大的一个。无论从哪一个方面说，这在世界民间传说中都是少见的。说它孕育时间最久，因为它的两个主要人物的名称和身份特征分别来自原始社会末期秦人和周人的祖先；说它产生时代最早，因为它的故事产生于战国中晚期，定型于汉代末年；说它最集中而典型地反映了中华民族社会经济、历史文化的特征，是因为"牛郎"、"织女"事实上是我国从史前时代直至近代农业经济社会中男耕女织家庭结构与社会经济特征的反映。中国长久的农业经济在世界上是比较典型的，而《牛郎织女》的故事正反映了这一特征。说它有较强的思想性，因为它具有突出的反封建性。

故事中的王母或玉帝既是家长的象征,又是国家政权的象征,还是神灵的象征。毛泽东同志在《湖南农民运动考察报告》中说:

> 中国的男子,普通要受三种有系统的权力的支配,即:(一)由一国、一省、一县以至一乡的国家系统(政权);(二)由宗祠、支祠以至家长的家族系统(族权);(三)由阎罗天子、城隍庙王以至土地菩萨的阴间系统以及由玉皇上帝以至各种神怪的神仙系统——总称为鬼神系统(神权)。至于女子,除受上述三种权力的支配以外,还受男子的支配(夫权)。[①]

那么,《牛郎织女》故事中的玉帝或王母,便是政权、族权、神权的代表,是中国农民几千年中所受压迫力量的象征。相对来说,夫权的统治在广大劳动人民中不像上层统治阶级中那样突出,因为在劳动人民中男女双方都从事劳动,也都承担着沉重的剥削和压迫,要在相互支持、体贴中生存,因而在家中也都有发言权,也都同样地热爱自由。所以在这个故事中,不但没有男子对妇女压迫、歧视的情节,而且表现出他们为争取自由幸福的生活共同进行不懈努力的状况,也反映了他们对爱情的无限忠贞。这同大量民歌中所反映的精神是一致的。而且,这个传说还反映出我国古代劳动人民对所谓"门当户对"的门阀制度和门第观念的批判,作为农民形象代表的牛郎以王母的外孙女为妻,也反映了上层社会中妇女没有地位,男子对女子缺乏真诚爱情,因而青年妇女更希望以淳朴的农民为夫的实际。这些都反映了我国古代社会中深层的问题,已涉及对整个封建制度、封建礼教的批判。说它是我国民间传说故事中流传最广的一个,因为它不仅在我国从南到北、从西到东的广大地区,包括汉族和各少数民族中广为流传,南方的苗、瑶等少数民族中也有不同的流传版本,同时在日本、韩国、越南、东南亚地区也广泛流传。比如日本不但《牛郎织女》的故事广为流传,而且有不少诗歌作品歌唱这个故事,据我们初步掌握,就有一百多首。而且,在日本的仙台,七月七日是一个十分盛大的节日,带动了当地的旅游文化。说它影响最大,因为它形成了流传两千多年,涉及好几个国家的"七夕节",由此产生了无法统计的诗、词、曲、赋、文作品和深受广大人民群众喜爱的小说、曲艺、戏剧。我国的各个剧种中也都有《天河配》、《牛郎织女》、《鹊桥相会》之类的剧目。

二、叔均事迹与周人的发祥地

牛郎、织女是中国几千年中男女农民的象征。这两个人物,尤其是牛郎(牵牛)形

① 毛泽东:《毛泽东选集》第1卷,人民出版社1952年版,第33页。

象的形成，同我国发达很早的农业有关。而周民族是在农业发展方面作出了重大贡献的民族，无论在土地的选择、耕作，良种的选择，农具的制作，还是病虫害防治方面，周民族都很早就有所探索和发明（参见《诗经》的《七月》、《生民》、《大田》、《甫田》、《载芟》、《良耜》诸诗）。尤其发明牛耕以代替人力，对农业生产的意义更大。马克思说："畜力的使用是人类最古老的发明之一。"[①]《山海经·海内经》中说：

后稷始播百谷。稷之孙曰叔均，是始作牛耕。

《大荒西经》中又说：

有西周之国，姬姓，食谷。有人方耕，名曰叔均。帝俊生后稷，稷降以百谷。稷之弟曰台玺，生叔均。叔均是代其父及稷播百谷，始作牛耕。

《史记·周本纪》云："封弃于邰，号曰后稷，别姓姬氏。"所谓"有西周之国"云云，是据周人后来所建国言之。又《大荒北经》中述黄帝蚩尤之战中"黄帝乃令应龙攻之冀州之野。应龙畜水。蚩尤请风伯雨师，纵大风雨。黄帝乃下天女曰魃，雨止，遂杀蚩尤。"其下云：

魃不得复上，所居不雨。叔均言之帝，后置之赤水之北。叔均乃为田祖。

神话是上古时代自然现象、社会生活与意识形态的曲折反映。在神话的外壳中，往往包含着模糊的历史事实。由《山海经》中的这些记载看来，叔均不仅发明了牛耕，而且曾组织人民抗旱，度过大旱。其中说将旱魔魃"置之赤水之北"，同《山海经·大荒北经》、《海外北经》中说的夸父逐日的神话相近：前者认为大旱是由于黄帝、蚩尤之战中为对付蚩尤而让魃下到了人间，因无法再上天，造成人间旱灾，在叔均的要求下，帝置之于赤水之北，消除了西北的旱灾；后者认为大旱是由于天上太阳多了，应将它逐走，故夸父逐之至禺谷（即虞渊，日入之所），西北和中原大地的旱灾也便消除了[②]。至于《大荒北经》所载神话中将叔均设法消除旱灾变为向天帝请命及将此事同黄帝蚩尤之战牵合一处，则是长久流传中所形成。在传说要素上有共同之点的神话、传说，流传中

---

① 马克思：《资本论》第1卷，人民出版社2001年版，第429页。

② 《山海经·大荒北经》云："夸父不量力，欲追日影，逮至于禺谷。""日影"即日光，"禺谷"即虞渊，言夸父逐日使入于其所居之地，是也。《海外北经》作"夸父与日逐走"，是传抄中被不明文意者所改。徐坚《初学记》引《海外北经》作"夸父逐日"，与《大荒北经》同，保持了原来的样子。逐日，即追赶太阳，以往之研究上古神话者多理解为与太阳赛跑，大误。

往往产生牵合、归并、交叉的情形。黄帝同叔均不在同一时期，是肯定的。《大荒西经》中说叔均为后稷之弟台玺之子，《海内经》中言为"稷之孙"，则传闻异辞，有所混淆。总之其父名"台玺"。古人之名一般为单字，我以为其父本名"玺"，"台"乃是地名，表示其与台地有关。"台"即"邰"。《诗经·大雅·生民》"即有邰家室"句《毛传》："邰，姜嫄之国也。"《史记索隐·周本纪》即云："邰，姜嫄之国也，后稷所生。"旧说《生民》诗中"即有邰家室"一句指后稷被封于邰[①]。其实，应是指周弃娶了母家姜氏之女为妻室。周人直至公亶父之时仍与姜氏族联姻，公亶父所娶太姜，为姜氏女甚明。周氏族当时并不居于邰，后人追述，以"有邰"代表周氏族。邰之地望，《水经注·渭水注》云："渭水又东迳斄县故城南，旧邰城也。"《括地志》云："故斄城一名武功城，在雍州武功县西南二十二里，古邰国。"按徐旭生先生的考察研究，其地应在宝鸡一带[②]。因为在今武功一带发现的文化遗址大体在先周中晚期，当公亶父、季历及文王迁丰之际。叔均是公亶父之前的氏族首领，时周人应尚在豳地。传说中"台玺"前加"邰"犹称"周"，是后人之称。但称"台"而不称"周"，可见这个传说产生很早。

这里还应指出，"台"或"邰"之地名得名之义。王献唐先生《炎黄氏族文化考》第五篇第一章《伏羲族系》云：

> ……则牧牛之地，亦可以牛为名。古之牛地，字多作台，作牟，牟亦牛也。

"牟"之为牛，"牟"为牛叫时所发之声，今字作"哞"，当易明白。"台"亦指牛，王献唐先生曰：

> 《诗》、《易》、《楚辞》皆以牛与之部字为韵，字当隶之读咍；今读语求切，即其言转。其以咍呼牛者，殆为人口驱牛发出之声，迄今犹然。牛本无名，以咍呼牛，因为所呼之咍沿为牛名。后又造象形字为牛。[③]

我以为王先生的这个考证十分重要。如前所论，邰为姜嫄之国，而姜为炎帝之后[④]。司马贞《补三皇本纪》说："炎帝神农氏，姜姓……人身牛首。长于姜水，因以为姓。"则看来"台"或"邰"本牧牛处，为姜氏族所居。而姜氏族最早是以牛为图腾的。不然，不

① 《列女传·母仪》："尧使弃居稷官，更国邰地，遂封弃于邰，号曰后稷。"将弃置于尧之时，亦误。据《礼记·祭法》："夏之衰也，周弃继之"之说，应当夏之时。《左传》昭公二十九年亦云："有烈山氏之子曰柱，为稷，自夏以上祀之。周弃亦为稷，自商以来祀之。"尧时后稷应指烈山氏之子柱。

② 徐旭生：《中国古史的传说时代》，文物出版社 1985 年版，第 41—42 页。

③ 王献唐：《炎黄氏族文化考》，齐鲁书社 1985 年版，第 428 页。

④ 《国语·晋语四》："炎帝以姜水成。""炎帝为姜。"

会说其祖炎帝为“人身牛首”。周人出于姜姓,其后又居于邰,则其畜牛、用牛于农耕在上古历史上应是很突出的事件。虽然,这同周人早期所居黄土高原土地肥沃、雨水充足、气候适宜有关,但在历史上影响很大。这同前面所考述的台玺之子叔均“代其父及稷播百谷,始作牛耕”的史实相一致。这是应该引起我们充分注意的。可以说,牛不仅大大推动了周人的农业生产,也是姜周氏族最早的图腾。当然,周氏族将牛由用于运输、食肉变为用于牛耕有一个过程,但无论怎样,总同周人的发展紧密联系在一起。

我以为“稷之孙曰叔均”的“稷”指弃,“稷之弟曰台玺”的“稷”指弃的后代之袭后稷之职者。《国语·周语上》“昔我先王世后稷,以服事虞、夏。及夏之衰也,弃稷不务,我先王不窋用失其官”。旧注:“父子相继曰世。”则任稷之官者非一人。这也同《史记·周本纪》所言“不窋末年,夏后氏政衰,去稷不务,不窋以失其官”的记载一致。

周人是农业民族。我们由《生民》一诗可以知道,从后稷开始,已播种多种粮食作物,并选择良种(嘉种),芟除杂草,对作物的生长有细致的观察,讲究耕作技术(“有相之道”)。但后稷之时完全用人力耕作,至叔均则发明了牛耕,大大节省了人力,提高了耕作速度与质量,这是一件了不起的事情。因为叔均最重要的事迹是发明了牛耕,所以从周人的远古传说中,他的事迹就同牛联系在一起。牛作为运输工具时是人赶着牛,作为交通工具时是人骑着牛,而用为耕作工具时则是一人牵着牛(另有一人在后面扶犁)。牵牛而行于畎亩之中,是牛耕的象征,故周人以这位杰出的氏族首领为星名,名之为“牵牛”(我国上古星宿名多是部族、民族的始祖和传说中有所发明造作的祖先)。

关于我国开始使用牛耕的时间,有的学者根据孔子弟子司马耕字子牛,确定起于春秋时代。其实,这只能说是“牛”与“耕”用于人名的开始,还不能由此肯定产生在春秋之时。甲骨文不但有“牛”字,还有“牡”字、“牝”字,还有“牢”字,尤其是有“犁”字(作犂,像一头牛拉着犁),则商代已圈养牛并用于耕田甚明。

关于周人早期活动地点的问题,专家们提出过好几种说法。但根据近几十年考古发掘的情况看,旧说中有的显然缺乏证据,有的则有欠确切。李学勤先生主编的《中国古代文明与国家形成研究》一书中加以全面总结,作了概括说明:

> 目前已知的先周文化遗址分布,主要在陕西中部泾渭流域一带,大致范围:北界达甘肃庆阳地区,南界在秦岭山脉北侧,西界在六盘山和陇山东侧,东界在子午岭西侧至泾河沿岸一线。

书中说就遗址分布密度言,明显成为三大群,一群在泾河上游与甘肃接壤的陕西长武县一带,时间最早;一群在岐山、扶风、武功一带,次之;一群在长安丰镐一带,时代最晚。这正与周人早期居豳、公亶父迁岐、文王都丰及武王都镐的文献记载相合。特别值得注意的是书中还说:

> 在长武遗址群中,碾子坡先周文化遗址的发现,乃成为探索先周文化起源的突破口。
>
> 自这一带逆泾河,再循支流马莲河而上一百多公里,为甘肃庆阳地区,传说周先公不窋“奔戎狄之间”即在此①。

这马莲河即《水经注·渭水注》中所说流经不窋城的马岭水,后民俗以音作“马莲河”。据《中国古代文明与国家形成研究》一书所说,“文献所谓公刘迁豳,不是一个点,当为一个地域范围的‘面’,所迁豳的最后定点,不是一代一次完成,其间当经几代周人在此‘面’上的自北而南逐步迁徙与壮大”。甘肃庆阳地区属于古代文献中所说的豳地的范围之中,属于周人的发祥地和早期活动地区,是一个不争的事实。事实上,如果细考古文献,也是这样。《汉书·地理志》右扶风栒邑县下注云:“有豳乡。《诗》豳国,公刘所邑。”郑玄《诗谱》亦云:“豳者,后稷之曾孙曰公刘者,自邰而生,所徙戎狄之地名,今属右扶风栒邑。”唯关于汉代栒邑地望,后代学者或以为即今陕西旬邑,或以为即今陕西彬县,或以为今甘肃宁县,看法不一。但仍以汉代文献入手,排除因后代政区分并、治所迁徙及认识上的错误,则问题还是清楚的。班彪于西汉、东汉间由长安出发往凉州避难,作《北征赋》,其中说出长安城之后先居瓠谷(今陕西泾阳县境)的玄宫,又过云门(云阳县门,在今陕西淳化县西北),远望甘泉宫通天台(在今淳化西北甘泉山上),然后“乘陵冈以登降,息郇邠之邑乡……登赤须之长坂,入义渠之旧城”。然而由今淳化县往北至旬邑县北职田镇(靠近甘肃正宁县三嘉村),大体为黄土塬梁沟壑区,并无太大的山梁,而在旬邑县与正宁县交界的子午岭秦直道一段却地势高耸。那么,翻过这个陵冈,就正到了正宁县、宁县一带。则当时所谓“郇邠之邑乡”,应是在甘肃正宁县、宁县境。又郑玄《郑志》答张云逸云:“豳地今为栒邑县,在广山北,沮水西,有泾水从西南行,正东乃得周,故言西东云。”又云:“岐山在长安西北四百里,豳又在岐山西北四百里。”其所云“广山”,正是指位于今旬邑与正宁、宁县间的子午岭。据以上所说,古豳邑在今甘肃宁县马莲河流域,无可疑。关于此,兰州大学历史系汪受宽教授有《豳国地望考》一文,论之甚详,可以参看②。根据汪受宽先生的研究,北魏、隋大业初两设的豳州治今甘肃宁县,因此地古有豳国。而西魏在新平(今陕西彬县)所设豳州,后称南豳州。

---

① 李学勤主编:《中国古代文明与国家形成研究》,中国社会科学出版社 2007 年版,第 347—348 页。

② 汪受宽:《豳国地望考》,《甘肃文史》2007 年第 2 期。

相对于此,以治今宁县之豳州称为北豳州①。这也说明历代王朝及学者对古豳邑之地的认识。近年在宁县医院工地发现巨碑一方,额题“大氐持节豳州刺史山公寺碑题”,也是实物证据之一。

1984年,甘肃省、地、县文物部门和北京大学考古系在合水县蒿铺乡石桥村九站遗址区域内进行发掘,出土近千件陶器和一件铜器,一件铜饰,其绝对年代距今3370 ± 110年②。这与周先祖在庆阳地区生活的时代大体相合。九站遗址出土的马鞍形口橙陶双耳罐,近20年在庆城县东山周祖陵、宁县庙嘴坪等地也有出土。这些都应是周先祖的文化遗存。

叔均当生活于夏商之间。因为《史记·周本纪》中说:

> 后稷卒,子不窋立。不窋末年,夏后氏政衰,去稷不务,不窋以失其官而奔戎狄之间。不窋卒,子鞠立。鞠卒,子公刘立。

《左传》昭公二十九年载晋史官史墨云:“有烈山氏之子曰柱为稷,自夏以上祀之。周弃亦为稷,自商以来祀之。”则“稷”非一人。被周人奉为始祖的后稷(“后”犹曰“王”),自然是指《诗经·生民》一诗所写之弃,但其在夏代继任“稷”之职者,却不止一个。上古的职务多为世职,因为那时候的“官”不主要在行政管理,更重要在技能方面,土地、建筑、天文、农耕莫不如此,家传其业,世有能者。“不窋失其官而奔戎狄之间”,即是到了今甘肃庆阳地区。叔均无论是台玺之子,还是后稷之孙,其生均较不窋为迟,故也应是生活于今庆阳市宁县、合水、庆城、正宁一带的人物。不窋和叔均正是这片黄土地上发展起来的先进农耕文化的杰出代表人物。

三、《诗经》的《甫田》、《大田》与周人祭田祖的仪式

叔均由于贡献大,周人奉以为田祖。《诗经》中有两篇祭祀田祖的诗,这就是《小雅》中的《甫田》和《大田》。我们可以由此知道叔均在周代建国之后仍然享祀的情况。今先录原诗,并对个别较难理解的词语稍加阐释如下。《甫田》诗云:

> 倬(zhuō,广阔貌)彼甫(大)田,岁取十千(言收获之多)。我(负责祭祀之官

---

① 汪受宽:《豳国地望考》,《甘肃文史》2007年第2期。

② 北京大学考古系、甘肃文物考古研究所:《甘肃合水九站遗址发掘报告》,《考古学研究》(三),科学出版社1997年版。

自称)取其陈,食(sì,供食物给人)我农人。自古有年(丰年),今适南亩。或耘或耔,黍稷薿薿(yǐ,茂盛貌)。攸(语助词)介(休息)攸止(停歇),烝(召集)我髦士(才能过人者)。

以我齐(zī)明(祭器中盛的黍稷),与我牺羊,以社(祭土地神)以方(迎四方之气)。我田既臧,农夫之庆。琴瑟击鼓,以御(迎祭)田祖,以祈甘雨,以介(助)我稷黍,以榖我士女。

曾孙(祭者之称)来止(语气词),以其妇子,馌(送饭)彼南亩,田畯(农官)至喜。攘(让)其左右,尝其旨(香甜)否。禾易(移,阿那貌)长亩(满田),终善且有。曾孙不怒,农夫克能敏。

曾孙之稼,如茨如梁。曾孙之庾(露天粮囤),如坻如京(高丘)。乃求千斯仓,乃求万斯箱。黍稷稻粱,农夫之庆。报以介福,万寿无疆。

关于这首诗的诗旨,《毛诗序》云:"刺幽王也,君子伤今而思古焉。"但诗中看不出一点刺的意思。朱熹《诗序辩说》云:"此序专以'自古有年'一句生说,而不察其下文'今适南亩'以下,亦未尝不有年也。"[①]清牟应震《诗问》卷四云:"述祈年之礼也。茨、梁、坻、京皆议拟之词,故上文'善''有'言终,下文'千仓''万箱'两言求也。"[②]王先谦《三家诗义集疏》:

"以社"者,蔡邕所谓春藉田祈社稷也;"以方"者,亦邕所谓春夏祈谷于上帝也;"御田祖"者,班固所谓享先农也。"祈甘雨"者,皇甫谧所谓时雩旱祷也。皆春夏王者重农所有事。[③]

这些皆大体是,而未确。诗中首章言周人田地之广大,及春耕之时周王召集田畯开始春种(王先谦《诗三家义集疏》云:"田畯之畯,《释文》'本文作俊'。是《诗》之以俊训'髦',即以髦士为田畯之官")。第二章写祭祀的场面。先敬土地神,迎四方之气,而主要是迎祭田祖,所以在"我田既臧,农夫之庆"之后说:"琴瑟击鼓,以御田祖,以祈甘雨,以介我稷黍,以榖我士女。"全章重点落在迎祭田祖上。方玉润于此章下批:"总点祀事。"是也。第三章写王侯公卿当开耕之日至田间省视,率犒劳的妇女、儿童至南亩(古时地广,多耕种山南向阳之地),亲尝送至田间的饭食,和农夫们勤快劳动的景象。第四章设想夏秋之际的丰收景象。全诗以祭祀为中心,而祭祀又以田祖为落脚点。

① 《续修四库全书》编纂委员会编:《续修四库全书》(第56册),上海古籍出版社2002年版,第279页。

② 《续修四库全书》编纂委员会编:《续修四库全书》(第77册),第123页。

③ 王先谦:《诗三家义集疏》,中华书局1987年版,第763页。

《毛传》曰:“田祖,先啬也。”郑玄笺:“设乐以迎祭先啬,谓郊后始耕也。”《甫田》实际上是春耕前迎祭田祖的仪式。方玉润《诗经原始》云:

> 此王者祈年因而省(视察)耕也。祭方社,祀田祖,皆所以祈甘雨,非报成也。观其“或耘或耔,曾孙来省”,以至尝其馌食,非春夏耕耨时乎?至末章极言稼穑之盛,及后日成效,因“农夫克敏”一言推而言之耳……不然,方祈甘雨,何以便报成耶?①

《山海经·大荒西经》中说叔均驱旱魔而成田祖,此诗中言“以祈甘雨”云云,也与之一致。后稷之神,夏以前为柱,商以来为弃,则田祖之神,在商周之时也未必统一,我以为叔均应是周人的田祖,周朝建立之后,有可能成为由国家确定的周王朝及周封姬姓诸侯国和齐、秦等由周天子所封他姓诸侯共祭的田祖,但夏商之时及周时非周天子所封诸侯如楚、越及夏后杞、商后宋,所祀田祖就不一定是叔均。《礼记·郊特牲》郑玄注:“先啬者神农。”其言“若神农”,即是举其一,似谓也有其他。《周礼·春官·籥章》郑玄注:“田祖,始耕者,谓神农。”也应是言“此处指神农”(至于此“神农”是否指神农氏的“神农”,则是另一问题,此处不论)。而后人遂误以为田祖即神农,不计其他,大误。当然,也可能郑玄以经师偏见,以《山海经》为荒诞之书而不信,而由《诗经》中《生民》等诗推测之,故解说有误。总之,周人所祭,应是叔均,而不是神农,可以肯定。

《诗·小雅》中第二首祭田祖之诗是《大田》。这两首诗的题材、内容相近,诗题的意思也一样,何以会有两首?各家说法不同。清牟应震《诗问》卷四于《大田》篇云:

> 述报赛之礼也,前篇先言祀,后言穑事,故知为祈。此篇先言穑事,后言祀,故知为报也。前“曾孙来止”下云“禾易长亩,终善且有”,此“曾孙来止”下云“与其黍稷,以享以祀”,义尤显然。②

其结合古代祭祀的礼制,由对诗本文的分析立言,甚为有见。魏源《诗序集义》亦云:

> 《甫田》,“豳雅”也。公侯夏省耘而雩祭社,方及田祖,以祈甘雨也。
>
> 《大田》,“豳雅”也。公侯秋省敛,因报于方也③。

方玉润《诗经原始》云:

---

① 方玉润:《诗经原始》,中华书局 1986 年版,第 436—437 页。

② 《续修四库全书》编纂委员会编:《续修四库全书》(第 77 册),第 123 页。

③ 同上书,第 330 页。

此王者西成省敛之诗，与前篇同出一时。盖春秋巡省，祈年报赛，用以答神者也。前篇重在祈年省耕，故从王者一面极力摹写祀事巡典，神则致其诚，民则极其爱，所以尽在上者之心也。此篇重在播种收成，故从农人一面极力摹写春耕秋敛，害必务去其尽，利必使有余，所以竭在下者之力也。①

两人之说俱与牟应震大体相同。魏源所谓"豳雅"之说，前人已尝论之(朱熹《诗集传》于"豳风"解题即有述说)，自是一说。方氏巡省之说，若以为指就近省察臣民耕种情况、参加开耕祭祀之礼仪，则亦无不妥。

程俊英、蒋见元先生《诗经注析》言《甫田》是"周王祭祀土地神、四方神和农神的乐歌"，《大田》是"周王祭祀田祖而祈年的诗"②，与陈子展先生《诗三百解题》之说同。但如前所言，《甫田》中也以祭田祖为主，为祈年之诗甚明。比较而言，牟应震、魏源、方玉润之说与《诗》本文更为切合。是前者用于始耕之时，后者用于秋收之后也。

关于此诗与下一首诗中"曾孙"之义，《诗·周颂·维天之命》郑玄笺："曾，犹重也。自孙之子而下，事先祖皆称曾孙。"就《甫田》、《大田》二诗言之，旧说多以为指周王，朱熹《诗集传》以为二诗皆"公卿有田禄者力于农事，以奉方、社、田祖之祭"(《诗集传·甫田》注)，解"曾孙"为"主祭者"之称。那就是说，各姬姓诸侯都应包括在内。我以为朱熹的解说更合情理。周人以农业起家，故十分重视农业，并非只周天子有劝农、报赛之事，各诸侯国、卿大夫在其封地之内也应有相应的活动。在一定程度上，《甫田》、《大田》是西周时代一种农业风俗的反映，而不仅反映了朝廷一种礼仪活动。这两诗也应是天子与诸侯、卿大夫祭田祖(祈年与报赛)所共用，非仅周天子所用。

下面是《大田》之诗：

大田多稼，既种(选种)既戒(准备农具)，既备乃事。以我覃(yǎn，借作"剡"，锐利)耜，俶(开始)载南亩。播厥百谷，既庭(挺直)且硕，曾孙是若(顺)。

既方(房，指谷粒初生嫩壳)既皁(zào，谷粒初生而未坚实)，既坚既好，不稂不莠。去其螟螣(míng、tè，皆害虫)，及其蟊贼，无害我田稚。田祖有神，秉畀(付与)炎火。

有渰(云兴貌)萋萋(云行貌)，兴雨祁祁(盛多貌)。雨我公田，遂及我私(私田)。彼有不获稚(嫩谷)，此有不敛穧(jì，禾捆)。彼有遗秉(禾把)，此有滞穗。伊寡妇之利。

曾孙来止，以其妇子，馌(送饭)彼南亩，田畯至喜。来方禋(洁敬的祭祀)祀，

① 方玉润：《诗经原始》，第438—439页。

② 程俊英、蒋见元：《诗经注析》，中华书局1991年版，第668、672页。

> 以其骍(赤黄色的牛)黑(指黑色的猪、羊),與其黍稷。以享以祀,以介(增大)景福。

关于这首诗的诗旨,《毛诗序》以为“刺幽王也,言矜寡不能自存焉”,显然与诗意不合。朱熹《诗集传》云:“此序专以‘寡妇之利’一句生说。”所言是也。

但值得注意的是《甫田》、《大田》两诗,《序》、《笺》都提到“思古”的意思。《甫田序》云:“君子伤今而思古也”。关于《大田》,郑玄《笺》云:“幽王之时,政烦赋重,而不务农事……故时臣思古以刺之。”我以为“思古”之说应是传授有自,非凭空而言。《荀子·大略》云:“《小雅》不以于汙上(指批评君王),自引而居下(言作者引退而疏远于执政者),疾今之政以思往者,其言有文焉,其声有哀焉。”也谈到“思往”。毛诗出于荀卿一派,上溯至于子夏,虽有师徒相传孔子之语(今所发现上博简《孔子诗论》即其残存)有子夏之语,后毛氏据以成《诗序》,然而古代多口传心受,所记简约,各代各人的理解受到时代、环境、个人阅历学养之影响,各有偏重,而有所不同,难免以偏概全,或以末为本而失其原意。朱熹以来学者们批评《毛诗序》,往往切中肯綮,以此之故。我以为这“思古”,其本义实际上乃是指对田祖业绩之怀念,与《大雅》中的《思齐》、《既醉》相类,虽然不同于《绵》、《生民》、《公刘》等所谓周代史诗的侧重于叙事,但在述今之中,也表现了对其远古先祖的缅怀与崇敬。《甫田》云:“自古有年”,追溯至往古,也含有这一层意思。后来之经学家将《诗经》的编排方式也神圣化,提出什么“四始”、“正变”之说,以《小雅》的《民劳》以下为“变雅”,皆从怨刺的方面去解说,因而失其要领,只简单地从“思古刺今”方面加以发挥,这也是旧经学以僵化的思想,简单化、公式化的方式进行推论形成的谬误之一。

朱熹的《诗集传》于《大田》题下云:

> 前篇有击鼓以御田祖之文,故或疑此《楚茨》、《信南山》、《甫田》、《大田》四篇即为“豳雅”……亦未知其是否也。然前篇上之人以“我田既臧,为农夫之庆”,而欲报之以介福;此篇农夫以“雨我公田,遂及我私”,而欲其享祀以介景福。上下之情所以相赖而相报者如此,非盛德其孰能之?①

朱熹不信《序》说,并且不以为是幽王时的作品。从诗的情调看,是有道理的。此两诗同《小雅》中《楚茨》、《信南山》及《周颂》中《思文》、《臣工》、《噫嘻》、《丰年》、《载芟》、《良耜》皆有关农事祭典之诗。可以看出,西周之时有关农业生产之祭祀乐歌很

---

① 朱熹:《诗集传》,上海古籍出版社1980年版,第158页。

不少。明何楷《诗经世本古义》、清范家相《诗瀋》、胡承珙《毛诗后笺》皆由《礼记》、《左传》中有关礼仪推论,反对朱熹的公卿之说,其实是将古代礼俗看成十分死板、固定的东西,如同法律制度一般(其实古代法律解释中也往往结合情与理考虑,灵活性很大),没有考虑到周王朝是延续了数百年,又包括数百诸侯的国家,北至燕,东至齐、鲁,西至秦,南至江汉一带(汉水流域有很多周王朝所封姬姓小国,由《左传》僖公二十八年栾贞子所说:"汉阳诸姬,楚实尽之"一语即可看出)。如此广大范围之中祭田祖、行省耕之礼而一直只限于周天子,是不可能之事。

另外朱熹以为两诗中表现了在上者(天子、诸侯、公卿大夫)对农夫的感谢、勉励与祝福之意,和农夫对在上者的感激与祝福,认为"上下之情所以相赖而相报"。有的人以阶级斗争的观点分析,认为完全不可能,说朱熹"昧于史实,而意在调和上下,掩盖矛盾,不替人民设想,专为统治阶级帮腔,还在颂美这一阶级的盛德"[①]。实际上是简单地以阶级斗争学说代替了对社会习俗的考察与了解。据有的学者对四川凉山的奴隶制状况的考察,黑彝对白彝以下的奴隶也都很关心,尽量保证其健康、生命,也为之负责嫁娶。很显然,有钱买个牲口,也要喂草料,要避免其受伤,还要时时梳毛、抚背,使之依顺主人。奴隶主既然将奴隶看做牛马,也至少会像对待自己的牛马一样对待他们。同时,近年中越来越多的学者主张西周为封建社会,而非奴隶社会。那么,诗中"农夫"同主祭者之间也存在着一种互相依存的关系。当然,封建地主阶级同农民之间是剥削与被剥削、压迫与被压迫的关系,这是不可否认的,但他们一方面对立,另一方面也相互依存。在阶级矛盾缓和的情况下,后者会占主导地位。所以,他们在很多公益活动中表现出相互祝福的语气,是可能的,这同特定场合中喜庆的气氛相一致。

《周礼·春官·籥章》云:

> 中春,昼击土鼓,吹豳诗以逆暑。中秋,夜迎寒亦如之。凡国祈年于田祖,吹豳雅,击土鼓以乐田畯。

关于土鼓,郑玄引杜子春云:"土鼓以瓦为匡,以革为两面,可击也。"看来同今日之鼓相近,唯鼓身由瓦作成。关于豳籥,郑众云:"豳籥,豳国之地竹。"郑玄则以为是"豳人吹籥之声"。以土鼓例之,恐以郑众之说为是。《诗·小雅·甫田》中言周人"琴瑟击鼓,以御田祖",这里又说击土鼓,吹豳籥,可见祭田祖之时鼓乐大作,有歌有舞,十分欢闹。

由以上考述看,周人对祭祀田祖叔均的活动很重视,也延续很久。但必须指出的

① 陈子展:《诗三百解题》,复旦大学出版社 2001 年版,第 825、822 页。

是:这是在统治阶级主持下,根据史官、乐师的记载、传授而进行的,虽然也有农民的参与,但同民间关于牵牛的传说完全不同。叔均的事迹在概括而命为星名之后,发生了分化,一在统治阶级祭礼的层面,一在民间口头文学和民俗的层面。在《诗·小雅·甫田》、《大田》中,从叔均保持着周人祖先和牛耕发明者身份的方面说,是保持了历史,而从其成为尊神和不再变化的偶像方面说,已完全脱离了现实。在民间传说中,从他转变为一个普通的农民来说是被世俗化了,但从其从事于农业生产的方面说,更符合氏族社会杰出人物的实际。在民间,他永远贴近生活,反映着广大农民的情感愿望。"田祖"与"牵牛"(牛郎)不仅是历史同文学艺术的区别,也是统治阶级同广大人民群众在情感、思想和精神生活上的区分。

四、叔均与牵牛(牛郎)的传说

古所谓"伯"、"仲"、"叔"、"季"表示在同胞兄弟姐妹中的排行。如《史记·周本纪》:"古公(按:应作'公亶父',司马迁误读了《诗经·生民》中'古公亶父'一句。'古'实犹言'昔',表追述,司马迁误以'古公'为号)有长子曰太伯,次曰虞仲。太姜生少子季历。"太伯、虞仲、季历中的"伯"、"仲"、"季"即表排行。所以,我以为"叔均"的"叔"也应表排行。如此,则其非长子可知。因为非长子,继承酋邦首领地位的可能性就小(商人曾用兄终弟及的制度。其他部族中由少者继承父业,只有在特殊情况下才发生。如长子死、病,或少者为宠妻所生,或少者已掌有较大权力。《左传》昭公十三年晋叔向曰:"芈姓有乱,必季实立。"也是说在国内有乱的情况下,才有可能由小儿子继位。我以为周之季历继承其父之业绩,而太伯、虞仲奔于吴,同西周末年周幽王逐太子宜臼而立褒姒所生子伯服,春秋时晋献公欲立骊姬之子奚齐,而杀太子申生,重耳流于外十九年的情形相近。只是周人统治时间长久,粉饰此事,说是太伯、虞仲主动让其弟而窜于外)。所以,叔均是周先公中一位旁系的杰出人物,而且由其名前冠以"叔"来看,也非台玺的长子。这一点,同清末出版的《牛郎织女传》、清末以来《天河配》、《鹊桥相会》等各种戏曲演出本及流传的各种《牛郎织女》传说中牛郎都有哥哥的情节相合。

牵牛在中唐孟郊的《古意》中称做"牵牛郎"①,而在晚唐胡曾的《咏史诗·黄河》中已称做"牛郎"②。宋代以后诗词中已多称为"牛郎"。如南宋宁宗时词人卢炳《鹊桥仙·七夕》:

---

① 孟郊:《古意》:"河边织女星,河畔牵牛郎。未得渡清浅,相对遥相望。"见《孟东野集》卷一。

② 胡曾:《咏史诗·黄河》:"沿流欲共牛郎语,只得(一作待)灵槎送上天。"见《全唐诗》卷六四七。

余霞散绮，明河翻雪，隐隐鹊桥初结。牛郎织女两相逢，胜却人间欢悦。

南宋理宗时诗人朱南杰《七夕星坐间诸友留平次宿和靖书院次日》云："叶已鸣秋但渐去，年年织女会牛郎"。宋末汪元量《七月初七夜渡黄河》："牛郎织女涉清浅，支机石上今何年。"明代小说《新刻全像牛郎织女传》(约刻成于万历年间)中，只有开头作"牵牛"，其后均作"牛郎"。清代《双星图》传奇(邹山撰，康熙年间刊本)、清末《牛郎织女》小说及各种戏曲中均作"牛郎"。

辛亥革命后京剧名家王瑶卿在此前各种梆子戏《牛郎织女》、《鹊桥相会》、《天河配》的基础上编排了京剧《天河配》，情节梗概为：牛郎放牛，最爱牛。由于哥哥外出经商、讨债，不在家中，受到嫂嫂的虐待，哥哥回家后，嫂嫂又在哥哥面前挑拨；兄弟分家时，牛郎只要了老牛和破车。后牛郎因老牛出主张，找来织女为妻，生了一对儿女。老牛死时让他将牛皮留下。后织女因王母派天神来迫令其上天，牛郎披着老牛的皮去追赶，被王母划了一道天河将二人隔开。后来各种戏曲的演出本大体都依据此本①。

民间传说、故事方面，较早的有赵景深、赵克章记述的《牛郎》：

据说，从前有弟兄两人，弟弟心肠忠厚，哥哥却很狡猾。弟弟因常赶牛的缘故，被人叫做牛郎。弟兄分家，弟弟只得了一辆破车和一只老牛。一天，老牛对主人说，某处河里，有许多仙女在洗澡。倘他能取得她们中间任何人的衣服，便可以得她做妻子。第二天，他跟了老牛出发，果然看见许多正在洗澡的仙女。他抱了一堆衣服上车(牛车)就走。结果便带回了一个仙女做妻室。她就是织女。织女和牛郎生下一对男女。一天，她用巧语骗得了自己以前被取去的衣服，便乘云而去。牛郎忙担了他的儿女，穿上牛衣(这是老牛死时所嘱咐的)，急赶上去。谁晓得慌忙中少穿了一只牛腿，使他不能立即赶上织女。正在追逐的当儿，忽来了王母。她用金簪划成一道天河，把他们两人分开。牛郎托了燕子去说合，不意被误传了日期，所以后来永远只能一年一会。

钟敬文先生在其《中国的天鹅处女型故事》一文中概括叙述了其梗概之后说："这个故事，没有记明所由采集的地域，但附注中有'北人称妻室为媳妇'的一句话，也许是我国北部的哪一省所流传的吧，虽然两记述者都是西部四川地方的人。"②根据钟先生对这个采集本中语言特征和作者籍贯的说明，这个故事采集于西北的可能性为大。

---

① 杨绍萱：《论戏曲改革中的历史剧和故事剧问题——从今年舞台演出的〈天河配〉说起》，《新戏曲》第2卷第5期。

② 钟敬文：《中国的天鹅处女型故事》，《民众教育季刊》1933年第1期。

洪振周记述的一篇流传在奉天的题为《牛郎》的故事。说从前有一个叫王小二的孩子,从小父母双亡,故只靠着哥嫂度日。哥嫂终日使他在外放牛,他们却在家里偷着做些食物吃。有一天他牵着黄牛,出外放牧,忽然黄牛对他说起话来,说他的哥嫂正在偷吃美餐。他回去一看,果然。有一天牛又告诉他,哥嫂要在食物中下毒药毒死他,叫他不要吃哥嫂给的食物,而提出分家,并说"什么东西都不用要,只要我老牛。"他按老黄牛说的做了。后来老牛说自己是天上的星辰,又说:"我死的时候,你把我埋在此地。过了三天,坟上必定长出一棵葫芦秧子,你就沿着秧子走去,到那时自然就有许多的福气给你享。"牛郎按其吩咐做了。结果找到了正在河中洗澡的织女,将其领回家。自此他们二人恩恩爱爱过了许久快活的日子。后来王母娘娘寿辰之日,织女同牛郎上天去拜寿。王母大怒,"把金钗拔下丢在他们中间,划了一道天河,说'你们来年七月初七再见面罢'。从此他们一个在此岸放牛,一个在彼岸织布,一年只有一次相会的机缘"。牛是黄牛,其反映的故事自然也是以北方为背景。

钟敬文先生的《陆安传说:牛郎和织女》,刊于1925年出版的《北京大学研究所国学门周刊》第1卷第10期,他在1928年发表的《七夕风俗考》中又加引述,并且说:"我幼年所听母亲讲过的关于牛女的故事,却和《齐谐记》所记载的,相差不远。"主要是介绍陆安(今广东陆丰县大安镇)所流传《牛郎织女》故事。其情节与梁代殷芸《小说》上的基本一致,只是结尾说,天帝让乌鸦去传言,让每七天相会一次,但乌鸦却说成了每年七月七日相会一次。所以"他们就永远每年只有一次的见面了",乌鸦也因为去搭桥而"身上的羽毛都要脱得精光"。

以上采录本三种,北方二种,南方一种,都是现存最早的采录本。比较起来,前两种更多体现着民间传说的特征,后一种更多地体现着历史文献的梗概,但又同民间传说融为一体(结尾部分民间色彩浓厚)。

孙佳讯采录于江苏省灌云地方的《天河岸》,说从前有一个贫少年,家里只有一头老水牛,因为他常常看管它,所以大家叫他牵牛郎。有一天,老水牛告诉主人,说草地南边的河里,有七个仙女在洗澡,他若前去把她们的宝衣藏起一套,便可得到一位做妻室,他照着老水牛所说,果然其中一位叫织女的因为衣服被拿掉,不能腾空驾云而去,只好做了他的妻子。不久老牛生病,临死时吩咐主人等它死后剥下它的皮来,装上黄沙,用它鼻子上的索子捆成包袱,每天背在肩上,遇紧急时,一定能给他帮助。两三年后,织女生一男一女。一次,她问起自己的宝衣,且动以甘言,牛郎便告诉了埋藏的地方。她得了宝衣,驾云而去。牛郎拉了儿女,靠着肩上牛皮的法力,腾空而去。织女用金钗划成了一条大河,隔断牛郎,牛郎抛撒包袱里的黄沙,立时成了一道沙堰,因而再追上去。织女再划了一条天河,牛郎因黄沙已尽,把捆包袱的索子抛了过去,织女也抛出梭子来回报。此时来了一个白胡子的神仙,奉天帝之命,让他们各住河的一边,每年七月七日在河东相会一次。

郑仕朝采集于浙江永嘉的《牛郎和织女》,说牛郎一天正要回家的时候,他的老黄牛忽然向他说起话来。说它本是天上的神仙,因为犯了罪,贬到人间来受苦。因为主人(指牛郎)对它特别好,心存感激。接着说,主人现在有性命之忧,所以不能不说。接着说:"原来你的哥哥和嫂嫂想吞没你的家产,打算将你害死,今天午饭里放有毒药,主人千万莫吃!"牛郎回家后把哥嫂给他吃的饭背地里倒给狗吃,狗即刻中毒而死。因而他按老牛事先的吩咐,要求分家。他请来舅父给他们分家,舅父想帮助牛郎一些,但牛郎只要黄牛和一辆破车、一只破车箱。老黄牛拉着牛郎腾空而去。在一个地方,变出一桌酒菜让牛郎吃过之后,给他说:前面河里有个女子,正在洗澡,名叫织女,"她和你有夫妻姻缘,你前去拿开她的衣服,你们就可以成为夫妇"。牛郎照它的话去做,织女最后答应嫁给了牛郎。三年过去,他们生了两个孩子。一天,老黄牛说自己的灾期已满,不久就要归天。让他在自己死后用它的皮做一双靴子,织女逃走时就可以赶上她。牛郎照它说的做了。后来织女果然趁牛郎不备,穿起三年前河边用过的浴衣,腾空而去。牛郎穿上那双靴子,抱着两个孩子追赶上去。织女看到牛郎越来越近,着急了,拔下金簪划了条天河,将牛郎隔住。牛郎无奈,拿起牛轭掷过河去,织女也拿着梭子抛过河来。"所以直到每年七夕前后,我们抬头一望银河两岸,还可以望见牛郎织女,牛轭、梭子依然遥遥相对看着呢。"后来天帝可怜他们,替他们说和,许他们"逢七"见面。差一只鹌鹑去给牛郎报信,鹌鹑却误把"逢七"报成了"七七"。牛郎大怒,伸手抓住鹌鹑的尾巴,鹌鹑知道自己报错,嘴里喊着"不对!不对!"没命地飞去,尾巴却被牛郎抓掉了。这个故事也被钟先生所引述①。

与此比较相近的有流传在山东的《牵牛郎》。故事说牛郎的哥哥外出做活,嫂嫂虐待牛郎,因为老牛的通告,没有食有毒的饺子,免得一死。请舅舅分家,只要了老牛和破车。老牛临死时交代他,等它死之后,剥下牛皮,可以到天河。天河中有九个女子洗澡,偷取一件仙衣,可以娶得一个仙女为妻。牛郎依言,果然得一仙女为妻。几年后,仙女生下一男一女。后来仙女用计骗得被牛郎所藏的仙衣,升空而去。牛郎披着牛皮,抱着儿女追赶。王母娘娘听到仙女喊救命,用划水成河的方法,将牛郎隔在河的另一边。仙女对王母娘娘说,愿在娘家住的日子多,所以王母娘娘令二人每年七月初一至初七相会。此后每年七月初一就有喜鹊搭桥,到了初七两人大哭而别②。而牛也是黄牛,也反映着这个故事较原始的情节要素特征。

还有一种收集于浙江上虞的《牛郎和织女》,情节同上面的相近,但牛郎和织女却都本是人间的孩子,都遭后母虐待,"天帝看他们如此痛苦,不觉大发慈悲,将两人叫

① 原刊于钟敬文编:《新民》半月刊第5期,1932年1月16日。

② 赵启文讲述,见《山东民间故事》,北京大学《民俗丛书》(第77册),东方书局复印,第55—65页。

到天上,变成牛郎织女两颗星,并当日结婚”。不料他们婚后终日贪欢,女的不喜织布,男的不愿牧牛。天帝看了大怒,就在他们俩中间,隔了一条天河,使他们不得欢聚,仍各行其职,每年只准七月七日夜,由喜鹊含石做桥,使他们在桥上相会①。

这几个采录较早的本子,只有孙佳讯采录的《天河岸》,那帮助牛郎的牛是老水牛,其他都是黄牛或曰老牛,或曰老黄牛。可以看出这个故事在南方长久流传之后的变异。

永嘉流传的《牛郎和织女》中,牛郎在家中是遭受了后母的虐待,而且牛郎织女本都是人间的男女青年,天帝同情他们,将他们叫到天上,让其结婚。这都可以看出在南方的流传变异情形比较突出。而其中说婚后终日贪欢,废织纴与放牧,天帝怒,使其分离,这同南朝梁殷芸《小说》中说的“嫁遂废织纴”的情形可谓一脉相承。

联系古代诗、词、赋、文及小说、戏曲等综合来看,《牛郎织女》的传说最早流传于北方,而溯其源,应产生于西北。这同叔均的传说,在《山海经》中只见于《海内经》和《大荒西经》、《大荒北经》是一致的。《大荒西经》大体是由西北向西南述西部之地(其开头曰:“西北海之外,大荒之隅”云云,其末尾云:“西南渚中”,“西南海之外”云云,即可看出),记叔均一节在前面,即西北部分;《大荒北经》是由东北向西北叙述(其开头曰:“东北海之外”,末尾曰:“西北海之外”云云),记叔均一节在后面,即西北部分。总之,《山海经》记叔均之事,地属西北。

当然,流传在南北不同地方的《牛郎》之类的故事虽然有所分化,其中的共同点还有,比如都是说织女在河边洗澡时牛郎抱了衣服,使得织女不得不跟了他去,以后婚姻生活很美满。第一、第三、第五个采录本都是生了两个孩子(第一、第五都明确说是一男一女)。这自然同天上的牵牛星由一大星和两小星组成有关(牵牛星是一大星在中间,两边各两小星,织女星也是一大星两小星,但农历七月间两小星在其东面)。故事中说牛郎带着两个孩子追到天上,第一、第三、第五个都是织女离去时牛郎听了老牛的话追去,而且是靠了牛皮的法力才得腾空而行;都是用金钗划出了一条天河,将他们隔开;第四只说是用一条天河将他们隔开。唯第一、第二为王母所划;第三、第五为织女自己所划,第四为天帝所造成。看来,较原始的情节应是王母所划,流传到南方之后,才演变为由织女自己所划,或天帝所造成。

至于各种关于《牛郎织女》故事的采录本中,都有织女在河中洗澡的情节,以及都是有一条河将他们二人分开,这同织女星、牵牛星是在天汉边上有关。七月中织女在河西,牵牛在河东。银河古称汉、天汉、云汉、银汉,同地上的汉水有关。秦人发祥于今天水西南以礼县东部为中心的一大片地方,因而以其祖先织女之星在天汉边上,而此

① 《中国民间趣事集》第3卷,上海儿童书局1930年版。所获复印件上缺作者名。

以东，便是陕西省的岐山、武功（先周时邰）和甘肃庆阳、陕西长武、旬邑、彬县（均属先周时豳的范围）。则牵牛传说同甘肃庆阳和陕西中部一带有关，应无疑问。

《史记·秦本纪》：

> 文公元年，居西垂宫。三年，文公以兵七百人东猎。四年，至汧渭之会，曰："昔周邑我先秦嬴于此，后卒获为诸侯。"乃卜居之，占曰吉。即营邑之……十六年，文公以兵伐戎，戎败走。于是文公遂收周余民有之，地至岐，岐以东献之周……二十七年，伐南山大梓，丰大特。

汧渭其地在今陕西宝鸡一带，靠近甘肃秦安、天水。秦文公至汧、渭二水交会之地，是已开始东迁。后又攻戎而得岐以西之地，其地本周先民所居邰，秦人居此而有其民，周秦文化之交融即开始。关于"丰大特"一句，"丰"即扩大、扩建之义。特，《说文》："特，朴特，牛父也。"指公牛。《史记集解》引徐广曰："今武都故道有怒特祠，图大牛。"《史记正义》引《括地志》云："大梓树在岐州陈仓县南十里仓山上。"并按云："今俗画青牛障是。"可见秦人在移至陈宝（今宝鸡）之地时已有些关于神牛的传说，并立以为祠。这正是周秦文化交融的结果。

陕西中部和庆阳各县也有些关于《牛郎》一类的故事传说，还有不少同牛、牵牛有关的地名、祠庙，尤其是自古有着丰富的农耕习俗和独特的牛文化。我国几千年经济的特征是以农业为主，而陇东的庆阳一带和陕西中部之地由于气候适宜，土壤肥沃，又便于挖窑居住，故农业发展最早。而在上古，牛耕的发明是农业发展历史上最重要的发明，至今大部分农民仍由之而获其利。

《牛郎织女》的传说有丰富的文化内涵，固然，这些可以从其人物形象的高度概括性，从其情节的历史针对性、典型性和思想内容的深刻性方面都可以体会得出，但只有从其孕育、形成过程的考察中，才能有更深刻而全面的体会。因为它的孕育、形成基本上同我国父系氏族社会以后文明发展、经济发展的进程及意识形态方面的发展变化相一致，它其中的一些情节，甚至关于它的传播、演变、分化以至于在通俗文学与戏曲中的寂寞与被关注，都同我国意识形态领域的变化息息相关。所以，我们应该下工夫对它的孕育、形成、发展、演变及分化的状况，对于它在思想、艺术等的各个方面进行深入、细致的研究。

汉代长安地区自然环境与生态变迁对汉赋创作的影响

韩高年

（西北师范大学文史学院　甘肃兰州　730070）

摘　要：本文从自然环境与生态景观两个方面入手，对作为汉代首善之区的京都长安独具时代特色的都城文化对汉赋创作的影响作了初步探讨。文章认为，长安地区的生态景观是汉赋状物的素材；寄情园林的生活方式与汉赋创作的现实动机；长安地区生态变迁与汉赋中的“西都”景观有密切关系，东汉京都赋虽在体制形式上继《子虚》、《上林》，但对西都盛况的描写却带有浓重的追忆和怀旧色彩，其作者探讨是否迁都西京的问题背后，是由于汉末气候变冷、人口激增、战乱频仍、奢侈浪费等原因造成的西都长安自然环境和生态恶化的现实。

关键词：汉代长安；自然环境；生态变迁；汉赋创作

清初申涵光《乔布衣诗引》说：“京师者，诗之薮泽也”，指出京都文化对文学创作的影响。长安为“七大古都”之一①，自西周至秦汉，形成了丰富灿烂的文化景观，在多个层面上对当时的文学创作产生了深刻的影响。西汉定都长安，从汉高祖七年（公元前200年）至孺子婴初始元年（公元8年），共208年，长安文化对文学的影响尤其突出。自然环境与生态是文化存在的现实基础，特定的自然环境决定着某一特定区域文化的特点。本文拟从自然环境与生态景观两个方面入手，对作为首善之区的京都长安独具时代特色的都城文化对汉赋的影响作初步探讨。

一、长安地区的生态景观与汉赋状物的素材

杨泉《五湖赋并序》云：“（余）以为名山大泽，必有记颂之章，故梁山有‘奕奕’之

---

① 七大古都指安阳、西安、洛阳、北京、南京、开封、杭州。参史念海：《七大古都名称的确定》，见《中国古都和文化》，中华书局1998年版，第174—178页。

诗，云梦有《子虚》之赋。"①《文心雕龙·物色》亦云："山林皋壤，实文思之奥府。略语则阙，详说则繁。然屈平所以能洞监《风》、《骚》之情者，抑亦江山之助乎？"刘勰已敏锐地觉察到自然环境与生态文化在提供写景状物的素材和启发文思方面对文学创作的影响。长安位于关中平原中部，南倚终南、翠华诸山，东接骊山、华岳；泾、渭、浐、灞、沣、滈、潏、涝八水环绕，山水相映，景色宜人。长安地区独特的自然环境与生态文化对汉赋的影响也首先表现在为"铺采摛文"的汉赋创作提供了大量的素材。

自然环境和生态是古代建都的一个重要因素，西汉之所以定都长安，首先也因为长安所在的地势、山川、土壤、气候和物产等自然环境的优越性，周秦以来形成的良好的生态。娄敬建议刘邦建都关中时说："夫秦地被山带河，四塞以为固，卒然有急，百万之众可具也。因秦之故资，甚美膏腴之地，此所谓'天府'者也。"这一方面出于军事上的考虑，但也当着眼于自然资源的取资利用，故《史记·货殖列传》亦云："关中自汧雍以东至河、华，膏壤沃野千里，自虞夏之贡以为上田。"关中之富不仅在于农业，而且还在于森林、水文、物产资源的丰富。史念海先生指出：

> 长安位于关中平原。远在西周都于丰镐时，关中平原还是有很多森林的。由于森林很多，有的称为平林，有的称为中林，这些平林或中林大概都是一些混合林。也还有些单纯某种树木的森林，譬如棫林和桃林，这分明是单纯的棫树和桃树成林的。至于关中平原北面的北山和南面的秦岭更是林木蔚然，葱茏郁秀，这在《诗经》和《山海经》中都有具体的记载，不必一一列举。由于森林众多，遍地皆是，直到战国末年，还有人称道当地的"山林川谷美，天材之利多"。至于更远的陇山以西，也是森林广被，遍布于渭河上游各地。
>
> ……汉时关中有"陆海"之称，为九州的膏腴地……②

优越的自然环境，温暖的气候，丰富的物产，不仅为京都长安的建设和人们的生活消费提供了充裕的资源，同时也构建起良好的自然环境与生态景观，形成京都之人富足优越的文化心理。且不说长安周边地区的绿树成荫、山峦叠翠，仅就长安城中来说，也是一派自然和人文景观和谐统一的风光。《三辅黄图》卷一载："《汉旧仪》曰：'长安城中，经纬各长三十二里十八步，地九百七十三顷，八街九陌，三宫九府，三庙，十二门，九市，十六桥。'地皆黑壤，今赤如火，坚如石。父老传云，尽凿龙首山土为城，水泉深二十余丈。树宜槐与榆，松柏茂盛焉。城下有池，周绕广三丈，深二丈，石桥各六丈，与街相直。"据此可知城中槐榆松柏，随处可见，水域池沼，星罗棋布。环境极其宜人。人

---

① 《太平御览》卷七七一引。

② 史念海：《中国古都和文化》，中华书局1998年版，第278页。

们生活在森林和河流护卫着的京都之中,目睹密林芳草,山光水色,"行中林以彷徨,玩奇树之抽英。或素华而雪朗,或红彩而发赦。绿叶幽蒂,紫柯朱茎。杨柳依依,钟龙蔚青。纷灼灼以舒葩,芳馥馥以播馨"[①]。自然中绚丽的春光,葱郁的夏日,多彩的秋色,萧瑟的秋景,不仅见证着人们生活的空间和时间,同时也是人们生命节奏的外化。宋代郭熙《林泉高致》云:"君子之所以爱夫山水者,其旨安在?丘园养素,所常处也;泉石啸傲,所常乐也;渔樵隐逸,所常适也;猿鹤飞鸣,所常观也;尖嚣缰锁,此人情之所常厌也;烟霞仙圣,此人情所常愿而不得见也。"自然之陶钧文思者,即在此。

汉赋作者敏锐地感受到了上述心理,通过对山川、湖泽、鸟兽、草木等景象的铺陈,表达了人们对自然的热爱和亲近之情。在体物方面,司马相如堪称代表。其《上林赋》集中描述了远处山岭上的深林巨木后,又写近处的植被:

> 掩以绿蕙,被以江蓠;糅以蘼芜,杂以留夷;布结缕,攒戾莎。揭车衡兰,藁本射干;茈姜蘘荷,葴橙若荪;鲜支黄砾,蒋苧青薠,布濩闳泽,延曼太原。离靡广衍,应风披靡,吐芳扬烈;郁郁菲菲,众香发越;肸蠁布写,晻薆咇茀。

赋家以浓墨重彩,描绘了绿草如茵、繁花似锦的生活环境。以往论赋者多以此类描写为虚构夸大之辞[②]。因为此种倾向在汉赋中比较普遍,故有的学者称之为"图案化"[③]。实际上如果结合西汉时期京都长安的自然生态环境来说,应当有其现实生活的实景为其素材。

二、寄情园林的生活方式与汉赋创作的现实动机

都城所在地的生态环境也包括人工生态景观。在周秦各代所建人工生态系统的基础上[④],西汉盛时又在长安及其附近兴建扩充了许多苑囿和皇家园林。其中又建台榭宫殿,因地制宜,开挖人工湖泊,以为自然景观的补充和用作皇家祭祀、游戏、田猎、宴饮之所。上林苑是长安城的一个有机组成部分。武帝时扩大到今陕西长安、户县、

---

① 杨修:《节游赋》,收严可均辑:《全汉文》。

② 左思《三都赋序》云:"相如赋《上林》,而引卢桔夏熟;扬雄赋《甘泉》,而陈玉树青葱;班固赋《西都》,而叹以出比目;张衡赋《西京》,而述以游海若。假称珍怪,以为润色;若斯之类,匪啻于兹。考之果木,则生非其壤;校之神物,则出非其所。于辞则易为藻饰;于义则虚而无征。"刘勰《文心雕龙·夸饰》亦有相同的说法。今之研究汉赋者遂以为常识。

③ 万光治:《汉赋通论》(增订本),中国社会科学出版社2004年版,第351—358页。

④ 《史记·秦始皇本纪》:"始皇为微行咸阳,与武士四人俱,夜出逢盗兰池,见窘。"裴骃《集解》:"《地理志》渭城县有兰池宫。"张守节《正义》引《括地志》云:"兰池陂即古之兰池,在咸阳县界。《秦记》云:'始皇都长安,引渭水为池,筑为蓬、瀛,刻石为鲸,长二百丈。'逢盗之处也。"秦代所建离宫别馆当不止此。

周至等几个县的广大地区。苑内放养珍禽异兽无数,栽植各种树木和奇花异草3000余种,又开凿周长40里的昆明池,引水洨水,池上设桥,池内立石人,以象河汉。此外,汉武帝上林苑中也大量兴建池沼台榭。《初学记》卷七《地部下》载:“汉上林有池十五所:承露池;昆灵池,池中有倒披莲、连线荇、浮浪根菱;天泉池,上有连楼阁道,中有紫宫;戟子池;龙池;鱼池;牟首池;蒯池;菌鹤池;西陂池;当路池;东陂池;太乙池;牛首池;积草池,池中有珊瑚,高丈二尺,一本三柯,四百六十条,尉佗所献,号曰‘烽火树’;麋池;含利池;百子池,七月七日,临百子池作于阗乐,乐毕,以五色缕相羁,谓为连爱。”另据《史记·平准书》载汉武帝元狩三年:“故吏皆適令伐棘上林,作昆明池。”“是时越欲与汉用船战逐,乃大修昆明池,列观环之。治楼船,高十余丈,旗帜加其上,甚壮。”此外,据《三辅黄图》卷四载,长安附近还有秦酒池、影娥池、琳池、鹤池、冰池。

《汉书·扬雄传》载汉武帝:“营建章、凤阙、神明、馺娑,渐台、泰液象海水周流方丈、瀛洲、蓬莱。”又《汉书·郊祀志下》载:

(建章宫)其北治大池,渐台高二十余丈,名曰泰液,池中有蓬莱、方丈、瀛洲、壶梁,象海中神山龟鱼之属。

由此可见武帝建章宫开泰液池,中起渐台,“象海水周流”,“象海中神山龟鱼之属”,目的是将海上自然景观纳入离宫别馆,供皇家游览之用。《三辅黄图》卷四《池沼》载:“太液池,在长安故城西,建章宫北,未央宫西南。太液者,言其津润所及广也。《关辅记》云:‘建章宫北有池,以象北海,刻石为鲸鱼,长三丈。’”

《西京杂记》卷一载:“太液池边皆是雕胡、紫萚、绿节之类。菰之有米者,长安人谓为雕胡。葭芦之未解叶者,谓之紫萚。菰之有首者,谓之绿节。其间凫雏雁子,布满充积,又多紫龟绿鳖。池边多平沙,沙上鹈鹕、鹧鸪、䴔䴖、鸿鶂,动辄成群。”足见汉代长安周边生态环境之美。同书又记:“始元元年,黄鹄下太液池。上为歌曰:‘黄鹄飞兮下建章,羽衣肃兮行跄跄,金为衣兮菊为裳。唼喋荷荇,出入蒹葭。自顾菲薄,愧尔嘉祥。’”目睹黄鹄自来、出入荷荇蒹葭之间,汉武帝禁不住歌以咏之。《拾遗记》卷六亦载武帝临琳池,“使宫人为歌。歌曰:‘秋素景兮泛洪波,挥纤手兮折芰荷。凉风凄凄扬棹歌,云光开曙月低河,万岁为乐岂云多。’”史载司马相如、王褒、扬雄等赋家多于此种生活场境下“应诏”作赋,故论者大多以为赋家之创作为被动之举,视同倡优。但如联系其身处其中的美景对创作冲动的触发来看,则赋家“窥情风景之上,钻貌草木之中”的创作活动,也应当有内在的动机吧!

芬兰当代美学家约·瑟帕玛指出:

> 环境围绕我们(我们作为观察者位于它的中心),我们在其中用各种感官进行感知,在其中活动和存在。问题在于感知者和外部的关系,就算没有感知者,外部世界依然存在。因此环境总是以某种方式与其中的观察者和它的存在场所紧密相联,但从较宽泛的意义上说,环境可被视为这样一个场所:观察者在其中活动,选择他的场所和喜好的地点。①

人对环境的文化活动之一是通过艺术手段对其进行描述②。身处自然与苑囿、池沼、台榭楼阁构成的宜人之境中,赋家既是一个观察者,同时也成为一个环境的再现者。他在力求真实地再现自然物或环境的感性状态时,也表现了自身的某种特定的情感和思想。刘勰《文心雕龙·物色》云:"春秋代序,阴阳惨舒,物色之动,心亦摇焉。盖阳气萌而玄驹步,阴律凝而丹鸟羞,微虫犹或入感,四时之动物深矣。若夫珪璋挺其惠心,英华秀其清气,物色相召,人谁获安?是以献岁发春,悦豫之情畅;滔滔孟夏,郁陶之心凝;天高气清,阴沈之志远;霰雪无垠,矜肃之虑深。岁有其物,物有其容;情以物迁,辞以情发。"《文选》赋有"物色类",李善注曰:"四时所观之物色而为之赋。"以此说明赋家为长安物色所感而为赋之情况,殊为合理且惬意。

良好的生态环境促成了寄情苑囿的生活方式。园林成为皇家召集文士宴饮聚会、展露文才的现实场所,同时也激发了他们创作的动机,为汉赋作家提供了活的创作素材。在寄情托兴的园林游优生活中,吟诗作赋是其重要的内容。这使园林成为时代艺术的符号。出土汉代画像砖有很多展示了上述园林生活的场面,说明这种生活方式对汉代艺术的影响。司马相如的《子虚》、《上林》又称做"天子校猎赋",实际上是以长安附近的"上林苑"及天子在其中的活动为创作素材。扬雄的《甘泉赋》、《羽猎赋》、《长扬赋》也是如此。成帝即位后,应许群臣"甘泉泰畤河东后土之祠,宜可徙置长安"之议。但后因"久无继嗣,思其咎职,殆在徙南北郊,违先帝之制,改神祇旧位,失天地之心,以妨继嗣之福,春秋六十,未见皇孙,食不甘味,寝不甘席,朕甚悼焉",遂又复甘泉泰畤河东后土之祠。元延二年与四年,成帝一再行幸甘泉,郊泰畤;行幸河东,祠后土。扬雄《河东》等四赋,即作于元延二、三年间。也是长安生态文化及皇家及贵族生活的产物。

这种风气在藩国也很盛行。《西京杂记》卷四云:"梁孝王游于忘忧之馆,集诸游士,各使为赋。枚乘为《柳赋》,其辞曰……路乔如为《鹤赋》……公孙诡为《文鹿赋》……邹阳为《酒赋》……公孙乘为《月赋》……羊胜为《屏风赋》……韩安国作《几赋》不成,邹阳代作……邹阳、安国。罚酒三升。赐枚乘、路乔如绢,人五匹。"枚乘

---

① 〔芬〕约·瑟帕玛:《环境之美》,湖南科学技术出版社2005年版,第23页。

② 陈望衡:《环境美学》,武汉大学出版社2007年版,第61—63页。

《柳赋》云:"忘忧之馆,垂条之木。枝逶迟而含紫,叶萋萋而吐绿。出入风云,去来羽族。既上下而好音,亦黄衣而绛足。蜩螗厉响,蜘蛛吐丝。阶草漠漠,白日迟迟。于嗟细柳,流乱轻丝。"孔臧《杨柳赋》:"绿叶累迭,郁茂翳沈,蒙笼交错,应风悲吟。"诸文士侍梁孝王刘武聚会苑园中,同时之作体现了对京都生活方式与文学风气的应和。

三、长安地区生态变迁与汉赋中的"西都"景观

学者们普遍认为温湿的气候是文明发展的重要前提条件①。中国古代从春秋战国到西汉,是一个长达800年的温暖期②,因而文明的发展也非常迅速。据王子今研究,西汉气候温暖是造就汉代文明的重要因素。而东汉时气候由暖转寒,关中地区生态恶化,从而导致了关中人口南下的移民浪潮,推动了新的经济中心的产生。东汉的迁都洛阳,即与此有关③。

人口的因素也是导致西汉末长安地区自然环境与生态恶化的重要原因。长安人口的变化,据《汉书·地理志》载,西汉初年,天下初定,全国人户萧条,但长安城中就有户八万八百,人口二十四万六千二百④。至武、宣盛时,人口急剧增长⑤,至平帝、哀帝时期"天下户口最盛"。其中尤其以京都地区为最,这使得对于京都地区自然生态资源的消耗和破坏也日渐加剧。当时一些有识者已经意识到生态危机的存在。司马相如《上林赋》末尾说:"齐楚之事,岂不哀哉!地方不过千里,而囿居九百,是草木不得垦辟,而民无所食也。夫以诸侯之细,而乐万乘之所侈,仆恐百姓被其尤也。"司马相如虽是在批评齐、楚等诸侯国大肆兴建苑囿池沼以逞田错游观之欲,指出这样作为导致自然资源和耕地的减少,最终会影响农业,殃及百姓。但实际上这种危机在长安地区更为严重。仅就森林资源的变化而言,即可看出西汉中后期生态危机的严重程度。史念海先生《中国古代都城建都期间对于自然环境的利用和改造及其影响》一文指出:

> 由于人口的逐渐增多,农业的不断发展,森林也就受到相应的破坏,都城附近

---

① 顾麟:《环境变迁与文明兴衰》,《科学画报》1992年第1期。

② 竺可桢:《中国近五千年来气候变迁的初步研究》,《中国科学》1973年第2期。

③ 王子今:《秦汉时期气候变化的历史考察》,《历史研究》1995年第2期。

④ 林剑鸣认为,这个数字明显偏低。可能仅是作为征收赋税对象的民户的基本数字,其他城居人员(包括皇族、驻军、刑徒、奴婢、戍卒等)尚未统计在内。总计起来,西汉长安人口应在50万左右。说见其《秦汉社会文明》,西北大学出版社1985年版,第142页。

⑤ 葛剑雄认为各种材料当中《汉书·地理志》所载户口数是今天研究西汉人口最基本、最重要的数据。说见其《西汉人口地理》,人民出版社1986年版,第13页。

> 就更为明显。都城设置之后,各项建筑用材也就随着大量增加,这就必然取之于附近的山林,甚至都城中薪碳的消耗,也会使森林受到严重的损失。由周迄汉,其间的变化显然可见。汉时关中有"陆海"之称,为九州的膏腴地,可是只有鄠(今户县)、杜的竹林,能与南山的檀柘相媲美,当是广漠平原已无其他森林可言……西汉崩毁后,东汉迁都洛阳。东汉历年二百,不能说是短促,可是二百年间关中南北二山遭受破坏的森林尚未能恢复。①

可见,在西汉末年,长安地区自然生态系统因为过度利用和开发已经有了很大改观。东汉迁都洛阳,与两汉之际长安地区自然生态的变化有密切的关系。生态的变化必然会影响到经济、政治。与长安生态的恶化相对立,河洛地区从其孕育期起,就具有极适合文明发育的自然生态优势。东汉定都洛阳,有政治军事方面的战略考虑,但自然生态方面的原因也不容忽视。竺可桢《中国近五千年来气候变迁的初步研究》一文指出:"在战国时期,气候比现在温暖得多","到了秦朝和前汉气候继续温和。""司马迁时热带植物的北界比现时推向北方。""到了东汉即公元之初,我国天气有趋于寒冷的趋势。"王子今据此判断:东汉王朝定都洛阳,正是以生态环境的变化为背景的。也就是说,这次政治文化中心的转移,本质上是与关东地区在新的生态条件下经济文化的活跃有关②。

周室东迁,《王风》有《黍离》之悲。东汉迁洛,西都耆老,亦有怨思。汉赋中京都题材的产生,实与此有重要关系。而《两都赋》、《二京赋》中对西都盛时景象的描述,也明显带有追忆和怀旧的色彩,体现出对西都长安因生态环境恶化而导致的衰落的反省。而在对新都景象的描绘中,则着重强调对生态环境的保护。班固《两都赋·序》自述其作赋的动机云:"臣窃见海内清平,朝廷无事。京师修宫室,浚城隍,起苑囿,以备制度。西土耆老,咸怀怨思,冀上之睠顾,而盛称长安旧制,有陋雒邑之议。故臣作《两都赋》以极众人之眩曜,折以今之法度。"东都的崛起,使西都故老怀念长安往日的辉煌,因而有怨上之心。班固借西都宾与东都主人之问答,将一场政治上辩论以文学化的手法加以呈现:西都宾回顾西都盛时的景象而成"西都赋",主要从西都地理形势之险要、四郊生态环境之优美、苑囿池沼物产之丰饶、田猎游观歌舞之奢靡等方面加以铺叙,末言"徒观迹乎旧墟,闻之乎故老",表明"长安盛景"已成过去。故东都主人听后"喟然而叹",然后讲论定都洛阳是形势所趋,以此来说服西都宾,即所谓"折以今之法度"。"法度"包含着保护生态的意识。赋中说:

---

① 史念海:《中国古都与文化》,中华书局1998年版,第278—279页。

② 王子今:《秦汉时期生态环境研究》,北京大学出版社2007年版,第430—433页。

是以皇城之内,宫室光明,阙庭神丽,奢不可踰,俭不能侈。外则因原野以作苑,顺流泉而为沼。发蘋藻以潜鱼,丰圃草以毓兽。制同乎梁驺,义合乎灵囿。若用顺时节而蒐狩,简车徒以讲武,则必临之以《王制》,考之以风雅。

公开提出洛阳的建设尚俭,而且"外则因原野以作苑,顺流泉而为沼。发蘋藻以潜鱼,丰圃草以毓兽"的做法,因地制宜,给野生动植物提供生存的空间,具有明确的保护生态的意识。这既是正面为定都洛阳立论,也是对西汉统治者人为破坏西都长安生态,进而导致其衰落的委婉的批评。

事实上,早于班固、张衡的杜笃有《论都赋》、傅毅有《反都赋》,都是针对东汉迁都之事而作。《论都赋》描写西都长安盛时景象曰:

厥田惟上。沃野千里,原隰弥望。保殖五谷,桑麻条畅。滨据南山,带以泾渭。号曰陆海,蠢生万类。楩柟檀柘,蔬果成实。畎渎润淤,水泉灌溉,渐泽成川,粳稻陶遂。厥土之膏,亩价一金。田田相如,鐇钁株林。火耕流种,功浅得深。

因此劝光武帝西迁。傅毅《反都赋》则针锋相对,说"客有陈西都土之富,云洛邑褊小,故略陈祸败之机,不在险也。"傅毅之作虽残,但从其赋序可知,他之所以反对西迁,主要原因也是看到了西都盛况已成昨日,所以虽有险可守,但无富可恃。迁都洛邑,势在必行。

总而言之,东汉京都赋虽在体制形式上继《子虚》、《上林》,但对西都盛况的描写却带有浓重的追忆和怀旧色彩。京都赋的作者探讨是否迁都西京的问题背后,是由于汉末气候变冷、人口激增、战乱频仍、奢侈浪费等原因造成的西都长安自然环境和生态恶化的现实。

由京都赋"长安事象"叙事的变化看赋风之嬗变

王长顺

（陕西师范大学文学院　陕西西安　710062）

摘　要：由京都赋的代表作品《论都赋》、《两都赋》、《二京赋》中"长安事象"叙事的变化，可以看出东汉时期京都大赋的风格有一个嬗变的轨迹，即由"论"都到"绘"都，颂述功德的倾向趋于明显；由铺叙到扬厉，体物功能更为强化；由写物质繁富到写精神娱乐，文化意味更加浓郁。

关键词：京都赋；"长安事象"；叙事特点；赋风嬗变

赋作为汉代文学的代表形式，发展到东汉时期，在题材方面发生了显著变化，出现了大量的以都市作为主要描写对象的作品，即"京都赋"。这类赋作被昭明太子在《文选》中选赋时，置于最前，居《文选》之首。西汉都城长安自然在京都赋中被视为极为重要的描写对象。然而，在诸京都赋中，对"长安事象"的叙写又有着一条变化的线索，从这一线索中也可窥见当时赋风嬗变之一斑。

由"论"都到"绘"都：颂述功德的倾向趋于明显

就现存资料来看，最早涉及京都题材的赋作是杜笃的《论都赋》。这篇赋作出现的直接诱因乃是东汉时的迁都之争。东汉初年，汉光武帝刘秀平定天下，虽定都于洛阳，但是朝野上下在定都问题上却一直存在着分歧：以所谓的西土耆老为代表，认为东汉应承绪西汉正统，当迁都长安；以山东权贵为代表的一派支持立都洛阳，反对西迁。对于定都长安还是洛阳，光武帝刘秀也无定意，因此曾先后于建武六年、十年两次亲幸长安，拜祠高庙，祭前汉十一陵。此后，建武十八年又到长安，悯怀旧京，并于第二年下诏整修长安宫（据《后汉书》）。在这样的情况下，西迁派和都洛派都承继西汉以来以赋劝谏的传统，用赋的形式表明主张。建武二十年，大臣杜笃首先上奏光武帝《论都赋》，认为"关中山河表里，先帝旧京，不宜改营洛邑"（《后汉书·文苑列传·杜笃传》)。在《论都赋》中,杜笃首先追忆了自秦至汉兴衰盛亡的历史以及定都长安的情况。接着追述了汉武帝据长安周围的山川险阻以成就霸业的武功:“是时孝武因其余财府帑之蓄,始有钩深图远之意,探冒顿之罪,校平城之雠。遂命票骑,勤任卫青,勇惟鹰扬,军如流星,深入匈奴,割裂王庭,席卷漠北,叩勒祁连,横分单于,屠裂百蛮。烧罽帐,系阏氏,燔康居,灰珍奇,椎鸣镝,钉鹿蠡,驰坑岸,获昆弥,虏傲侲,驱骡驴,驭宛马,鞭駃騠。拓地万里,威震八荒。肇置四郡,据守敦煌。并域属国,一郡领方。立侯隅北,建护西羌。捶驱氐、僰,寥狼邛莋。东摧乌桓,蹂辚濊貊。南羁钩町,水剑强越。残夷文身,海波沫血。郡县日南,漂概朱崖。部尉东南,兼有黄支。连缓耳,琐雕题,摧天督,牵象犀,椎蚌蛤,碎琉璃,甲玳瑁,戕觜觿。于是同穴裘褐之域,共川鼻饮之国,莫不袒跣稽颡,失气虏伏。”接下来又描述长安及其周围形势和山川之险:“雍州本帝皇所以育业,霸王所以衍功,战士角难之场也。《禹贡》所载,厥田惟上。沃野千里,原隰弥望。保殖五谷,桑麻条畅。滨据南山,带以泾渭,号曰陆海,蠢生万类。楩柟檀柘蔬果成实,畎渎润淤,水泉灌溉,渐泽成川,粳稻陶遂。厥土之膏,亩价一金。田田相如……”(《后汉书·文苑列传·杜笃传》)杜笃将关中称为“帝王之渊囿”、“守国之利器”。他分别从土地肥沃、物产丰富、山河险阻、漕运便利等方面陈述了帝皇衍业、霸王衍功的有利条件。此外,他认为,长安所处的关中“沃野千里,原隰弥望”,具有较好的农业生产条件,能够保证都城的物资供应;这里“可与守近,利以攻远”,有着成就霸业的基础。因此,这里“用霸则兼并,先据则功殊;修文则财衍,行武则士安;为政则化上,篡逆则难诛;进攻则百克,退守则有余”。有利于富强国家,建立帝业。这些都是都城选址应当充分考虑的因素。在结尾,虽说也言及光武“谦让而不伐勤”、“以为获无用之虏,不如安有益之民”、“躬修道德,含惠吐仁”的王道政策,但最终还是指出:“利器不可久虚,而国家亦不忘乎西都”,并提出了“何必去洛邑之渟瀯与?”的质问,表明了奏议都城西迁长安的意愿。

杜笃《论都赋》一出,产生了较大影响,使得:“西土耆老,咸怀怨思,冀上之睠顾,而盛称长安旧制,有陋洛邑之议。”(《文选·〈洛都赋〉序》)此后,因反迁都派(山东权贵)势力的强大,加之光武决心定都洛阳(建武二十六年,初作寿陵,中元元年,起明堂、灵台、辟雍及北郊兆域,见《后汉书·光武帝纪》),迁都之争便平息了一段时间。到永平年间,西迁之论再起,王景作《金人论》以驳。据《后汉书·循吏列传·王景传》载:“先是杜陵笃奏上《论都赋》欲令车驾迁还长安。耆老闻者,皆怀动土之心,莫不睠然伫立西望。景以宫庙已立,恐人情疑惑,会时有神雀诸瑞,乃作《金人论》,颂洛邑之美,天人之符,文有可采。”于是化解了此次论争。后来,几经反复,章帝时期,傅毅、崔骃、班固等纷纷作赋,主张立都洛阳。傅毅的《反都赋》(仅存两句)、《洛都赋》,崔骃《反都赋》(仅存序)都述洛邑形势之美和推行礼乐教化等制度,可推知其主张都洛邑。这些赋作“有点儿近乎用赋体形式而为奏章,由题名即可见作者在这方面的自觉追求”①。因此,“受迁都之争的影响,大赋开始成为论说都城、制度的重要体式,都城也成为东汉辞赋创作的新热点”,并“使赋作具有论说两汉都城与制度的意义”②。

班固的《两都赋》也是这一时期论都之争的产物,但与此前杜笃的《论都赋》相较,“论”的成分已经减少(从赋题即可见之),而在谈定都之事时,描绘都城诸事象以“述颂功德”的倾向已渐露端倪。班固在《两都赋·序》中虽说:“臣窃见海内清平,朝廷无事,京师修宫室,浚城隍,起苑囿,以备制度。西土耆老,咸怀怨思,冀上之睠顾,而盛称长安旧制,有陋洛邑之议。故臣作《两都赋》,以极众人之所以眩曜,折以今之法度。”但是,他却在此前说了一段话:“或曰:‘赋者,古诗之流也。’昔成康没而颂声寝,王泽竭而诗不作。大汉初定,日不暇给。至于武宣之世,乃崇礼官,考文章,内设金马石渠之署,外兴乐府协律之事,以兴废继绝,润色鸿业……或以抒下情而通风谕,或以宣上德以尽忠孝,雍容揄扬,著于后嗣,抑亦雅颂之亚也……故皋陶歌虞,奚斯颂鲁,同见采于孔氏,列于诗书,其义一也。稽之上古则如彼,考之汉室又如此。斯事虽细,然先臣之旧式,国家之遗美,不可阙也。”这已经表明了自己对赋之颂讽功能的认识和创作《两都赋》的目的。他在理论上将讽谏和颂美并提,甚至“更多地强调汉赋的颂美作用而忽略了它的讽谏功能,即便对帝王有所讽谏,也只能是‘以礼谏君’、‘辞意顺笃’(《贾邹枚路传》),并认为‘人臣之义,当掩恶颂美’。”③在这一理论指导下,班固的《两都赋》的开头借西都宾和东都主人的对话,“摅怀旧之蓄念,发思古之幽情,博我以皇道,弘我以汉京。”言辞中已透露出歌颂的意味。接下来对西京长安进行了全方位的记述。《西都赋》写长安的地理形势以“左”、“表”、“右”、“带”等方面写其乃“华实之毛,九州之上腴焉;防御之阻,则天地之隩区焉”。此乃其作为帝京的有利条件。接着极写长安城的建设以及城市的繁华。在写到物产之盛时,“其中乃有九真之麟,大宛之马,黄支之犀,条支之鸟。逾昆仑,越巨海,殊方异类,至于三万里”,大有夸耀之词。写宫殿楼台有形有制,有光有色,有明有暗,有平铺婉曲,有耸直高起,有因山就谷,有出云历天。西京长安所处地势,广路通门,街闹市廛,未央之宫,昭阴之殿,神明之台,井干之楼,太液神山……把长安城的繁华富丽作了详尽的“描绘”。其宫室台馆,焕若列宿,紫宫是环;其沟渠漕运,与海通波;其珍禽异兽,皆来自“殊方异类”;其苑囿园林,连乎蜀汉;人们引水劳动时,决渠降雨,荷插成云;太液池水能拍打到东海神山;宫阙楼台“上反宇以盖戴,激日景而纳光”,“轶云雨于太半,虹霓回带于棼楣”。宫城之

① 卞孝萱、王琳:《两汉文学史》,安徽教育出版社2001年版,第77页。

② 曹胜高:《汉赋与汉代制度——以都城、校猎、礼仪为例》,北京大学出版社2006年版,第26页。

③ 踪凡:《汉赋研究史论》,北京大学出版社2007年版,第148页。

外的上林之苑,则是武士驰射,野兽奔突;昆明之池,则是龙舟泛浮,櫂女讴歌;还有瑶石美玉,神木灵草,鱼跃鸟飞……这样就把整个西京长安"描绘"得像一幅物象繁富、生机盎然,动静有致的都城风俗画。这样一来,班固"好象并不强调讽谏,却旨在歌颂"①。

杜笃的《论都赋》基本上由两部分组成,第一部分论西都长安之有利形势,陈述前汉之功业;第二部分论东汉之礼治以及迁都长安的理由。这纯粹是一种"论"都。而班固《西都赋》写长安,"不在规模和繁华的程度上贬西都而褒东都,而从礼法的角度,从制度上衡量此前赞美西都者所述西都的壮丽繁华实为奢淫过度,无益于天下"。"班固维护建都洛阳,在处理对前汉西都评价上,也极为谨慎小心。《西都赋》本为赞美、夸耀之词,不用说。"就连在《东都赋》的开头"批评的矛头对准的是秦皇而非汉帝"②。这样一来,班固对西都长安都城之壮丽宏大,宫殿之奇伟华美等着力以铺排之能事,也是为颂东汉之法度、王制以及帝王功德所作的铺垫。由此可见,京都赋对于"长安事象"的叙事,由"论"都走向了"绘"都,由政论走向了颂美。

由铺叙到扬厉:体物功能更为强化

杜笃的《论都赋》、班固的《两都赋》以及后来张衡的《二京赋》,都叙及"长安事象",然其叙写程度不尽相同。从内容上看,杜笃的《论都赋》涉及自秦定都关中,至汉初都长安的历史沿革;武帝以来的武功以及建设都城长安的业绩;长安及周边环境对成就霸业的有利条件;皇帝治乱的功德等方面。班固的《西都赋》和张衡的《西京赋》已将内容扩大到长安都城的方方面面:山川之势、物产之丰、建筑之宏、宫室之美、殿堂之丽,池苑之乐等等。就《西都赋》与《西京赋》相较,则是由铺叙到扬厉。例如,对长安的山川气象,班固《西都赋》铺述其实:"左据函谷二崤之阻,表以太华、终南之山。右界褒斜陇首之险,带以洪河、泾渭之川。众流之隈,汧涌其西。华实之毛,则九州之上腴焉;防御之阻,则天地之隩区焉。"张衡《西京赋》则写道:"汉氏初都,在渭之涘。秦里其朔,寔为咸阳。左有崤函重险,桃林之塞。缀以二华,巨灵赑屃,高掌远蹠,以流河曲,厥迹犹存。右有陇坻之隘,隔阂华戎。岐梁汧雍,陈宝鸣鸡在焉。于前则终南太一,隆崛崔崒,隐辚郁律。连冈乎嶓冢,抱杜含鄠,欱沣吐镐,爰有蓝田珍玉,是之自出。"二者相较,"对长安的山川气象,班固在《西都赋》中只是'铺张',仅作了平实的叙述,可见其形势,难显其气势。张衡在《西京赋》中则进一步'扬厉',融入神话传说

① 程德和:《汉赋管窥》,中州古籍出版社2003年版,第97页。

② 赵逵夫:《〈两都赋〉的创作背景、体制及影响》,《文学评论》2003年第1期。

以渲染烘托其气象"[①]。《西京赋》中,河神巨灵遂手擘开大山,用脚蹦裂其下,中分为太华、少华二山,河水从中流过。(薛综《文选》注)还有陈宝鸡鸣。这两则神话传说的引入,使秦地山川蒙上了一层雄奇神秘的色彩。在张衡的笔下,终南太一,突兀高耸,绵延深远;怀抱杜陵,口含鄠县;吸纳沣水,吐出镐川;丘陵平原,靠渭水,依泾川;九嵕甘泉,气候酷寒,宜于清暑消热;肥沃的原野,乃是天下的腹地,神灵山川。再如,在写长安城建设时,《西都赋》叙写了长安城的规模:"建金城而万雉,呀周池而成渊。披三条之广路,立十二之通门。内则街衢洞达。"《西京赋》则写"徒观其城郭之制,则旁开三门,参涂夷庭。方轨十二,街衢相经。廛里端直,甍宇齐平。北阙甲第,当道直启。程巧致功,期不陁陊。"此前还详写当时筑城时的布局规划情况:"量径轮,考广袤;经城洫,营郭郛。取殊裁于八都,岂启度于往旧!乃览秦制,跨周法。狭百堵之侧陋,增九筵之迫协。"这就把建都时度量四周长短、考察广狭方圆;开掘护城河,营筑新城郭;采取不同八方的格局,摒弃旧有的规格,参照秦京的体制,超过秦都的规模;嫌周代百堵之墙还为狭僻简陋,连周代九筵之堂都要增扩等情况,写得淋漓尽致。再以宫殿中的建章宫为例。《西都赋》写道:"凌磴道而超西墉,掍建章而连外属。设璧门之凤阙,上觚稜而栖金爵。内则别风之嶕峣,眇丽巧而耸擢。张千门而立万户,顺阴阳以开阖。尔乃正殿崔嵬,层构厥高,临乎未央。经骀荡而出馺娑,洞枍诣以与天梁。上反宇以盖戴,激日景而纳光。"《西京赋》写建章宫的景象:"建章是经,用厌火祥。营宇之制,事兼未央。圜阙竦以造天,若双碣之相望。凤骞翥于甍标,咸溯风而欲翔。阊阖之内,别风嶕峣。何工巧之瑰玮,交绮豁以疏寮。干云雾而上达,状亭亭以苕苕。神明崛其特起,井幹叠而百增。跱游极于浮柱,结重栾以相承。累层构而遂隮,望北辰而高兴。消雰埃于中宸,集重阳之清澂。瞰宛虹之长鬐,察云师之所凭。上飞闼而仰眺,正睹瑶光与玉绳。将乍往而未半,怵悼栗而慫兢。非都卢之轻趫,孰能超而究升?枍诣承光,睽罛庨豁。櫼桴重棼,锷锷列列。反宇业业,飞檐巘巘。流景内照,引曜日月。"班固写出了建章宫的整体规模,殿阁的重叠以及建筑的雄伟。而张衡则更是着笔于其瑰玮、壮丽和奇伟,铺叙更为细致,突出了建筑的气势和绮丽的色彩。《西都赋》在写后宫:"周以钩陈之位。"钩陈乃是后宫之名。而《西京赋》即描绘了钩陈宫与皇宫中间的连属关系:"于是钩陈之外,阁道穹隆。属长乐与明光,径北通乎桂宫。命般尔之巧匠,尽变态乎其中。后宫不移,乐不徙悬。门卫供帐,官以物辨。恣意所幸,下辇成燕。穷年忘归,犹弗能遍。瑰异日新,殚所未见。"写太液池,《西都赋》突出幽美风景:"滥瀛洲与方壶,蓬莱起乎中央。于是灵草冬荣,神木丛生。岩峻嶵崒,金石峥嵘。抗仙掌以承露,擢双立之金茎。轶埃堨之混浊,鲜颢气之清英。"《西京赋》则写道"顾临太液,沧

---

① 李志慧:《汉赋与长安》,西安出版社2003年版,第179页。

池漭沆。渐台立于中央，赫昈昈以弘敞。清渊洋洋，神山瓘瓘。列瀛洲与方丈，夹蓬莱而骈䓯。上林岑以垒嶵，下崭岩以喦龉。长风激于别岛，起洪涛而扬波。浸石菌于重涯，濯灵芝以朱柯。海若游于玄渚，鲸鱼失流而蹉跎。于是采少君之端信，庶栾大之贞固。立修茎之仙掌，承云表之清露。屑琼蕊以朝飧，必性命之可度。美往昔之松乔，要羡门乎天路。想升龙于鼎湖，岂时俗之足慕！若历世而长存，何遽营乎陵墓？”这样写来，“不仅铺张，而且扬厉，渲染出一派浓郁的神山气象。”①此外，上林苑的田猎游乐，郊野乡镇的广阔绮丽，离宫别馆的错落有致……无不铺排得细致完美。因此，“其体物状貌的创作意识之自觉，描摹再现的范围之广泛，写实拟景的手段之丰富，可谓尽其极致，令人感叹……如果说司马相如还试图在作品中加上一点讽谏作为点缀的话，这些赋作则连这种点缀也没有，自始至终就是对‘物’的追逐和描摹”②。茅盾先生还曾针对刘勰就赋体“铺采摛文，体物写志”的命意直接指出：“‘写志’二字在汉赋中实已落空，只有‘体物’倒真是汉赋的总面目。”③由此，通过对《西都赋》与《西京赋》中“长安事象”之描摹进行对比，可以说，赋作由铺张而至于扬厉，体物功能更加强化。这种：“对外在感性界、对象界的艺术‘开发’和对物质的形貌声色的文学‘摹仿’，对后世审美文化的发展提供了极其广阔的前景和可能。最为明显的是，它对魏晋以后自然之美和山水文艺的渐趋独立与深入发展，有着不可低估的作用。”④

《西都赋》、《东京赋》“长安事象”铺叙程度之比较

项目／内容	篇名	句数	字数	个(类)数	备注
山川地势	《西都赋》	10	62		
	《东京赋》	40	194		
都城建设	《西都赋》	4	24		
	《东京赋》	40	275	述及宫殿 8	
都市繁华	《西都赋》	10	42		
	《东京赋》	18	84		
后宫各殿	《西都赋》	8	38	宫殿 15	
	《东京赋》	22	107	宫殿 8	
城中各宫	《西都赋》	8	45	宫 5	详写
	《东京赋》	13	52		

① 李志慧：《汉赋与长安》，西安出版社 2003 年版，第 179 页。
② 仪平策、廖群：《汉大赋——中国文学发展的必然环节》，《山东大学学报》1988 年第 2 期。
③ 茅盾：《夜读偶记》，百花文艺出版社 1958 年版，第 8 页。
④ 仪平策：《中国审美文化史》（秦汉魏晋南北朝卷），山东画报出版社 2000 年版，第 94 页。

续表

项目 内容	篇名	句数	字数	个(类)数	备注
建章宫	《西都赋》	32	196	宫殿4、台1、楼1	
	《东京赋》	40	206		
太液池	《西都赋》	20	115		
	《东京赋》	28	162	台1、山3、草木2	
上林苑	《西都赋》	71	295	兽12	
	《东京赋》	137	583	兽11、草木5	
昆明池	《西都赋》	40	155	禽11、草木2	
	《东京赋》	27	119	水中动物9、草木2、鸟4	

由写物质繁富到写精神娱乐:文化意味更加浓郁

京都赋中,无论是杜笃的《论都赋》、班固的《两都赋》,还是张衡的《二京赋》,都契合于:"敷布其义谓之赋"(刘熙《释名·释书契》)、"赋体物而刘亮"(陆机《文赋》)、"赋者,六义之一也。风雅颂兴赋比六者,而赋居比兴之中,盖其敷陈事理,抒写物情,兴比不能并焉"(康熙御制《历代赋论序》)诸论。由此,京都赋都描写帝都地理之要,结构之宏大。诸如京都形胜、京畿环境,都城规模、市区街衢等等。除此之外,对物之繁盛的记述更是如数家珍,极尽铺叙之能事。《两都赋》写长安:"其中乃有九真之麟,大宛之马,黄支之犀,条支之鸟。逾昆仑,越巨海,殊方异类,至于三万里。"写长安城郊则"其阳则崇山隐天,幽林穹谷。陆海珍藏,蓝田美玉。商洛缘其限,鄠杜滨其足。源泉灌注,陂池交属。竹林果园,芳草甘木。郊野之富,号为近蜀。其阴则冠以九嵕,陪以甘泉,乃有灵宫,起乎其中。秦汉之所极观,渊云之所颂叹,於是乎存焉。下有郑白之沃,衣食之源。提封五万,疆埸绮分。沟塍刻镂,原隰龙鳞。决渠降雨,荷插成云。五穀垂颖,桑麻铺菜。东郊则有通沟大漕,溃渭洞河。汎舟山东,控引淮湖,与海通波。西郊则有上囿禁苑,林麓薮泽,陂池连乎蜀汉。缭以周墙,四百馀里。离宫别馆,三十六所。神池灵沼,往往而在。"张衡在《西京赋》中写长安郊原上林苑之盛景:"上林禁苑,跨谷弥阜。东至鼎湖,邪界细柳。掩长杨而联五柞,绕黄山而款牛首。缭垣绵联,四百余里。植物斯生,动物斯止。众鸟翩翻,群兽驱騃。散似惊波,聚以京峙。伯益不能名,隶首不能纪。林麓之饶,于何不有。木则枞栝棕柟,梓棫楩枫。嘉卉灌丛,蔚若邓林。郁蓊薆薱,橚爽欃椮。吐葩飏荣,布叶垂阴。草则葴莎菅蒯,薇蕨荔苀。王刍莔台,戎葵怀羊。苯䔿蓬茸,弥皋被冈。筱簜敷衍,编町成篁。山谷原隰,泱漭无疆。"这一切,无不令人感到西汉都城长安之壮丽和物产之丰富。

然而,京都赋在写"长安事象"时,也没有重物质而轻精神,对歌舞、体育、娱乐等也有记述。但就《西都赋》与《西京赋》相较,对精神文化娱乐活动的记述后者铺叙更多,且更为详细。

在汉代,从皇帝到贵族官吏,以至庶民百姓都好尚歌舞。班固的《西都赋》中极少提及长安乐舞事,只有皇帝田猎之后游昆明池时写:"棹女讴,鼓吹震,声激越,謍厉天。"而在张衡的《西京赋》中,当写到天子猎罢,巾车命驾,回旆右移,在水嬉的同时,"齐栧女,纵棹歌;发引和,校鸣葭;奏《淮南》,度《阳阿》;感河冯,怀湘娥;惊魍魉,惮蛟蛇"。写出了划桨女子纵情放歌,一人引唱而众人相和,并校正笳音,奏《淮南》曲,唱《阳阿》歌,歌声感动了河伯冯夷,触动了娥皇、女英的情思,以至于令魍魉吃惊,蛟蛇心恐的感人的放歌奏乐场面。关于长安城中的舞蹈,《西都赋》未曾提及,而《西京赋》中写道:"秘舞更奏,妙材骋伎。妖蛊艳夫夏姬,美声畅于虞氏。始徐进而嬴形,似不任乎罗绮。嚼清商而却转,增婵蜎以此豸。纷纵体而迅赴,若惊鹤之群罢。振朱屣于盘樽,奋长袖之飒纚。要绍修态,丽服飏菁。眳藐流眄,一顾倾城。展季桑门,谁能不营?"这时,依次进献的是绝技的舞蹈,才艺高妙的舞女极尽其技。舞女个个美胜夏姬,美妙的歌喉比过虞氏。舞女们开始表演时徐徐趋进,其体柔纤纤;仿佛难以自持,不任绮罗衣衫……这里把表演舞蹈时舞女们顾盼多情、长袖挥动、腰肢轻盈的特点表现得栩栩如生。

关于长安京城娱乐的杂技表演,《西都赋》中未述及,而《西京赋》却作了精彩的描绘。先是"角抵妙戏"的情景。"临迥望之广场,程角抵之妙戏。乌获扛鼎,都卢寻橦。冲狭燕濯,胸突铦锋。跳丸剑之挥霍,走索上而相逢。"接下来是化妆歌舞:"华岳峨峨,冈峦参差。神木灵草,朱实离离。总会仙倡,戏豹舞罴。白虎鼓瑟,苍龙吹篪。女娥坐而长歌,声清畅而蝼蛇。洪涯立而指麾,被毛羽之襳襹。初若飘飘,后遂霏霏。"接着又是斗兽和"鱼龙曼衍":"复陆重阁,转石成雷。礔砺激而增响,磅礚象乎天威。巨兽百寻,是为曼延。神山崔巍,欻从背见。熊虎升而拏攫,猿狖超而高援。怪兽陆梁,大雀踆踆。白象行孕,垂鼻辚囷。海鳞变而成龙,状蜿蜿以蝹蝹。含利颬颬,化为仙车。骊驾四鹿,芝盖九葩。"接下来还有幻术表演:"蟾蜍与龟,水人弄蛇。奇幻倏忽,易貌分形。吞刀吐火,云雾杳冥。画地成川,流渭通泾。东海黄公,赤刀粤祝。冀厌白虎,卒不能救。挟邪作蛊,于是不售。"最后还有"戏车":"尔乃建戏车,树修旃。侲僮程材,上下翩翻。突倒投而跟絓,譬陨绝而复联。百马同辔,骋足并驰。橦末之伎,态不可弥。弯弓射乎西羌,又顾发乎鲜卑。"这里,向人们充分展示了丰富的杂技内容,精湛的表演技巧及其魅力。

由是观之,京都赋在对"长安事象"的叙事中,由写宫殿之雄伟,苑囿中物类之繁富,又增加了对歌乐、舞蹈、角抵戏等杂技活动的大量记述,其文化意蕴更加浓郁。

长安——唐代诗人的“精神家园”

欧明俊　陈　堃

（福建师范大学文学院　福建福州　350007）

摘　要：作为帝都，唐代长安代表着君王、国家、权力、崇高、神圣，代表着繁华、财富、享乐、太平、理想，长安是都—君—国三位一体的文化符号，是唐代大多数诗人理想的栖居地，是精神寄托之所，是他们的“精神家园”。诗人们赞美长安，表达对君国的崇敬感和作为臣民的自豪感；向往长安，希望实现自己的人生价值；一旦理想落空，便无限失望；若被迫离开长安，必定日夜思念；遇赦归来时，则喜不自胜；当国破家亡时，长安又成为寄寓爱国情怀的载体。总体而言，初盛唐时的长安，更多的是代表着繁荣、和平、权力等，充满着蓬勃的朝气与活力，这是诗人最理想的“精神家园”。中晚唐时的长安，动乱、衰败、萧条，诗人失落、哀伤、绝望的情绪弥漫诗中，魂牵梦绕的是逝去的“精神家园”。长安被“定格”为诗人们心中不可动摇的精神皈依之地。

关键词：唐代诗人；长安；帝都；精神家园；文化意象

作为唐朝的国都，长安是诗人向往的圣地。从“精神家园”视角来审视唐代诗人与长安的关系，对拓展、深化长安文化和唐诗研究领域，是极有学术意义的。前此，邓乔彬《长安文化与王维诗》（《文学评论》2001 年第 4 期），左鹏《社会空间的文化意象——以乐府诗〈长安道〉为例》（《中国历史地理论丛》2003 年第 4 辑），陆平《王维诗歌中的长安及其文化意义》（《江西师范大学学报》2007 年第 5 期），康震《文化地理视野中的诗美境界——唐长安城建筑与唐诗的审美文化内涵》（《文艺研究》2007 年第 9 期）等，均涉及这一课题，笔者拜读后，颇受启发。故撰此文，以求教于上述作者和学界方家。

一

“家园”可分为几种：一种是祖居地，是家族的根，是血缘意义上的家园；一是出生地、成长地，是家庭、家族、乡里的生活环境，是地理意义上的家园；一为寄籍地、常居地,因生活时间长,产生感情,故视为故乡;一种是精神上的“家园”,未必生活其中。对具体的“家园”感受,往往因人而异。长安作为唐代诗人的“家园”,在实际生活中,可能涵盖以上几种,但更多的是文化意义上的“精神家园”。

自古以来,“帝都”就不是一个简单的地理名称。帝都的命运,往往关乎国运,联系朝代兴衰。诗人常歌咏国都来寄托情怀,翻阅《全唐诗》,便不难发现,长安是唐代诗人歌咏的主要对象。作为帝都,长安代表着君王、国家、权力、崇高、神圣,代表着繁华、财富、享乐、太平、理想,长安是都—君—国三位一体的文化符号,是唐代大多数诗人理想的居住地,是精神寄托之所,是他们的“精神家园”。

作为帝京的长安,有着雍容尊贵的皇家风范,唐太宗《帝京篇》自豪地写道:“秦川雄帝宅,函谷壮皇居。绮殿千寻起,离宫百雉余。连甍遥接汉,飞观迥凌虚。云日隐层阙,风烟出绮疏。”[①]当诗人们对长安发出赞叹的时候,多是对君国的崇敬感和作为臣民的自豪感的表现。卢照邻《长安古意》开篇即云:“长安大道连狭斜,青牛白马七香车。”(《全唐诗》卷四一)又《至陈仓晓晴望京邑》云:“拂曙驱飞传,初晴带晓凉。雾敛长安树,云归仙帝乡。涧流漂素沫,岩景霭朱光。今朝好风色,延瞰极天庄。”(《全唐诗》卷四二)骆宾王《帝京篇》云:“山河千里国,城阙九重门。不睹皇居壮,安知天子尊。”(《全唐诗》卷七七)赞叹颂扬中,流露出作为唐帝国一分子的心理优越感。

长安代表着太平和繁盛。张说《十五日夜御前口号踏歌词》云:

> 花萼楼前雨露新,长安城里太平人。龙衔火树千重焰,鸡踏莲花万岁春。帝宫三五戏春台,行雨流风莫妒来。西域灯轮千影合,东华金阙万重开。(《全唐诗》卷八九)

反复渲染长安太平、繁盛的景象。宋之问(一作沈佺期)《长安路》云:“秦地平如掌,层城出云汉。楼阁九衢春,车马千门旦。绿柳开复合,红尘聚还散。日晚斗鸡场,经过狭斜看。”(《全唐诗》卷五一)贺知章《奉和御制春台望》云:“神皋类观赏,帝里如悬镜。缭绕八川浮,岧晓双阙映。”(《全唐诗》卷一一二)“长安”是太平盛世的“符号”。韦应物《登乐游庙作》云:“周览京城内,双阙起中央。微钟何处来,暮色忽苍苍。歌吹喧万井,车马塞康庄。”(《全唐诗》卷一九二)在这类诗句中,“长安”被“定格”为和平与繁荣的文化意象:错落有序的都城中住着明君贤臣,天子脚下的百姓安居乐业,自然、人文景观交相辉映。这样的“长安”,并非完全来自现实,更多的是加入了诗人的审美想象,是“诗化”的长安,是诗人们政治理想的虚拟。

---

① 彭定求等编,中华书局编辑部点校:《全唐诗》卷一,中华书局 1999 年版。以下引文均随文括注。

“长安少年”是常被诗人咏唱的对象。卢照邻《结客少年场行》云:

> 长安重游侠,洛阳富财雄。玉剑浮云骑,金鞭明月弓。斗鸡过渭北,走马向关东。孙宾遥见待,郭解暗相通。不受千金爵,谁论万里功。将军下天上,虏骑入云中。烽火夜似月,兵气晓成虹。横行徇知己,负羽远从戎。龙旌昏朔雾,鸟阵卷胡风。追奔瀚海咽,战罢阴山空。归来谢天子,何如马上翁。(《全唐诗》卷四一)

一个任侠自信、意气风发的少年形象跃然纸上。杨炯《骢马》云:“骢马铁连钱,长安侠少年。帝畿平若水,官路直如弦。夜玉妆车轴,秋金铸马鞭。风霜但自保,穷达任皇天。”(《全唐诗》卷五〇)王维《少年行》云:“新丰美酒斗十千,咸阳游侠多少年。”(《全唐诗》卷一二八)他们充满豪迈之气,散发着朝气与活力,有着保家卫国的远大抱负,代表着尚武的时代精神。这类文化意象的营造,说明初盛唐时期诗人们对国家与民族未来的期许与信心。

二

帝都是古代大多数文人理想的栖居地,是士大夫寄托政治理想的场所。唐代诗人多对长安心怀向往,天宝元年(公元742年),李白应诏入京时,写下《南陵别儿童入京》云:“会稽愚妇轻买臣,余亦辞家西入秦。仰天大笑出门去,我辈岂是蓬蒿人。”(《全唐诗》卷一七四)毫不掩饰心中的得意。进入长安后,许多人会产生文化心理上的认同感,对长安的喜爱甚至胜过对故乡的热爱。杜牧《赠终南兰若僧》云:“北阙南山是故乡,两枝仙桂一时芳。”(《全唐诗》卷五二四)僧人卿云甚至发出“生作长安草,胜为边地花”(《长安言怀寄沈彬侍郎》,《全唐诗》卷八二五)的慨叹。

作为帝都,长安是政治文化中心,象征着权力,代表着神圣。左鹏《社会空间的文化意象——以乐府诗〈长安道〉为例》指出,长安所具有的恒久魅力,隐含在华美景观的背后,即权力、财富与发展机遇,“这才是长安所蕴含的空间意义,也是人们所竭力探求的人生价值。”①不少诗人渴望跻身长安,不仅是钦羡都城的繁华,更有追逐功名的强烈诱惑。高适《别韦参军》云:“二十解书剑,西游长安城。举头望君门,屈指取公卿。”(《全唐诗》卷二一三)代表着唐代诗人对长安的普遍心态。身处长安,就意味着接近君主,拥有博取功名之机会。杜荀鹤《出山》云:“长安不觉远,期遂一名回。”(《全唐诗》卷六九一)将对长安的渴望与对功名的追求合二为一。唐代诗人看来,进

---

① 《中国历史地理论丛》第4辑,2003年。

入了长安,就意味着寻找到了生命意义的终极依托,意味着人生价值的实现。

士子及第长安,是人生理想实现的关键一步,欢喜之情溢于言表。孟郊无限得意地写下《登科后》:“昔日龌龊不足夸,今朝放荡思无涯。春风得意马蹄疾,一日看尽长安花。”(《全唐诗》卷三七四)杜牧《及第后寄长安故人》亦表达了这种欣慰的心情:“东都放榜未花开,三十三人走马回。秦地少年多酿酒,已将春色入关来。”(《全唐诗》卷五二四)

正因为诗人对长安寄托了无限的向往与期待,当所求不可得时,心理上的落差也就特别明显。“落第长安”是诗人诗中常见的话题,常建《落第长安》云:“家园好在尚留秦,耻作明时失路人。恐逢故里莺花笑,且向长安度一春。”(《全唐诗》卷一四四)钱起就有多首落第诗,如《下第题长安客舍》、《长安落第作》、《长安落第》等,“一回春至一伤心”(《全唐诗》卷二三九),是其真实的心理写照。孟郊《再下第》云:“一夕九起嗟,梦短不到家。两度长安陌,空将泪见花。”(《全唐诗》卷三七四)薛能《下第后春日长安寓居三首》表达了对“圣泽”的渴望(《全唐诗》卷五五八)。温宪《题崇庆寺壁》亦发出感叹:“鬓毛如雪心如死,犹作长安下第人。”(《全唐诗》卷六六七)落第是精神上的无所依归,有一种无家可归的伤感。

“长安道”是诗人经常描写的对象。通常情况下,它指的不是普通的道路,而有“仕途之路”的含义。曲信陵《长安道》云:“朱门映绿杨,双阙抵通庄。玉珮声逾远,红尘犹自香。”(《全唐诗》卷三一九)用“朱门”、“双阙”、“玉珮”、“红尘”等一系列具有特定内涵的意象,表达对功名的向往。然而,仕途之路并非坦途,功成名就的毕竟是少数。顾况《长安道》云:“长安道,人无衣,马无草,何不归来山中老。”(《全唐诗》卷二六五)流露出求仕不得的失望。聂夷中《长安道》则描述了“长安道”上的辛苦:“此地无驻马,夜中犹走轮。所以路傍草,少于衣上尘。”(《全唐诗》卷六三六)孟郊《长安道》亦表现了类似的苦闷:

> 胡风激秦树,贱子风中泣。家家朱门开,得见不可入。长安十二衢,投树鸟亦急。高阁何人家,笙簧正喧吸。(《全唐诗》卷三七二)

追求仕宦的生活是那样令人身心疲惫,等待功名的日子是那样令人焦急、烦躁、绝望,于是,当诗人们以这样的情绪来环视国都,难免产生一种厌烦甚至憎恶情绪。其实恨的不是长安,更不是国家或君主,而是对在等待中蹉跎岁月的感叹,是对年华消逝而功业无所成的自我质疑。尽管环境艰苦,奔波劳累,人们离去时,还不忘“回首长安道”(于邺《岁暮还家》,《全唐诗》卷七二五)。此种心理,正是对长安可望而不可即的失落所致,对长安的“厌恶”,恰恰反映了诗人们对长安的无限期待。

长安丰饶富足的物质享受、丰富多彩的文化生活,让诗人们"乐不思蜀",以致一旦被迫离开长安,无不对长安日夜思念,表现出失落伤感的情绪。骆宾王《同崔驸马晓初登楼思京》云:"白云乡思远,黄图归路难。唯余西向笑,暂似当长安。"(《全唐诗》卷七七)王维《和使君五郎西楼望远思归》云:"故乡不可见,云水空如一。"(《全唐诗》卷一二五)权德舆《杂言和常州李员外副使春日戏题十首》云:"可惜长安无限春,年年空向江南见。"(《全唐诗》卷三二八)"梦长安"等字眼在诗中随处可见,张说《岳州别梁六入朝》云:"梦见长安陌,朝宗实盛哉。"(《全唐诗》卷八八)郑愔《贬降至汝州广城驿》云:"晓装违巩洛,夕梦在长安。"(《全唐诗》卷一〇六)李白《送陆判官往琵琶峡》云:"长安如梦里,何日是归期。"(《全唐诗》卷一七七)温庭筠《西游书怀》云:"高秋辞故国,昨日梦长安。"(《全唐诗》卷五八一)李频《旅怀》云:"长安长梦去,欹枕即闻猿。"(《全唐诗》卷五八八)崔涂《宿庐山绝顶山舍》云:"自嫌心不达,向此梦长安。"(《全唐诗》卷六七九)诗人们魂牵梦绕的总是长安。

远在边塞的诗人们,亦对长安想念不已。张敬忠《边词》云:"五原春色旧来迟,二月垂杨未挂丝。即今河畔冰开日,正是长安花落时。"(《全唐诗》卷七五)岑参诗中多次提到"故园",如《行军九日思长安故园》云:"遥怜故园菊,应傍战场开。"(《全唐诗》卷二〇一)《逢入京使》亦云:"故园东望路漫漫,双袖龙钟泪不干。"(《全唐诗》卷二〇一)这里的"故园",不仅指作者在长安的居所,更是指代长安城,是诗人精神上的"家园"。

当遭遇贬谪时,诗人的恋都情结表现得更加浓烈。宋之问《题大庾岭北驿》云:"明朝望乡处,应见陇头梅。"(《全唐诗》卷五二)《途中寒食题黄梅临江驿寄崔融》更是将这种怀想推向极致:

> 马上逢寒食,愁中属暮春。可怜江浦望,不见洛阳人。北极怀明主,南溟作逐臣。故园肠断处,日夜柳条新。(《全唐诗》卷五二)

两首诗在情感上相互呼应,均表达了诗人的思都思君之情。杜审言《渡湘江》亦云:"迟日园林悲昔游,今春花鸟作边愁。独怜京国人南窜,不似湘江水北流。"(《全唐诗》卷六二)李白离开长安后,许多诗篇中明确表示出对长安的思念,《江夏赠韦南陵冰》云:"东风吹梦到长安。"(《全唐诗》卷一七〇)《金乡送韦八之西京》云:"客自长安来,还归长安去。狂风吹我心,西挂咸阳树。"(《全唐诗》卷一七五)《与史郎中钦听黄鹤楼上吹笛》云:"一为迁客去长沙,西望长安不见家。"(《全唐诗》卷一八二)表面怀想长安,实为恋阙念君,即如《观胡人吹笛》所云:"却望长安道,空怀恋主情。"(《全唐诗》卷一八四)李德裕《谪岭南道中作》云:"不堪肠断思乡处,红槿花中越鸟啼。"(《全唐诗》卷四七五)在诗人心中,长安就是他的家,对长安的思念,已经远远胜过对一般意义上故乡的思念。

在被贬诗人眼中,贬谪地与长安的距离被无限拉长。王勃《白下驿饯唐少府》云:“去去如何道,长安在日边。”(《全唐诗》卷五六)韩愈贬谪潮州时途中所作《武关西逢配流吐番》云:“我今罪重无归望,直去长安路八千。”(《全唐诗》卷三四四)刘禹锡《谪居悼往》云:“郁郁何郁郁,长安远如日。终日念乡关,燕来鸿复还。”(《全唐诗》卷三五五)李德裕《登崖州城作》云:“独上高楼望帝京,鸟飞犹是半年程。”(《全唐诗》卷四七五)这种距离不仅仅是空间上的,更涵盖了时间的意义。古往今来,多少士人客死于贬谪之地,终身不被君主念起,即使侥幸有机会再入国都,亦不知等到何年何月。因此韩愈才在《左迁至蓝关示侄孙湘》中绝望地哀叹:“知汝远来应有意,好收吾骨瘴江边。”(《全唐诗》卷三四四)柳宗元《南涧中题》亦云:“去国魂已远,怀人泪空垂。”(《全唐诗》卷三五二)离开了长安,远离了政治权力中心,远离了君主,对于诗人们而言,往往意味着生命价值的失落甚至幻灭。

一旦遇赦还京,诗人喜悦之情溢于言表。李涉《再至长安》云:“十年谪宦鬼方人,三遇鸿恩始到秦。今日九衢骑马望,却疑浑是刹那身。”(《全唐诗》卷二〇一)悲喜交加之中不无沧桑之感。元稹《西归绝句》云:

> 双堠频频减去程,渐知身得近京城。春来爱有归乡梦,一半犹疑梦里行。(《全唐诗》卷四一四)

接近京城时,诗人欣喜万分,恍如梦里。刘禹锡《再游玄都观》云:“百亩庭中半是苔,桃花净尽菜花开。种桃道士归何处,前度刘郎今又来。”(《全唐诗》卷三六五)表达了回归权力中心的得意情态。

无论是未入长安前的期待,还是离开长安后的失落,抑或是重返长安的喜悦,这些诗篇中的“长安”,早已脱离了地理意义,成为“权力”与“功名”的代名词。诗人向往、怀念长安,实乃对权力、功名的向往、怀念。

三

当国家繁荣昌盛时,国都是诗人们建功立业、宴游享乐的乐园;当国运衰微、国破家亡时,长安则成为寄托历史兴衰感叹,寄寓爱国情怀的载体。这点在杜甫的诗中表现得特别明显,《春望》云:“国破山河在,城春草木深。感时花溅泪,恨别鸟惊心。”(《全唐诗》卷二二四)以沦陷的长安城之凋敝破败,指代国家的苦难与不幸。赵汸《杜律五言注解》评道:“国以社稷为重,今惟山河在,可见社稷几亡;城以居民人,今惟草木深,可见民人殆尽。”①《哀江头》中,诗人更是痛哭失声:

> 少陵野老吞声哭,春日潜行曲江曲。江头宫殿锁千门,细柳新蒲为谁绿。忆昔霓旌下南苑,苑中万物生颜色。昭阳殿里第一人,同辇随君侍君侧。辇前才人带弓箭,白马嚼啮黄金勒。翻身向天仰射云,一箭正坠双飞翼。明眸皓齿今何在,血污游魂归不得。清渭东流剑阁深,去住彼此无消息。人生有情泪沾臆,江水江花岂终极。黄昏胡骑尘满城,欲往城南忘南北。(《全唐诗》卷二一六)

回忆国家民族的苦难,面对盛世不再的国都,诗人自然充满出压抑苦痛的情绪,些许慷慨之气,最终只能化作低沉的哀叹。过去的繁华与今日的破败对比,更增加了诗人心中的伤痛。杜甫晚年更是念念不忘长安,《涪江泛舟送韦班归京》云:“飘零为客久,衰老羡君还。”(《全唐诗》卷二二七)《泛舟送魏十八仓曹还京因寄岑中允参范郎中季明》云:“帝乡愁绪外,春色泪痕边。”(《全唐诗》卷二二七)《小寒食舟中作》云:“云白山青万余里,愁看直北是长安。”(《全唐诗》卷二三三)这里的长安,是带有强烈历史沧桑感的文化意象,指代君主、国家,杜甫“愁长安”,实则愁的是君、国。

对杜甫而言,长安不仅是他十年岁月的见证者,更是心灵的故乡,是实现自己最高人生价值的地方。长安雄伟壮丽的宫殿上,他曾“识圣颜”,那是诗人一生的骄傲。昔日的曲江、昆明池等胜地,无不莺歌燕舞,展示着当时蒸蒸日上的国运,给予国民无限的信心。回忆昔日的长安,是诗人对重回精神圣地的渴望。

安史之乱后,长安城的荣枯兴衰,更具有了见证历史的意义。对盛世的怀念,成为当时人们普遍的心理。韦庄《忆昔》云:

> 昔年曾向五陵游,子夜歌清月满楼。银烛树前长似昼,露桃华里不知秋。西园公子名无忌,南国佳人号莫愁。今日乱离俱是梦,夕阳唯见水东流。(《全唐诗》卷六九六)

黄巢起义军攻破长安时,诗人正来京城应试,作为浩劫的亲身经历者,陷落的国都是心头无法释怀的伤痛。面对繁华不再的国都,诗人试图通过追忆,去寻找那失去的家园。元稹《连昌宫词》云:“往来年少说长安,玄武楼成花萼废。”(《全唐诗》卷四一九)杜牧《过勤政楼》云:“千秋令节名空在,承露丝囊世已无。”(《全唐诗》卷五二一)无不表达

---

① 杜甫撰,赵汸注:《杜律五言注解》卷上,明万历十六年刻本。

当时人们对盛世长安的怀想。现实越让人失望,人们就越渴望重建往日的精神家园,从而为自己的生命寻找最终的皈依。

康震《文化地理视野中的诗美境界——唐长安城建筑与唐诗的审美文化内涵》一文认为,精确的历史、地理学概念往往难以表达人们对帝都的细微情感体验,更难以替代诗歌艺术在情感深处引发的历史共鸣。这种共鸣也许无法再现历史细节,却足以激发人们对帝都与帝王气象的历史情怀。在唐诗的召唤下,人们更容易将长安雄浑的地貌、雄伟的建筑、深邃的历史与自己的人生、情感、命运联系在一起。“在诗人的抒情歌咏中,长安城的历史传统被赋予浓厚的审美意味,宏伟坚实的建筑在诗美的创造中展现丰厚的人文内涵,这就是唐诗吟咏长安城的美学意义。”①的确,无论是对富丽堂皇的皇城宫殿、英明君主的热情歌颂,还是对国都的熙乐繁华、风花雪月的强烈向往,或是仕途不得意的徘徊苦闷以及面对国破家亡的哀痛惋惜及深沉的反思,都反映了唐代诗人对长安丰富的精神寄托。即使看似纯然写景之作,亦含蓄地表达出诗人的微妙情绪。李白《登金陵凤凰台》云:“总为浮云能蔽日,长安不见使人愁。”(《全唐诗》卷一八〇)此处“长安”代指君主,是被抽除地理意义的长安,即《唐宋诗醇》所云:“寓目山河,别有怀抱,其言皆从心而发,即景而成。”②贾岛《忆江上吴处士》云:“秋风生渭水,落叶满长安。”(《全唐诗》卷五七二)明王世贞《艺苑卮言》卷四评曰:“置之盛唐,不复可别。”③可见虽写景物,亦有“气象”之别。

相对于初盛唐诗歌,中晚唐诗中的长安有着更为丰富的文化意象。例如上文提到的,作为“安史之乱”直接或间接历史见证者的杜甫、韦庄等人的诗作中,往往充满着两种截然相反的文化意象:太平、繁盛时期的长安与动乱、衰败时期的长安。如杜甫《忆昔二首》以“忆昔先皇巡朔方,千乘万骑入咸阳”入题,直斥当下,第二章却荡开一笔,追忆“开元全盛日”民富国强、繁荣蓬勃的长安。(《全唐诗》卷二二〇)前后期文化意象间的落差愈大,岁月沧桑的感慨也就愈深,给予人们心灵上的刺激也就愈强烈。清仇兆鳌《杜诗详注》云:“此章于理乱兴亡之故,反复痛陈,盖极望代宗拨乱反治,复见开明之盛焉。”④诗人吟诗怀古,俯仰兴废,为逝去的家园感到无限惋惜,并进行深沉的思索,总结历史经验,为的是有朝一日能再见昔日繁盛的长安。

有时,同一首诗中,一样的“长安”,其中包含的情感并不相同,如杜甫《秋兴八首》中充满了“故园”、“京华”、“长安”、“南山”、“帝王州”系列意象,明代张綖《杜工部诗通》指出,此诗含有“怀乡恋阙之情,慨往伤今之意,与夫夷狄乱华,小人病国,风俗之

---

① 《文艺研究》2007 年第 9 期。

② 爱新觉罗·弘历:《御选唐宋诗醇》卷七,四库全书本。

③ 王世贞著,罗仲鼎校注:《艺苑卮言校注》,齐鲁书社 1992 年版,第 194 页。

④ 杜甫撰,仇兆鳌注:《杜诗详注》卷一三,《四库全书》本。

非归,盛衰之相寻”等多种感慨①。可见,“长安”文化意象不是单一的,代表着诗人精神寄托的不同侧面。

总体而言,初盛唐时的长安,更多的是代表着繁荣、和平、权力等,充满着蓬勃的朝气与活力,这是诗人最理想的“精神家园”。中晚唐时的长安,更多的是动乱、衰败、萧条,诗人失落、哀伤、绝望的情绪弥漫诗中,魂牵梦绕的是逝去的“精神家园”,长安被“定格”为诗人们心中不可动摇的精神皈依之地。

---

① 杜甫撰,张綖注:《杜工部诗通》卷一四,明隆庆六年刻本。

东汉长安作家考略

钟书林

（西安文理学院文学院　陕西西安　710065）

摘　要：东汉长安文学在中国文学史上具有独特地位，本文考察了东汉长安京兆尹、左冯翊、右扶风诸城邑的作家及其创作状况，以展示当时这一特殊地域文学的概况及其嬗变进程。

关键词：东汉；长安作家；京兆尹；左冯翊；右扶风

刘师培先生说："文章各体，至东汉而大备。汉魏之际，文家承其体式。"①余嘉锡先生也说："西汉以前无文集，而诸子即其文集。"②《隋书·经籍志》记载："别集之名，盖汉东京之所创也。"③可见东汉一代在中国文学史的独特地位与突出贡献。因此，本文以东汉长安作家为例，试考述其间的文学嬗变进程。

本文论述的东汉长安作家包括两部分：第一、籍贯是长安的作家；第二、籍贯虽然不是长安，但在长安生活过的作家。他们全部生活或主要生活在东汉时代。东汉的长安，有广义与狭义之分。狭义仅指长安城，辖属京兆尹。《后汉书·郡国志一》："长安，高帝所都。镐，在上林苑中。有细柳聚。有兰池。有曲邮，有杜邮。"广义包括京兆尹、左冯翊、右扶风，习称"三辅"。《后汉书·百官志四》："其京兆尹、左冯翊、右扶风三人，汉初都长安，皆秩中二千石，谓之三辅。中兴都雒阳，更以河南郡为尹，以三辅陵庙所在，不改其号，但减其秩。"据《后汉书·郡国志一》，三辅下辖38城，其中京兆尹10城：长安、霸陵、杜陵、郑、新丰、蓝田、长陵、商、上雒、阳陵；左冯翊13城：高陵、池阳、云阳、祋祤、频阳、万年、莲勺、重泉、临晋、郃阳、夏阳、衙、粟邑；右扶风15城：槐里、安陵、平陵、茂陵、鄠、郿、武功、陈仓、汧、渝麋、雍、栒邑、美阳、漆、杜阳。本文所讨论的是广义上的长安。以下依《后汉书·郡国志一》的郡、城顺序进行考述。

---

① 刘师培：《中国中古文学史讲义》，上海古籍出版社2000年版，第20页。

② 余嘉锡：《古书通例》，上海古籍出版社1985年版，第52页。

③ 房玄龄等：《隋书》，中华书局1987年版，第1081页。

一、京兆尹

(一)长安

1. 刘龚

刘龚(? —约60年),字孟公,长安人,善论议,扶风马援、班彪并器重之。《后汉书》称他"潜乐道术,作《记诲篇》及文章传于世。年七十,卒于家。"(卷三〇《苏竟传》)可惜其《记诲篇》及文章后世都没有流传。

以上是长安籍的作家,终东汉一代,仅有一位。但非长安籍、活动地域曾在长安的作家数量却不为少。

2. 光武帝刘秀

光武帝刘秀(公元前6—57年),字文叔,南阳蔡阳人。王莽天凤中,曾到长安学习《尚书》,略通大义。他到长安时,看见执金吾车骑甚盛,因而感叹说:"仕宦当作执金吾,娶妻当得阴丽华。"正因为此,长安给他留下了美好的记忆。他登基以后,仍然多次驾幸长安。据《光武帝本纪》,可考的有六次:建武六年(公元30年),光武帝"幸长安,始谒高庙,遂有事十一陵";建武十年,"幸长安,祠高庙,遂有事十一陵";建武十八年,"西巡狩,幸长安";建武十九年,"追遵孝宣皇帝曰中宗。始祠昭帝、元帝于太庙,成帝、哀帝、平帝于长安,舂陵节侯以下四世于章陵";建武二十二年,"幸长安,祠高庙,遂有事十一陵";中元元年(公元56年)"行幸长安,祀长陵"。

光武帝好文学,他的诏书"多自手书,颇有文采"(《隗嚣传》)。第五伦"每读诏书,常叹息曰:'此圣主也,一见决矣。'"(《第五伦传》)可见他的诏书又富有逻辑性。王士祯赞誉光武帝"诏语似诗"。他说:"汉光武诸书诏最有情态,西京所无,沿及明、章亦然。光武《赐侯霸玺书》云:'崇山幽都何可偶,黄钺一下无处所。'古劲绝似汉人诗句。光武微时尝叹曰:'仕宦当作执金吾,娶妻当得阴丽华。'亦似汉人乐府语。"(《池北偶谈》卷一九)光武帝的许多诏令,为散文选家所青睐。如他的《赐冯异敕》、《赐窦融玺书》、《与公孙述书》、《报臧宫马武诏》等均被选入《古文雅正》、《古文评论》等散文选本之中。

3. 明帝刘庄

孝明皇帝(公元27—75年),讳庄,光武第四子。十岁能通《春秋》,师事博士桓荣,学通《尚书》。他继承光武遗志,多次驾幸长安。可考的有永平二年(公元59年),"西巡狩,幸长安,祠高庙,遂有事于十一陵。历览馆邑,会郡县吏,劳赐作乐。"明帝诏书也颇有文采。他的《祀明堂诏》、《手诏东平王国传》等均被《古文雅正》、《古文评论》收录。此外,《古文评论》还收入他的《报桓荣书》、《获宝鼎诏》、《班示封事诏》、

《汴渠成诏》等。

4. 郅恽

郅恽(约公元前10—约50年),字君章,汝南西平人。理《韩诗》、《严氏春秋》,明天文历数。曾西至长安,上书王莽。著书八篇,不见传于世。

5. 邓禹

邓禹(公元2—58年),字仲华,南阳新野人。年十三,能诵诗,受业长安。"时光武亦游学京师,禹年虽幼,而见光武知非常人,遂相亲附。"(《邓禹传》)光武帝起兵后,他奔赴河北,游说光武帝,说辞颇有文采,被《古文雅正》以《河北说光武帝》之名收录,并称誉说:"此篇当与韩信初对高祖、孔明初对先主同看,皆首定大计者。禹有大臣之度,不比耿弇、吴汉等徒为战将,最后与胶东、固始三人独参朝议,隐然柱石老臣。"

6. 蔡邕

蔡邕(公元133—192年),字伯喈,陈留圉人。少博学,好辞章、数术、天文,妙操音律。初平元年(公元190年),拜左中郎将,从献帝迁都长安,封高阳乡侯。蔡邕续修东汉史书,作《灵纪》及十意,又补诸列传四十二篇,因李傕之乱,湮没多不存。所著诗、赋、碑、诔、铭、赞、连珠、箴、吊、论议、《独断》、《劝学》、《释诲》、《叙乐》、《女训》、《篆艺》、祝文、章表、书记,凡百四篇,传于世。今人邓安生整理的《蔡邕集编年校注》,资料翔实,搜罗齐备。

7. 长安民谣

长安语曰:"城中好高髻,四方高一尺;城中好广眉,四方且半额;城中好大袖,四方全匹帛。"(《马援传附马廖传》)

(二)霸陵

8. 王遵

王遵(约公元1—约60年),字子春,霸陵人。有《喻牛邯书》,颇有文采,言辞富于感染力,能打动人心。《后汉书·隗嚣传》记载:牛邯得到王遵的书信后,"沉吟十余日,乃谢士众,归命洛阳,拜为太中大夫。于是嚣大将十三人,属县十六,众十众万,皆降。"

9. 苏顺

苏顺(约公元65—约90年),字孝山,京兆霸陵人。和、安间以才学见称。所著赋、论、诔、哀辞、杂文,凡十六篇,不见传后世。

以上为霸陵人。籍贯不是霸陵但活跃在霸陵的有:

10. 梁鸿

梁鸿(约公元25—约104年),字伯鸾,扶风平陵人。与妻子孟光隐居于霸陵山中,以耕织为业,咏《诗》、《书》,弹琴以自娱。仰慕前世高士,而为四皓以来二十四人作颂。今不见传。

(三)杜陵

11. 张纯

张纯(约公元前25—57年),字伯仁,京兆杜陵人。高祖父安世,宣帝时为大司马卫将军,封富平侯。父放,为成帝侍中。纯少袭爵士,哀、平间为侍中,王莽时至列卿。建武五年(公元29年),拜太中大夫,后历任五官中郎将、太仆、大司空等职。张纯以宗庙未定,昭穆失序,建武十九年(公元43年),与太仆朱浮共上奏议《正昭穆疏》。建武二十六年,又上奏定禘、祫之礼。建武三十年,《上宜封禅疏》。凡所上奏疏,文辞典雅,平实恳切。《古文评论》收入他的《正昭穆疏》。

12. 杜笃

杜笃(约公元前10—78年),字季雅,京兆杜陵人。高祖延年,宣帝时为御史大夫。杜笃少博学,不修小节,不为乡人所礼。后仕郡文学掾。《后汉书》本传记载:"大司马吴汉薨,光武诏诸儒诔之,笃于狱中为诔,辞最高,帝美之,赐帛免刑。"所著赋、诔、吊、书、赞、《七言》、《女诫》及杂文,凡十八篇,又著《明世论》十五篇,皆不见传于后世。他以《论都赋》著称于时。《后汉书·循吏·王景传》说:"杜笃奏上《论都赋》,欲令车驾迁还长安。耆老闻者,皆动怀土之心,莫不眷然伫立西望。"足见其魅力。其《论都赋》赖《后汉书》载录而见存于世。

13. 冯衍

冯衍(约公元前10—约60年),字敬通,京兆杜陵人。冯衍幼有奇才,年九岁,能诵《诗》,至二十而博通群书。所著赋、诔、铭、说、《问交》、《德诰》、《慎情》、书记说、自序、官录说、策五十篇。今存其作品有《两说廉丹》、《说鲍永》、《遗田邑书》、《上自陈疏》、《冯子自论》等。明代张溥《汉魏六朝百三家集》中辑有《冯曲阳集》一卷。

14. 廉范

廉范(约公元38—88年),字叔度,京兆杜陵人。建初中,迁蜀郡太守,甚有政绩,百姓作歌颂之。

(四)长陵

15. 第五伦

第五伦(约公元5—约90年),字伯鱼,京兆长陵人。其先齐诸田,诸田徙园陵者多,故以次第为氏。官至司空。先后有《上宜抑损马廖职权疏》、《上马防出征西羌疏》、《上褒陛下屡有善政疏》、《论窦氏疏》。《后汉书》本传称他"性质悫,少文采,在位以贞白称"。《古文评论》收入他的《论窦氏疏》。

16. 乐恢

乐恢(? —约 90 年),字伯奇,京兆长陵人。历任议郎、尚书仆射等职。有《谏窦宪出征匈奴疏》、《上辞谢骑都尉疏》。言辞恳切动人。

17. 赵岐

赵岐(约公元 108—201 年),字邠卿,京兆长陵人。初名嘉,生于御史台,因字台卿,后避难,故自改名字,示不忘本土。岐少明经,有才艺。历任议郎、太仆、太常等职。他一生著述甚多,作《厄屯歌》二十三章、《御寇论》等;著《孟子章句》、《三辅决录》,流传至今。上海书店有影印本《赵太常集》。

18. 长陵令尹敏

尹敏(约公元 1—?),字幼季,南阳堵阳人。习《欧阳尚书》,受古文,兼善《毛诗》、《穀梁》、《左氏春秋》。历任郎中,大司空府等职。与班彪亲善,有钟期、伯牙,庄周、惠施之喻。与班固、陈宗、孟异合撰《世祖本纪》。

19. 京兆尹陈龟

陈龟(? —约 150 年),字叔珍,上党泫氏人。永和年间(公元 136—141 年),拜京兆尹。后被拜为度辽将军,临行前有《上桓帝疏》,文辞典雅动情。

以下为仅知为京兆的:

20. 杨政

杨政(? —约 85 年),字子行,京兆人。少好学,受《梁丘易》,善说经书。建初中,官至左中郎将。

21. 挚恂

挚恂(约公元 70—?),京兆人,以儒术教授,隐于南山,名重关西,马融从其游学,博通经籍。"恂奇融才,以女妻之"(《马融传》)。

22. 京兆尹延笃

延笃(? —167 年),字叔坚,南阳犨人。少从唐溪典受《左氏传》,又从马融受业,博通经传及百家之言,能著文章,有名京师。应桓帝博士征,与朱穆、边韶共著作东观。历任侍郎、侍中、左冯翊、京兆尹等职。因在京兆尹政绩突出,京兆百姓有歌谣颂之。著诗、论、铭、书、应讯、表、教令,凡二十篇。惜不传于世。

二、左冯翊

(五)云阳

23. 王隆

王隆(约公元前 10—?),字文山,冯翊云阳人。王莽时,以父任为郎,后避难河西,为窦融左护军。建武中,为新汲令。能文章,所著诗、赋、铭、书凡二十六篇。惜今不传。有《小学汉官篇》三篇,为童蒙类教科书。

24. 云阳令朱勃

朱勃(公元前14—?),字叔阳。年十二能诵《诗》、《书》。未二十,被任为渭城宰,后任云阳令。好友马援死后蒙冤,朱勃有《诣阙上书》,辞气感人。

(六)莲勺

25. 莲勺令郑兴

郑兴(约公元前6—?),字少赣,河南开封人。少学《公羊春秋》,晚善《左氏传》。建武九年(公元33年),左迁莲勺令。郑兴好古学,尤明《左氏》、《周官》,长于历数,开东汉《左氏春秋》家法。

(七)临晋

26. 临晋令孔僖

孔僖(?—88年),字仲和,鲁国人。自安国以下,世传《古文尚书》、《毛诗》。少习《春秋》。元和二年(公元85年),拜为临晋令。曾任兰台令史,校书东观。有《上肃宗自讼书》。

以下是仅知为冯翊的:

27. 田邑

田邑(约公元前10—?),字伯玉,冯翊人,后为渔阳太守。今《后汉书·冯衍传》载录其《报冯衍书》,有文采。

三、右扶风

(八)安陵

28. 班彪

班彪(公元3—54年),字叔皮,扶风安陵人。班彪才高好著述,专心史籍,补《史记》之阙传记数十篇,又斟酌前史而讥正得失,作《前史得失之论》。又著《王命论》,有《上光武帝言》、《议答北匈奴疏》,所著赋、论、书、记、奏事合九篇。今存其《前史得失之论》、《上光武帝言》等。《古文雅正》评论《王命论》说:"苍郁古茂不及西京,其排偶处开六朝法派,其转折疏畅处开八家之风。然辞严义正,气格高举,不可攀跻。余尝谓西京《过秦论》,东京《王命论》二论不可不熟读。贾以雄伟胜,班以健爽胜,皆千古绝调,读之能令人神酣气爽。"

（九）平陵

29. 班固

班固（公元32—92年），字孟坚，班彪之子，扶风安陵人。年九岁，能属文诵诗赋。二十岁时，奏记东平王刘苍，颇见文采。后任兰台令史，与陈宗、尹敏、孟异合撰《世祖本纪》。班固独撰功臣、平林、新市、公孙述事，作列传、载记二十八篇。这是东汉政府首次组织的本朝史书编撰。班固继承父亲遗志，奉汉明帝之命，撰写《汉书》。起高祖刘邦，终于王莽之诛，十二世帝王，二百三十年，分纪、表、志、传，共一百篇。自永平中受命开始编撰，潜心二十多年，到建初中初步完成。班固还撰有《两都赋》、《燕然山石勒》等，为时人所重。他伤于身世，作《宾戏》以自嘲；仿司马相如《封禅》、扬雄《美新》，作《典引篇》。《后汉书》称"固所著《典引》、《宾戏》、《应讥》、诗、赋、铭、诔、颂、书、文、记、论、议、六言，在者凡四十一篇"。今传有明代张溥辑的《班兰台集》，收入作品四十一篇。

30. 班超

班超（公元32—102年），字仲升，班彪之少子，扶风平陵人。出使西域，在西域生活长达三十一年。建初三年，上疏请兵出使西域；永元十四年，上疏请还中土。两篇奏疏，今均传于《后汉书·班超传》，言辞恳切，真挚动情。

31. 班昭

班昭（约公元49—120年），字惠班，一名姬。班彪之女，扶风曹世叔之妻。班昭博学高才，继承其兄班固遗志，完成《汉书》的八表及《天文志》的撰写。有《上邓太后疏》，作《女诫》七篇，今并存于世。所著赋、颂、铭、诔、问、注、哀辞、书、论、上疏、遗令，凡十六篇。其子妇丁氏编有《班昭集》，又作《大家赞》，皆不存。

32. 苏竟

苏竟（约公元前30—?），字伯况，扶风平陵人。平帝时，苏竟以明《易》为博士讲《书》祭酒。善图纬，能通百家之言。王莽时，与刘歆等共典校书，拜代郡中尉。有《晓刘龚书》。

33. 窦融

窦融（公元前16—62年），字周公，扶风平陵人。七世祖广国，孝文皇后之弟，封章武侯。融高祖父，宣帝时以吏二千石从常山迁徙至扶风。有《责让隗嚣书》、《上光武帝书》，多文采，言辞朴实明快。

34. 鲁恭

鲁恭（公元14—94年），字仲康，扶风平陵人。其先出于鲁顷公，为楚所灭，迁于下邑，因氏焉。世吏二千石，哀、平间，从鲁迁徙到扶风。祖父、父亲皆有令名。建初初年,鲁恭始为郡吏,后参与白虎观会议,为《鲁》诗博士。有《谏窦宪击匈奴疏》、《谏盛夏断狱疏》、《驳冬至之前断狱奏议》。

35. 梁鸿

梁鸿(约公元35—约90年),字伯鸾,扶风平陵人。曾隐居霸陵,作《思高恢诗》;后过京师作《五噫之歌》;不久又作《适吴诗》。他是较早作五言诗的诗人之一。

36. 韦彪

韦彪(?—89年),字孟达,扶风平陵人。高祖贤,宣帝时为丞相。祖赏,哀帝时为大司马。建初七年(公元82年),车驾西巡府,韦彪以太常从,“数召入,问以三辅旧事,礼仪风俗”。有《上议贡举》、《谏选职疏》,著书十二篇,号曰《韦卿子》。

37. 贾逵

贾逵(公元30—101年),字景伯,扶风平陵人。九世祖谊,文帝时为梁王太傅。曾祖父光,为常山太守,宣帝时以吏二千石从洛阳迁徙到平陵。父亲贾徽,从刘歆受《左氏春秋》,兼习《国语》、《周官》,又受《古文尚书》于涂恽,学《毛诗》于谢曼卿,作《左氏条例》二十一篇。贾逵悉传父业,弱冠能诵《左氏传》及《五经》本文,以《大夏侯尚书》教授,虽为古学,兼通五家《穀梁》之说。尤明《左氏传》、《国语》,为之《解诂》五十一篇,为明帝所赏识。应制作《神雀颂》,拜为郎,与班固并校秘书,应对左右。建初元年(公元76年),贾逵奉诏入讲北宫白虎观、南宫云台。有《条奏〈左氏传〉》、奉诏撰《〈欧阳、大小夏侯尚书古文〉同异》三卷、《〈齐鲁韩毛诗〉异同》、《周官解故》。贾逵所著经传义诂及论难百余万言,又作诗、颂、诔、书、连珠、酒令凡九篇,号称通儒。由于不修小节,所以不至大官。

38. 何敞

何敞(?—约105年),字文高,扶风平陵人。其先家于汝阴。六世祖比干,学《尚书》于晁错,武帝时为廷尉正,与张汤同时。后迁丹阳都尉,因徙居平陵。有《奏记太尉宋由》、《谏窦笃景起邸第疏》、《止封事》诸文,言辞峭利,析理透彻。

39. 苏章

苏章(约公元85—?),字孺文,扶风平陵人。八世祖建,武帝时为右将军。祖父纯,字桓公,有高名,三辅号为“大人”。苏章永平中,为奉车都尉窦固军,出击北匈奴、车师有功,封中陵乡侯,官至南阳太守。苏章少博学,能属文。

40. 窦武

窦武(?—168年),字游平,扶风平陵人。东汉建国元勋窦融玄孙。窦武少以经行著称,常教授于大泽中,名显关西。永康元年(公元167年),上《谏李膺、杜密等为党事考逮疏》。

（十）茂陵

41. 申屠刚

申屠刚（？—约35年），字巨卿，扶风茂陵人。七世祖嘉，文帝时为丞相。刚质性方直，常慕史鳝、汲黯之为人。平帝时，王莽专政，申屠刚上《举贤良方正对策》，痛陈王莽之罪失。隗嚣据陇右时，申屠刚有《说隗嚣辞》；建武七年（公元31年），又有《上隗嚣书》。其所作文章，高瞻远瞩，居安思危，所见者远。

42. 马援

马援（公元前14—49年），字文渊，扶风茂陵人。其先赵奢为赵将，号曰马服君，子孙因为氏。武帝时，以吏二千石从邯郸迁徙至茂陵。马援少有大志，曾学习《齐诗》，不能守章句。马援文武全才，官至今传有《上隗嚣疏》、《与杨广书》、《劳飨军士谓官属语》、《上马式表》、《诫兄子严、敦书》，皆情感真挚，讲究文采。其中《古文评论》称赞《与杨广书》说："委曲婉至，动以天性之恩，晓以君臣之义，其激昂古宕处，则龙门笔法也。"

43. 杜林

杜林（？—47年），字伯山，扶风茂陵人。父邺，成、哀间为凉州刺史。杜林少好学沉深，家既多书，又外氏张竦父子喜文采，杜林跟从张竦学习，博洽多闻，时称通儒。西汉末，避乱于河西，建武六年（公元30年），还三辅，光武闻之，征拜侍御史，引见，问以经书故旧及西州事。京师士大夫，咸推其博洽。官至大司徒。建武十四年，奏《论增科禁疏》，为《古文评论》收录。

44. 耿弇

耿弇（公元3—58年），字伯昭，扶风茂陵人。其先武帝时以吏二千石从巨鹿迁徙到茂陵。父亲耿况，以明经为郎，学《老子》于安丘先生。耿弇少好学，习父业。后转为"好将帅之事"，位至大将军，谥号愍侯。

45. 傅毅

傅毅（？—约90年），字武仲，扶风茂陵人。永平中，作《迪志诗》。又曾作《七激》讽刺明帝朝贤士多隐处。建初（公元76—84年）中，章帝召为文学之士，以傅毅为兰台令史，拜郎中，与班固、贾逵共典校书。傅毅追美汉明帝功德，依《清庙》作《显宗颂》十篇上奏，由是文雅显于朝廷。著诗、赋、诔、颂、祝文、《七激》、连珠凡二十八篇。

46. 马融

马融（公元79—166年），字季长，扶风茂陵人。为人美辞貌，有俊才。少从关西大儒挚恂游学，博通经籍。永初四年（公元110年），拜为校书郎中，诣东观典校秘书。元初二年（公元115年），上《广成颂》，忤怒邓氏，滞于东观，十年不得调。安帝亲政后车驾东巡岱宗,马融上《东巡颂》,大受安帝称奇。阳嘉二年(公元133年),上《乞自效疏》。桓帝时,畏于梁冀的权势,为之作《西第颂》,以此颇为正直所羞。马融才高博洽,为世通儒,教养诸生,常有千数。著《三传异同说》。注《孝经》、《论语》、《诗》、《易》、《三礼》、《尚书》、《列女传》、《老子》、《淮南子》、《离骚》,所著赋、颂、碑、诔、书、记、表、奏、七言、琴歌、对策、遗令,凡二十一篇。

(十一)郿

47. 井丹

井丹(?—约57年),字大春,扶风郿人。少受业太学,通《五经》,善谈论,京师赞誉说:"《五经》纷纶井大春。"

48. 法真

法真(公元100—188年),字高卿,扶风郿人。好学而无常家,博通内外图典,为关西大儒。隐逸山林,屡次拒绝朝廷征辟,以寿终,世号玄德先生。

(十二)陈仓

49. 张玄

张玄(?—约44年),字君夏,河内河阳人。少习《颜氏春秋》,兼通数家法。建武初,举明经,补弘农文学,迁陈仓县丞。清净无欲,专心经书,诸儒皆伏其多通,著录千余人。

(十三)漆

50. 李育

李育(?—约84年),字元春,扶风漆人。少习《公羊春秋》。沉思专精,博览书传,知名太学,深为班固所重。尝读《左氏传》,作《难左氏义》四十一事。建初四年(公元79年),诏于白虎观与诸儒论《五经》,最为通儒。

以下仅知为扶风的:

51. 曹众

曹众(约公元50—约120年),字伯师,扶风人,有才学,著诔、书、论四篇。

52. 马伦

马伦(约公元130—190年),扶风马融之女,汝南袁隗之妻。马伦少有才辩,有《对袁隗问》,见其才学。

53. 马芝

马芝(约公元135—?),扶风马融之女。有才义,作《申情赋》。

以上共53位作家,涵盖13城,大致呈现出东汉长安作家的创作特征和历史状况。

第一,虽然步入东汉时代以后,国家的政治中心已经从长安转移到洛阳,但由于周、秦、前汉以来,历史文化的长期积淀,长安文化仍然对东汉的政治、社会、经济、文化产生着重要影响。尤其是在东汉建国初期,很大一部分都是长安文化执当时之牛耳。不少从王莽时代过来的通学之士,受到光武帝、明帝礼遇。像班彪、班固等人,不但名噪一时,而且终东汉一代也无人比肩。

第二,东汉长安文学具有鲜明的地域性特征,区域发展不均衡。从上文的考察可以看到,三辅的38城中,仅有13城有作家作品的产生,约占整个地域数量的三分之一。而在这13城中,作家又多集中在长安、杜陵、平陵、茂陵等地。在京兆尹、左冯翊、右扶风三郡中,作家的分布也不平衡,以右扶风的作家最多,几乎占了一半。其中又以平陵、茂陵两地作家数量最多,几占三分之一;成就最高,像班固、傅毅、马融、贾逵等,都足以代表着东汉的最高水平。

造成这种地域性发展不平衡的因素固然是多方面的,但也有一个重要因素不容忽视。它就是士族大姓的家族文化。像平陵、茂陵两地之所以名家辈出,与士族大姓迁徙到此地有很大关系。像班氏家族,兴起于西汉成、哀之间;窦融七世祖窦广国为窦皇后之弟,其高祖父在宣帝时以吏二千石从常山迁徙至平陵;鲁恭为鲁顷公之后,世吏二千石,哀、平间,从鲁迁徙到平陵;韦彪高祖韦贤,宣帝时为丞相,祖父韦赏,哀帝时为大司马;耿弇的先辈,武帝时以吏二千石从巨鹿迁徙到茂陵;贾逵的先辈,宣帝时以吏二千石从洛阳迁徙茂陵……这些家族一直保留着优秀的家风,由于受到良好家庭教育的熏陶,他们的家族子弟自然脱颖而出,秉承父兄遗风,成为东汉时期长安文化的代表者。

第三,长安文学作为东汉文学的地域文学的代表之一,充分地体现了东汉文学的总体发展规律和特征。一是东汉时代,文学还没有从经学、史学中独立出来。有很多文学作品出自经学家之手,经学家与文学家的身份界限并不明晰,如蔡邕;史学与文学的联系仍然十分紧密,史学家往往同时就是出色的文学家,如班固。二是东汉时代,文学家仍然没有摆脱弄臣的地位,视文学为小道的观念依然当时的主流风气。如杜笃仕郡文学掾,他的外高祖是破羌将军辛武贤,以武略见称。杜笃为此常叹息说:“杜氏文明善政,而笃不任为吏;辛氏秉义经武,而笃又怯于事。外内五世,至笃衰矣!”(《文苑传·杜笃传》)这和扬雄称辞赋为“童子雕虫篆刻”,“壮夫不为也”(《法言·吾子》)的心态是一致的。文人的自信,直到三国曹丕提出“盖文章者,经国之大业,不朽之盛事”(《典论·论文》)时,才逐渐发展和成熟起来。

第四,东汉的长安文学作品,总体上反映了中国古代文体演进的发展历程。东汉人对于文体的分类观念,比起西汉时来说,有了较大的进步。他们虽然还没有文集的概念,但是他们在实际创作中,已经创作出大量的不同文体的作品。郭英德先生根据"《后汉书》著录传主文辞著述的48条传记资料,一共著录了以下62种文体名称:诗、赋、碑、碑文、诔、颂、铭、赞、箴、答、应讯、问、吊、哀辞、祝文、祷文、祠、荐、注、章、表、章表、奏、奏事、上疏、章奏、笺、笺记、论、议、论议、教、条教、教令、令、策、对策、策文、书、记、书记、檄、谒文、辩疑、诫述、志、文、说、书记说、官录说、自序、连珠、酒令、六言、七言、琴歌、别字、歌诗、嘲、遗令、杂文。"①在笔者考察的东汉长安作家的文学作品中,上述62种文体几乎都有所涉及,足见东汉长安文学的发展对中国古代文体学的发展作出了重要贡献。

① 郭英德:《〈后汉书〉列传著录文体考述》,《文史》2002年第3辑。

长安昆明池的功用及其文化与文学影响

王作良

（陕西师范大学国际汉学院　陕西西安　710062）

摘　要：疏凿于西汉鼎盛时期的昆明池，是汉武帝为了训练水军，以打通西南通道、迎战当时的滇国和南越而修凿的。在汉唐盛世，昆明池一直承担着训练水兵、供给都城用水、渔业养殖的实际功用，同时也是皇室贵族、文人墨客游赏的胜地，在中国文化史上有着很大的影响，包含着相当丰厚的文化内涵，并成为词人骚客缅怀盛世、感慨古今的重要载体。

关键词：长安昆明池；汉武帝；功用；影响

“水战原非陆战同，昆明缅想汉时功。谁知万里滇池远，却在堂阶咫尺中。”①这首《昆明池习水战》是清末光绪帝载湉于光绪十二年（公元 1886 年）作于京城的昆明池畔，时年 17 岁。当时，光绪皇帝的生父奕譞为了让掌握重权的西太后早日归政光绪，上奏声称要恢复旧制，在昆明湖操练水军，实际上是借此名义重修清漪园作为西太后“归政”后的游憩场所。第二年元月底，“水操内学堂”在昆明湖畔正式开学。光绪诗中所写，正是看了水师表演之后的感想，此时，清政府已是国弊民穷，看到水师的表演，年轻的光绪皇帝心潮起伏，不禁想到汉武帝在昆明池操练水师的壮举，所以才有“昆明缅想汉时功”云云。“昆明”指的是位于北京颐和园内的昆明湖，原为北京西北郊众多泉水汇聚成的天然湖泊，曾有七里泺、大泊湖、瓮山泊等名称。清朝中叶时，乾隆皇帝决定在瓮山一带兴建清漪园，将湖开拓，成为现在的规模，并取汉武帝在长安开凿昆明池操演水战的故事，命名昆明湖。古长安境内的昆明池，疏凿于西汉鼎盛的汉武帝时期，是汉武帝为打通通往西南的通道，为了迎战当时的滇国（位于今云南一带）和南越（位于今广东一带），训练水军而修凿的。在汉唐盛世，昆明池一直承担着训练水兵、供给都城用水、渔业养殖的实际功用，同时也是皇室贵族、文人墨客游赏的胜地，在中国文化史上有相当大的影响，包含着相当丰厚的文化内涵，成为词人骚客缅怀盛世、

① 钱仲联主编：《清诗纪事》卷一九《光绪宣统卷》，江苏古籍出版社 1989 年版，第 12300 页。

感慨古今的重要载体。

一

昆明池,又称昆池,通往白鹿原的一部分又被称为神池[①],为上林苑中最大的池沼。上古时已蓄水城池,称为灵沼,相传尧帝治水时曾停船于此,其遗址位于距今西安市西南15公里的长安区斗门镇沣西一带,是汉代上林苑的一部分,在西周灵池的基础上挖凿和扩大而成,这可从张衡《西京赋》中"昆明灵沼"和《三秦记》中"昆明灵沼"的文字记载得到证实。

昆明池的得名与云南第一大湖滇池有关,开凿的直接原因是为了打通通往身毒国(今印度一带)的西南通道。据《史记·西南夷列传》记载:"元狩元年,博望侯张骞使大夏来,言居大夏时见蜀布、邛竹杖,使问所从来,曰'从东南身毒国,得蜀贾人市'。或闻邛西可二千里有身毒国。骞因盛言大夏在汉西南,慕中国,患匈奴隔其道,诚通蜀,身毒国道便近,有利无害。于是天子乃令王然于、柏始昌、吕越人等,使间出西夷西,指求身毒国。至滇,滇王尝羌乃留为求道西十余辈。岁余,皆闭昆明,莫能通身毒国。滇王与汉使者言曰:'汉孰与我大?'及夜郎侯亦然。以道不通故,各自以为一州主,不知汉广大。使者还,因盛言滇大国,足事亲附。天子注意焉。"此前,汉政府已经通过武力基本解除了匈奴的威胁。元朔二年(公元前127年),卫青率军大败匈奴,取黄河以南大片土地为朔方郡。元狩二年(公元前121年),霍去病任骠骑将军又两次大败匈奴,控制了河西地区,打通了汉政府通往西域的道路。故而在元狩三年至六年,为了解决都城的蓄水和教习水军,武帝减陇西、北地、上郡戍卒之半,遣发谪吏在西周灵沼的基础上,重加疏凿,引滈水交水灌注其中,沣、滈二水又堰入池中,使湖面大为增加。以"越嶲昆明国有滇池,方三百里,故作昆明池以象之,以习水战,因名曰昆明池"[②],这是昆明池的第一次修凿。尔后,汉武帝又征发民力对昆明池进行大修,时间当在元鼎元年(公元前116年)冬至二年春之间,而且这次大修的目的同样出于军事目的,只是船战的拟定对象有了改变,由原来的西南夷变成了南越。《史记·平准书》记载:"上林既充满,益广。是时越欲与汉用船战逐,乃大修昆明池,列观环之。治楼船,高十余丈,旗帜加其上,甚壮。于是天子感之,乃作柏梁台,高数十丈。宫室之修,由此日丽。"后来,汉政府曾经与南越发生过水战,"其明年(公元前112年),南越

---

① 何清谷校释:《三辅黄图》卷四"池沼·武帝初穿池得黑土"条注释二有记:"薛综注引《三秦记》曰:'昆明池中有神池,通白鹿原。'凿昆明池时,汉武帝出于崇古思想,把昆明池的那一部分叫神池,又叫灵沼,是可能的。"见该书第258页,中华书局2005年版。

② 何清谷校释:《三辅黄图》卷四"池沼"引《史记·西南夷列传》,中华书局2005年版,第249页。

反……(天子)因南方楼船卒击南越"。由此可见,昆明池操练水军的作用还是不可低估的。昆明池的水战操练功能,在唐代依然有所发挥,唐王朝建都长安后,昆明池的功用又一次得到利用。唐贞观元年(公元627年),唐高祖李渊临幸昆明池,以观水军练习。其后,唐玄宗亦曾在此地训练水军。

除了训练水军的功能外,昆明池在汉唐时是都城长安供水系统的重要组成部分。西汉长安城规模宏大,人口众多,比同时代西方最大的古罗马城还大三倍,因此城市供水是个极其重要的问题。西汉统治者在修建长安城的时候,就考虑到充分利用周围的自然河流,用纵横交错的渠道和人工开掘的池塘,把周边河流连结为一个完整而有机的供水系统,使沣河、滈河、渭河、浐河、灞河等相互连通,保证了长安城正常的水源供应。在长安城所有的供水系统中,昆明池不仅容量极大,其水质清澈也是极其有名的。隋诗人虞世基在《长安秋》中曾咏道:"寒露台前晓露清,昆明池水秋色明。"[①]可见,至隋代,昆明池水还是很洁净的,供水作用也就显得至为重要,发挥着总蓄水库的功能。昆明池的水源来自滈河,每当水位过高时,它可把多余的水排到沣河。其供水渠道分为两支,第一支流向长安城南面和东面,同漕渠相接,通向灞桥,供应城南地区的用水,并起着调节漕渠水量大小的作用。第二支由长安城的西南角流入沧池和太液池。未央宫和长乐宫的用水依靠沧池,而太液池则供应建章宫的用水。昆明池同时具备调节水量和控制水流的作用,为后代的城市建设提供了极好的经验和范例。宋代著名地理学家程大昌首先注意到昆明池和都城用水有关,他在《雍录》一书中写道:"昆明基高,故其下流尚可壅激以为都城之用,于是并城疏别三派,城内外皆赖之。"[②]

在汉唐两代很长的时期内,昆明池还具备航运之利。西汉时,从石闼堰入昆明池的故渠中段在秦时已经存在,为秦代漆渠的一段。昆明池南沿渠(今长安区石匣口、普贤寺等村)百姓称之为"秦渠河",当时修筑的目的是运输从子午古道挑来的山货。汉武帝修建昆明池后,从池东开口引水,东北流经今西安市西北汉长安城遗址南,至今西安市区北部分为两支,一支北注渭水,一支东流横绝灞河注入通向黄河的漕渠,为漕渠上源,昆明渠遗址在今西安市郊区还隐约可辨。为了保证京城粮食、燃料、铁器和其他物资的顺利运送,汉武帝在元光三年(公元前132年)开凿漕渠,三年后成,漕运大便。其后昆明池的开凿,使长安城的航运从八水、临潼、渭南、二华夹漕,经潼关县的三河口直接与黄河相连,极大地便利了长安城附近物资的运输贸易。今咸阳附近为渭河中下游的分界,下游水量比较平缓,河道宽阔,因昆明池的调节,加上灞、泾、浐等大河的流入,水量大增,为航运提供了天然的便捷。唐文宗大和年间(公元827—835年),昆明池干涸后,其航运功能遂告终止。从昆明池引出的水进入长安城周围的漕渠、王

① 逯钦立辑校:《先秦汉魏晋南北朝诗·隋诗》卷六,中华书局1982年版,第2713页。

② 程大昌撰,黄永年点校:《雍录》卷六"昆明池"条,中华书局2002年版,第128—129页。

渠，而且流进城内的明渠，明渠在城内作为排水沟也是有效的。中唐后，由于自然环境的变迁、人口的激增以及森林的过度砍伐，致使水上航运常受泥沙淤泥阻困。

二

昆明池的修凿和疏浚，是汉唐历史上的大事，对于帝都的政治安定与经济繁荣起着非常重要的作用，所以后世的人们抱着一种近乎崇拜的心理看待昆明池的修建以及相关景观，也使昆明池蒙上了几许神秘的色彩，具有丰富的文化意蕴，同时也极大地丰富了中国古代诗词(赋)创作的文学意象。

昆明池是在西周灵池的基础上挖凿和扩大的，此前是一片面积很大的沼泽或洼地，抑或是西周丰、镐二京的一部分。开凿时，曾经有过炭末的发现。对此，西晋人干宝《搜神记》中有过记载："汉武帝凿昆明池，极深，悉是灰墨。举朝不解，以问东方朔。朔曰：'臣愚不足以知之，可试问西域胡人。'帝以朔不知，难以移问。至后汉明帝时，外国道人入来洛阳，时有忆方朔言者，乃试以武帝灰墨问之。胡人云：'天地大劫将尽，则劫烧；此劫烧之余。'乃知朔言有旨。"[①]另外，南朝宋刘义庆《幽明录》、梁释慧皎《高僧传》卷一《竺法兰传》、《佛门正统》、《三辅黄图》(因该书成书时代跨度大，且有古本与唐代定本的区别，故而该条记载的写定时代难以确定)中亦有记载，各家记载，文字略有出入。在《竺法兰传》中，"外国道人"变成了竺法兰。

《志怪》中昆明池的有关记载，表明了当时佛教"劫"的观念已传到中国。汉明帝时期，佛教刚刚传入中国不久，"劫"的观念也慢慢被人们接受。"劫"的观念认为，世界经历若干年毁灭一次，毁而复生，佛经里将一个周期称为"一劫"。一劫又包括成、住、坏、空四劫，到"坏劫"时即有水、火、风三灾出现，使世界归于毁灭。"劫火"指的就是"坏劫"时的火。东方朔以"应声辄对"而闻名，颇得武帝宠幸。为人虽很诙谐，然颇能察言观色，对于好大喜功的汉武帝不失时机地直言切谏，曾谏阻武帝滥建上林苑。这则故事隐约流露出告诫的意思，因记载过于隐晦，告诫内容难于确知。《北史·儒林下》载："汉武帝元狩三年夏，大旱，《五行传》以为是岁发天下故吏，穿昆明池。然则土木之功，动人兴役，天辄应之以异。"汉武帝晚年，灾异不断，《北史》中的议论即有感而发，《志怪》的记载也许亦源于此。近人王国维《咏史》(其九)亦有类似议论："汉凿昆池始见煤，当年赀力信雄哉！于今莫笑胡僧妄，本是洪荒劫后灰。"[②]

① 干宝：《搜神记》卷一三，见《汉魏六朝笔记小说大观》，上海古籍出版社1999年版，第378页。该条记载还见于干宝稍后的东晋人曹毗《志怪》中，徐坚等著《初学记》卷七"地部下昆明池四"引。《志怪》一书现已不存，惟一的佚文就是上述记载，保存于盛唐时成书的《初学记》一书中，见该书中华书局1962年版，第147页。

② 吴组缃等主编：《中国近代文学大系》(1840—1919第2集第8卷"诗词集二")，上海书店出版社1991年版，第259页。

后来,文人在作品中常常用到这个典故,常见的表述有"池灰"、"灰劫"、"劫尘"、"劫灰"、"劫烧之灰"、"烧灰"、"昆明灰"、"昆明劫灰"、"黑土成灰"、"昆明劫"、"劫火烧"、"劫墨"、"劫尽"、"沉灰"等。如清代诗人黄景仁《太白墓》中云:"长星落地三千年,此是昆明劫灰耳。"[①]黄景仁用"昆明劫灰"表示了对诗人李白的无限敬仰和痛惜之情。而晚唐韩偓的《乱后春日途经野塘》:"眼看朝市成陵谷,始信昆明是(原注:一作'有')劫灰。"[②]诗题标明"乱后",诗人的盛衰之感难以抑制,"昆明劫灰"正代表了对于战争的憎恨和对世事难料的无限感慨。在晚唐李商隐《寄恼韩同年二首,时韩住萧洞》中,"劫灰"则代表着美好事物与美好时光的消逝,原诗云:"帘外辛夷定已开,开时莫放艳阳回。年华若到经风雨,便是胡僧话劫灰。"[③]"莫放艳阳归",指新婚夫妻要尽情享受爱情的甜蜜。而"韩同年"当时暂居萧洞,眼看"辛夷花开",艳阳春天就要逝去,若不及时行乐,"便是胡僧话劫灰",到时候,眼前的一切欢乐都要消逝了。

上文提到,昆明池还有养殖之利。据《西京杂记》记载:"武帝作昆明池,欲伐昆明夷,教习水战。因而于上游戏养鱼。鱼给诸陵庙祭祀,余付长安市卖之。"[④]直到唐代仍是如此,《刘宾客嘉话录》有记载:"昆明池者,汉孝武所制,捕鱼之利,京师赖之。"[⑤]昆明池开始养鱼的时间,依清人张澍《二酉堂丛书》辑《三辅故事》的说法,在汉武帝的继承者汉昭帝在位时期,其中云:"武帝作昆明池,以习水战,后昭帝小,不能复征讨,于池中养鱼以给诸陵祠,馀付长安市,鱼乃贱。"[⑥]有关"昭帝小,不能复征讨"云云的谬记,周天游校注《西京杂记》中有辨析,可参看。最迟在西晋潘岳《关中记》中也已经出现了鱼儿报答汉武帝的记载。这条记载,今本《关中记》不载,徐坚《初学记》卷七"昆明池第四"中曾加以引用,得以流传,原文如下:"昔有人钓于昆明池,鱼绝纶而去。遂通梦于汉武帝去求钩。帝明日戏于池,见大鱼衔索,取而放之。间三日,池边得明珠一双,帝曰:'岂非鱼之报耶?'"[⑦]鱼衔珠的寓意,概在于赞美帝王的好生之德和臣子希求得到重用的心情。沈佺期《昆明池侍宴应制》中有:"灵鱼含宝跃,仙女废机迎。"[⑧]应制作品往往难脱阿谀之嫌,沈佺期的这首诗也不例外,上引两句说的是一代女皇武后受到欢迎的情况。中唐时期的王起,还曾作过以鱼衔珠作为歌咏对象的大赋,题为《汉武帝游昆明池见鱼衔珠赋》(以汉武帝游昆明池为韵),也是以鱼喻人,充满了对帝

---

① 黄景仁撰,李国章标点:《两当轩集》卷三"古今体诗",上海古籍出版社 1976 年版,第 76 页。

② 韩偓撰,吴汝纶评注:《韩翰林集》卷二,见《丛书集成续编》第 163 册《文学类》,台湾新文丰出版公司 1988 年影印《关中丛书》本,第 573 页。

③ 刘学锴、余恕诚:《李商隐诗歌集解》第一册"编年诗",中华书局 2004 年版,第 2713 页。

④ 葛洪:《西京杂记》卷一,中华书局 1985 年版,第 1 页。

⑤ 韦绚:《刘宾客嘉话录》,见《唐五代笔记小说大观》,上海古籍出版社 2000 年版,第 811 页。

⑥ 引自周天游校注《西京杂记》卷一"武帝作昆明池"条注[三],三秦出版社 2005 年版,第 6 页。

⑦ 徐坚等:《初学记》,中华书局 1962 年版,第 148 页。

⑧ 陶敏、易淑琼校注:《沈佺期集校注》卷一,中华书局 2001 年版,第 51 页。

王的感恩戴德之情,其中云:“以言于鱼也,厥道斯存。以言于人也,如何勿敦。然则受嘉惠,蒙渥恩,得不效节于当代,而重名于后昆。”①

石鲸,还有分列于昆明池两岸的牛郎、织女石刻,也被后人赋予了丰厚的文化意蕴,特别是牛女石刻,后世演变为影响中国民俗一千多年的七夕文化,而且随着时间的推移,已经慢慢游离于昆明池的文化影响之外,成为独立的文化因子。限于篇幅,兹不赘述。

三

昆明池的堤岸上柳树成荫,廊房环绕,每至夏季,荷香阵阵,池中鱼虾肥美鲜嫩,景色如画,无异于江南水乡,可以称得上北国大地的人间仙境。再加上丰厚的文化内涵,昆明池引得汉唐以来历代文人吟咏不绝,《初学记》以及宋初李昉主编的《文苑英华》即收有多篇以昆明池为歌咏对象的作品。

西汉武帝以后,从东汉安帝延光三年(公元124年)至唐大历二年(公元767年),历代皇帝多次驾临昆明池。至于文人墨客于此送亲访友,游池观景,抒发怀抱,更是不胜枚举。再加上后人为昆明池的修建及其景观附会了很多神秘的色彩,昆明池就成为文人们怡情悦性和抒发古今感慨的胜迹。北朝诗人庾信就作有《和春日晚景宴昆明池》(《文苑英华》卷一六四题作《和人日晚景宴昆明池》)诗,“小船行钓鲤,新盘徒摘荷”②就是当时昆明池的真实写照。另外,庾信还作有《和灵法师游昆明池诗》二首。

由陈入隋的虞世基、江总和由北周入隋的薛道衡、元行恭都有以昆明池为题材的作品。江总入隋后与元、薛交好,其《秋日游昆明池》云:“灵沼望萧条,游人意绪多。终南云影落,渭北雨声过。蝉噪金堤柳,鹭饮石鲸波。珠来照似日,织处写成河。此时临水叹,非复采莲歌。”③依诗意,此诗当为江总入隋后至南归前(公元589—593年)作。诗末“此时临水叹,非复《采莲》歌”,颇受后人称道。《采莲》,梁武帝《江南弄》七曲之一。在异乡人江总的眼中,昆明池美则美矣,却听不到南国之曲,暮年思乡情油然而生,这也是他请求南归的缘由。元行恭《秋游昆明池诗》中“阵低云色新,行高雁影深。敧荷泻圆露,卧柳横清阴”④几句,写出了历尽沧桑的深秋时节昆明池清丽、衰飒的情景。

唐代,昆明池经过几次的浚修,更是湖光绿树连天,洲渚莲叶环绕,水色碧蓝鉴人,

---

① 董诰等:《全唐文》卷六四二,上海古籍出版社1998年版,第7242页。

② 庾信撰,倪璠注,许逸民点校:《庾子山集注》卷四,中华书局1980年版,第317页。

③ 逯钦立辑校:《先秦汉魏晋南北朝诗·陈诗》卷八,中华书局1982年版,第2579页。

④ 逯钦立辑校:《先秦汉魏晋南北朝诗·隋诗》卷二,中华书局1982年版,第2655页。

楼船小舟相映，成为帝王将相游宴娱乐、文人雅士泛舟题咏和黎民百姓观赏的长安城南风景区。现存吟咏昆明池的诗作有：宋之问、沈诠期、李乂三人的《昆明池侍宴应制》诗、杜甫《秋兴八首》(其七)、白居易《昆明春》、王维《春日与裴迪过新昌坊——访吕逸人不遇》、温庭筠《昆明池水战词》、贾岛《昆明池泛舟》、苏颋《昆明池宴坐答王兵部王旬三韵见示》、无名氏及朱庆余《省试晦日与同志昆明池泛舟》、范灯《忆长安》、李百药《和许侍郎游昆明池》、胡曾《咏史诗·昆明池》、储光羲《和东观群贤七夕临泛昆明池》、童翰卿《昆明池织女石》、韩偓《乱后春日经野塘》等，从中可知，昆明池作为长安城南游乐饮宴胜地，给人们带来水乡的乐趣，由此也透视出昆明池的沧海桑田变化史，亦可看做是昆明池盛衰的史实记录。有唐一代，由于科举考试中以诗赋取士，所以还出现了以咏叹昆明池为主题的赋作，如宋之问《上巳泛舟昆明池宴宗主簿席序》、李子卿《昆明池石鲸赋》、王起《汉武帝游昆明池见鱼衔珠赋》及《昆明池习水战赋》、张仲素《涨昆明池赋》、宋悛《涨昆明池赋》等。

盛唐之前，当朝皇帝多次驾幸昆明池饮宴作乐，为了奏兴，当时的文人学士多有应制作品，今保留在《全唐诗》中的是其中的一部分，这其中以宋之问的《奉和晦日幸昆明池应制》最为有名，当时同题作品颇多，而且皇帝主持了一次赛诗会，亦可谓别开生面。《唐诗纪事》记其盛况云："中宗正月晦日幸昆明池赋诗，群臣应制百余篇。帐殿前结彩楼，命昭容选一首为新翻御制曲。从臣悉集其下，须臾纸落如飞。又移时，一纸飞坠，竞取而观，乃沈诗也。及闻其评曰：'二诗工力悉敌，沈诗落句云：微臣雕朽质，羞睹豫章才，盖词气已竭。'宋诗云：'不愁明月尽，自有夜珠来，犹陟健举。'沈乃伏，不敢复争。"[①]沈、宋之间的诗赛，实为中国文学史增添了一段风流佳话，也为昆明池敷上了浓厚的文化色彩。昆明池系汉武征南操练水师所凿，宋诗由此生想，一笔写两面，赋中宗晦日游池的同时，通篇用汉武故事以切合奉和颂圣之体制。详全诗寄意，其醒明"文治"婉讽之意为其主旨。宋诗能于诸作中脱颖而出，可谓名副其实。虽为应制之作，但委婉得体，历代诗评家都有好评。历代唐诗选本中，咏叹昆明池诸作，该诗的入选次数仅次于杜甫《秋兴八首》(昆明池水汉时功)。

说到昆明池的吟咏，不能不提到杜甫的《秋兴八首》。《秋兴八首》是大历元年(公元766年)杜甫55岁旅居夔州时的作品，诗以组诗的面目出现，八首蝉联，歌咏了盛唐帝都长安有代表性的风光胜迹，体现了诗人深沉的忧国之情。咏叹昆明池的为第七首，其诗曰："昆明池水汉时功，武帝旌旗在眼中。织女机丝虚夜月，石鲸鳞甲动秋风。波漂菰米沉云黑，露冷莲房坠粉红。关塞极天唯鸟道，江湖满地一渔翁。"诗人置身于长江三峡的崇山峻岭之中，思绪遥接千载之上，情感又郁结于对大唐帝国衰落的忧患，

① 计有功：《唐诗纪事》卷三"上官昭容"条，中华书局1965年版，第28页。

既写了昆明池辉煌的过去,展示唐朝当年国力昌盛、景物壮丽和物产丰富的盛景;又描绘了"今日"昆明池凄凉衰败的秋景,堪称历代吟咏昆明池的压卷之作。其中的"昆明池水汉时功,武帝旌旗在眼中",备受后人称道。其妙处在于咏史与写实的完美结合,表面上是咏汉武帝,但同时也是对唐玄宗统治时期昆明池上声势浩大的水军操练的深情追忆。清人仇兆鳌曾说:"若远谈汉事,岂可云'在眼中'乎?公《寄贾严二阁老》诗:'无复云台仗,虚修水战船。'则知明皇(玄宗)曾置船于此矣。"①仇评可谓深得老杜之良苦用心。另外,织女、石鲸、菰米、莲房等景观,被赋予了强烈的时代色彩,而作者因世乱而引发的漂泊之情也不言而自明了。在吟咏昆明池的诗篇中,诗圣杜甫的作品可谓独步千秋。

至中晚唐,昆明池已接近干涸,但游人仍不减泛舟池上的兴致。贾岛《昆明池泛舟》诗云:"一枝青竹榜,泛泛绿萍里。不见钓鱼人,渐见秋塘水。"②"不见钓鱼人,渐见秋塘水",反映了当时昆明池水的实际状况。尽管如此,昆明池内仍旧荷花似锦,鱼翔水底,鸭眠沙草,风光宜人。无怪乎中唐诗人韩愈在《奉酬卢给事云夫四兄》中云:"问言何处芙蓉多,撑舟昆明渡云锦。"③就是在干涸以后,昆明池的流风余韵还依然迷人。

---

① 仇兆鳌:《杜诗详注》卷一七,四库全书影印本,上海古籍出版社1982年版,第589页。
② 贾岛撰,李嘉言校:《长江集新校》卷三,上海古籍出版社1983年版,第101页。
③ 钱仲联、马茂元校点:《韩愈全集校点》卷七"古诗",上海古籍出版社1997年版,第87页。

唐代长安与游侠

汪聚应

（天水师范学院文史学院　甘肃天水　741001）

摘　要：长安自古即有其任侠传统，唐代长安更是当时任侠风气的中心和游侠萃聚的渊薮。其任侠风气从初唐到晚唐一直很盛，游侠的社会阶层包括了权贵豪富游侠少年、禁军侠少、都市民间游侠和闾里恶少。初盛唐长安游侠中，以权贵豪富子弟和禁军侠少的任侠活动为主流，其行为不外乎饮酒宿娼、走马射猎、斗鸡纵博、挟弹凌人，甚至报仇劫掠；中晚唐长安游侠风气为之衰变，以闾里恶少、刺客及一部分禁军侠少为任侠群体，攻剽劫掠，受财行刺，侠风中表现着衰世的恶薄和乱世的暴虐之行。

关键词：唐代；长安；游侠；任侠风气

长安自古即有其任侠传统，唐代长安更是当时任侠风气的中心。其任侠风气从初唐到晚唐一直很盛。从侠的发展历史看，唐及唐前，任侠的主体在上层社会，其发展趋势是侠风中政治化、社会化色彩逐渐减弱，而世俗生活化色彩越来越浓。任侠日益成为权贵豪富少年的一种纵任性情的生活方式。作为当时任侠风气的中心——长安，更是游侠萃聚的渊薮。任侠与人们的功业理想和生活情趣融为一体，被赋予了积极的意义，它不再是一种带有区域性的民间风尚，而成了人同此心的一种精神上的追求，并成为一种时代风尚和社会思潮，渗透到了社会生活的诸多领域。

从对任侠传统的继承看，唐代长安游侠风气表现出对南北朝侠风的融合且以南朝侠风为重的特征，其标志是都市游侠的盛行和游侠少年优游奢靡的任侠风气。都市游侠少年是唐代任侠风气的中坚，他们将任侠视为放纵自我、满足生命欲望和逞富斗豪的一种生活方式。唐人咏侠诗诸如《结客少年场行》、《少年行》、《少年乐》、《少年子》、《轻薄篇》、《游侠篇》以及《长安少年行》、《邯郸少年行》、《渭城少年行》、《汉宫少年行》等都有对唐代长安游侠少年任侠生活的生动描写。这类都市游侠包括了权贵豪富侠少、禁军侠少和市井恶少，他们的任侠行为无非就是以纵任性情和享乐消遣为主的优游，诸如游冶博猎、饮酒宿娼之类，张扬着唐人自由通脱、纵情任性那种追求人生享乐的时代精神。而在边塞战事和追求建功立业的时代精神感召下，出现了将人生的功名追求、边塞时事与侠义精神联系起来，追求边塞立功的社会思潮，使边塞游侠儿的形象和生命情调成为唐人任侠精神的重要组成部分。

安史之乱在唐代历史上是一个转折点,在唐代任侠风气的发展演变中也是一个标志。中晚唐长安任侠风气表现出对先秦两汉侠风的皈依,先秦刺客精神、两汉豪侠风度、侠盗恶少横行、侠义抗暴复仇等构成了中晚唐任侠风气的突出特征,刺客、剑侠成为中晚唐任侠群体的主流。此时,藩镇也成为任侠活动的中心之一。这些藩镇首领或本自任侠,或蓄养游侠刺客,作为相互之间或与朝廷政治斗争的工具。而唐代朝廷宰臣在藩镇割据、朋党倾轧、宦官专权的斗争中也往往蓄养侠刺,尤以长安为盛。这使得中晚唐长安游侠中,最富于特色的便是剑侠,他们或活跃于藩镇与朝廷之间,或活跃于广阔的市井民间社会生活中,或行游击刺,或复仇,或劫富财,或主持正义。另外,中晚唐长安游侠中也出现了一些恶少无赖的肆虐横暴之行和正义之士抗暴复仇的侠义行为。这一切都在任侠的中心长安得到了生动地表现。

一

从长安任侠传统和侠文化的承传看,自秦汉以至隋唐,长安一直是任侠风气炽盛的地区。而唐代长安之所以成为任侠风气的中心地区,除了内在的原因如都市、民风外,任侠传统和外来人口的入迁也是不可忽视的外因。

从长安游侠传统看,自秦汉以来,任侠声势一直很盛,游侠遍及街闾和各行业,当时长安游侠少年声势浩大且多恶薄之行。魏晋六朝时期,长安游侠声势并未衰落。陈叔宝《乌栖曲》云:“长安游侠无数伴,白马骊珂路中满。”从当时文人的诗歌创作看,诸如《长安少年行》、《轻薄篇》、《刘生》、《游侠篇》、《长安有狭邪行》、《长安道》等乐府诗题所表现的内容,则足以反映出当时长安游侠风气之盛,富家权贵子弟鲜衣怒马的游侠风气之炽烈。如北周王褒《长安有狭邪行》描写到:

> 威纡狭邪道,车骑动相喧。博徒称剧孟,游侠号王孙。势倾魏侯府,交尽翟公门。路邪劳夹毂,途艰倦折辕。月斜宣曲观,春还御宿园。途歌杨柳曲,巷饮榴花樽。独有游梁倦,还守孝文园。

这样看来,长安作为古代都市,其任侠传统,历代相沿。同时,自秦汉以来,统治者亦多将豪杰奸猾等迁入长安周围。① 种种因素,形成了长安积淀极为深厚的任侠传统。

---

① 如《汉书·刘敬传》载,公元前198年,刘邦采取刘敬迁豪建议,“乃使刘敬徙所言关中十余万口”。《汉书·高帝纪下》记载,高帝九年迁齐楚大姓于关中。汉武帝时,采纳谋臣主父偃的建议,“天下豪杰并兼之家,乱众之民,皆可徙茂陵”(《汉书·武帝纪》)。此后昭帝、宣帝、成帝亦有迁豪杰、富资者于诸陵(见《汉书·昭帝纪》、《宣帝纪》、《成帝纪》)。

可见,唐代长安深厚的任侠传统与独特地位,为任侠风气的盛行提供了重要条件。而唐代经济的发展,促进了商业的发达和都市的繁荣,为游侠滋生了活动的温床,尤其是初盛唐游侠风气与此关系更为直接。由于唐代交通四通八达,因而中外商业贸易在长安、广州等大都市也很发达。从行商与任侠精神的关系看,行商本身包含着任侠的某些成分,而商业都市的繁荣则为游侠提供了生存的基础和任侠的广阔天地。而且商业都市发达的地方,其民俗亦尚侠重气。杜甫《遣怀》诗云:

> 昔我游宋中,惟梁孝王都。名今陈留亚,剧则贝魏俱。邑中九万家,高栋照通衢。舟车半天下,主客多欢娱。白刃仇不义,黄金倾有无。杀人红尘里,报答在斯须。

诗中"白刃仇不义,黄金倾有无。杀人红尘里,报答在斯须",可谓宋中市井民俗颇多侠义色彩。而繁荣的商业都市也就成为游侠活动的渊薮。从唐人咏侠诗所写的内容看,绝大多数为状写市井游侠之作。如王维《少年行》、高适《邯郸少年行》、崔颢《渭城少年行》、李白《少年行》等都是描写都市游侠少年生活的诗篇。

唐代长安侠风炽盛,在一定程度上也是借助了都市商业的繁荣,表现出浓厚的市井气和奢浮气。长安多西域胡商,胡姬酒肆、胡货充斥街市。从唐人的许多诗篇不难看出唐代长安都市游侠风气之盛,而其中的游侠少年不外乎权贵和豪富商贾之子弟,其斗鸡走马、豪饮纵博、游冶宿娼,没有强大的财力是难以付行的。初唐诗人卢照邻《结客少年场行》形象地描绘了唐代长安游侠的生活场面:

> 长安重游侠,洛阳富才雄。玉剑浮云骑,金鞍明月弓。斗鸡过渭北,走马向关东。孙宾遥见待,郭解暗相通。

其实,唐代诗人的咏侠诗中,游侠的活动场景总是与都市联系在一起,而以长安为最。如王维《少年行》(其一)云:"新丰美酒斗十千,咸阳游侠多少年。相逢意气为君饮,系马高楼垂柳边。"而且长安甚至成为游侠的一种象征,以致有关描写长安都市生活的诗篇,也以游侠作为都市生活的一道风景。如骆宾王《帝京篇》云:"侠客珠弹垂杨道,倡妇银钩采桑路。倡家桃李自芳菲,京华游侠盛轻肥。"卢照邻《长安古意》又描写到:"挟弹飞鹰杜陵北,探丸借客渭桥西。俱邀侠客芙蓉剑,共宿娼家桃李蹊。"可见,唐代长安作为当时政治文化的中心和中外经济文化交流的中心,其繁荣的都市生活为任侠风气的盛行提供了优越的现实条件,而其独特的文化传统和时代文化背景以及特殊的地位,更使长安的任侠风气具有了不同于前代也不同于同时代其他地区的独特之处,能够容纳游侠群体的各种形式。

从地位的独特性看,长安地处号称"八百里秦川"的关中平原中心。《尚书·禹贡》称其壤(雍州)为"上上"。《汉书·地理志》称为"九州膏腴"。《新唐书·食货志》也说:"唐都长安,而关中号称沃野。"长安自周秦以来历为国都,政治、经济、文化上俱为对外之中心,文化积淀和外来文明的刺激尤多。唐都长安,规模宏大,布局严整,由外郭城、皇城、宫城、大明宫、兴庆宫等组成。清徐松《唐两京城坊考·西京》"外郭城"条云:

> 外郭城,隋曰大兴城,唐曰长安城,亦曰京师城。前直子午谷,后枕龙首山,左临灞岸,右抵沣水。东西一十八里一百一十五步,南北一十五里一百七十五步。周六十七里,其崇一丈八尺。正中明德门,东启夏门,西安化门。东面三门:北通化门,中春明门,南延兴门。西面三门:北开远门,中金光门,南延平门。北面即禁苑之南面也,三门皆当宫城西,中景曜门,东芳林门,西光化门。郭中南北十四街,东西十一街,其间列置诸坊,有京兆府万年、长安二县,所治寺观、邸第、编户错居焉。当皇城南面朱雀门,有南北大街曰朱雀门街,东西广百步。万年、长安二县以北街为界,万年领街东五十四坊及东市;长安领西五十四坊及西市。①

从这段记载看,则唐都长安规模之广阔,布局之严整不言自明。就人口而言,《新唐书·地理志》云京兆府"天宝之年领户三十六万二千九百二十一,口百九十六万一百八十八。"《旧唐书·地理志》口作一百九十六万七千一百八十八,旧领户二十万七千六百五十,口九十二万三千三百二十。可见,当时长安在面积、布局规模和人口等方面都堪称国际性大都市。

唐代以长安为都,无论是对外族文化的吸收,还是将少数民族入迁长安,都使长安风俗中多含豪侠之气质。向达先生在《唐代长安与西域文明》中指出:

> 李唐起自西陲,历事周隋,不唯政制多袭前代之旧,一切文物亦复不问华夷,兼收并蓄。第七世纪以降之长安,几乎为一国际的都会,各种人民,各种宗教,无

---

① 徐松:《唐两京城坊考》卷二,张穆校补,中华书局1985年版,第33—34页。唐代长安外郭城周围长度,记载不一,另据《长安志》载:"外郭城东西一十八里一百一十七步,南北一十五里一百七十五步。"《隋书·地理志》、《大唐六典》等记载皆同。两《唐书》记载却有差异,《旧唐书·地理志》东西作"十八里一百五十步。"《新唐书·地理志》作"其长六千六十五步,广五千五百七十五步。"据中国科学院考古研究所西安唐城发掘队的发掘测量,由城东侧中间的春明门至城西侧中间的金光门之间的东西长度为9721米(包括东西二城墙厚度在内),由城南侧中间的明德门至宫城北侧玄武门的南北长度为8651.7米(包括南北二城墙厚度)。(见《唐代长安城都古纪略》,载《考古》1963年第11期)

> 不可于长安得之。太宗雄才大略,固不囿于琐微,而波罗球之盛行于唐代,太宗即与有力焉。开元、天宝之际,天下升平,而玄宗以声色犬马为羁縻诸王之策,重以蕃将大盛,异族入居长安者多,于是长安胡化盛极一时,此种胡化大率为西域风之好尚:服饰、饮食、宫室、乐舞、绘画,竞事纷泊,其及社会各方面,隐约皆有所化,好之者盖不仅帝王及一二贵戚达官已也。[①]

异族入居长安者,以西域人为最,向达先生列为四类:"唐代流寓长安之西域人,大致不出四类:魏周以来入居中夏,华化虽久,其族性犹皎然可寻者,一也。西域胡商逐利东来,二也。异教僧侣传道中土,三也。唐时异族畏威,多遣子侄为质于唐,入充侍卫,因而久居长安,如新罗质子金允夫入朝充质,留长安至26年之久,即其一例;此中并有即留长安入籍为民者,四也"。[②] 除此而外,唐统治者亦多迁徙归附之民于长安。可见,唐代长安深厚的任侠传统与独特地位,为任侠风气的盛行提供了重要条件。

唐代长安任侠之盛,当以初盛唐为最。从任侠者的状况看,有贵游侠少、闾里恶少、禁军侠少、亭驿里坊大侠等;从其活动地域看,主要集中于长安都市及其周围诸陵附近。

唐代京师长安乃权贵、豪富集中之地,因而权贵富豪子弟的游侠生活,较之魏晋六朝,则有过之而无不及。这些权贵豪富子弟上自皇子,下至王公贵戚、街肆豪富,是长安游侠的中坚,史书对其任侠行为多有记载,唐人咏侠诗对此有极为生动的描写。如张祐《少年乐》云:

> 二十便封侯,名居第一流。绿鬟深小院,清管下高楼。醉把金船掷,闲敲玉镫游。带盘红鼹鼠,袍砑紫犀牛。锦袋归调箭,罗鞋起拨球。眼前长贵盛,那信世间愁。

又李廓《长安少年行》十首具体形象地描绘了长安贵游侠少鲜衣怒马、优游狎妓、饮酒行乐的任侠生活,其三写到:

> 日高春睡足,帖马赏年华。倒插银鱼袋,行随金犊车。还携新市酒,远醉曲江花。几度归侵夜,金吾送到家。

贯休《少年行》(三首之一)云:

---

① 向达:《唐代长安与西域文明》,三联书店1957年版,第41页。

② 同上,第6页。

锦衣鲜华手擎鹘,闲行气貌多轻忽。稼穑艰难总不知,五帝三皇是何物。

从以上这些描写看,诗中宝马锦衣,驰逐为乐的长安游侠少年,自然是权势显赫的贵族子弟,而其在都市的“侠行”不外乎优游博猎、饮酒宿娼。《酉阳杂俎》前集卷一二载:

太仆卿周皓……曰:“某少年尝结豪族为花柳之游,竟蓄亡命,访城中名姬,如蝇袭膻,无不获者。时靖恭坊有姬,字夜来,稚齿巧笑,歌舞绝伦,贵公子破产迎之。余时与数辈富于财,更擅之。会一日,其母白皓曰:‘某日夜来生日,岂可寂寞乎?’皓与往还,竟求珍宝,合钱数十万,会饮其家……扃方合,忽觉击门声,皓不许开。良久,折关而入。有少年紫裘,骑从数十。大诟其母。母与夜来泣释,诸客将散。皓时血气方刚,且恃扛鼎,顾从者敌。因前让其怙势,攘臂殴之,踣于拳下,遂突出。时都亭驿有魏贞,有心义,好养私客。皓以情投之。贞乃藏于妻女间。时有司追捉急切,贞恐踪露,乃夜办装具,腰白金数挺,谓皓曰:‘汴州周简老,义士也。复与郎君当家,今可依之,且宜谦恭不怠。’周简老,盖大侠之流……”①

《酉阳杂俎》中的这段文字,记载的就是长安贵族游侠少年与富家游侠子争姬斗殴之事,而从“都亭驿魏贞,有心义,好养私客”看,则长安闾里游侠之盛,亦可见一斑。

长安游侠少年中,富豪子弟的游侠声势亦为炽盛,且分布于长安都市及其周围。王仁裕《开元天宝遗事》比较集中地记载了长安游侠少年的日常生活,如“看花马”条载:

长安侠少,每至春时结朋联党,各置矮马,饰以锦鞯金辂,并辔于花树下往来,使仆从执酒皿而随之,遇好囿则驻马而饮。②

又“风流薮泽”条云:

长安有平康坊,妓女所居之地,京都侠少萃集于此,并每年新进士,以红笺名

① 段成式撰,方南生点校:《酉阳杂俎》前集卷一二,中华书局1981年版,第116—117页。

② 王仁裕:《开元天宝遗事·看花马》,载丁如明辑校:《开元天宝遗事十种》,上海古籍出版社1985年版,第77页。

纸游谒其中，时人谓此坊为风流薮泽。[①]

又“结棚避暑”条云：

长安富家子刘逸、李闲、卫旷，家世巨豪，而好接待四方之士，疏财重义，有难必救，真慷慨之士，人皆归仰焉。每至暑伏中，各于林亭内植画柱，以锦绮结为凉棚，设坐具，召长安名妓间坐，递相延请，为避暑之会。时人无不爱羡也。[②]

从以上所载三则内容看，则长安富豪游侠少年，其行为与权贵游侠少年相差无几，优游、狎妓而外，还包含着好宾客、疏财重义、有难必救的侠义精神。这样的任侠行为，唐人咏侠诗《少年行》等诗中多有描写。杨炯《骢马》写到：

骢马钱连钱，长安侠少年。帝畿平若水，官路直如弦。夜玉妆车轴，秋金铸马鞭。风霜但自保，穷达任皇天。

这首诗描写长安富豪游侠少年奢侈的任侠风气。这些富豪游侠少年“玉妆车轴”，“金铸马鞭”，任侠就成为他们逞豪斗富、自我张扬的一种生活方式。

唐代都市豪富商贾子弟就其任侠活动来看，其侠行与权贵子弟虽无多少差别，但主要表现为享乐优游、任情任性的内容。唐代诗人在诗歌中对这些市井豪富游侠少年的任侠生活每有形象展示。如长安豪富游侠少年：“相逢意气为君饮，系马高楼垂柳边。”“纷纷半醉绿槐道，蹀躞花骢不胜骄。”“玉鞭金镫骅骝蹄，横眉吐气如虹霓”，“日沉月上且斗鸡，醉来莫问天高低。”五陵豪富游侠少年：“银鞍白马度春风。落花踏尽游何处，笑入胡姬酒肆中。”淮南豪富游侠少年：“浑身装束皆绮罗”，“白日毬猎夜拥掷”，“呼卢百万终不惜，报仇千里如咫尺。”“兰蕙相随喧妓女，风光去处满笙歌。”邯郸豪富游侠少年：“千场纵博家仍富，几度报仇身不死。宅中歌笑日纷纷，门外车马如云屯。”渭城豪富游侠少年：“斗鸡下杜尘初合，走马章台日半斜。双双挟弹来金市，两两鸣鞭上渭桥。”

可见，唐代长安等都市豪富游侠少年的任侠生活完全是一种世俗的享乐方式或逞富斗豪的一种表现，奢浮生活气息异常浓厚。这种行为，在一些传统人士看来，至多也不过是一种轻薄之行，脱尽了两汉市井游侠少年的恶薄之行和与统治者的对抗性。故唐代自皇帝、官吏及士族中人亦多崇尚和仿效其行，作为闲适领域消遣的生活方式

① 见《开元天宝遗事十种》，第79页。

② 同上书，第90页。

之一。

二

在长安游侠少年中,活动于长安都市周围诸陵的游侠少年是游侠群体中一股不可忽视的组成部分,其中以五陵游侠最为普遍。① 长安周围五陵多游侠,有其任侠传统,与汉以来迁徙奸猾富豪于此有密切关系。司马迁《史记·货殖列传》中说:"长安诸陵,四方辐凑并至而会,地小人众。故其民益玩巧而事末也。"班固《汉书·地理志》云:

> 汉兴,立都长安,徙齐诸田、楚昭、居、景及诸功臣家于长陵。后世徙吏二千石、高资富人及豪杰并兼之家于诸陵。盖亦强干弱支,非独为奉山园地,是故五方杂错,风俗不纯。其世家则好礼文,富人则商贾为利,豪杰则游侠通奸。濒南山,近夏阳,多阻险轻薄,易为盗贼,常为天下别。

汉代统治者迁徙豪强于诸陵县是为了"内实京师,外销奸猾","不诛而害除"。王夫之《读通鉴论》卷二言,这是使其"弃其田里,违其宗党,夺其所便,拂其所习,羁旅寄食于关中土著之间……不十年而生事已落,气焰沮丧……摧折凋残而日以衰。"但从汉以来诸陵游侠盛行的状况看,这种迁徙并未取得统治者当初的预想效果,反而加强了豪强与游侠之间的联系与转化。汪涌豪先生在《中国游侠史》说:"至少就豪强与游侠而言,这种迁徙反而把两者牢牢地粘连在一起,促使他们在迁徙地——五陵更多地相互倚靠,并借助朝廷'便利田宅'的特殊政策,得以迅速复苏和发展。"②

从魏晋六朝至隋唐,长安五陵间游侠少年声势弥张。如昭明太子《将进酒》云:"洛阳轻薄子,长安游侠儿。宜城溢渠盌,中山浮羽卮。"隋何妥《长安道》云:"长安狭斜路,纵横四分达。车轮鸣凤辖,箭服耀鱼文。五陵多任侠,轻骑自连群。少年皆重气,谁哀故将军。"

唐代长安都市周围诸陵游侠少年,亦多富豪子弟,诗文中多以"五陵年少"、"五陵豪客"等称之,任侠声势很火爆,且多于京城游侠。李白《白马篇》云:

---

① 长安周围的陵邑,汉代的有汉高祖长陵、汉惠帝安陵、汉文帝霸陵、汉景帝阳陵、汉武帝茂陵、汉昭帝平陵、汉宣帝杜陵、汉元帝渭陵、汉成帝延陵、汉哀帝义陵、汉平帝康陵。五陵之称,始于汉代,《汉书·原涉传》云:"郡国诸豪及长安五陵诸为气节者,皆归慕之。"颜师古注云:"五陵谓长陵、安陵、阳陵、茂陵、平陵。"

② 汪涌豪:《中国游侠史》,复旦大学出版社 2000 年版,第 186 页。

> 龙马花雪毛，金鞍五陵豪。秋霜切玉剑，落日明珠袍。斗鸡事万乘，轩盖一何高。弓摧宜山虎，手接泰山猱。酒后竟风彩，三杯弄宝刀。杀人如剪草，剧孟同游遨。

此诗所写的游侠少年，就是侍卫天子的五陵豪客。而李白《叙旧赠江阳宰陆调》表现的则是自己在陆调帮助下冲出五陵侠少之围的情形，诗中写到：

> 风流少年时，京洛事游遨。腰间延陵剑，玉带明珠袍。我昔斗鸡徒，连延五陵豪。邀遮相组织，呵嚇来煎熬。君开万丛人，鞍马皆辟易。告急清宪台，脱余北门厄……

此外，崔颢《渭城少年行》也生动地描写了长安五陵侠少丰富的任侠生活，其中云：

> 长安道上春可怜，摇风荡日曲河边。万户楼台临渭水，五陵花柳满秦川。秦川寒食盛繁华，游子春来喜见花。斗鸡下杜尘初合，走马章台日半斜。章台帝城称贵里，青楼日晚歌钟起。贵里豪家白马骄，五陵年少不相饶。双双挟弹来金市，两两鸣鞭上渭桥。渭城桥头酒新热，金鞍白马谁家宿。可怜锦瑟筝琵琶，玉台清酒就君家。小妇春来不解羞，娇歌一曲杨柳花。

此诗虽题渭城，实则写五陵侠少游侠长安、渭城的情形，与前几首相比，这首诗集中描写了五陵游侠少年斗鸡走马、挟弹鸣鞭、饮酒宿娼的任侠生活。这样放纵奢侈的任侠生活，在唐人看来，是一种潇洒通脱、张扬个性的生活方式。但五陵游侠轻薄之行，也不免令时人指斥。如齐己《轻薄行》云：

> 玉鞭金镫骅骝蹄，横眉吐气如虹霓。五陵春暖芳草齐，竹歌到处花成泥。
> 日沉月上且斗鸡，醉来莫问天高低。伯阳道德何涕唾，仲尼礼乐徒卑栖。

就唐代长安权贵、豪富侠少的任侠行为看，确无足取。但在唐代，承魏晋六朝余绪，这样的任侠风气得到了进一步的张扬。从一些史料记载看，大多数权贵、豪富子弟多有少任侠、长乃折节的内容，看来这也是当时的一种社会风气，尤其在初盛唐这样一个崇侠尚武的时代，任侠则是被认可的一种生活方式和价值观念。无独有偶，权贵、豪富子弟的任侠热也影响到长安少年。崔颢《代闺人答轻薄少年》就以闺人之口，诉说了其夫婿的轻薄侠行：

妾家近隔凤凰池,粉壁纱窗杨柳垂。本期汉代金吾婿,误嫁长安游侠儿。儿家夫婿多轻薄,借客探丸重然诺。平明挟弹入新丰,日晚挥鞭出长乐。青丝白马冶游园,能使行人驻马看。自矜陌上繁华盛,不念闺中花鸟阑。花间陌上春将晚,走马斗鸡犹未返。三时出望无消息,一去那知行近远。桃李花开覆井栏,朱楼落日捲帘看。愁来欲奏相思曲,抱得秦筝不忍弹。

这是唐人咏侠诗中唯一以闺人之口诉说其夫婿——长安游侠儿侠生活的诗篇。除了与权贵豪富游侠少年相同的任侠内容外,"借客探丸重然诺"这样的任侠行为则表现出长安都市民间游侠少年特有的任侠传统,也表现出与权贵游侠少年的区别。除此而外,就唐代长安都市民间社会看,任侠风气也很活跃。如《酉阳杂俎》前集卷一二所载的都亭驿魏贞、续集卷三所载大侠坊正张和等,则反映出长安民间社会"其行不轨于正义"的任侠活动。《酉阳杂俎》续集卷三载:

蜀郡有豪家子,富拟卓郑,蜀之名姝,无不毕致。每按图求丽,媒盈其门。常恨无可意者。或言坊正张和,大侠也,幽房闺雅,无不知之,盍以诚投乎?豪家子乃具籝金篚锦,夜诣其居,具告所欲,张欣然许之。异日,谒豪家子,偕出西廓一舍,入废兰若,有大象岿然。与豪家子升像之座,坊正引手扪佛乳,揭之,乳坏成穴如碗,即挺身入穴……道行十数步,忽睹高门崇墉,状如州县。坊正叩门五六,有九髻婉童启迎,拜曰:"主人望翁来久矣"。有顷,主人出,紫衣贝带,侍者十余……豪家子因私于墙隅妓中年差暮者,遽就,谓曰:"嗟呼!若何以至是?我辈早为所掠,醉其幻术,归路永绝,君若要归,第取我教"……饮既阑,妓自持锸开东墙一穴,亦如佛乳,推豪家子于墙外,乃是长安东墙堵下。遂乞食,方达蜀。①

将这段文与前面所记周皓事联系起来看,则《酉阳杂俎》所载唐长安都市民间游侠,并不像游侠少年那样奢侈优游,而是分布于各阶层,身份比较隐晦,其行为乃匿亡藏奸、掠淫妇女、欺骗钱财等。再从诸如《车中女子》、《田膨郎》、《潘将军》、《京西店老人》、《兰陵老人》等唐人小说的描写看,虽然作者有意夸张了他们的技艺,但作为长安都市民间游侠,还是颇有声势的,其行为主要是剽窃财物。

唐代长安游侠少年中另有两类,即京都禁军侠少和闾里恶少,其来源组成与行为方式与权贵豪富游侠少年似有不同。一般说来,京都禁军侠少与闾里恶少在行为上有

① 段成式撰,方南生点校:《酉阳杂俎》续集卷三,中华书局 1981 年版,第 223—224 页。

一定的相似性。

唐代长安游侠与禁军有较为密切的关系,禁军中有任侠者,市井游侠亦有从军为禁军宿卫者。禁军中任侠行为的出现,除了任侠传统外,还与唐代府兵制的变废有密切关联。

唐代京城禁军包括北衙禁军和南衙诸卫府兵。从其成分来源看,多富贵子弟,尤其是所谓"殿前射生"者。而南衙十六卫"番上宿卫"的府兵亦有内外府之分。唐代长安权贵子弟任侠声势很盛,故身为禁军的权贵子弟之任侠活动亦不例外。唐人咏侠诗中如王维、张籍、杜牧、李嶷《少年行》,李廓《长安道》,李益《汉宫少年行》,王建、孟郊、鲍溶《羽林行》等都生动真切地反映了禁军侠少的任侠生活。如李嶷《少年行》三首:

十八羽林郎,戎衣事汉王。臂鹰金殿侧,挟弹玉舆旁。驰道春风起,陪游出建章。

侍猎长杨下,承恩更射飞。尘生马影灭,箭落雁行稀。薄暮归随仗,联翩入琐闱。

玉剑膝边横,金杯马上倾。朝游茂陵道,暮宿凤凰城。豪吏多猜忌,无劳问姓名。

这三首诗所写的就是禁军侠少陪猎、陪游的生活,其行为与权贵游侠少年别无二致。但其所处的显赫地位则使其任侠活动更为猖狂。韦应物《逢杨开府》就是现身说法:

少事武皇帝,无赖恃恩私。身作里中横,家藏亡命儿。朝持樗蒱局,暮窃东邻姬。司隶不敢捕,立在白玉墀。骊山风雪夜,长杨羽猎时。一字都不识,饮酒肆顽痴。

韦应物天宝中曾以"三卫郎"侍玄宗,诗中所写乃是对自己为禁军时任侠生活的回忆,表现出颇为追慕的情怀,而其横行里中、家藏亡命、博猎窃姬,则与长安市井游侠毫无不同,只是多了一层狂妄和无禁,这首诗对于我们认识唐代长安禁军侠少的任侠生活有重要的意义。另外,府兵制变废后,禁军中也有一部分是通过募兵制招来的市井游侠儿。"天宝以后,(府兵)稍复变废,应募者皆市井无赖。"禁军占籍与市井无赖侠少的双重身份,使禁军侠少的任侠行为增添了更多恶少的薄行。王建《羽林行》对此有深刻的揭露:

长安恶少出名字,楼下劫商楼上醉。天明下直明光宫,散入五陵松柏中。百回杀人身合死,赦书尚有收城功。九衢一日消息定,乡吏籍中重改姓。出来依旧属羽林,立在殿前射飞禽。

从唐代长安游侠的行为看,除了权贵豪富侠少、禁军侠少优游奢侈、走马博猎、斗鸡宿娼等轻薄侠行外,唐代长安市井游侠少年的劫杀剽夺、神偷侠盗及女侠的杀人复仇也是当时都市任侠的一大景观。

劫杀剽夺、神偷侠盗似是游侠传统,唐代长安市井游侠少年或多有此行,而尤以中晚唐为最。《新唐书·薛元赏传》云:"都市多侠少年,以黛墨镵肤,夸诡力,剽夺坊里。"[①]这些都市侠少,实即市井无赖恶少,两《唐书》和《酉阳杂俎》等书中对其恶薄之行多有记载,唐代统治者对其行多有摧抑。

长安都市游侠中身份较隐晦的是那些神偷侠盗和杀人报仇的任侠者,其行多见于史料笔记和传奇。此类记载中游侠的神技或未必实有,但亦反映出当时这种风气的炽盛。张鹭《朝野佥载》中所记柴绍弟的神盗、唐骈《剧谈录》所载盗文宗白玉枕的田膨郎、盗潘将军玉念珠的三鬟女子、皇甫氏《原化记》中所载盗宫库的车中女子、为父报仇的崔慎思妾、薛用弱《集异记》中杀人复仇的贾人妻等。这类记载在唐人笔记、小说中较多,虽系小说家言,但也在某种程度上说明当时京师长安此等任侠之流及其行为的存在。同时,安史之乱后,长安任侠风气为之一变,出现了以无赖侠少的剽夺劫杀和藩镇刺客暗杀为主的任侠风尚,两《唐书》中此类记载较多。但就唐代长安游侠及其任侠精神看,这些任侠及其行为都是末流。

总之,唐代长安作为全国政治、经济、文化的中心和中外交流频繁的国际性大都市,其多元的文化价值和包容性,使任侠风气一直盛而不衰。但就任侠群体来看,初盛唐长安游侠中,游侠少年是其中坚,而以权贵豪富侠少的任侠活动为其主流,其行不外乎饮酒、宿娼、走马、射猎、斗鸡、纵博、挟弹凌人,甚至报仇劫掠。从表现的任侠精神来看,唐代长安游侠少年的这些行为是其个性自由张扬一种展示,是经济繁荣的一种宣泄和膨胀,和魏晋六朝以来任侠风气一脉相承。中晚唐长安游侠中多恶薄之行,以闾里恶少、刺客为中坚,攻剽劫掠,受财行刺,侠风中表现着衰世的恶薄和乱世的暴虐。

① 《新唐书》卷一九七《薛元赏传》,中华书局 1975 年版,第 5633 页。

长安城的建筑风格与唐诗意境的雄浑阔大

杜道明

（北京语言大学人文学院　北京　100083）

摘　要：长安城的建筑风格对唐代文学尤其是唐诗雄浑阔大的意境产生了难以估量的影响。作为唐代诗歌的重要表现题材，长安城的建筑对于唐诗审美文化内涵的丰富和发展有着重要影响；与此同时，唐代诗歌对长安城以及关中地区的抒写歌咏，也不断丰富、深化着长安城乃至长安文化的整体内涵，并因此成为长安城建筑文化不可分割的组成部分，推动着长安城建筑美学的不断发展。

关键词：长安城；建筑风格；唐诗意境；雄浑阔大；长安文化

隋唐文化的风格，既不同于六朝文化的精致、小巧，也不同于两宋文化的平和、自然，而是雄浑、阔大。这种风格特征，在长安城的建筑规模和唐诗的恢弘气势上表现尤为突出。

隋唐文化的雄浑阔大，与当时的社会背景密切相关。经过了数百年的分裂与动乱之后，隋唐两代终于迎来了国家的安定与统一。在立国之后的短时期内，经济就迅速得到恢复，呈现出一派兴旺发达的景象。国家的强大，声威的远播，文化的繁荣，使人们充满了前所未有的自信。开放的社会，宽松的环境，又使人们的眼界更为开阔，胸襟更为博大。特别是唐代前期，随着社会的不断发展，人们充分展现了乐观向上、气势开张的时代精神风貌，这主要体现在社会上对雄浑阔大之美的追求上。

最能代表一个时代审美风尚的，应该是那一时期的艺术品，而最能体现雄浑阔大之美的，应该是当时最大的艺术品。那么，隋唐两代最大的艺术品又是什么呢？我们认为是当时最大的建筑艺术品——都城长安。

长安是中国七大古都之一，有多个朝代在此建都。而隋唐时代的长安更可以说是中国文化乃至当时东西方文化的汇聚之地。但从安史之乱开始，长安成为历朝历代军阀劫掠的对象，文化时聚时灭，人为的加上自然力的破坏，使得长安的面貌早已今非昔比，有关的典籍图书也大多散佚。长安地面上的建筑大多早已不复存在，然而其昔日的荣光，仍然通过地志、画史、碑记、寺塔记以及诗人的吟咏篇什、笔记小说的故事等等,多多少少地保留下来,可以让我们透过文献记载,去想象长安城的辉煌。

隋唐两代的西都,隋代称大兴城,唐代称长安城。隋代初期兴建的大兴城,从其平面结构上看,本身就是一件巨大的艺术品。它第一次把中国古典建筑十分讲究的对称、均匀、和谐的建筑风格用在了城市的总体布局之中。从外郭城的形状,到城内街道的排列;从城门的对应,到街道的走向,以及皇城、宫城内各个建筑的排列组合,无不严格遵循了对称和平衡的美学原则。大兴城的布局,可以说是中国古典建筑对称结构的一件杰作。它体现了当时的统治者一展宏图的政治抱负,也体现了一种一反六朝娇小玲珑风格,以雄浑阔大为美的崭新的审美风尚。

大兴城的建设,与隋代所面临的局面有直接的关系。隋代建立之初,仍以汉代长安城的旧址为都城。但由于时代的飞速发展,建立已近800年的汉代长安城已经不适应新时期的需要。隋文帝杨坚于开皇二年(公元582年)开始谋划建新都。当时的总设计师是太子左庶子、著名建筑家宇文恺,他亲自勘察了汉代的长安城、北魏的洛阳城、东魏的邺城和陈朝的建康城,研究了中国传统的"天人合一"观念,并且根据新都的地形地貌等具体情况,形成了他的总体设计。

据史书记载,这座规模宏大的城市,仅仅用了不到二年的时间就初步建成。新都取名"大兴城",可能与其中的太极殿所在地原先是太极村有关,也可能与隋文帝当初被封为大兴公有关,无论如何,以"大兴"为名代表了隋代统治者希望永远兴旺昌盛的意思。据《隋书·地理志》记载,大兴城"东西十八里零一百五十步,南北十五里零一百七十五步",其规模是现有明代长安城的7.5倍!

唐王朝建立后,政治局面要比隋代相对稳定,把"大兴城"更名为"长安城",正体现了唐代统治者希望长治久安的政治理想。本来隋代的大兴城规模就已经令人瞠目了,但到了唐代还在不断地修建和扩建,使之更加雄浑阔大、宏伟壮观。据史书记载,唐代除新建大明宫外,外郭城也进行扩建,唐高宗时期,一次就征用京兆百姓41000多人。

经过考古实测,唐代长安城东西长9721米,南北宽8651.7米,周长36.7千米,面积81.4平方千米。它的面积大于著名的北魏洛阳城(大约73平方千米),为汉代长安城的两倍多(大约35平方千米);更远远大于世界著名古都巴格达(30.44平方千米)、罗马(13.68平方千米)。

隋代大兴城、唐代长安城遗址的复原图,为我们展示了这一巨大艺术品的气象万千的总体布局。大致来说,长安城分为三大部分,即外郭城、皇城和宫城,由北向南,层层递进,当时有所谓"城上平临北斗悬"[1]的说法。从东、南、西三面护卫着皇城和宫城

---

① 苏颋:《奉和春日幸望春宫应制》。

的外郭城,象征着大周天;皇城象征着地平线上以北极星为圆心的天象;帝王居住的宫城,则象征着北极星周围的紫微垣。群星环绕北斗,象征着帝王居中指挥全局。“象天设都”的构造,使天与人不仅在想象中,而且在现实中相应相通,合为一体。这样的设计思想,使人的感觉大大突破了长安城实际的规模,而与广阔无垠的天宇连在了一起。

依照地势的高低,长安城内的建筑也依照主人地位的高低次第展开:其中宫殿最高,它建筑在龙首原的高地上,地形上的优势,使巍峨的皇宫更加气势逼人,透露出皇权的至高无上和总括宇宙的精神追求。接下来是政府机关、庙宇和官员的住宅,一般的民居最低。这样的布局安排,当然是为了突出森严的等级观念,但地形的巧妙利用,也使长安的内部建筑高低错落,立体空间增大,使全城更显得大气磅礴。

长安城内110个里坊的划分,也有明显的用意:皇城外南北排列的13个里坊,象征汉代的天下13个州;东西10个里坊,则象征唐代划分的天下10个道,即所谓河北道、河南道、河东道、关内道、陇右道、淮南道、江南道、山南道、剑南道、岭南道。

里坊是市民的住处,里坊的墙外是南北、东西方向排列的笔直的大道,纵横交错,形成棋盘状的结构。东西方向的11条街道中,最宽的55米,最窄的近20米。南北方向的14条街道中,以朱雀门大街最宽,达155米(比号称神州第一街的今北京长安街还要宽),它是全城的中轴线,直通宫城承天门,宛如一条笔直的彩带,把天上的九野千门与地下的九州万户连成一线。此外,长安城的启夏门街宽达134米,安化门街宽达108米,这三条大街在城内极为壮观。

再看长安城的四周,也同样体现了一种壮阔宏大的气度和美的意蕴。

长安城的东北边是人工修凿的水面宽阔的池泊三岛,它象征着烟波浩淼、一望无际的东海。长安城的东南角,是著名的游乐场所曲江池和风景如画的杏园,它象征着繁花似锦的江南水乡。长安城的南边,是属于秦岭山脉的终南山,它矗立在关中平原上,象征着逶迤的五岭。长安城的西南角有昆明池水,自然象征着云南的滇池。长安城的西北,是起伏的禁苑草坪,它代表着大唐帝国着力经营的西北边陲。长安城的北边,是横穿八百里秦川的渭河,它象征着江河山川贯穿一体。总之,长安城的建筑,体现了无比雄浑阔大的审美观念和天下中心的整体观念,它象征性地概括了中国的全部领土,并且和宇宙天象浑然一体。这一点,绝对不是长安城的100万人口和84.1平方千米的城区面积所能概括得了的。

长安城的设计师们,在运用一切手段唤起人们的联想、展示寰宇一统、富有天下的审美意境的同时,在每一座建筑的设计上,也尽量体现出隋唐王朝那雄伟博大的美学趣味。比如明德门,它是长安城外城的正南门,位于长安城的中轴线上,北面对着皇城的朱雀门和宫城的承天门,东西长55米,南北进深18米多,规模宏大壮观,是长安城最大的城门。它有5个门洞,各宽5米,向人们敞开长安城那阔大的胸怀。如果把明德门和古罗马的君士坦丁凯旋门作一个对比,就不难看出二者的不同。

太极宫的正门是承天门,巍峨高大。隋唐二代的国家大典都是在这里举行的。就在承天门外,有一条东西长近3000米、南北宽约440米的东西方向的横街,跟155米宽的朱雀门大街相交,形成一个"T"形广场。广场的面积远远超过了欧洲古代和中世纪所有的著名广场。

大明宫是唐高宗以后朝政的主要活动场所,建于公元634年,位于长安东北龙首原,地形高爽而有俯视全城之概,以主要宫殿含元殿、宣政殿、紫雇殿等构成长达数里的中轴线。大明宫规模形制之巨大,是中国宫殿建筑巍峨的纪念碑,它周长7.6千米,面积3.2平方千米。即使不把太液池以北的内苑计算在内,其遗址范围也相当于明清故宫紫禁城总面积的三倍多。今天当我们在北京故宫参观时,往往为它的气势巍峨、规模巨大而惊叹,可是谁又能想到,跟唐代的大明宫相比,它只是小巫见大巫呢?

大明宫的正殿是含元殿,据傅熹年《唐长安大明宫含元殿原状的探讨》,含元殿以龙首原为殿基,夯土基残高现存为15.6米,而北京明清故宫三大殿台基则为2米,相差悬殊。殿前70米长的龙尾道作为升殿的阶梯,更使人有登天梯的感觉。大明宫中的麟德殿尤其引人注目,其中的前殿作为麟德殿的主要殿堂,承担过许多大型活动。据史书记载,大历三年(公元768年),神策军将士3500多人在这里举行盛大宴会,唐玄宗还曾经在这里打过马球。它的全部建筑面积达12300平方米,约等于北京故宫太和殿面积的6倍多。在1300多年前,大唐帝国就有规模如此之大的宫殿,怎能不令人惊叹!

清初著名学者顾炎武在《日知录》中说:"予见天下州为唐旧制者,其城郭必皆宽广,街道必皆正直。廨舍之为唐旧创者,其基址必皆宏敞。宋以下所置,时弥近者制弥陋。"其所以如此,正在于唐人那博大的胸怀以及与时代精神相一致的雄浑阔大的审美文化精神。

这种时代精神和审美文化,不仅体现于宫殿建筑的巍峨,也体现于帝王陵墓的壮观。

唐高宗李治和女皇武则天的合葬墓——乾陵,是唐代前期一座以山为陵的帝王陵墓。它位于陕西省乾县城北的梁山,属于大长安的范围。梁山看上去并不挺拔险峻,但由于是一座平地突起的独立山峰,所以气势仍然显得非同一般。

据《长安图志》记载,乾陵陵园的平面布局是模仿长安城的建制而设计的。长安城由宫城、皇城、外郭城三部分组成,据实地考察,乾陵的布局也大致相当:内城的四面各有一门,即左青龙,右白虎,前朱雀,后玄武。这一部分相当于长安城的宫城;从第一对门阙到第二对门阙之间,大约长一公里,是陵墓的神道之所在,神道的南端是一对高大的石柱，两旁是翼马、鸵鸟、文武侍臣、蹲狮和各国使者的石像生。这些仪卫行列，还只是帝王生前宫廷仪仗队的一部分缩影，即使如此，仍然令人感到威严可畏，显示出非凡的气派。这些仪卫象征着长安城中三省六部九寺的衙署所在，相当于长安城的皇城；第二部分和第三部分之间长度约有2.5公里，分布着皇亲国戚和功臣良将的陪葬墓，星罗棋布，共有17座。这一部分相当于长安城的外郭城。总之，乾陵的平面布局俨然是长安城的缩影，其宏伟的气势恰到好处地体现了唐代前期雄浑阔大的审美文化特征。

乾陵的石刻、石碑也展现了崇尚大美的时代风尚。在唐代帝王陵墓中，以乾陵的石像最为壮观。从类型、规模到布局，都具有开创性。其排列阵容十分可观，体量之大更是罕见，以至于使人产生一种压迫感而自惭形秽。在中国现存的石碑中，以乾陵的无字碑为最大，碑身是用一块完整的巨石雕刻成的，高7.53米，宽2.1米，厚1.49米，重98.84吨。无字碑旁边的蹲狮和翼马也大得令人吃惊，体现了当时追求大美的审美文化特色。

所有这些，在风格上都与长安城的建筑一脉相承。

长安城的建筑风格对唐代文学尤其是唐诗雄浑阔大的意境产生了难以估量的影响。作为唐代诗歌的重要表现题材，长安城的建筑对于唐诗审美文化内涵的丰富和发展有着重要影响。显而易见，关中地区的地理名胜，长安城的宫城、皇城和外郭城的建筑格局以及内在的文化信息，长安城与终南山的关系等等，都是促使唐诗审美文化内涵走向成熟的重要因素。与此同时，唐代诗歌对长安城以及关中地区的抒写歌咏，也不断丰富、深化着长安城乃至长安文化的整体内涵，并因此成为长安城建筑文化不可分割的组成部分，推动着长安城建筑美学的不断发展。

唐人所处的时代，是封建社会处于上升并达到顶峰的时代，心胸、气质与前人有很大不同。现实世界已经无法包容他们的视野，因此，表现视野之外的广阔空间，便成为一种普遍的审美追求，而这一点也是唐诗有别于前代诗歌空间描写的重要特征之一，这与长安城以雄浑阔大为美的建筑风格也不无关系。唐代的许多诗歌，对大自然的空间描写已经不是“语贵徵实”，而是由实到虚，由所见到所想，从有限到无限；由目力所及，到目力所不及；由近在咫尺，到无边无际。这种审美追求，在初唐诗歌中就已经很明显了。闻一多先生在《唐诗杂论》中说：“宫体诗在卢、骆手里是由宫廷走向市井，五律到王、杨的时代是从台阁移至江山与塞漠。”的确，初唐四杰的一些山水景物诗已经离开了宫苑楼台，走进了大自然的怀抱。王勃的“城阙辅三秦，风烟望五津”，陈子昂的“念天地之悠悠，独怆然而涕下”，盛唐王维的“大漠孤烟直，长河落日圆”，岑参的“瀚海阑干百丈冰，愁云惨淡万里凝”，李白的“明月出天山，苍茫云海间。长风几万里，吹度玉门关”，杜甫的“星垂平野阔，月涌大江流”等等，都可以使我们看出唐诗对雄浑阔大意境的创造轨迹。

有人曾经做过一个统计,在唐诗中,“千里”出现过 23 次,“万里”出现过 73 次,“四海”出现过 9 次,“天下”出现过 34 次,“天地”出现过 31 次,“万国”出现过 13 次,“乾坤”出现过 41 次,“宇宙”出现过 10 次。这些代表广阔空间的“大字面”在唐诗中出现的频率之高,不仅大大超过前代,也让后代诗人莫敢望其项背。当然,这些“大字面”本身是缺乏具体形象的,但它们与诗中其他具体的物象有机地结合起来,就具有以有限的景物来表现无限空间的功能。因此,正是这些“大字面”大大扩展了唐代诗歌的意境,使唐代诗人所创造的雄浑阔大、气势磅礴的境界,成为封建时代不可重复的典范。

文化地理视野中的诗美境界*

——唐长安城建筑与唐诗的审美文化内涵

康　震

（北京师范大学文学院　北京　100875）

摘　要：唐长安城是唐朝的国都，是唐代长安文化的重要载体和重要组成部分。作为唐朝国家意志的象征，长安城是唐代审美理想物化形态的典范，也是唐诗创作重要的人文环境。唐诗不仅承载着长安城的建筑思想与审美文化，也成为不断充实、拓展长安城文化内涵的艺术形式。正是在承载与拓展的过程中，在与周边文化地理环境、都城建筑群体的交流互动中，诗人的创作心态日益成熟，诗歌的审美文化内涵日趋丰富，并呈现出丰富多元的审美形态与审美境界。

关键词：长安；都城建筑；唐诗；审美文化；文化地理；诗美境界

唐长安城是唐朝的国都[①]，是唐代长安文化的重要载体和重要组成部分。作为唐朝国家意志的象征，长安城是唐代审美理想物化形态的典范，也是唐诗创作重要的人文环境。作为唐代诗歌的重要表现题材，长安城是唐代建筑艺术的美学典范，其建筑艺术对于唐诗审美与文化内涵的丰富发展有着重要影响。具体而言，关中地区的地理形胜，长安城的宫城、皇城、外郭城的建筑格局以及内在的建筑语言，长安城与终南山的城、阙关系等，都是促使唐诗审美与文化内涵走向成熟的重要因素。同时，唐代诗歌对唐长安城以及关中地区的抒写歌咏，也在不断丰富、深化长安城乃至长安文化的整体内涵，并因此成为唐长安城建筑文化不可分割的组成部分，成为长安城建筑美学的延伸与发展。

---

* 本文是国家社会科学基金重点项目（05AZW001）、教育部社会科学研究规划项目（06JA75011—44004）、北京市哲学社会科学规划项目（06BaWY020）阶段性成果。

① 隋文帝在原汉长安城东南营造新都，名大兴城。唐高祖李渊因隋之后，定都大兴城，改名为长安城。唐长安城“因隋之旧，无所改创。”（程大昌《雍录》卷一《龙首山龙首原》，中华书局 2002 年版，第 21 页）为行文方便统一称做长安城。

一、长安城的文化地理内涵与唐诗审美理想的表达

杜甫诗云:“秦中自古帝王州”(《秋兴》之六)。① 隋唐以前,曾有11个王朝先后在关中立都②,这里是所谓“世统屡更,累起相袭,神灵所储”的“帝王之宅”③。郑樵《通志略·都邑略第一·都邑序》称:“建邦设都,皆凭险阻。山川者,天之险阻也。城池者,人之险阻也。城池必依山川以为固。”④关中地区南背秦岭,北对北山,又有潼关诸塞环绕周边,“潏滈经其南,泾渭绕其后,灞浐界其左,沣涝合其右”⑤。如此雄奇险峻的地势,“其以下兵于诸侯,譬犹居高屋之上建瓴水也”⑥。这样的自然地理形势,在古代地缘政治角逐中具有明显的军事优势。

不仅如此,关中地区还便于繁衍民生,养殖五谷,具有突出的经济地理优势,所谓:“左殽函,右陇蜀,沃野千里,南有巴蜀之饶,北有胡苑之利……河渭漕挽天下,西给京师;诸侯有变,顺流而下,足以委输。此所谓金城千里,天府之国也。”⑦就微观地理环境而言,关中地区也非常适宜建造都城。关中平原由北而南大体分为三个地理单元:第一个从渭滨至龙首原,第二个从龙首原至少陵原,第三个从少陵原至秦岭。第一与第三单元均不利于建造都城⑧。第二单元东西近20千米,南北10余千米,高坡洼地交错且略有起伏,呈现出波澜壮阔又回旋变换的地理风貌,都城设计者有可能在平原坡谷间寻求最大限度的拓展与纵深——唐长安城广大的面积已充分地诠释了这一特点⑨。

可见,唐长安城所处关中地区,具有两个突出的地理特点:一是雄奇险峻,易守难攻;二是险峻中尚有开阔肥沃的平原地带。前者以军事地理优势呈现君临天下的雄健壮美,后者以经济地理优势呈现养育苍生的舒展优美。它们与关中建都历史构成唐长安城独特的文化地理内涵,对唐诗审美形态与审美境界的形成产生重要影响。

唐太宗写道:“秦川雄帝宅,函谷壮皇居。绮殿千寻起,离宫百雉余。连甍遥接

---

① 本文所引唐诗均出自清彭定求等《全唐诗》,中华书局1960年版。

② 关于长安建都朝代的数量,参看牛致功《关于西安建都的朝代问题》,《陕西师大学报》1994年第1期。

③ 宋敏求:《长安志·原序》,《经训堂丛书》本。

④ 郑樵:《通志二十略》,中华书局1995年版,第561页。

⑤ 毕沅:《关中胜迹图志》卷三,《关中丛书》本。

⑥ 司马迁:《史记·高祖本纪》,中华书局1959年版,第382页。

⑦ 司马迁:《史记·留侯世家》,第2044页。

⑧ 第一单元为西汉长安建都故地,“经今将八百岁,水皆碱卤,不甚宜人。”(魏徵等:《隋书·艺术列传》,中华书局1973年版,第1766页)第三单元面积小而海拔提升过陡,亦不宜建都。

⑨ 隋唐长安城总面积约84平方千米,是当时世界上面积最大的都城。参见杨宽:《西汉长安部局结构的探讨》,《文博》1984年第1期;马正林:《汉长安城总体布局的地理特征》,《陕西师大学报》1994年第4期。

汉，飞观迥凌虚。日月隐层阙，风烟出绮疏。”（《帝京篇》十首其一，《全唐诗》卷一）表面来看，它似乎是南朝张正见《帝王所居篇》的遗绪[①]。然而，历仕梁陈的张正见不可能见识京洛都城的现实景象与气象。《帝王所居篇》依靠传统的语汇、陈旧的意象组织京都诗赋题材，但其创作动力依然停留在宫体诗的窠臼中。《帝京篇》则不同，统领它的不再是魏晋南朝以来陈陈相因的宫廷咏物习气，而是新兴王朝崭新的政治观、历史观与文艺观：“追踪百王之末，驰心千载之下，慷慨怀古，想彼哲人，庶以尧舜之风，荡秦汉之弊，用咸英之曲，变烂漫之音……故述帝京篇，以名雅志云尔。”（《帝京篇·序》，《全唐诗》卷一）

显然，真正主宰、驱动《帝京篇》内在激情的并不是《帝王所居篇》这一类作品，而是漫游丰镐的慷慨情怀，驰心尧舜的哲思雅志。诗中的长安城不仅是太宗“万机之暇，游息艺文”、“观列代之皇王，考当时之行事”（《帝京篇·序》）的立足点、出发点，也是实践“观文教于六经，阅武功于七德”（《帝京篇·序》）的政治舞台。因此，《帝京篇》所呈现的是秦川函谷的雄奇地貌、帝宅皇居的壮美景观与文治武功的理想情怀汇聚而成的英雄主义崇高感。这与其说是美的境界，倒不如说是一种善的光辉，是借助长安城的地理、建筑形胜，对唐朝政教文治思想的阐发与表达。

与太宗诗中的雄奇壮美相比，唐玄宗与贺知章的诗作形成一种强烈的美学对照与和谐补充：“太华见重岩，终南分叠嶂。郊原纷绮错，参差多异状。”（唐玄宗《春台望》，《全唐诗》卷三）“神皋类观赏，帝里如悬镜。缭绕八川浮，岧峣双阙映。”（贺知章《奉和御制春台望》，《全唐诗》卷一一二）它们无意表现山川田原的纯美意境，而是再现沃野良田的丰饶富足。它唤起我们对关中平原辽远开阔的审美想象，但驱动想象的并不是孤芳自赏的隐士情怀，而是孕育苍生万物的生命力与创造力，是殷实丰厚的关中土地。可见，关中平原之美的基础在于养育之善，它与太宗诗的政教之善相呼应，形成关中文化地理风貌的另一类审美形态。

如果说太宗们更多是借助长安表达政治家的德政、善政理想，那么，卢照邻与骆宾王的全景式描述则更加细致深入，也更富于文学与审美的气质：“北堂夜夜人如月，南陌朝朝骑如云。南陌北堂连北里，五剧三条控三市。”（卢照邻《长安古意》，《全唐诗》卷四一）“皇居帝里崤函谷，鹑野龙山侯甸服。五纬连影集星躔，八水分流横地轴。”（骆宾王《帝京篇》，《全唐诗》卷七七）这两首诗最大的特点在于：以长安城地理环境以及建筑格局为间架结构，以长安城的宫廷、市井风情为主要内容，以长安城的荣枯兴衰为基本格调，表现出有别于传统都城题材的新的审美态度与审美理想。它是一种活泼新鲜的生活，一种真实健朗的情感，一种盛衰无常的警觉与幻灭。诗中确实还有宫

---

① 逯钦立：《先秦汉魏晋南北朝诗·陈诗》卷二，中华书局 1983 年版，第 2475 页。

体诗的残影,但卢骆的创作毕竟完成了"一个破天荒的大转变。一手挽住衰老了的颓废,教给他如何回到健全的欲望;一手又指给他欲望的幻灭。"①

长安城显然是表达这情感、欲望与幻灭的典型意象。在初唐人眼中,魏晋南北朝的漫长历史似乎都可透过长安城的古今兴衰表现出来。卢骆诗中的长安城是见证历史文化命运的传统意象,它蓬勃的气象与格局也是唐士人突破门阀垄断、积极参预政治的美学象征。诗人一面沉醉于富艳景象一面叹息贵贱无常,一面渴望融入贵戚行列,一面又要求人格的独立,这种两难的境地导致结尾转向对都城生活的质疑甚至否定。但全诗的主题并不是患得患失的隐忧,而是长安城的壮大、繁华以及诗人对这一切的独立思考。它的本质是"一种丰满的、具有青春活力的热情和想象"。所以,"即使是享乐、颓废、忧郁、悲伤,也仍然闪灼着青春、自由和欢乐。"②它代表着上升中的世俗士人阶层的态度与理想。因此,卢骆的诗作不仅是唐太宗《帝京篇》的延伸与扩展,也是唐朝时代精神的文学象征。而唐长安城建筑的新基址、新格局、新观念便是支撑这时代精神的文化地理因素。

二、长安城的整体布局与唐诗的多元审美形态

关中地理形胜的特点是高峻中有开阔的伸展,唐长安城也因此显示出不同于前代都城的布局特点。

《类编长安志》卷二《京城·城制度》载:"(隋文帝)自开皇二年六月十八日,始诏规建制度。三年正月十五日,又诏用其月十八日移入新邑。所司依式先筑宫城,次筑皇城,亦曰子城,次筑外郭城。"《京城·再筑京兆城》载:"诏宇文恺,则建大兴城,先修宫城,以安帝居,次筑子城,以安百官,置台、省、寺、卫,不与民同居,又筑外郭京城一百一十坊两市,以处百姓。"③长安城按照宫城—皇城—外郭城顺序依次建造,宫城位于全城正北,皇城在宫城之南;外郭城则以皇城为中心向东西南三面展开。

对于宫城居郭之西而市在郭北的传统都城制度而言,坐北朝南的格局是个重大突破。它使宫城雄踞龙首原高坡,造成独尊全城的气势。它符合天子据北而立,面南而治的儒家礼治思想④,也是朝廷举行元旦大朝会的实际需要⑤。长安城还一改"城"

① 闻一多:《唐诗杂论·宫体诗的自赎》,上海古籍出版社1998年版,第13页。

② 李泽厚:《美的历程》,天津社会科学院出版社2001年版,第208页。

③ 骆天骧:《类编长安志》,中华书局1990年版,第40、44页。

④ 《礼记·礼器第十》曰:"是故圣人南面而立,而天下大治。"《孟子·万章上》曰:"舜南面而立,尧帅诸侯北面而朝之。"

⑤ 杨宽:《中国古代都城制度史研究》,上海人民出版社2003年版,第186—193页。

“郭”混居的旧制①，在宫城之南专建皇城设置行政衙署，并大大扩展外郭城面积②，明确宫城、皇城、外郭城的界限与职能，形成北拥宫城，南临皇城，以南北向中轴线为准东西对称的棋盘式整体格局。作为唐诗创作最重要的基地与人文环境之一，唐长安城的建筑布局影响着唐代诗歌的艺术结构与审美形态。

如袁朗所作《和洗椽登城南坂望京邑》（以下简称《望京邑》）：

> 二华连陌塞，九陇统金方。奥区称富贵，重险擅雄强……神皋多瑞迹，列代有兴王。我后膺灵命，爰求宅兹土……帝城何郁郁，佳气乃葱葱……复道东西合，交衢南北通。万国朝前殿，群公议宣室……鸣珮含早风，华蝉曜朝日……端拱肃严廊，思贤听琴瑟。逶迤万雉列，隐轸千闾布……处处歌钟鸣，喧阗车马度。日落长楸间，含情两相顾。（《全唐诗》卷三〇）

袁朗家族本为江左世胄，陈亡而徙居关中。《望京邑》开首借关中的雄强形胜称誉此地帝业隆兴，进而形容宫城佳气葱茏。从“万国朝前殿”开始，全诗重心由宫城推向皇城，渲染君臣议政的端庄肃穆。从“逶迤万雉列”以下数句则从皇城推向外郭城，展开活跃的市井生活画卷。

与唐太宗、卢骆的《帝京篇》相比，《望京邑》具有独特的审美与文化内涵：一、它以宫城—皇城—外郭城建筑格局作为构思全诗的框架，呈现出逐层推进、渐次开阔、错落有致的艺术结构。如果说长安城是一首凝固的诗，那么《望京邑》则是由长安城的建筑语言建造的诗化长安城；二、作者依据宫城、皇城、外郭城的方位、功能，依次描绘其建筑风貌及人文内涵，从而在整首诗中营造出多层次的审美形态，呈现出丰富的审美境界；三、它借助唐代真实之长安而非陈旧的都城题材，创造出一个新的审美空间，其语言、意象虽然还残留着宫体诗的气息，但它的艺术结构、审美趣味却代表着时代的美学理想。

类似艺术结构与审美境界的诗还有不少。如：“四效秦汉国，八水帝王都。閒阖雄里闬，城阙壮规模。”（李显《登骊山高顶寓目》，《全唐诗》卷二）“秦地平如掌，层城入云汉。楼阁九衢春，车马千门旦”（沈佺期《长安道》，《全唐诗》卷九五）等等。它们

---

① 《长安志》卷七《唐皇城》载，“自两汉以后，至于晋齐梁陈，并有人家在宫阙之间，隋文帝以为不便于民。于是皇城之内，惟列府寺，不使杂人居止。公私有便，风俗齐肃，实隋文新意也。”

② 长安外郭城面积74.6平方千米，占全城面积89%。隋唐统一后，各地士民移民京师，不得不扩展外郭城：“陈叔宝与其王公百司发建康，诣长安，大小在路，五百里累累不绝。帝命权分长安士民宅以俟之，内外修整，遣使迎劳。”（司马光等：《资治通鉴》卷一七七，中华书局1956年版，第5516页）本文所引长安城数据均采自：中国科学院考古研究所西安城发掘队《唐代长安考古纪略》，《考古》1963年第11期；宿白《唐长安城和洛阳城》，《考古》1978年第6期；曹尔琴《唐代长安城的里坊》，《人文杂志》1981年第2期；马德志《唐长安兴庆宫发掘记》，《考古》1959年第10期等。

的共同特点在于：由宫城高峻的龙首地势起笔，接着渲染皇居帝宅的壮美，再由皇城推及辽远的外郭城与郊野，由此形成一个开阔而整饬的审美空间——雄阔的地貌，错落的层城，尊贵的君臣，欢乐的百姓，它们表现出政治的和谐秩序，长安的和谐建筑，诗歌的和谐美感，其核心则在于一种新的社会秩序的形成与和谐①。

宫城是长安城的核心，皇城则是仅次于宫城的第二重城。它北仰宫城，南俯外郭，是百官理政的中央衙署。其建筑格局不仅便于拱卫宫城，也便于君臣处理政务。

皇城与百官关系如此密切，自然也成为诗人歌咏的对象。岑参《和刑部成员外秋夜寓直寄台省知己》云："列宿光三署，仙郎值五霄……长乐钟应近，明光漏不遥……笔为题诗点，灯缘起草挑……微才喜同舍，何幸忽闻《韶》。"（《全唐诗》卷二〇一）按《唐两京城坊考》②，刑部署在皇城承天门街之东，第四横街之北，尚书省都堂西面第二行。岑诗首二句叙省中寓值，又二句言刑部迫近宫城。玩其诗意乃称誉圣上体恤礼遇郎官。"笔为"二句描述郎官的日常工作生活，最后二句表达幸蒙擢拔、忝列朝官的圆满心态。全诗语调平静，诗境祥和，透露出恭顺谨肃的生活气息。

再如苏颋《奉和崔尚书赠大理陆卿鸿胪刘卿见示之作》（《全唐诗》卷七四），诗云"省中何赫奕，庭际满芳菲"，指吏部所属之尚书省位于皇城第三横街南承天门街东。吏部官署位于尚书省都堂以东，大理寺官署位于皇城第四横街北，故次二句云"吏部端清鉴，丞郎肃紫机"。鸿胪寺位于皇城以南朱雀门内，绿槐葱茏，故又二句云："北寺邻玄阙，南城写翠微。"全诗融吏部、大理、鸿胪三官署之功能、方位于典丽平和的诗情中，达到"参差交隐见，仿佛接光辉"的美学效果，并传达出"宾序尝柔德，刑孚已霁威"的德刑兼用之儒家治国理念。

这一类诗语言典雅精致，布局井然有序，情感平稳祥和。这与诗人的郎官府吏身份，与皇城的职能、环境，与其官舍整饬、外邻宫城的布局有关，同时又是规范的政治生活反映："朝日……御史大夫领属官至殿西庑，从官朱衣传呼，促百官就班，文武列于两观……百官班于殿庭左右，巡使二人分莅于钟鼓楼下，先一品班，次二品班，次三品班，次四品班，次五品班……朝罢，皇帝步入东序门，然后放仗。"③

繁缛隆重的早朝是政治生活的重要内容，也是政治情感的重要寄托："肃肃皆鹓鹭，济济盛簪绅。"（颜师古《奉和正日临朝》，《全唐诗》卷三〇）"逾沙纷在列，执玉俨相趋。"（岑文本《奉和正日临朝》，《全唐诗》卷三三）"辉辉睹明圣，济济行俊贤。"（韦应物《观早朝》，《全唐诗》卷一九二）这里展开了另一个美的天地，一种祥和、秩序的氛

① 唐朝结束了南北的分裂与战争。南北朝的门阀望族开始走向没落，科举出身的庶族士人不断突破贵族的垄断，"一条充满希望前景的新道路在向更广大的知识分子开放，等待着他们去开拓"。（李泽厚《美的历程》，天津社会科学院出版社2001年版，第115页）

② 徐松：《唐两京城坊考》卷一《西京·皇城》，中华书局1985年版，第12页。

③ 欧阳修等：《新唐书·仪卫上》，中华书局1975年版，第488—489页。

围,它传递出农业文明安宁、稳健的生活节奏与韵律,反映了唐士人饱满安谧的社会心态。它与皇城忠肃整饬的建筑语言相辅相成,形成一种端庄、典丽的诗美境界。

就是这同一类诗题,也会呈现出多元的美学风貌:“万国仰宗周,衣冠拜冕旒……祖席倾三省,褰帷向九州。”(王维《奉和圣制暮春送朝集使归郡应制》,《全唐诗》卷一二七)“百灵侍轩后,万国会涂山……声教溢四海,朝宗引百川。”(魏征《奉和正日临朝应诏》,《全唐诗》卷三一)与刚才的祥和端庄不同,这里洋溢着万国朝宗的骄傲与壮美。其实,虔诚热烈的礼拜与谨肃恭顺的寓直本来就是唐长安政治生活的两个侧面,祥和精巧与恢宏洒脱本来也是皇城建筑美学的两种风貌,它们统一在丰富多元的长安文化中,成为支撑唐诗多元审美形态与情感个性的人文内涵。

需要指出的是,宫城、皇城建筑美学对唐诗的诸多影响,与唐长安城的建筑理念有直接关系。如前所述,关中地区高坡与洼地交错起伏,其中横亘着东西走向的六条高坡①。如何处置这六条高坡并突出宫城、皇城的位置,成为建造长安城的一大难题。宇文恺解决难题的理论工具便是《周易》乾卦理论②。《元和郡县图志》卷一《关内道》载:“隋氏营都,宇文恺以朱雀街南北有六条高坡,为乾卦之象,故以九二置宫殿,以当帝王之居,九三立百司,以应君子之数,九五贵位,不欲常人居之,故置玄都观及兴善寺以镇之。”③宇文恺将六条高坡看做上天设在长安城基址的六条乾卦爻辞,每条高坡上的建筑都能在乾卦中获得理论解释与归宿。

《周易·上经·乾卦》云:“……九二:见龙在田,利见大人。九三:君子终日乾乾,夕惕若,厉,无咎。”④乾卦六爻的本质在于演示天道人事的盛衰规律。将六爻比作六条巨龙,象征乾卦在变化中孕育飞龙翔天的强健力量,而这正是隋初君临天下的精神写照,也是隋文帝君臣营造大兴城的真实意图。宇文恺以乾卦作为隋大兴城营构的理论基点,用意可谓深远。

宫城是长安城的核心。既然九二是“‘见龙在田,利见大人’,君德也。”(《周易·上经·乾卦》)象征真龙天子的出现,宫城就该建在“九二”高坡即龙首原的最高处。政府衙署是行政中心,应建在紧邻“九二”高坡的“九三”高坡上:“九三:君子终日乾乾,夕惕若,厉,无咎。”“何谓也?子曰:‘君子进德修业……居上位而不骄,在下位而不忧,故乾乾因其时而惕,虽危无咎矣。’”(《周易·上经·乾卦》)这爻辞是对忠肃辅政之百官的最佳描述,而百官寓直皇城的恭顺氛围,早朝、寓直诗的秩序与规范之美,

---

① 关于六条高坡的数据、方位,参见曹尔琴:《唐长安与黄土原的利用》,载《汉唐长安与黄土高原》,《中国历史地理论丛》1998 年增刊。

② 宇文恺,字安乐。隋建大兴城,任营新都副监,“凡所规画,皆出于恺”。参见《隋书·宇文恺传》,中华书局 1973 年版,第 1587 页。

③ 李吉甫:《元和郡县图志》,中华书局 1983 年版,第 1—2 页。

④ 《周易正义》,见《十三经注疏》,上海古籍出版社 1990 年版,第 11—14 页。

也正是通过“九三”爻辞的深层内涵获得了与长安城建筑文化内在的联系。

三、长安城的建筑美学与唐诗胜景的形成

宫城、皇城是唐长安城的核心,外郭城则是长安城的主体,是百姓的生活区域。它的建筑布局有两个特点:一、由于处在开阔舒缓的小平原,因而得以建成宽敞整齐对称的街衢里坊,展现出宽阔和谐的审美境界;第二、由于坡地起伏造成局部地理环境不和谐,需要修整改造部分洼地、高坡,使长安外郭城的整体布局趋于和谐完善。

宋人吕大防说:“隋氏设都,虽不能尽循先王之法,然畦分棋布,闾巷皆中绳墨……亦一代精制也。”[①]长安外郭城共有东西向 14 条大街,南北向 11 条大街,它们笔直宽敞,彼此平行又相互交错,将外郭城划分为一百余坊,呈现出“百千家似围棋局,十二街如种菜畦”(白居易《登观音台望城诗》,《全唐诗》卷四四八)的网状建筑布局。坊里则是封闭式方形布局,四周环筑坊墙,这固然有“逋亡奸伪,无所容足”的安全实用功能[②]。同时,这环环套筑、往复相连的坊墙与平直如弦的宫墙、街衢,也营造出稳固简约、单纯明快的美感氛围。人们在方正如一的宫墙、城墙、坊墙、街衢中行走,整齐、反复的节奏、韵律传递着强烈的秩序感、归属感与崇高感。大一统王朝的政治意志,大唐长安的审美理想,都在外郭城这平整、开阔、简明的布局里得到了尽情的发挥:“南陌北堂连百里,五剧三条控三市。弱柳青槐拂地垂,佳气红尘暗天起。”(卢照邻《长安古意》,《全唐诗》卷四一)“三条九陌丽城隈,万户千门平旦开。复道斜通鳷鹊观,交衢直指凤凰台。”(骆宾王《帝京篇》,《全唐诗》卷七七)

除了坊里街衢,名胜景区也是外郭城的重要组成部分,对它们的设计更见出宇文恺的独运匠心,也更能体会长安外郭城地理风貌与唐诗审美意境的微妙关系。曲江池是唐长安城的风景名胜,造就了不少的名篇佳句。如:“桃花细逐杨花落,黄鸟时兼白鸟飞。”(杜甫《曲江对酒》,《全唐诗》卷二二五)“更到无花最深处,玉楼金殿影参差”(卢纶《曲江春望》,《全唐诗》卷二七九)等等。其实,曲江最初并非名胜,只是经由宇文恺的精心设计,始得大放光彩。前文曾述,宇文恺巧妙利用高坡地形,突出宫城、皇城位置,并使局部建筑之间和谐统一。高坡的设计如是,坡间洼地也需精心规划方能化丑为美。曲江本是少陵原上的洼地,好似高坡上的疤痕。宇文恺“以其地在京城东南隅,地高不便,故阙此地,不为居人坊巷,而凿之为池,以厌胜之”[③]。因地制宜开凿

---

① 李好文:《长安志图》(卷上),《经训堂丛书》本。

② 同上。

③ 程大昌:《雍录》卷六《唐曲江》,中华书局 2002 年版,第 132 页。

成人工湖供百姓游览。从玄宗开元年起,朝廷不断扩建曲江池[①],以致“四岸皆有行宫台殿,百司廨署”[②],“曲江亭子,安史未乱前,诸司皆列于岸浒……进士关宴,常寄其间”[③]。

在洼地修筑楼阁固然有助于宴游观赏,同时对凹陷地区也是一种地理补偿,并借此达到长安城整体和谐的美学效果——这正是宇文恺设计长安城的一个重要建筑美学原则:“宇文恺以京城之西有昆明池,地势微下,乃奏于此建木浮图。”[④]屹立在长安西南低洼处的木塔,与周边的高大建筑争丽竞辉,弥补了地形上的缺陷,也给诗人俯瞰渭川南山提供了崭新的审美视角:“半空跻宝塔,晴望尽京华。竹绕渭川遍,山连上苑斜。”(孟浩然《登总持寺浮图》,《全唐诗》卷一六〇)“高阁逼诸天,登临近日边……槛外低秦岭,窗中小渭川。”(岑参《登总持阁》,《全唐诗》卷二〇〇)

其实,即便同样是高坡,设计的原则也不尽相同。九五高坡乐游原虽然高于九二高坡龙首原,却无缘成为宫城、皇城基址,只能化为长安城的一道风景。因为按照宇文恺的设计理论,乐游原这条高坡对应《周易》乾卦中“九五:飞龙在天”的卦辞:“九五贵位,不欲常人居之,故置玄都观及兴善寺以镇之”[⑤]。于是,宇文恺索性因势利导,将其供给京城士女游乐之用:“其地居京城之最高,四望宽敞,京城之内,俯视指掌。每正月晦日、三月三日、九月九日,京城士女咸就此登赏祓禊。”[⑥]

登上乐游原,诗人的视野驰骋开去,神游万里,思接千载,将繁华的长安生活,庄严的宫掖皇城同悠远的秦汉故事融通一气,使本来就浑厚爽豁的乐游原更加雄迈、深沉:“高原出东城,郁郁见咸阳。上有千载事,乃自汉宣皇……歌吹喧万井,车马塞康庄。”(韦应物《登乐游庙作》,《全唐诗》卷一九二)这超迈融通的诗风,固然得益于健朗的时代风会,而乐游原高屋建瓴的地理形胜也是催化诗心、诗风生成的重要因素。

乐游原还有另一番卓荦不群的气象。在《青龙寺昙壁上人兄院集》中,王维写到:“眇眇孤烟起,芊芊远树齐……眼界今无染,心空安可迷。”(《全唐诗》卷一二七)与宏阔的《登乐游庙作》相比,这里弥漫着超然达观的散淡清妙。也许由于乐游原偏处一隅,远离宫苑且多有寺观[⑦],此地的坊里宅院也便拥有了超逸清远的气质:“不觅他人爱,唯将自性便。等闲栽树木,随分占风烟……迹慕青门隐,名惭紫禁仙。”(白居易《新昌新居书事四十韵,因寄元郎中、张博士》,《全唐诗》卷四四二)这是“穷则独善其

---

① 新旧《唐书》之《玄宗本纪》、《资治通鉴·唐纪》、《唐摭言》有关记载。

② 刘昫等:《旧唐书·文宗纪》,中华书局1975年版,第561页。

③ 王定保:《唐摭言》卷三,上海古籍出版社1978年版,第32页。

④ 骆天骧:《类编长安志》卷五《寺观》,中华书局1990年版,第133页。

⑤ 李吉甫:《元和郡县图志》卷一《关内道》,中华书局1983年版,第2页。乐游原地势过高并不便于居住。如有人居住,也不利于宫城与皇城的安全。

⑥ 徐松:《唐两京城坊考》卷三《西京》,中华书局1985年版,第79页。

⑦ 杨鸿年:《隋唐两京坊里谱》,上海古籍出版社1999年版,第157、175、349页。

身"的典型表白,其中不免有"省史嫌坊远"、"鬓发各苍然"的落寞无奈,但在远离宫苑、百司的新昌坊,这样的表白似乎更凸显了中唐士人行藏出处的两难境遇。不过,沉默的新昌新居不仅因此浸染了浓厚的人文情怀,成为诗人表达情怀最适宜的地理语境,并促使这表达更具有思想的深度与审美的感染力。曲江池与乐游原,由长安城的地理缺陷而成为长安城与唐诗中的胜景,进而成为长安城自然地理、人文景观与诗美境界和谐交融的代表。在这一转化的历程中,曲江池与乐游原不断走向人文意义的纵深,唐诗清新健朗的美学风神便借由江山之助力逐渐得以形成。

四、唐诗的都城意象与长安城文化内涵的拓展

诗歌艺术与表现对象的关系不是单向度的。地理形胜与建筑格局影响着诗美境界的生成,而诗歌创作一经完成,作为具有独立审美价值的文学作品,唐诗也必将影响到长安审美、文化内涵的拓展与深化。比如,唐诗对长安城历史文化的多元表现,形成了多层次的诗歌美学风貌——这里有天人相应的宇宙境界:"凭崖望咸阳,宫阙罗北极。"(李白《君子有所思行》,《全唐诗》卷一六四)有万方乐奏的神圣朝歌:"酆镐谁将敌,横汾未可方。"(宋若宪《奉和御制麟德殿宴百官》,《全唐诗》卷七)有天子蒙恩的傲然荣耀:"归来入咸阳,谈笑皆王公。"(李白《东武吟》,《全唐诗》卷一六四)有旌旆逶迤的浩荡军威:"陇路起丰镐,关云随旆旌。"(储光羲《哥舒大夫颂德》,《全唐诗》卷一三七)也有潇洒健朗的游侠气质:"新丰美酒斗十千,咸阳游侠多少年。"(王维《少年行》其一,《全唐诗》卷一二八)

它们的共同特点是:交叉、并列甚至替代使用丰镐、咸阳、长安等都城意象。这些意象有时代表唐都长安,但有时并不确指某一座具体的都城,而是借用这些历史跨度很大的都城意象表达一种帝都与帝王的气象。事实上,周之丰镐、秦之咸阳、汉唐长安四座都城及其周边区域,历经数千年的积淀,已经形成了一个以关中地域文化为基础,以都城文化为核心的传统内涵深厚的古都文化圈。帝都与帝王气象其实就是这个文化圈所特有的文化个性。

但我们发现,精确的史学、地理学概念有时很难表达人们对帝都、帝王气象的细微体验,更难以替代诗歌艺术在情感深处引发的历史共鸣。这种共鸣也许很难再现历史的细节,却足以激发人们对帝都与帝王气象的历史情怀。的确,在唐诗的召唤下,人们更容易将关中、长安雄浑的地貌、雄伟的建筑、幽邃的历史与自己的人生、情感、命运联系在一起。这种联系并不强调人地关系的科学性,而更关注人与自然、建筑的思想共鸣与情感交流,它所点燃的恰恰是冷静的史学、地理学难以触及的审美空间,这也正是唐诗扮演的角色。在诗人的抒情歌咏中,长安城的历史传统被赋予浓厚的审美意味,

宏伟坚硬的建筑在诗美的创造中展现丰厚的人文内涵，这就是唐诗吟咏长安城的美学意义。

事实上，唐代诗人正是借助“北阙”、“南山”等诗歌意象，在长安城与终南山之间构筑起一座更辽阔的“长安城”，在这个更丰富的审美空间中完成对长安城的美学阐释。唐诗中的“北阙”“南山”意象有多种内涵。在“北阙千门外，南山午谷西”（杜牧《朱坡》，《全唐诗》卷五二一）中，“北阙”指拱卫大明宫含元殿的翔鸾、栖凤二阙，“南山”指终南山脉。“北阙南山是故乡，两枝仙桂一时芳”（杜牧《赠终南兰若僧》，《全唐诗》卷五二四）则将这对意象组合成一个词组，作为长安乃至唐王朝的代名词。在多数诗中，“北阙”“南山”用不同的意象形式象征君臣之间的复杂关系：“北阙临仙槛，南山送寿杯。”（赵彦昭《安乐公主移入新宅侍宴应制同用开字》，《全唐诗》卷一〇三）“北阙休上书，南山归敝庐。”（孟浩然《岁暮归南山》，《全唐诗》卷一六〇）“丹殿据龙首，崔嵬对南山。寒生千门里，日照双阙间。”（韦应物《观早朝》，《全唐诗》卷一九二）在这里，“翔鸾”、“栖凤”、“双阙”不再是拱卫含元殿的臣属建筑，而成为长安城的象征；终南山也不再是遥远的风景，而是化作拱卫长安城的“双阙”：“南山奕奕通丹禁，北阙峨峨连翠云。”（沈佺期《从幸香山寺应制》，《全唐诗》卷九六）“飞阁极层台，终南此路回。山形朝阙去，河势抱关来。”（许浑《行次潼关题驿后轩》，《全唐诗》卷五二八）

这些诗篇以浪漫的想象、开阔的视野将龙首北阙与连绵终南山联系在一起。它突破建筑构造的现实局限，将都城的外延一直扩展到终南山脉，使现实之长安城及其皇权意志从有限的人文建筑延伸向无限的自然时空，传递出“普天之下，莫非王土。率土之滨，莫非王臣”的建筑文化意旨①，使人间皇权与自然天阙在诗歌的吟咏中声息相通，从而使这座宏伟的“大长安城”跃然纸上——这是一座唐诗造就的长安城，一个唐诗开拓的新的审美空间，是现实长安城建筑美学、艺术审美的延伸与拓展。

当然，诗人们对“大长安城”的审美想象与创造并非空穴来风，而是根植于古代都城深厚的文化传统之中。在“大长安城”的文学创作中，“阙”的建筑文化内涵至为关键。作为一种拱卫宫门的建筑形态，阙本来源于帝王示礼布政的礼制②，也与北朝汉人的坞堡生活有关③。翔鸾、栖凤、双阙就具有礼教、军事的双重功能④。它们通过飞廊与含元殿组成“凹”字结构，连同东西两侧的系列建筑群，将含元殿拱卫在中心，造成一种高山仰止的瞻望视角，给拜谒者以强烈的心灵震撼：“左翔鸾而右栖凤，翘两阙而

① 《春秋左传正义》昭公七年，见《十三经注疏》，上海古籍出版社 1990 年版，第 759 页上。

② 崔豹：《古今注》卷上“都邑第二”，《四部丛刊》本。

③ 万绳楠：《陈寅恪魏晋南北朝史讲演录》，黄山书社 1987 年版，第 130—145 页。

④ 《资治通鉴》卷二〇二载：“上御翔鸾阁，观大脯，分音乐为东西朋。”（中华书局 1956 年版，第 6373 页）“大阅诸军于含元殿庭，上御栖鸾阁观之。”（《旧唐书·肃宗纪》，第 251 页）

为翼;环阿阁以周墀,象龙行之曲直。"(李华《含元殿赋》)[①]

这种阙楼拱卫向心正殿的建筑格局遍布整个大明宫乃至长安城:中书省、门下省等行政衙署拱卫朝向宣政殿;翰林院、学士院等议政衙署拱卫朝向紫宸殿等中轴线建筑群;而外郭城则拱卫朝向皇城,皇城拱卫朝向宫城……其实,拱卫向心的建筑语言也体现在整个关中地区。作为人文之阙内涵的延伸,"天成之阙"是古代都城建筑格局中不可或缺的部分。《史记·秦始皇本纪》载:"(始皇)乃营作朝宫渭南上林苑中……自殿下直抵南山,表南山之巅以为阙。"[②]《三辅黄图·秦宫》载:"始皇广具宫,规恢三百余里。……表南山之巅以为阙,络樊川以为池。"[③]这些环绕宫城的庞大山系是宫城的天设之阙,它体现了古代都城依山面水的传统格局,显示出大一统王朝治达天人的恢弘气魄。

这正是唐代诗人借助诗歌之美创造"大长安城"的文化基础,也是唐诗与长安城建筑相互默契的思想根源——通过"北阙"、"南山"意象,我们得以描述长安城及其地理环境的文化特征,得以揭示都城建筑与诗歌表现的象征意义;同时,唐代诗人的创作心态及其诗歌品质,又在与长安城建筑、地理格局互动、交流的过程中得以生成并不断走向成熟。

总之,唐长安城建筑与唐代诗歌的关系,再次印证了一个古老而朴素的真理:艺术的审美与创造来源于对生活不断地发现、提升当中。生活之所以能持续保持创新的活力与持久的魅力,就在于我们不断给它注入新鲜的血液,这血液就是我们对生活、对未来的理想与希望。而文学创作及其审美意境不仅是滋养理想与希望的血液,也是我们所期待达到的永恒不朽的精神境界[④]。关中、长安的历史文化是丰富深化唐诗审美、文化内涵的重要因素,而唐诗对关中、长安历史文化的再现、表现与诗化,也使关中、长安焕发更多的人文光彩、思想光辉与情感光华。关中与长安的历史并不是从唐诗开始,但唐诗的介入,为关中、长安的历史增添了新的内容,塑造了关中、长安新的历史、新的形象。

其实,关中、长安的文学塑造也经历了一个漫长的历史过程。周秦以来的丰镐、咸阳早已成为历史陈迹。秦汉以后文学中的丰镐、咸阳,大多是建立在文献与遗址基础上的文学想象,所抒发的也多是历史怀古的情绪。汉大赋对汉长安的描写与歌颂,象征着新文学形式对关中、长安的当代塑造。但东汉以后的长安屡经战乱,兴废无常,魏晋南北朝文学中的长安,则早已退缩成陈陈相因的历史符号,汉长安的雄风不复再现。

---

① 徐松等:《全唐文》卷三一四,中华书局1983年影印本,第3186页。

② 司马迁:《史记·秦始皇本纪》,中华书局1959年版,第256页。

③ 陈直:《三辅黄图校证》,陕西人民出版社1980年版,第14页。

④ 李泽厚:《美学四讲》第三部分"美感",三联书店1989年版。

唐诗中的长安则不同，如前所述，唐长安城在地理基址、建筑格局、设计思想等方面均表现出创新的理念与时代的精神。而长安文化发展到唐代，无论就其文化内涵的丰富与创新，文化传统的成熟与持久，都堪称这一时期中国文明乃至东亚文明的代表与象征①。唐诗在这一时期也逐渐走向成熟，成为《诗经》以来诗歌艺术最高的审美典范。唐诗与唐长安城，是古代诗歌艺术与都城建筑艺术的集大成者，它们彼此交相辉映，相映成趣，相得益彰，共同表现唐朝蓬勃的时代气象，而文学艺术视野里的关中、长安，也就此开始了它全新的审美历程与审美境界。唐诗不仅承载着长安城的建筑思想与审美文化，也成为不断充实、拓展长安城文化内涵的艺术形式。正是在承载与拓展的过程中，在与周边文化地理环境、都城建筑群体的交流互动中，诗人的创作心态日益成熟，诗歌的审美文化内涵日趋丰富，并呈现出丰富多元的审美形态与审美境界。

---

① 向达：《唐代长安与西域文明》（三联书店 1957 年版），史念海：《中国古都和文化》（中华书局 1998 年版），葛承雍：《唐韵胡音与外来文明》（中华书局 2006 年版）等著作。

长安文化的精髓与王维诗歌的经典性

王志清

（南通大学文学院　江苏南通　226019）

摘　要:长安文化创造了中国历史上经济、文化鼎盛的最佳时空。社会发展的最高境界,时代强盛的最重要标志,就是社会的高度和谐。长安文化即盛唐文化,其文化的精髓、核心和极境即高度和谐。王维的诗歌孕育了中国艺术最纯正的和谐精神,成为和谐美的最生动标本。王维以意境的“极致”创造,实现了对盛唐文化的最本质也最传神的艺术传载,成为和谐之美的最佳表现形式。与李、杜相比较,王维更适合作为长安文化精髓的代表。盛世出王维,盛世读王维。

关键词:长安文化;王维诗歌;盛世和谐;超以象外

此命题中隐含着一种追问,其实,还是一系列的追问。其追问的核心问题是:王维合适吗？我们也深知,以“传统”的、定势的文学史观和人文价值观来考量,这样命题的提出必然会遭到白眼和嗤笑。

那么,为什么不是王维？不是王维又该是谁？何为长安文化？何为长安文化的精髓？长安文化的人文性的本质和内容如果界定？

这是我们的困惑,也形成了我们积极思考的思维轨迹。

追问之一:何为长安文化及其精髓？

踏访长安遗址,虽然我们只能面对三个有丝路文化标志的符号——犬明宫遗址、大雁塔、小雁塔,但是,长安文化的深邃、博大和辉煌,却依然具有撼人心魄、深入骨髓的魔力,那是流淌在民族文化血液里的活力永远的基因。

中国人最值得追怀的历史时空就是古代长安,最值得骄傲的历史阶段就是盛唐。这主要还不是因为周丰镐、秦咸阳、汉长安和唐长安等古代都城遗址,而是一种精神、文化的历史遗产,是一种覆盖了差不多整个东方的唐代文化,其所承载的我国传统文化特色特别是民族精神是无限的。

中国有长安、洛阳、金陵、开封、杭州、北京等六大古都，与别的古都相比，长安（西安）建都时间最早，建都朝代最多（共有13个朝代），建都年代最长（1062年），还是中国历史上最早的百万人口的大都市。在六大古都中可以与长安并称的只有洛阳。洛阳是东周、东汉、曹魏、武周、西晋、北魏、后梁、后唐、后晋等九朝古都，建都历史近千年，仅次于西安。而从世界范围来横比，西安与雅典、开罗、罗马、伊斯坦布尔齐名，是世界著名的五大古都之一。建都于金陵、开封、杭州的王朝，或是弱势王朝，或是短命王朝，或是割据政权。虽然北京是元明清王朝的故都，也保留有许多重要的历史文化遗产，但元明清时期，我国传统文化和民族精神的主体已经形成，而其文化基因，正是汉唐所定型了的。有人从开放性和创造性的视角，提出了盛世的标准说："汉唐雄风代表着中国传统文化中开拓创新、锐意进取的文化价值取向，汉文化的自由精神及其铺张扬厉的恢宏气度，唐文化的宏阔开放和雍容豪迈的精神风韵构成了中国传统文化的精魂。张扬其文化精神，活化其文化资源，无疑会增添中国人民的文化自豪感；提升其文化品格……"[①]中国人民大学历史系的刘后滨也以"贞观之治"为个案讨论治世和盛世之区别，他认为："所谓治世，指国家治理的一种理想形态，侧重于国家治理的水平，强调行帝道王道，主要特征是政治风气良好，社会秩序稳定，百姓对国家政权充满信心。所谓盛世，指社会发展的一种理想状态，侧重于国家治理的成果，主要特征是在国家统一和社会稳定的基础上达到经济发达和文化繁荣的局面。"进而，他归纳了五条标准：即国家统一，社会稳定，经济发展，文化繁荣，吏治清明。"盛世在历史时代意义上的含义不是很清晰，如果严格按照以上五个标准来衡量，则中国历史上称得上盛世的时代，大抵只有称为'天汉雄风'的汉武帝时期，称为'盛唐气象'的唐玄宗时期，以及清朝的康雍乾盛世，有时人们还以汉唐盛世与康雍乾盛世并称。"[②]

笔者认同康乾盛世的观点，虽然当下有些学者对此表示异议。"康乾"之世，长达百余年之治，从经济增长和城镇繁荣上看，在当时世界上的国力也自然在大国之列；从文化的建设上看，以《四库全书》等为代表的中国传统文化也达到了高峰。我们且不必去考虑英国产业革命与乾隆朝几乎同时，清帝国的经济实力、科技先进与世界的差距也正迅速拉开；也不要追究《四库全书》编纂是对人们思想的一次大清理的意图。但是，从人性角度看，康乾时代是中国历史上迫害士人的最黑暗时代，这是这个"盛世"的最大缺憾。清统治者把臣民当"奴才"，严重扼杀人性，康雍乾三帝长达百年的"文字狱"，士人地位卑微，恐怖政治，人人自危，朝不保夕，更无和谐可言。士人为了逃避现实，钻入了故纸堆，考据学兴焉。台湾学者、作家李敖在2005年"神州文化之旅"的公开场合曾说过这样的话，"今天的大陆，是自汉唐以来没有过的盛世"。因此，

---

① 张德丽：《汉唐文化的文化表征及其特质》，《理论建设》2008年第1期。

② 刘后滨：《从贞观之治看中国古代政治传统中的治世与盛世》，《北京联合大学学报》2003年第2期。

康乾从国力上看,也许是盛世,但从“和谐”上看,以盛世冠之似乎不能众望所归。因此,衡量一个社会是否强盛,不外是政治、经济、文化,还有一点最重要的是人性,是社会的和谐程度,是人能否“诗意的居住”的环境。

汉唐盛世“以民为本”,天下升平,人民安居乐业,是封建社会中和谐社会的样板。《易大传·贲第二十二》:“观乎天文,以察时变。观乎人文,以化成天下。”人文化成的理想模式是源于陕西关中的西周文化,这是汉唐文化最深厚的渊源。汉唐建都长安,西周的礼乐文化、典章制度已成遗址废墟,虽然存者无多,但流风余韵,泽被盛世。汉高祖刘邦建立汉朝之初,准备建都洛阳,但终于还是选择了长安。汉之“文景”二帝推行休养生息政策,在君民和谐、君臣和睦、民族和睦等方面取得了重大的治国经验。公元7世纪前后,在人文化成的理想中建立起来的唐朝,突出了礼乐教化的精神和形式,在物质和文化两大文明上高居世界之巅。美国学者谢弗在他的55万字的学术专著《唐代的外来文明》一书中说:唐代“8世纪是一个神奇魔幻、无所不能的时代”;“唐朝统治的万花筒般的3个世纪”;他又考证说“长安城的纳税人口将近二百万人”,等等。当时长安面积约有84平方千米,约有6个罗马那么大,整个长安城充满了包容和谐的氛围。宫廷和民间女士流行穿的波斯低胸,薄质的服装,住的拜占庭式的建筑房屋,豪门雇佣着黑人的奴仆,除过特别盛行的佛教外,信仰的还有景教,拜火教。谢弗描绘说:“唐朝境内人文荟萃,奇货云集,突厥王子仔细揣摩着来自阿曼的珠宝商的神情举止;而日本的参拜者则以惊奇的目光凝视着粟特商队的商人。难怪他们会感到诧异,因为当时的确没有任何可以想象得到的东西能够与这些民族和职业联系起来……”①盛唐的物质丰富与文化繁荣已经到了令人叹为观止的全盛和鼎盛。对大唐繁荣的规模、气势的论述,在范文澜编著的《中国通史》第三编第一册第二章“封建经济繁荣疆域大扩时期——唐”中,也可以见到具体描述。真个是:“九天阊阖开宫殿,万国衣冠拜冕旒”(王维《和贾舍人早朝大明宫之作》)。王维通过伟丽的意象、堂皇的辞彩、高阔的境界、谐和的格调,表现出早朝场面的宏伟庄严和盛世帝国之君王的尊贵,突出了大唐帝国的威仪,勾勒出气势非凡的“大明宫早朝图”。而这个“早朝图”,则可以视为气象高华,声势威赫的大唐面影,是一种光明璀璨、仪态万千的时代折光,艺术地反映了真实的历史背景,给人一种亲临其境的现场感。

王维还有一首题为《奉和圣制从蓬莱向兴庆阁道中留春雨中春望之作应制》的诗,被沈德潜奉为:“应制诗应以此篇为第一。”(《唐诗别裁》卷一三)诗云:

渭水自萦秦塞曲,黄山旧绕汉宫斜。銮舆迥出千门柳,阁道回看上苑花。云

---

① 〔美〕谢弗著,吴玉贵译:《唐代的外来文明》(第一章大唐盛世),中国社会科学出版社1995年版,第7—66页。

里帝城双凤阙，雨中春树万人家。为乘阳气行时令，不是宸游重物华。

此为唐玄宗由阁道出游时赋诗的一首和作。诗篇先出以广阔的背景，写由阁道中向西北眺望所见的景象。颈联“云里帝城双凤阙，雨中春树万人家”乃“盛大”之景：帝城之内高高翘起的凤阙，因为云遮雾绕的作用，仿佛在凌空盘旋；攒聚的万家与茂密的春树，在茫茫的春雨中，显得尤其生机勃发。帝城宏伟，街市繁盛，风调雨顺，百姓安居，百业昌盛。诗人以壮观明丽的构图，展示出盛世帝都的长安神采，艺术地反映了典型的8世纪中期的大唐气象。正面描写盛唐气象，其境界之阔大，其气象之高华，其寓意之深远，也许超过王维此二诗者也的确难以列举也。

公元618—907年间的两个世纪，世界文明之巅在盛唐。盛唐者，盛世大唐也，大唐盛世也。盛唐之盛，盛在心态；盛唐之盛，盛在和谐。长安文化历经周秦汉隋唐，形成了它特有的文化内涵、精神特质，当下研究者概括如下：开拓创新、锐意进取的文化价值取向；汉唐特有的“大美”气象和精神气质；代表了大国气度、展示了开放胸襟的民族自信；善于吸纳，也更有兼容的气量和创造激情；意气风发、昂扬自由的民族心态；勇于开拓、探求进取的高远情怀等等。魅力无穷的长安文化，博大精深，聚焦于一点：和谐。我们以为：长安文化的最核心要素是和谐，最本质内容是和谐，最高的境界也是和谐，最有特色的地方还是和谐，这是其他文化所不能比拟的和谐。借一个不一定妥帖的比喻来说吧，譬如西方现代比较流行的文学本体论。“本体”原本是一个哲学概念，本体论在西方是德意志哲学家郭克兰纽（Rudolph-us Goclenius，公元1547—1628年）等人提出来的，后来康德哲学中也继承了这个概念，把存在分成本体与现象两个范畴。所谓“本体”，即存在自身最真实、最根本的实体，而“现象”只是本体的表现，不是本体本身。[①] 我们以为，内涵博大众彩的长安文化，只是一种外在的形态，或者说，是体现和表现“和谐”的诸多“现象”，而“和谐”则是盛世所特有的“存在自身最真实、最根本的实体”。长安文化，其实就是盛唐文化。体现和创造了长安文化的盛唐，在本质上追求和谐对话的生存方式，这也是盛唐所以高出其他盛世的突出之处。盛唐是中国历史上为数不多的几大盛世中最辉煌的一个时期。而盛唐盛世不仅仅表现在国力强盛上，其最不同于其他盛世的一个突出特点，即社会的全面和谐。我们以为，盛唐的和谐社会主要表现为人与文化的和谐、人与人的和谐、人与自然的全面和谐，因此而形成了盛唐经济、文化的繁荣鼎盛。“从人类社会学的和谐观来看，盛唐的政治开明和社会和谐，才蕴育了盛唐文化的和谐；而盛唐文化的宽容，又强有力地促进了盛唐的政治开明和社会和谐。”[②]

---

① 成中英主编：《本体与诠释》，三联书店2000年版。

② 王志清：《中国诗学的德本精神》，齐鲁书社2007年版，第117页。

长安文化创造了中国历史上经济文化全盛和鼎盛的最佳时空,长安文化即盛唐文化,其精髓、核心和极境即和谐。如果长安文化的精髓乃和谐文化这一命题能够成立,那么体现这种文化精髓的诗歌经典是谁呢?我们把目光投向了王维。

追问之二:王维与李杜谁更适合代表长安文化?

盛世最突出的社会风貌是和谐。我们能否从唐诗的折光中得到验证呢?

唐诗是唐代留存下来的非物质文化遗产的突出代表,唐帝都长安,是士人最向往、最留恋、也给人以最大机遇的地方,士人的客流量也最大,每年至少有二三万文士居留于此。《唐诗大辞典》统计唐代诗人约有3800多人,几乎所有的诗人都到过长安,《全唐诗》中存诗一卷以上的诗人,都留有与长安有关的诗歌,与长安有关的唐诗约在四千首以上,盛唐面影在唐诗中得到了广泛、深刻而辉煌的反映。

说到唐诗,特别是盛唐诗,人们肯定自然会首先想到李白和杜甫。

李白的诗歌属于"缘情放言"[①]的一种,"兴酣落笔摇五岳,诗成笑傲凌沧州",每每酒酣情热,兴高采烈,于是诗兴大发,放言无忌,恣意挥洒,抒叙生风,自由奔突,志之所之,所向披靡,不可一世,具有一种横冲直撞的内在张力,表现出人的极度自由的解放感。李白诗歌境界博大,气势恢宏,主要是以情感的高度率真和语言的极富个性来感染人,其中表现出来的酒神精神,洋溢着生命的自由和激情。应该说,也是盛唐精神,是长安文化的杰出代表。

然而,我们则在其诗中听出了类似西方艺术中的那种撕裂之痛,诗人以古乐府辞调所表现出来的感伤的归思之情,也制造了无数快感和炫目幻象,其灵魂之舞具有极端自由的维度,大自然的酒神激情在诗人的醉舞中幻化成绚丽景象。"谁挥鞭策驱四运"?其中有一种谁主沉浮的意思。谁呢?我!"吾将囊括大块,浩然与溟涬同科!"(李白《日出入行》)诗人把万物的兴歇当做宇宙本体的游戏,而诗人则常居于这宇宙游戏的醉舞中心,表现出大喜大悲的豪迈狂情。杜甫在《赠李白》中给他的刻画十分逼真而传神:"痛饮狂歌空度日,飞扬跋扈为谁雄"。诗人独来独往,我行我素,笑傲万物,与时间、死亡的对立和对抗,如《日出入行》;与礼法、世俗的对立和对抗,如《将进酒》;与忧愁、功名的对立和对抗,如《宣州谢朓楼饯别校书叔云》;与天地、自然山水的对立和对抗,如《访戴天山道士不遇》;与格律、形式、节奏等的对立和对抗,如《蜀道难》,用宇文所安的话来说,其"所用的句法形式甚至在优美的散文中也会被认为是散漫的"。其不规则的对抗性,是"在李白之前,没有一位诗人敢于像他采用极端杂乱的

① 权德舆:《送张仆射朝觐毕归徐州序》,《全唐文》卷四九一,第5020页。

句式"①。因此,其诗最主要的特征是:因为与天地社会的强烈对立和对抗性而呈现出来的错综美、矛盾美甚至是杂乱美。即便是他的表现适意自然的山水诗,也主要不是表现其与天地自然的和谐,不是与大地和天空存在着永恒的亲切对话。譬如《访戴天山道士不遇》"犬吠水声中,桃花带露浓。树深时见鹿,溪午不闻钟。野竹分青霭,飞泉挂碧峰。无人知所去,愁倚两三松。"以"惊异"起笔,打破了诗歌的秩序和规则,其"犬吠"之音也打破了深山幽境的寂静和平衡。

其实,李白也写过一些"和顺"的诗,乃至一些阿谀性的颂歌。唐玄宗天宝元年,四十二岁的李白来到了他朝思暮想的皇城长安,充满着政治渴望的李白获得了他一生中唯一的一次政治机遇。李白创作了不少作品来记录这段任职翰林供奉期间的生活,如《从驾温泉宫醉后赠杨山人》、《温泉侍从归逢故人》、《朝下过卢郎中叙旧游》等诗,热情地赞美朝廷,赞美如同太阳一样伟大的玄宗圣君,洋溢着入朝的骄傲和癫狂。他还在日后的许多时间里不无夸张地回忆这段值得炫耀的"辉煌"经历:"是时仆在金门里,待诏公车谒天子。长揖蒙垂国士恩,壮心剖出酬知己"(《走笔赠独孤驸马》);"当时待诏承明里,皆道扬雄才可观。敕赐飞龙二天马,黄金络头白玉鞍"(《答杜秀才五松见赠》)。他的三首《清平乐》,则太过肉麻,宇文所安说:"它所阐述的旨意只是'杨贵妃像花和女神',几乎没有比这更陈腐的赞美女性美的话了"。因此,"无论在宫廷内外,李白的狂诞行为是有所选择的角色的组成部分,而不是如同某些传记作者所说的,是蔑视权威的真实表示。李白渴望被赏用,表示乐于进入宫廷,当他被迫离开时,发出了激烈的抱怨。狂野本是对他的期待,他并非有意地要对皇帝挑战"②。因为,离开长安,赐金放还,被推到社会的对立面去了,理想与现实的处境之间的巨大落差,内心极度不平衡的郁闷,其诗中也多了些恼羞成怒式的反讽,于是便有了"安能摧眉折腰事权贵,使我不得开心颜"的对抗性。

盛唐文化本质上是一种乐感文化,它贯穿着积极、乐观的统一风格,有一个从和谐温馨的中心而四处弥漫,进而演变为高昂浑厚的过程。如果说李白诗歌也属于乐感文化的范畴,那么,我们感到,在其酒精麻痹和幻想麻痹的深处,有一种强烈的痛感,深刻的痛感,反而更接近于希腊艺术的那种痛感文化,是那种受了酒神魔力驱使下而生成的痛感。诗人作为痛苦的个体,成为社会和大自然的一个不和谐之音,在一种强烈的不和谐的震颤中表现出强烈痛苦的类似悲剧性的快意。

从思想倾向上来讲,杜甫是向后转的诗人,恪守着诗教的经典写作。杜甫的诗歌中最出色的是那部分批判现实主义的作品,多缘情类事,遭际兴会,触物兴怀,充满着实用理性。杜甫始终坚持的是正统儒家"诗言志"的原则,以抒写诗人在社会人际中

① 〔美〕宇文所安著,贾晋华译:《盛唐诗》,三联书店 2004 年版,第 147、151 页。

② 同上书,第 138—139 页。

的哀乐之情。诗于杜甫,与其说当成一种获取被现世认可的工具,不如说有着一种政治失败情感记录的自觉。政治世界的失败,使杜甫原本干预社会的意识和欲望更加强烈,他的《兵车行》、《丽人行》、《悲青坂》、《北征》、《自京赴奉先县咏怀五百字》及组诗"三吏"、"三别"等,充满了无与伦比的人道主义精神,而其鞭挞的力度和揭露的深度,则使其诗歌具有了浓烈的对抗性色彩。宇文所安认为,其诗取材与构思往往在"悲喜剧对立冲力的结合点"。而且,"杜甫总是喜好复杂化,进入对立范围,'完成'对事物和体验的认识。"即便是山水诗,"在所有的中国诗人中,杜甫或许是最不愿意让自然以本色呈露的一位,在他的笔下,自然现象极少看来是随意的或偶然的"①。诗人观物而起情,往往是以既定之"我"而改变外物自身的性质和意义,"感时花溅泪,恨别鸟惊心",作为自然现象的花开鸟鸣,也没有了它们自身的客观存在和价值,其物我一如的实质是"我"融"物"而非"物"融"我",或者物我相融。杜甫晚年的这类诗篇,往往被明清诗论家誉为表现盛唐气象的佳作,如《阁夜》、《江汉》、《秋野》、《秋兴》(八首)等,以《对雪》为例,诗云:"战哭多新鬼,愁吟独老翁。乱云低薄暮,急雪舞回风。瓢弃樽无绿,炉存火似红。数州消息断,愁坐正书空。"诗中雪白对夜黑、酒绿对火红、乱云对舞风、多鬼对独翁……构成了一个充满了对立和对抗的世界,构成了一个杂乱而无秩序的空间,构成了一个恐怖而惊悚的情境,突现了诗人与外部世界的对立和对抗的心理图画,对雪,即对冬天,对死亡,对孤独,对冷酷,对不能容身于其中的社会。

清人王夫之对杜甫以诗为史的说法颇有微词,甚至对杜甫诗品人格发生了质疑。他在评杜甫《漫成》一诗时说:"杜又有一种门面摊子句,往往取惊俗目,如'水流心不竞,云在意俱迟',装名理名腔彀;如'致君尧舜上,再使风俗淳,'摆忠孝为局面:皆此老人品心术学问器量大败阙处。或加以不虞之誉,则紫之夺朱,其来久矣。《七月》、《东山》、《大明》、《小毖》,何尝如此哉!"(《唐诗评选》卷三)②王夫之认为杜诗在批判现实时,"直刺而无照耀,为讼为诅而已"。这种"开口便见"讥刺的做法,缺少了深度。他在评《古诗十九首·上山采蘼芜》时写道:"诗有叙事叙语者,较史尤不易,史才固以隐括生色,而从实著笔自易。诗则即事生情,即语绘状,以用史法,则相感不在永言和声之中,诗道废矣……杜子美放之作《石壕吏》,亦将酷肖,而每于刻画处,犹以逼写见真,终觉于史有余,于诗不足。论者乃以'诗史'誉杜,见驼则恨马背之不肿,是则名为可怜悯者。"(《古诗评选》卷四)他欣赏杜甫的《野老》和《九日蓝田宴崔氏庄》有意境,认为其诗"境语蕴藉,波势平远","宽于用意则尺幅万里矣"(《唐诗评选》卷四)。杜甫《初月》诗云:"四更山吐月,残夜水明楼。尘匣元开境,风帘自上钩。兔应疑鹤发,蟾亦恋貂裘。斟酌嫦娥寡,天寒耐九秋。"王夫之称颂此诗说:"就当境一直写出,而远

---

① 〔美〕宇文所安著,贾晋华译:《盛唐诗》,三联书店 2004 年版,第 221、232 页。

② 见王夫之:《船山全书》第 14 册。

近正旁情无不届……笔欲放而仍留,思不奢而自富,方名诗品。"(《唐诗评选》卷三)可见王夫之论诗,以含蓄蕴藉、超以象外为要,"合化无迹者谓之灵,通远得意者谓之灵"(《唐诗评选》卷三,孙逖《江行有怀》评语)。

杜甫也写过一批台阁诗、应景诗,表达一种感恩心情,表现一种闲逸状态。"杜甫在朝任职(左拾遗)的时间极短,大约仅乾元元年(公元758年)春夏间三五个月,但他却写了《宣政殿退朝晚出左掖》、《紫宸殿退朝口号》、《春宿左省》、《晚出左掖》等诗,来记叙这段生活,其中油然流露出一种满足和感恩心情。"①我们从社会学、心理学上来解读杜甫,境宜则气顺,气顺则情胜,情胜则诗温婉馨丽,即如"退朝花底散,归院柳边迷"(《晚出左掖》);"穿花蛱蝶深深见,点水蜻蜓款款飞"(《曲江二题》之二);"桃花细逐杨花落,黄鸟时兼白鸟飞"(《曲江对酒》);"林花著雨燕脂落,水荇牵风翠带长"(《曲江对雨》);"落花游丝白日静,鸣鸠乳燕青春深"(《题省中院壁》);"香飘合殿春风转,花覆千官淑景移"(《紫宸殿退朝口号》)等。宠臣贾至写了一首《早朝大明宫呈两省僚友》的诗,和者中有王维、岑参和杜甫,杜甫《和贾舍人早朝》诗云:"五夜漏声催晓箭,九重春色醉仙桃。旌旗日暖龙蛇动,宫殿风微燕雀高。朝罢香烟携满袖,诗成珠玉在挥毫。欲知世掌丝纶美,池上于今有凤毛。"通篇歌功颂德,诗是分为两部分,前半部分是歌颂,写宫廷场面和气势;后半部分还是歌颂,说贾至与其父成就辉煌。这比起同样是和诗的王维、岑参诗来,无论是立意、境界还是气魄,显见的逊色。

宇文所安说:"李白和杜甫确实是很不相同的诗人,并列在一起时尤为引人注目,但从中国诗歌的标准看,他们之间的差别并未构成一些批评家所指出的基本对立。杜甫有相当的理由看到自己作为一位诗人,正与李白处于同一传统,而在李杜作品所代表的诗歌类型与王维作品所代表的京城诗歌传统之间,存在着更为重要的差别。"②这是从诗歌"传统"上看的,我们则从创作"形态"上看,李杜二者都属于社会派诗人,社会干预型的诗人,以抒写社会人情为主,主倡诗歌反映并干预现实社会,以"诗言志"、"诗缘情"的诗歌观念为背景为原则的作家。所以文天祥说:"子美非能自为诗,自是人性情中语,烦子美道耳"③。李杜二诗人的性情中语,多痛苦之心声,呈痛苦之心迹,其痛苦之源,乃主要产生于二诗人的政治失意及天道失和也。故而,李白、杜甫和王维,三者分为两种类型,即和谐型与不和谐型。李杜是不和谐型的,知其不可为而为之,人与外界是冲突的,人的自身也是矛盾体,其以美学观,乃冲突美;王维则是和谐型的,天如何人亦如何,人与社会、人与自然、人与人,特别是人的自身的自我和谐,其以美学观,乃和谐美。

---

① 程蔷、董乃斌:《唐帝国的精神文明——民俗与文学》,中国社会科学出版社1996年版,第114页。

② 〔美〕宇文所安著,贾晋华译:《盛唐诗》,三联书店2004年版,第216页。

③ 文天祥:《集杜诗自序》,见《文山先生全集》卷一六。

社会发展的最高境界,时代强盛的最重要标志,就是社会的高度和谐。从和谐美与对抗美来考察,从和谐文化方面来考论,王维似乎更合适成为长安文化的文学经典。“社会的高度和谐,是人与社会关系中和谐的最高境界,以盛唐观,和谐社会不是没有冲突,而是能够容纳冲突,缓和冲突,盛唐诗歌不是没有包含愤世嫉俗傲气的,也不是没有遗世独立的决绝性格的,而只是此非时代的主流和主导人格。儒家的中和思想,佛禅的自性精义以及老庄的人格理想,在盛唐被转化为亲亲中和的社会格局,转化为清高妙远的休闲状态和山水趣味,也形成了具有浓厚伦理色彩的和谐社会的文化体系。”[①]盛唐的盛大气象的诗歌常常以阔大浑厚论,一般而言,王维诗歌中被视为此类的主要是他的应制诗和边塞诗以及山水诗的一部分,也许这些诗歌从外露上观,从数量上算,比不上李杜。而从含蓄观,从高华观,从诗歌美学本体要素和境界观,从对社会本质、时代精神的把握和反映观,王维诗歌未必不如李杜。从本体论的角度,从生态学的角度看问题,在人与自然的生命秩序的建立与调整的过程中,王维与社会、自然的高度和谐的那种生态智慧,表现在审美理想上就是服从自然的意志和规则,就是反映人对自然顺从与契合的过程与状态,以此而形成的与万物冥合的社会感应与契合的诗歌,《山居秋暝》、《汉江临泛》、《归辋川作》、《辋川别业》、《渭川田家》等等,其中所反映出来的和顺、和靖、和乐、和融、和谐的情氛和意境,是盛唐时代的最本质反映,是盛世社会心理的最深刻的体现。从哲学角度上看,它的视野要比言志诗的写照性的诗歌宽广得多,它比出了写实性和制造幻象性的表现的有限,而将读者的目光和思想引向无限的自然,促使人在自然面前去“机心”而求“神遇”、摒功利而持静观,觉醒审美意识,以达到一种“与天地精神相往来”的“物化”境界,使心神融化于自然无垠的怀抱之中,这是社会人际交往之外的一种全新的感受,是王维为代表的山水诗人将这种感受提供给读者,从而为诗歌创作开辟了一个新的领域。

还有一点需要特别强调的,这也是我们以为王维作为盛唐文化最杰出代表的很“牛气”的理由:王维作为“第一代京城诗人的核心人物”[②],而且其诗歌成熟期的活动几乎都在长安,自然要比非京城诗人的李杜,更能够也更应该成为长安京城文化的代表。

追问之三:王维诗歌凭什么是
长安文化精髓的艺术表征?

从长安文化的物质遗产里看,最具有代表性的文化现象还是唐诗。而唐诗中最能

① 王志清:《中国诗学的德本精神》,齐鲁书社 2007 年版,第 118—119 页。

② 〔美〕宇文所安著,贾晋华译:《盛唐诗》,三联书店 2004 年版,第 65 页。

够反映盛唐和谐、反映长安文化精髓的似乎首推王维的诗。

从诗歌发展的走向和态势看，唐诗经过一百多年的准备和酝酿，至此终于达到了全盛的高峰。“唐诗是在玄宗开元期间才发展成跃进之势的。”[①]诗到唐代高度成熟，而其成熟的最突出标志、也是唐诗区别于其他时期诗歌的最重要的特点，就是它的“和谐”性，从诗歌文本来看，主要是意境的生成和意境的范型。而“意境”上的成熟，则使中国古代诗歌进入到艺术哲学的层面。罗宗强《唐诗小史》著作中指出：“盛唐诗人艺术上的一个重要成就，便是创造了兴象玲珑的意象”；而且，他们“几乎已经解决了意境这一诗歌美学范畴所要解决的一切问题。”[②]陈良运在其《中国诗学批评史》里也这样写道：“唐代诗人和诗论家，远绍道家的‘见无外之境’说，近承佛家‘境’由心造之论，创立了独特的诗境理论，这是中国诗学批评史上一件划时代的大事，它标志着中国古典诗歌艺术走向成熟”，“这是古典诗歌艺术走向高峰时获得的另一重要成果”，“这是唐代诗人和诗论家对中国诗学也是对世界诗学的一大贡献”。[③] 自王昌龄以降，至皎然、司空图，诗歌境界理论基本确立了，此后，严羽、王夫之、王渔洋等等，一直把意境作为诗歌的重要美学命题而进行着很有建设性意义的理论性阐释。意境也一直作为诗歌的一种艺术形态，作为诗歌优劣评判的一条重要标准，渗透到几乎所有的艺术门类。

诗歌的最高境界是意境的成熟，是意境的生成。如果此论成立，那么，王维的地位则是至高无上的，其作为最合适代表之资格也是确信无疑的。笔者在拙著《纵横论王维》（修订版）的结论中说：王维在美学上的重大贡献就是，“澄怀味道的观照方式与兴会神到的创作机缘”。“王维怀着宁静澄澈的心境来观照大自然，那种类似入禅的‘心冥空无’的状态，心空则深得禅悦，兴象深微，外物湛然空明，进入了忘情尘俗的境界。于是，天眼开通，一无挂碍，感类联翩，兴发无穷，使其在瞬间中领悟永恒的虚空，超神得逸，因而，即便是在‘万籁’声中，也能寻找到自己所需要的声音和自己的声音，触发独特的心境，生成兴会神到的创作机缘。”[④]这是从意境的生成机制和契机上论的，稍后于王维的刘禹锡也有“静得天和兴自浓，不缘宦达性灵慵”（《和仆射牛相公见示长句》，《全唐诗》卷三六一）的感悟。刘禹锡曾夸赞一位和尚的诗写得好，认为这与僧人的禅定有密切关系，即所谓“因定而得境”、“能离欲，则方寸地虚，虚而万景入”（《秋日过鸿举法师便送归江陵引》，《全唐文》卷三一九）。再后来著名的是苏轼说：“欲令诗语妙，无厌空且静。静故了群动，空故纳万境”。（《送参寥师》）心空，且静，才可容

① 王国璎：《中国山水诗研究》，中华书局 2007 年版，第 190 页。

② 罗宗强：《唐诗小史》，百花文艺出版社 2008 年版，第 91 页。

③ 陈良运：《中国诗学批评史》，江西人民出版社 2007 年版，第 217、234 页。

④ 王志清：《纵横论王维》（修订版），齐鲁书社 2008 年版，第 429 页。

纳万种境界,才能了结世事的纷扰和喧嚣,也才有好诗诞生。也就是说,首先是自我的和谐,是虚心静我而成"天地之鉴",而作文思之陶钧,而意与境偕。李杜则心躁意烦,心理的生成机制使之"和谐"不起来,多苦痛之声,多讥刺之语,多景情意趣失谐之构建。当代学者对意境的阐释,认为意境论有三种类型,即情景交融型、典型形象说、超以象外说;①意境又被分为三个层次,即有形层、未形层、无形层。② 我们以为,所谓"意境",说白了就是"和谐":物与我和谐,景与情和谐,道与艺和谐,义与言和谐,意与境和谐。如王维者,澄怀味道,息心观象,心入于境,意行身随,义得而言丧,境生于象外,"语须天海之内,皆入纳于方寸"(王昌龄《论文意》)。

王维的山水诗孕育了中国艺术最纯正的和谐精神,王维对诗歌美学的最重大贡献,应该说是在"意境"的创造上。王维也是中国古代诗歌意境创造的登峰造极的第一高人。王夫之在评论王维创造意境的手法时比较王维和杜甫说:"工部之工在即物深致,无细不章。右丞之妙,在广摄四旁,圜中自显"。他认为"右丞妙手能使在远者近,抟虚成实,则心自旁灵,形自当位。"(《唐诗评选》卷三)宗白华在《中国艺术意境之诞生》一文里引用了这段话并且评论说:"这话极有意思。""心自旁灵"表现于"墨气所射,四表无穷","形自当位",是"咫尺有万里之势"。"广摄四旁,圜中自显","使在远者近,抟虚成实",这正是大画家大诗人王维创造意境的手法,代表着中国人于空虚中创现生命的流行,絪缊的气韵。③ 显然,古今论者是以意境为上者的,以王维诗歌中的已经为上者的。因此,当代学者认为:"王维是唐代诗坛上差可与李白和杜甫媲美的大家。"而这种可比性,又主要表现在:"王维山水田园诗在艺术上也达到了这一类诗前所未有的高度成就。他把抒情与写景融为一体,创造出玲珑淡泊、无迹可寻的意境来。他创造的意境,在情思和景物上,弥漫着一重浓烈的氛围,一切都在这氛围里融和。"罗先生所论集中在王维对于意境的创造上,他归纳性地说:"其实,在意境中表现氛围和绘画美,实在是盛唐诗人意境创造的共同成就,不过王维达到极致,足可为典型罢了。"④我们可以这么说,即便是王维诗歌中的人文关怀之热烈程度不如李杜,然而,他在意境创造上的天才和贡献,他在山水意象上的浑融和完美,则可说是众口一词的古今独尊,诚非李杜可比也。王国璎把王维的《汉江临泛》与简文帝"玩汉水"的诗相比,说一则雄伟壮丽,一则纤细靡丽,"完全是两种不同的境界,这正足以说明盛唐与萧梁诗风的差异。"⑤这应该说也是从意境上着眼的,既是时代的问题,也是诗歌发展的自身问题。王维诗歌所张扬出来的盛唐美学风标,特别是他将生命精神与外在对

---

① 蒲震元:《中国艺术意境论》,北京大学出版社 1999 年版,第 5—9 页。

② 胡经之:《文艺美学》,北京大学出版社 1989 年版,第 247 页。

③ 宗白华:《美学散步》,上海人民出版社 1981 年版,第 71 页。

④ 罗宗强:《唐诗小史》,百花文艺出版社 2008 年版,第 47、51 页。

⑤ 王国璎:《中国山水诗研究》,中华书局 2007 年版,第 193 页。

象浑化无迹的境界,代表了中国人的宇宙意识,也代表了中国的美学精神,肯定也应该是长安文化精髓的最本质的体现。

和谐之美,是王维诗美的最高表现形式;其诗也是和谐美的最生动标本。意境是艺术家的独创,是从他最深的“心源”和“造化”接触时突然的领悟和震动中诞生的,是艺术家在物理世界之外再造的一个艺术世界。在王维的诗里,我们最熟悉的景象就是静穆与安详,说明诗人心灵世界已经另有一个世界,或者说是先验地存在一个非现实世界的世界。用宗白华的话说,“从直观感相的模写,活跃生命的传达,到最高灵境的启示,可以有三个层次”。而此三个层次则是诗人“生气远出”的生命风采和人格精神的外溢。[①] 王维在充分肯定个别事物的生态价值的同时,更强调自然生命在相互的协调中的整体关系,突出自然生命之间的高度和谐,在生态伦理的层面上达到“天人合一”的最佳状态。胡应麟赞王维的诗:“读之身世两忘,万念俱寂”(《诗薮内编·绝句》),是从意境高度和谐的欣赏角度上来说明美感体验的性质的,既是说的诗人在观物时所发生的美感体验,也是说的读者在阅读过程中的美感体验,可以获得同样的感受,而发生悠然冥会的境遇。其诗具有高度的“融”人入境的和谐美,即是王维诗歌的特殊魔力和魅力,是王维诗歌和谐本质和表征的最高境界。王维在物我为一的和谐之境里,对现实以直觉把握,超越了摹写的界限,也超越了纯粹个人的情感,折射出盛世的时代面影,辉映出盛唐文化最本质的光彩,并蕴涵了诗人对生活和人生思考的深意。我们以为,这样的表现,才是真正是盛唐表现;而这样表现的内容,才是盛唐文化即长安文化所本质的内容。而且,我们进一步感到:盛世出王维;盛世读王维。

结论:中华民族的精神家园,舍长安其谁?长安文化创造的最佳时空,舍盛唐其谁?长安文化的精髓,舍和谐其谁?长安文化即盛唐文化,其精髓、核心和极境即和谐。如果长安文化的精髓乃和谐文化这一命题能够成立,那么,体现这种文化精髓的诗歌经典,舍王维其谁?

---

① 宗白华:《美学散步》,上海人民出版社 1981 年版,第 63—64 页。

杜甫长安困守时期的赋作论略*

沈文凡　孟祥娟

（吉林大学文学院　吉林长春　130012）

摘　要：曾经繁荣于汉代的赋体文学，发展到唐代，虽然其风采已为唐诗所掩盖，但是文士献赋宫廷之风却一直传承下来。"诗圣"杜甫在长安困守时期，相继创作了6篇赋文，这是其诗歌之外的重要作品。杜甫的赋文雄浑繁富，古奥顿挫，多半都是进献的产物，但华美表面的背后却隐藏着杜甫生活境况的窘迫与心灵的抗争与无奈，从中可以认识杜甫诗与赋的矛盾、行与志的乖离。

关键词：杜甫；长安困守时期；赋作；投赠行为；献赋心理

曾经繁荣于汉代的赋体文学，发展到唐代虽然其风采已为唐诗所掩盖，但是文士献赋宫廷之风却一直传承下来。"诗圣"杜甫在长安困守时期，相继创作了6篇赋文，这是其诗歌之外的重要作品。本文拟对此略作论述。

一、杜赋的主要意涵

杜甫的赋作中，最有名的是《三大礼赋》。其创作，缘起于唐王朝的一项重大的祭祀活动——天宝九年冬，唐玄宗决定在第二年的正月行三大礼，杜甫困守长安时，"适遇国家郊庙之礼，不觉手足蹈舞，形于篇章"（《进〈三大礼赋〉表》）①，遂作《朝献太清宫赋》、《朝享太庙赋》、《有事于南郊赋》，它们是同一时期的作品，都是为唐玄宗将要举行的三大礼而创作，主要内容都是表现对祖宗和神灵的崇敬，对帝王功业的歌颂。朝献太清宫，为荐享圣祖玄元皇帝（老子）。在《朝献太清宫赋》中，在铺张排比了朝献的路次、仪卫、过程、场面与气氛之后，代玄宗陈意，对三国以来的乱世纷扰进行回顾，描摹出五百年来苍生的颠踬疮痍，渲染出五百年来国家的愁阴鬼啸。此后，盛赞唐帝国的统一，可谓顺天意，得民心，故祯符毕集，灵异昭应。杜甫赞叹唐王朝的统一与盛

---

* 基金项目：国家社会科学基金项目（06BZW022）；吉林省社科基金项目（2006027）。

① 仇兆鳌：《杜诗详注》，中华书局1979年版，第2014页。

德,更将唐玄宗等同于三皇五帝。太庙为皇家祖庙,所以《朝享太庙赋》开篇即叙写祖宗的功德,唐王朝的先祖、列帝改变了纷乱局面,自然功德无量。次写朝享过程、场面、仪式的铺张,代丞相陈词,盛赞玄宗的勤政爱民与感激报效之情。

三大礼的最后一项,是合祭天地于南郊。《有事于南郊赋》中对祭祀的先期准备、隆重场面、祭毕推恩等情况进行摹写,之后则“上推历数,见唐统之正”,对唐前及唐初的历史进行回顾,“追原圣祖为发祥之本”;接下来是对玄宗复兴唐祚的勋业之颂扬,君明臣良,盛世可称。除了对君主与王朝的赞扬,占据三赋的大部分篇幅的,还有对各种祭祀场面的充满了神话色彩的想象与描写,缤纷繁复,铺采摛文而又古奥典雅,对行三大礼的壮观场面进行夸饰与铺排,忠实地履行着“润色鸿业”的政治功能。

杜甫进献三大礼赋的目的,从他将赋“稽首投延恩匭”的行为就可以明白看出——按《封氏闻见记》卷四“匭使”条记载:“则天垂拱元年,初置匭使之制。为方函四面,各以方色。东曰延恩匭,怀材抱器,希于闻达者投之”[①]——就是“希于闻达”,可以说,杜甫的目的在一定程度上是达到了的。因为《三大礼赋》“气冲星象表,词感帝王尊”(《奉留赠集贤院崔于二学士》),的确引起了唐玄宗的注意,杜甫于是待制集贤院,宰相试文章,这成为杜甫一生引以为豪的经历。但是,最终等待杜甫的仍然是失望,因为“微生霑忌刻”,在轰动过后,杜甫得到的待遇只是“送隶有司,参列选序”[②]。杜甫自然不甘心这样被皇帝淡忘,故天宝十三年,再进《封西岳赋》。在赋序中,贯彻了他在《进〈封西岳赋〉表》中“作《封西岳赋》一首以劝,所觊明主览而留意焉”的主张,可谓三致意焉。

除以上几篇郊庙祭祀赋外,《全唐文》还收有杜甫三篇咏物赋,分别是《越人献驯象赋》、《雕赋》、《天狗赋》,其中,《越人献驯象赋》有学者论为误收,不论。《雕赋》依然为投匭所作,《天狗赋》创作时间只能笼统定在天宝中,因没有进表,不能确定为献投之作,但其写作格式与风格,与《雕赋》相近,写作的时间与目的,或亦与之相近。这两篇赋,与前面四篇体现出迥然不同的风貌。一变前者的润色鸿业为后者的咏物言志,变前者对“盛世盛典”违心礼赞为后者对“灵禽异兽”的慷慨寄意。

对杜甫的6篇赋及相应的序、表进行综合比较,还可以看出,在进《三大礼赋》时,杜甫的生活状态是“卖药都市,寄食朋友”,此时他尚能“适遇国家郊庙之礼,不觉手足蹈舞,形于篇章。漱吮甘液,游泳和气,声韵寖广,卷轴斯存,抑亦古诗之流,希乎述者之意”,以一种兴奋与从容的心态来对待国家盛事,等待自己的机会。而到了进《封西岳赋》的时候,对自己的生存状态的描述则变成了“进无补于明时,退常困于衣食,盖长安一匹夫耳”的困顿,已经有了“常有肺气之疾,恐忽复先草露、涂粪土,而所怀冥

---

① 赵贞信:《封氏闻见记校证附引得》,哈佛燕京学社1966年版,第75页。

② 仇兆鳌:《杜诗详注》,中华书局1979年版,第2158页。

寞,孤负皇恩”的急迫感。至于进《雕赋》时,他的生活境况更窘迫到了“衣不盖体,常寄食于人,奔走不暇,只恐转死沟壑”的程度,这种窘迫使他面对自己空抱可以企及扬雄、枚皋之流的文学才能,却未能同其他贾、马之徒一样“得排金门、上玉堂”的现实深感不平,加之对生命“役役便至于衰老”的深刻恐惧,于是他对仕进的热切渴望,变成了“伏惟明主哀怜之”的反复乞怜。

雕也好,天狗也好,都在一定程度上是作者内心中自我的化身,正是“窃比稷与契”的诗人自我。而这样的诗人却在开天盛世过着“衣不盖体,常寄食于人,奔走不暇,只恐转死沟壑”的生活,也就能够理解本用于求仕的赋作却何以郁结着如此浓重的孤独与愤懑,何以如此沉郁顿挫。

二、杜甫对时政的真实认识

杜甫在前四篇赋文中,极力颂扬着主圣臣贤的太平盛世,颂扬着祥瑞翕集的歌舞升平,但此时的大唐王朝,却正在花团锦簇中一步步走向它的风雨飘摇,表面繁荣的背后是危机四伏,《通鉴》记载:“上(玄宗)晚年自恃承平,以为天下无复可忧,遂深居禁中,专以声色自娱,悉委政事于林甫……(林甫)凡在相位十九年,养成天下之乱,而上不之寤也。”[①]天宝七载,加宦官高力士“骠骑大将军”,赐安禄山铁券,杨国忠“以聚敛骤迁,岁中领五十余使”。[②] 朝政日趋黑暗。对于这些,杜甫是深有感触的。他在天宝十一年秋天所作的《同诸公登慈恩寺塔》,就敏锐地感触到政治危机的存在。约创作于天宝十二载春的《丽人行》,也隐幽地反映了君王的昏庸和时政的腐败。

与朝政日非并行的,还有唐玄宗的轻启边衅,好大喜功。征讨南诏即是带有侵略性质的开边战争。《通鉴》记载:“(天宝十载四月)剑南节度使鲜于仲通讨南诏蛮,大败于泸南。时仲通将兵八万……士卒死者六万人,仲通仅以身免。杨国忠掩其败状,仍叙其战功。”“制大募两京及河南、北兵以击南诏;人闻云南多瘴疠,未战士卒死者什八九,莫肯应募。杨国忠遣御史分道捕人,连枷送诣军所……于是行者愁怨,父母妻子送之,所在哭声振野。”[③]同年,高仙芝将兵3万在西域与大食战,亦大败,死亡殆尽。安禄山将兵6万攻契丹,几乎全军覆没。至天宝十三载,剑南留后李宓将兵7万击南诏,全军覆没。杨国忠隐其败,益发兵讨之,前后死者达20万。

《兵车行》为南诏之战而发,《前出塞》借古题写时事,《后出塞》组诗,写出了唐玄宗好战喜功,穷兵黩武给百姓带来的深重灾难。可以看出杜甫对唐玄宗的日益昏愦,

---

① 司马光:《资治通鉴》,中华书局1956年版,第6914页。

② 同上,第6889—6890页。

③ 同上,第6907页。

对李林甫的独揽政事，对杨国忠的奸佞骄奢，对朝政和整个社会的日趋黑暗都是有着清醒的认识的，也对这些做了一定程度的反映与揭露。但是，在他的郊祭赋中，我们看到的却是另一种场面，另一个社会，于是，也就看到了一个不同的杜甫。

三、杜甫的投赠行为

也许是历史的玩笑，后世号称“诗圣”的杜甫，却偏偏在那个以诗赋取士的时代科场蹭蹬。开元二十三年举进士不第，天宝六年应制举诏退，杜甫的应举求仕之路似乎走到了尽头，再加上父亲杜闲去世，杜甫断绝了经济来源，因此他不得不“卖药都市，寄食友朋”，过着“残杯与冷炙，到处潜悲辛”的贫困生活，可谓家徒四壁。十年困守，一心热望，满眼悲凉。对于这种境遇，杜甫是愤懑不平的，如困守长安时期的《奉赠韦左丞丈二十二》，天宝十年的《乐游园歌》等。在向朝廷进献《三大礼赋》，希望能被皇上赏识，结果仅得了集贤院待制候用的空名之后，杜甫游于曲江，写下了《曲江三章》，以抒发自己抑郁情怀。

杜甫想着要“致君尧舜上，再使风俗淳”（《奉赠韦左丞丈二十二韵》），自然不甘心归隐，因此，杜甫将求仕的希望寄托在对权贵直至皇上的“干谒”之上，走上了一条投赠之路。天宝六年的《赠特进汝阳王二十韵》、《赠比部萧郎中十兄》，天宝七年的《奉寄河南韦尹丈人》，天宝八年的《赠韦左丞丈济》、《奉赠韦左丞丈二十二韵》，天宝九年的《赠翰林张四学士》，天宝十一年的《敬赠郑谏议十韵》、《奉留赠集贤院崔于二学士》、《奉赠鲜于京兆二十韵》，约作于天宝十三年的《赠田九判官梁丘》、《投赠哥舒开府翰二十韵》、《奉赠太常张卿垍二十韵》，天宝十四年的《上韦左相二十韵》等，就都是投赠乞求荐引之作。

如果将杜甫这些诗作的投赠对象按照时间顺序排列，可考知者为李琎、韦济、太常卿张垍、郑审、崔国辅、于休烈、鲜于仲通、田梁丘、哥舒翰、韦见素等人。其中，汝阳王李琎是李唐宗室，唐玄宗之侄，与贺知章等人为诗酒之交，为饮中八仙之一，是一个率性任真的人物。天宝五年，杜甫即从之游。天宝六年，屡屡招邀杜甫，杜甫因有此诗赠之。张垍为玄宗时宰相张说之子，尚玄宗女宁亲公主，封驸马都尉。他受玄宗宠眷优厚，后来安禄山起兵反唐，张垍署伪中书令。韦济是武后时凤阁舍人韦嗣立第三子。少以能文知名，所至有治绩，史评其“从容雅度，以简易为政”，但他在开元二十二年任恒州刺史时，曾向玄宗荐举所谓有神仙术的方士张果，张果卒后，“好异者奏以为尸解，上由是颇信神仙。”①于休烈，不附杨国忠。鲜于仲通深得剑南节度使章仇兼琼赏

① 司马光：《资治通鉴》，中华书局1956年版，第6808页。

识,委以心腹重事。唐天宝初年,鲜于仲通向剑南节度使章仇兼琼推荐杨贵妃之兄杨国忠,杨国忠就是借章仇兼琼之力,才得以觐见唐玄宗,拜为朝廷参政命官。天宝九年,他推荐鲜于仲通为剑南节度使。天宝十年,杨国忠为鲜于仲通掩盖讨伐南昭的败迹,并推荐为京兆尹。天宝十二年,鲜于仲通请为杨国忠刻"铨综之能"碑,立于尚书省门,以为杨歌功颂德。韦见素,天宝十三载,进为宰相,素附杨国忠。

可见,杜甫长安求官时期,投赠的对象相当广泛,皇亲、贵戚、文臣、武将,都在他的诗中出现。如果说,杜甫在长安之初,与达官相交时,尚能保持文人的骄傲与自尊,所结交的对象,尚能有所选择,不得意时,还能以"归隐"作为自己精神上的解脱之法,其诗中的自我也还是一个独立的、至少是不卑微的形象,那么随着他在长安淹留日久而仕途依然无望,他的生活日益困窘,那个独立的、骄傲的诗人不在了,那个裘马轻狂的诗人不见了,我们看到的,是一个到处哀叹穷愁的杜甫,一个为求人荐引而屈节媚俗的"禄蠹"。这时,他曾在诗中揭露过、讥刺过的权臣奸相,也都成了他投赠的对象。

杜甫投赠诗大体遵循着一个路数,"大概前半颂所赠,后截乃自陈"[①],如《赠特进汝阳王二十韵》,《奉寄河南韦尹丈人》,《赠翰林张四学士垍》,《奉赠鲜于京兆二十韵》,《投赠哥舒开府翰二十韵》等。杜甫为了打动投赠的对象,得到他们的荐引,往往对对方进行了苦心积虑、不切实际,至少是夸大其辞的颂扬。

四、杜甫的献赋心理

先说献赋。在唐代,直接向皇帝进献诗文或著述从而求得皇帝的赏识,获取应制举的资格进而拔解授官,在当时并不少见。"国朝于常举取人之外,又有制科,搜扬拔擢,名目甚众……常举外复有通五经、一史及进献文章并上著述之辈,或付本司,或付中书考试,亦同制举。"[②]开元中,唐频、穆元休、李镇、辛之谔、卞长福、冯中庸、裴杰、高峤等人,都因献书而"量事授官,或霑赏赉,亦一时之美。"[③]而且唐代文人中,曾向皇帝进献诗文赋颂的人也很多,如王勃、高适、岑参、杜牧等人,都曾献诗进赋。那么杜甫在向达官干谒无果的情况下,向皇帝献赋,这也是一种符合于当时社会"潮流"的自然之举。

再说干谒。杜甫是在常规的应举求官之路行不通时,退而求其次地走上了在当时社会颇为流行的干谒之路。李白,也有过对杨国忠的肉麻吹捧;高适,也有过对李林甫的极力恭维。比之于干谒,他因他"被褐短窄鬓如丝"(《醉时歌》)、"酷见冻馁不足

① 仇兆鳌:《杜诗详注》,中华书局 1979 年版,第 70 页。
② 赵贞信:《封氏闻见记校证附引得》,哈佛燕京学社 1966 年版,第 41—42 页。
③ 同上,第 75 页。

耻，多病沉年苦无健”（《病后过王倚饮赠歌》）的穷困，而受到“朝廷故旧礼数绝”（《投简咸华两县诸子》）、“翻手作云覆手雨”（《贫交行》）的冷遇，他那“所来为宗族，亦不为舟飧”的无力而又无奈的解释，都一样会让他感到耻辱。杜甫为官之后，为救房琯而不顾自身的行为，就可知道杜甫并不是为求官保官而无所作为的人。

三说矛盾。杜甫最终失望而离开长安的时候，写下了“以兹悟生理，独耻事干谒”，“终愧巢与由，未能易其节”（《自京赴奉先县咏怀五百字》）这样的诗句，对自己困守长安十年，为求官而东奔西走，屈己从俗的经历进行了深刻地反省，一如在《白丝行》《去矣行》等诗中体现出来的悔意一样，可见作者已经完成了一种人格上的提升。但对于献赋一事，却是他一生都引以为荣的，在饥寒落魄、流落成都的晚年，杜甫还曾自豪地回忆起当年献《三大礼赋》时的情景：“忆献三赋蓬莱宫，自怪一日声辉赫。集贤学士如堵墙，观我落笔中书堂。”（《莫相疑行》）虽然这辉赫的经历并没有改变他“此日饥寒趋路旁”的命运，却的确曾令他“衣不盖体，常寄食于人，奔走不暇”的灰暗人生闪烁出亮丽的色彩。

通过“‘赋’与‘诗’对举”①，从内容上可以看出杜甫虽然曾经为求官而媚俗，但与他的自我反省及穷愁潦倒仍忧国忧民的精神相比，还是瑕不掩瑜的。我们没有必要为他回护，却也不必苛责。

---

① 沈文凡：《唐代诗人的赋学观及洛阳情结阐论》，见《辞赋丛书·洛阳卷》，香港文学报社出版公司2002年版，第87页。

唐代京师文化一瞥
——科举、妓女、坊里与传奇小说生成之关系

石　麟

（湖北师范学院中文系　湖北黄石　435000）

摘　要：唐代实行的科举制为传奇小说准备了充足的男主人公和创作者之来源，同时也提高了长安城中“市妓”的文化素质；而长安城娼妓制度的高度发达又刺激了举子、进士、官员们的猎艳之风，使得许多妓女或非妓女又成为唐人传奇小说中爱情故事的女主人公。与此同时，这些科举文人与城市妇女的恋爱故事又主要发生和流传于唐代都城那封闭性的建筑格局——坊曲之中。唐人传奇这样一种生成和传播方式又与其他任何时代的小说不同，而具有其独特性。所有这些，就是科举、妓女、坊里、传奇四者之间十分有趣的关系，这种种关系又都标志着唐人小说生成的文化背景。

关键词：唐代；京师文化；科举；妓女；坊曲；传奇小说

唐代科举大行，娼妓大盛，兼之以“坊里”为主的城市格局，这些都从一个特定的角度营造了当时长安的都市文化和都市文学。而唐人传奇小说，则是这种都市文化极富代表性的载体。

一

隋唐时科举制的实行，具有历史的必然性。较之察举制和九品中正制而言，科举制显得更为合理、进步。因为它在一定程度上打破了豪门世族对官员选拔权的垄断，扩大了封建专制主义中央集权的统治基础，同时，又使得中小地主阶层乃至一般读书人都有入仕的机会。对于封建时代广大知识分子、尤其是寒族知识分子而言，科举制无疑为他们提供了一次空前的历史机遇。

隋代创行开科取士，可以称之为科举制的雏形。隋文帝开皇十八年（公元598年），“以志行修谨、清平干济二科举人。”（《册府元龟》卷六四五）隋炀帝大业三年（公元607年），以“孝悌有闻”等十科举人。大业五年（公元609年），又以“学业该通，才

艺优洽”等四科举人。这些,虽都是偶一为之,并未形成制度,但“分科举人”却与“科举”在名称上有了干系。然有关史料中记载隋炀帝“置明经、进士二科”(刘肃《大唐新语》),以“试策”取士(《旧唐书》卷一一九),却标志着分科举人的科举制的诞生。

唐代的科举制度更加完善,就文化考试而言,其科目大致分为常科和制科两大类。

所谓“常科”,即“常贡之科”,即每年分科举行的考试。其考生来源有二:一是“生徒”,即从中央到地方各级学馆中的学生。一是“乡贡”,亦即那些不在学馆中读书而学业有成者。常科的科目有秀才、明经、进士、明法、明字、明算、一史、三史、开元礼、道举、童子等。其中,明法(法律科)、明字(文字科)、明算(算学科)不为人们所重视,而一史(考《史记》)、三史(考《史记》《汉书》《后汉书》)、开元礼(开元时代的礼仪)、道举(玄学科)、童子(十岁以下通一经者)等科并不经常举行,秀才科在唐初要求很高,并曾一度停止。故而,唐代常科中受到重视并经常举行的是明经、进士两科。

最初,“明经”、“进士”两科都只是试策,考试内容是经义或时务。后几经变化,至天宝年间规定:明经科先试帖经,次试经义,最后试策;进士科先试帖经,次试诗赋,最后试策。所谓“帖经”,就是掩住所习经书某一页的两端,中间只留一行,又用纸贴住行中的三个字,要考生读出被贴的字,其实就是一种考背诵的口头“填空题”。所谓“经义”,就是要考生将经书中的某段经文和注疏全都读出来,后因为口试不便事后复查,改为笔试,故又称“墨义”,大致相当于“默写题”。明经、进士两科的考试内容后来虽然还有些变化,但其基本精神则是进士科重诗赋,明经科重帖经、墨义。相比较而言,进士科比明经科考试难度更大。因为帖经、墨义主要考背诵,读死书就行了,而诗赋则需要相当的文学才华,不是靠死记硬背能解决问题的。又由于每年录取的名额,明经科是进士科的几倍乃至上十倍。因此,唐代士子最重进士科。当时流行着“三十老明经,五十少进士”的话,意谓30岁中明经已算年老,50岁中进士却年轻得很。

所谓“制科”,是指由皇帝特别下诏考试的科目。考试的日期、内容均临时决定,得第得官之人、已登常科之人乃至庶民百姓均可参加考试。这是朝廷专门网罗非常人才的一种手段,故而考试名目繁多,视需要而定,并由皇帝亲自主持。考取者,可得到较高的官职。尽管如此,制科在人们心目中仍被视作“非正途”,其地位不如常科中的进士科。例如当时有张瓌兄弟8人,7人出身进士,一人由制科出身,集会时,大家不要制科出身者坐在一起,称之为“杂色”。

常科登科后,还只是具备了做官的资格,并不马上授予官职,还须参加被称之为“省试”或“释褐试”的吏部考试,合格者才能授官。如“省试”不合格,便只好先到节度使、观察使等地方军政长官那儿去充当幕僚,经过推引以后,才由中央政府授予正式官职。但常科中的进士及第者虽未正式为官,却已非常荣耀。当时人称之为“登龙门”,发榜之后,有曲江会、杏园宴、雁塔题名等活动。因而,进士科也就逐渐发展成为科举制中最具代表性的科目。而使京城人士、尤其是女性刮目相看者,也正是那些新科进士。

科举制与察举制有着千差万别,对此,前人多有议论。但二者之间有一点对京师文化和文学影响至大的区别,却为人们所忽视,那就是企图或即将步入仕途的“知识分子群”是否要在同一时间聚集京师。一般说来,察举制是不需要的,因为被举荐的“准官员”是可以陆续进京甚至不进京的。科举制则不然,所有参加考试的举子必须在同一时间段齐聚京师,参加常科的考试。即便考上“常科”以后,还要参加“省试”或“释褐试”以决定能否尽快做官。这还只是就考试合格的登科者而言,至于那些数量更大的未能考上的生徒(或称举子)们因路途遥远而无力回家或无脸回家,又势必滞留京师以求来年新的一搏。这样,成千上万的文人就势必长时间聚集京师了。不难想象,这样一支京师外来人口的寄生军团该具有何等的声势,那一定是浩浩荡荡的一群。更重要的是,这些文人都是血肉之躯,他们不光要读书,他们还需要生活,不仅是物质生活,还有精神生活。况且,他们也不大可能将妻子带入京师“陪读”,或者根本就未曾娶妻。那么,他们的男女之情欲向何处宣泄呢?最有可能的方式只有两个——猎艳和嫖妓。换个角度看问题,那些考上的举子,尤其是通过“进士科”而“登龙门”者,他们那荣耀的“出身”,那徜徉于曲江池畔、雁塔之下的身影,又会勾起多少红粉佳人的青睐呀!艳遇从这里生成,爱欲从这里萌发。因此,从某种意义上说,正是科举制有力地推动了京城的娼妓业和半娼妓业的高度发达。同时,文人的云集京师也不断地提高了妓女的文化档次和某些妇女的开放程度,因为那首先是满足文人自身需要的。这些文人与妓女的交往,除了纯粹的“人”的肉欲需求之外,还要讲一点趣味、境界,而构成这些趣味或境界的无非是诗词歌赋、琴棋书画、吹拉弹唱、射覆藏钩一类的“切磋”。而将上述这些文人与“尤物”(包括妓女和非妓女)的高层次文化素养的交往记载下来,并进行艺术加工,唐人传奇中那许许多多爱情题材的作品不就应运而生了吗?

然而,事情并非如此简单。科举制的盛行只是决定了那些爱情故事的男主角云集京师,而要使这爱情之歌曲唱得更为动听,我们还必须来观照“二重唱”的另一半——那些美丽的女人,尤其是其中高素质的妓女。

二

中国的妓女有三大来源:其一,为宫廷娱乐服务的“倡优”;其二,达官贵人家乐中的“声妓”;其三,供一般人消遣的“女闾”。

“倡优”与“女乐”基本是一回事,出现最早,据《管子》、《盐铁论》、《列女传》等文献资料记载,在夏桀的时候就有“倡优”或“女乐”了。“倡优”是“优”的一种,先秦时的“倡优”是指以歌唱为主的“优”，而奏乐的则叫“伶优”，她们与那种靠诙谐语言和动作表演为主的“俳优”是有区别的。“倡优”或“女乐”实际上就是当时的“宫妓”。

“声妓”其实也就是达官贵人家中的“侍姬”，她们的出现应该与“倡优”同时，从某种意义上讲，她们就是低一档次的“宫妓”——“家妓”。家妓自汉代以后非常发达，《汉书》和某些私家撰述中对此多有记载。

“女闾”，本是指官营卖淫业的场所，亦可代指在这种场所卖淫的妓女。这种形式至迟产生于春秋五霸之一的齐桓公时代，《战国策》、《韩非子》等书中对此均有记载。到汉代，又出现了专门为军人服务的“营妓”——军营中的妓女。同样是汉代，私营的卖淫业也开始形成，其中的妓女被称为“私妓”。

唐代的妓女从最大层面上可分为“宫妓”和“官妓”两大类，若再细分，则有直接为地方官府控制并为之服务的地方官妓和虽然也入籍但却主要为市井各色人物服务的“市妓”。其中，与一般文人交往最多的则是“市妓”。

唐代长安城中那些科举制的“成品”（进士之类）或“原料”（举子之属），总之是那些得意或不得意的文人，他们与妓女之间的影响呈现出一种双向互动的态势。

一方面是文人对妓女的选择。在这一方面，这些“文化人”自有其标准，他们并非只注重妓女的容貌，而是更看好妓女的“趣味”，即今之所谓文化品位。且看当时记录妓女生活的专著孙棨《北里志》中的一些描述：“绛真善谈谑，能歌令，其姿亦常常，但蕴藉不恶，时贤大雅尚之。”“王團儿次妓福娘，谈论风雅，且有体裁。”“小福虽乏风姿，亦甚慧黠。”“楚儿，字润娘，素为三曲之尤，而辩慧，往往有诗句可称。”“郑举举者，居曲中，亦善令章。尝与绛真互为席纠（执掌酒令者），而充博非貌者，但负流品，巧诙谐，亦为诸朝士所眷。”“颜令宾，居南曲中，举止风流，好尚甚雅，亦颇为时贤所厚。事笔砚，有词句。”“杨妙儿者，居前曲……长妓曰莱儿，字蓬仙，貌不甚扬，齿不卑矣。但利口巧言，诙谐臻妙。”“俞洛真，有风貌，且辩慧。”“王苏苏，在南曲中，居室宽博，卮馔有序，女昆仲数人，亦颇善谐谑。”“张住住者……少而敏慧，能解音律。”

由上可见，唐代京师士人所喜爱的妓女首要条件是“谈吐”务必风雅、诙谐，其次是解音律善歌曲，再次是有诗词之作可观，至少也要精于饮馔烹饪，至于容貌、年龄，则摆到了次之又次的地位。

那么，妓女们又看重文人们哪些方面呢？先看有关资料：“长安有平康坊，妓女所居之地。京都侠少，萃集于此。兼每年新进士，以红笺名纸，游谒其中。时人谓此坊为风流薮泽。”（王仁裕《开元天宝遗事》）“京中诸妓籍属教坊，凡朝士宴聚，须假诸曹署行牒，然后能致于他处。惟新进士设宴，顾吏故便，可行牒追。其所赠资，则倍于常数。”（《北里志序》）“即令小玉自堂东阁子中而出，生即拜迎……既而遂坐母侧。母谓曰：‘汝尝爱念“开帘风动竹，疑是故人来”，即此十郎诗也。尔终日吟想，何如一见。’小玉乃低鬟微笑,细语曰:‘见面不如闻名,才子岂能无貌。’生遂连起拜曰:‘小娘子爱才,鄙夫重色。两好相映,才貌相兼。’母女相顾而笑。”(蒋防《霍小玉传》)

由上又可知,妓女之所以看重文人者,一是地位——为官者,尤其是新进之士;二是钱财——比平常多一倍的“赠资”;三是才华,尤其是能令妓女“终日吟想”之诗才;四是相貌,“才子岂能无貌?”

既然双方都有所求或有所取,热烈的结合便成为可能,而且成为一种燎原之势。翻开《北里志》,这种记载可谓比比皆是:“郑举举者,居曲中……孙龙光为状元,颇惑之。”“进士天水光远,故山北之子,年甚富,与莱儿殊相悬,而一见溺之,终不能舍。莱儿亦以光远聪悟俊少,尤谄附之。”“小润,字子美,少时颇籍籍者。小天崔垂休变化年溺惑之,所费甚广。”“俞洛真,有风貌……进士李文远……一见,不胜爱慕。”“王苏苏,在南曲中……有进士李标者,自言李英公勣之后,久在大谏王致君门下,致君弟侄因与同诣焉。”“刘覃登第,年十六七,自广陵入举,辎重数十车。时同年郑宾先辈扇之,极嗜欲于长安中,颇喜绛真。”

这样一群进士,其间还有状元,就是如此地热衷于嫖妓。有的甚至未成年(年仅十六七),就在年长的“同年”(同科进士)的诱导下走向北里平康。这样一些风流倜傥的文人,这样一些蕴藉诙谐的妓女,他们的结合,该导致多少风流蕴藉的故事,而将这些故事以极富文采之笔记录下来,甚或进行刻意的描摹,便是那精美无比的唐人传奇中的爱情之作。

三

现存唐人传奇作品中的男主人公有许多是与科举相关的人物,亦即登第或未曾登第的读书人。仅就名篇而论,如:“仪凤中,有儒生柳毅者,应举下第,将还湘滨。”(《柳毅传》)“大历中,陇西李生名益,年二十,以进士擢第。”(《霍小玉传》)“(荥阳生)应乡赋秀才举。”(《李娃传》)“近代有士人应京之举,途次关西。”(《广异记·华岳神女》)“陈郡谢翱者,尝举进士,好为七字诗。”(《宣室志·谢翱》)“天宝初,有范阳卢子在都应举,频年不第,渐窘迫。”(《异闻集·樱桃青衣》)“京兆韦安道,起居舍人真之子。举进士,久不第。”(《异闻集·韦安道》)“博陵崔慎思,唐贞元中应进士举,京中无第宅,常赁人隙院居止。”(《原化记·崔慎思》)“博陵崔护,资质甚美而孤洁寡合。举进士第,清明日,笃游都城南,得居人庄。”(《本事诗·崔护》)“进士李茵,襄阳人。尝游苑中,见红叶自御沟流出。”(《北梦琐言·李茵》)就在他们进京赶考的前前后后,一些美丽动人的爱情故事便在他们身边悄然发生了。

唐人传奇中女主人公身为妓女者也不少。如:“玉忽流涕观生曰:‘妾本倡家,自知非匹。'"(《霍小玉传》)"汧国夫人李娃,长安之娼女也。"(《李娃传》)"杨娼者,长安里中之殊色也。"(《杨娼传》)"时靖恭坊有姬字夜来,稚齿巧笑,歌舞绝伦,贵公子破产迎之。"(《酉阳杂俎·周皓》)"乃入歌妓院内,止第三门。绣户不扃,金钉微明,惟闻妓长叹而坐,若有所依。"(《传奇·昆仑奴》)以上这些女子,除了《昆仑奴》中的红绡女乃达官贵人之"家妓"而外,其他都是所谓"市妓"。

即便男主人公不是举子或进士,也多半是由进士而为官者;即便女主人公不是妓女,也多半是颇为多情乃至妖冶放荡的市井女人,或者是仙女或妖精幻化的市井女子。那么,这些男女之间的爱情故事多半发生在哪里呢?曰:京城之坊里也。请看:"(郑六)既行,及里门,门扃未发。"(《任氏传》)"自车中问曰:'得非韩员外乎?某乃柳氏也。'使女奴窃言失身沙吒利,阻同车者,请诘旦幸相待于道政里门。"(《柳氏传》)"故霍王小女,字小玉……住在胜业坊古寺曲。"(《霍小玉传》)"(荥阳生)尝游东市还,自平康东门入,将访友于西南。至鸣珂曲,见一宅。"(《李娃传》)"明日相与还京,公主(华岳神女)宅在怀远里。"(《广异记·华岳神女》)"唐余干县尉王立调选,佣居大宁里。""妾居崇仁里,资用稍备,傥能从居乎?"(《集异记·贾人妻》)"女之容色绝代,斜睨柳生良久。柳生鞭马从之,即见车子入永崇里。"(《乾膵·华州参军》)"谢翱……其先寓居长安升道里……倾之,有金车至门。见一美人,年十六七,风貌闲丽,代所未识。"(《宣室志·谢翱》)"过天津桥,入水南一坊……其妻年可十四五,容色美丽,宛若神仙。卢生心不胜喜,遂忘家属。"(《异闻集·樱桃青衣》)正是在这些"坊"、"里"、"曲"中,许许多多的爱情故事被演绎得如火如荼。

那么,何以谓之"坊"、"里"、"曲"呢?说到这里,我们有必要粗粗了解一下唐代都城长安的城市结构。

唐代长安城的建筑群可分为三大部分:一是皇族居住的宫城,二是百官办公的皇城,三是百官和市民居住的外郭城。外郭城呈围棋棋盘状,由纵横交错的线条将全城划分成若干长方形的块块。这些"线条"就是大街,全城南北向者 11 条,东西向者 14 条。那些"块块"就是坊里,全城共有 108 个。所有的坊里并非一样大,小的长宽均五百多米,大的宽度五六百米而长达一千多米。坊的周边均有三米高的夯土墙,将坊与大街隔开。大坊有东西南北 4 个坊门,并由此造成纵横的十字街,将坊内分成 4 块。小坊则只有东西 2 个坊门,并由此造成一条横街,将坊内分成两半。在由坊内街道划分的每一小块中间又有一些纵横交错的巷子,谓之"曲","曲"的两边才是住户人家的大小院子。外郭城中还有"东市"、"西市",各占约两个坊大小的面积。唐代实行"坊市分离制",坊是居住区,市是商业区。

唐代长安城对坊里实行"宵禁",除了每年正月十四至十六日三天为人们观灯提供方便而全天候打开坊门以外,其他时间每天夜里必须关闭坊门。天黑时,街鼓八百声响过之后,各坊里的大门全部关闭,负责坊里安全的"铺卒"便开始巡逻警卫。这时,坊里处于封闭状态,不能随意出入,坊里与坊里之间的大街上除了持有公事或婚嫁大事的相关证明者以外,一律禁止闲人行走,如有违反,便是"犯夜",要处以"笞二十"的惩罚。宵禁持续到黎明时的五更二点,街鼓三千声响过之后,坊里之门才得以洞开,人们走向大街,从事各种活动。

由此可见,唐代的京城长安乃是一种封闭型的建构格局。这样一种格局及其相关的宵禁制度,不利于百姓的夜间娱乐活动。为什么唐代的市民文艺以及由之而导致的市民文学不如宋代,这也是其中重要因素之一。那么,唐代京城的这种城市格局与唐代传奇小说的勃兴是否具有某种关系呢?答案当然是肯定的。

首先,如以上材料所引,唐代的妓女多半居住在坊曲之中。如"三曲"、"曲中"、"南曲"、"前曲"、"靖恭坊"、"胜业坊"、"鸣珂曲"等等,都是当时妓女的居所。而"平康"、"北里"云云,则更是妓女的聚居地,以至于在后世的文学作品中成为妓院的代名词。这样,当时的举子、进士乃至官员们要想和妓女接近,势必到住有妓女的坊曲之中"猎艳"。

其次,亦如上所言,唐人传奇中许许多多的爱情故事就发生在坊曲之中。如"道政里"、"胜业坊"、"怀远里"、"大宁里"、"崇仁里"、"永崇里""升道里"、"水南一坊"等等,都是那些故事的发源地或欢乐谷。更有甚者,不少传奇作品中人物的言行还向我们昭示了坊曲间的规格和规矩。如《李娃传》中写道:"久之,日暮,鼓声四动……姥曰:'鼓已发矣,当速归,无犯禁。'"这里所描写的便是那八百声的宵禁之鼓,鼓声停后,坊里之门就关闭了。再如《任氏传》中写道:"既行,及里门,门扃未发。门旁有胡人鬻饼之舍,方张灯炽炉,郑子憩其帘下,坐以候鼓。"这里所描写的就是拂晓坊里之门未开的时候,里面的人等待解除宵禁之鼓而出坊门的情景。再如《霍小玉传》中写道:"(霍小玉)往往私令侍婢潜卖箧中服玩之物,多托于西市寄附铺侯景先家货卖。"这便是对"坊市分离制"的真实描写。同样是《霍小玉传》中还有这样的描写:"(李益)与豪士策马同行,疾转数坊,遂至胜业……(豪士)乃挽挟其马,牵引而行,迁延之间,已及郑曲。"这里的"胜业",即是胜业坊,这里的"郑曲",即是霍小玉所居之"曲"(霍小玉母亲易姓为郑氏)。由此亦可见先入"坊"后至"曲"的顺序,因为"曲"在"坊"中。同样,《李娃传》中写荥阳生"尝游东市还,自平康东门入,将访友于西南。至鸣珂曲,见一宅"。也是先由妓女聚居的平康里之东门进去,再到西南方向的鸣珂曲,最后才看到李娃居住的宅院。

再次,这些美丽动人的爱情故事最早也是流传于坊里之中。唐代的都城既然实行宵禁,人们便只能在"坊"、"里"之中度过漫长的夜晚。其间,主要的娱乐生活就是小范围的聚会,听听"说话",看看小型"堂会"式的表演。这一点,在元稹的《酬翰林白学士代书一百韵》中的诗句“光阴听话移”的自注中说得很清楚：“尝于新昌宅说一枝花话，自寅至巳，犹未毕词也。”“新昌宅”即白居易在长安“新昌里”中的居所，“一枝花”即京城名妓李娃的外号。当时说“一枝花话”的究竟是谁，这并不重要，但有一点是非常明确的：既然是在家里说书，规模肯定不大。更有意思的是，传奇小说《李娃传》的作者白行简恰恰就是白居易的弟弟，由此亦可见得唐人传奇小说的生成环境主要是在那封闭型格局的大都市的文人小圈子之中，或者说，正是在“坊”、“里”、“曲”之中，滋生和造就了若许唐人传奇中的爱情故事。

四

综上所述，唐代实行的科举制为唐人传奇小说准备了充足的男主人公和创作者（亦有二者兼而有之的现象，如元稹之于《莺莺传》中的张生）之来源，同时也提高了长安城中“市妓”的文化素质；而长安城娼妓制度的高度发达又刺激了举子、进士、官员们的猎艳之风，使得许多妓女或非妓女又成为唐人传奇小说中爱情故事的女主人公。与此同时，这些科举文人与城市妇女的恋爱故事又主要发生和流传于唐代都城那封闭性的建筑格局——坊曲之中。进而言之，唐人传奇这样一种生成和传播方式又与其他任何时代的小说不同，而具有其独特性。所有这些，就是科举、妓女、坊里、传奇四者之间十分有趣的关系，而这种种关系又都标志着唐人小说生成的文化背景。

唐人小说与长安社会风情

王国健

（华南师范大学　广东广州　510631）

摘　要：唐人小说中颇多对长安社会风情的描绘，这些关于长安都市盛况与世俗风情的描写，不仅具有很高的审美认识价值，而且使我们能够更加深入地理解唐人小说独特的艺术特色与艺术魅力之所以产生的历史文化原因。

关键词：唐人小说；长安；社会风情

历史上的长安，曾经为西周、秦、西汉、隋、唐几个朝代的国都，尤其是唐代的长安，不仅是当时全国最大的城市，也是当时世界上最大的城市，是当时中外文化交流的中心。以长安为中心，唐代文化灿烂辉煌，达到了中国古代文明的新高峰。唐人小说正是在这样的文化氛围中发展兴盛起来的，因此，唐人小说中关于长安的描绘也就特别多。在这些小说中，不仅精心地塑造了一系列生动鲜明的长安人物，而且形象地展现了长安地区富有时代特色的风俗人情，在一定程度上，堪称为唐代社会生活的一面镜子。本文以唐人小说中涉及长安的篇章为基本材料，主要就唐人小说对长安社会风俗人情的描写略作爬梳，试图从一个方面展示古都长安与中国古代文学之间的关系。

一、唐人小说中的长安都市盛况

唐代长安，规模宏伟。根据历史资料记载与现代考古发现，唐代长安城分作三部分，雄踞北面的是宫城，是皇帝与后妃、太子的住所。宫城的南面是皇城，是官僚们办公的地方。皇城的南面是外郭城，也叫京城，从东、南，西三面把宫城和皇城拱卫在中间，是官僚与一般老百姓的住宅区，也是长安的商业区。城里有 14 条东西向的大街和 11 条南北向的大街，这些大街纵横交叉，把京城分隔成 100 多个四方的小区，这些小区在唐代名之为“坊”，每个坊都有不同的名字。与皇城南面相隔一条东西向大街，两面各两条南北向大街，在坊的包围中，是对称的东市、西市两个大市场。城里还有许多寺庙和名胜。整个长安城周围大约有 70 里长，唐人小说里的许多人间悲喜剧就发生在这当时世界第一超级大都市里。

唐代长安的繁盛,在唐人小说里屡有描绘。白行简著名的《李娃传》描写两家殡仪馆(凶肆)互相竞争,“各阅所佣之器于天门街,以较优劣,不胜者罚直五万,以备酒馔之用”。同时,还举行挽歌演唱比赛。就是这样一场竞赛,竟然引来“士女大和会,聚至数万”,惊动了官方。“于是里胥告于贼曹,贼曹闻于京尹。四方之士,尽赴趋焉,巷无居人”。当时长安的人口众多以及其热闹程度由此可见一斑。

陈鸿的《东城老父传》通过主人翁贾昌的人生沧桑,写出了长安的盛衰。在他的回忆里,开元盛时的长安,“上皇北臣穹庐,东臣鸡林,南臣滇池,西臣昆夷,三岁一来会”。而四方的官员与将领更是每年向长安进贡无数,例如“张说之领幽州也,每岁入关,辄长辕挽辐车,辇河间蓟州庸调缯布,驾辖连轨,坌入关门。输于王府,江淮绮縠,巴蜀锦绣,后宫玩好而已”。从这些简略的叙述中可以想见当时长安中外汇聚,四方辐辏的景象。

长安城市的风貌,散见于唐人小说有关篇目的描绘之中,不一而足。例如《南柯太守传》虽然写的是蚁聚之国“大槐安国”的虚幻故事,但是从作者李公佐曾经长期生活在长安的经历来看,其中对“大槐安国”都城的描绘肯定有着现实中大唐国都长安的影子:“有郛郭城堞,车舆人物,不绝于路。”“又入大城,朱门重楼,楼上有金书”,城中的东华馆“彩槛雕楹,华木珍果列植于庭下;几案茵褥,帘帏肴膳陈设于庭上”。皇宫威严肃穆,“行可百步,入朱门。矛戟斧钺,布列左右,军吏数百,辟易道侧”。从简略的叙写可见外郭城、皇城、宫城一目了然,这不就是当时现实中的长安吗!

唐人小说中对长安都市盛况的描绘,不但形象地展现了唐代长安繁华的面貌,具有很高的审美认识价值;而且可以使我们更好地理解唐人小说中人物性格赖以生成的物质、文化基础,更深入地理解唐人小说独特的艺术特色与艺术魅力之所以产生的历史、文化原因。

二、唐人小说中的长安世俗风情

唐人小说中对长安世俗生活习尚的描绘,生动地展示出一幅幅精彩纷呈的社会风情画面,为揭示小说主人翁的精神面貌塑造了典型的社会环境。

(一)里坊宵禁制度对生活习尚的影响

根据历史记载,唐代长安实行里坊宵禁制度,长安城里每个坊都有围墙,到了夜晚,街鼓响后,所有的人都必须回到坊里,于是坊门紧紧关闭,街道上不准再有任何行人,只有城门、坊角里有警卫骑兵巡逻。第二天天亮时再鼓响,坊门才能打开,行人才可进出。每年只有正月十四到十六三天的夜晚，可以开坊市门，允许老百姓在街道上燃灯游戏。这一制度对长安城里的社会生活产生了重要的影响，这在唐人小说里多有反映。例如沈既济的《任氏传》里的郑六在升平坊遇见美艳的任氏后，跟踪到任氏的住所，欢聚一夜后，天快亮时离开任宅，“既行，及里门，门扃未发。门旁有胡人鬻饼之舍，方张灯炽炉，郑子憩于帘下，坐以候鼓”。正因为有了这一段等候街鼓响后开了坊门才能离开的时间，郑六才在与胡人的交谈中知道了任氏不是凡间女子，而是狐狸精。作为小说，这一段描写对情节具有推动作用；而透过这一情节，我们更加看到了里坊宵禁制度对长安生活习俗的影响，也就不难理解，为什么唐代的长安城会有那么多通宵达旦的筵宴，那么多文人相聚时的诗酒风流与征奇话异。这一切既成为推动唐代诗歌、小说发展的历史因素，同时又成为唐代文学作品尤其是唐人小说的描绘对象与素材。

（二）游宴习俗所展示的社会风情

唐代长安特别是盛唐时的长安，由于社会相对富裕，风气又很开放，所以游宴之风很盛。唐人小说中对游宴的描写很多，早期如张文成的《游仙窟》就是描绘文人游宴的典型篇章，虽然小说里的地点不是安排在长安，但是从小说对“神仙窟”第宅里宴饮欢笑，诗书相赠的豪华场景的描绘来看，这只能是作家对长安的一场游宴艳遇的浪漫追忆，难怪有日本学者推断这篇小说写的是作者与武则天的一段风流情事。另外一篇薛用弱的《王之涣》，描写王之涣等人旗亭赌唱，特别具有生活情趣。说的是开元中诗人王之涣、王昌龄、高适风尘未偶之时，在一个天寒微雪的日子里，到街市上的酒楼（旗亭）赊酒小饮，正好遇到梨园的一班伶官也登楼会宴。于是三位诗人就移位到暗处，围着炉火观察。接着来了四位漂亮艳丽的歌妓，开始演奏著名的乐曲。王昌龄于是提出打赌：“我辈各擅诗名，每不自定其甲乙，今者可以密观诸伶所讴，若诗入歌词之多者，则为优矣。”接下来王昌龄的两首绝句，高适的一首绝句被伶官演唱，王之涣坐不住了，对正在得意的王昌龄、高适说：“此辈皆潦倒乐官，所唱皆《巴人下里》之词耳，岂《阳春白雪》之曲，俗物敢近哉？”又指着最漂亮的歌妓说：“待此子所唱，如非我诗，吾即终身不敢与子争衡矣。脱是吾诗，子等当须列拜床下，奉吾为师。”等到最漂亮的歌妓演唱时，她果然演唱的是王之涣的绝句“黄河远上白云间”。王之涣大为得意，三人大笑起来，惊动了伶官们，一介绍，知道了原委的伶官们竞拜曰：“俗眼不识神仙，乞降清重，俯就筵席。”三位诗人高兴地入席，“饮醉竟日”。这一场饮宴故事，不仅将王之涣等人物鲜明生动的性格风貌跃然纸上，而且使我们看到了唐代诗歌作品在宫廷和民间广泛传唱的盛况与社会风情。其他篇章写到游宴的还有很多，例如蒋防的《霍小玉传》里的叙述：“时已三月，人多春游，生与同辈五六人诣崇敬寺玩牡丹花，步于西廊，递吟诗句。”《昆仑奴》里所写到的“花时驾小车而游曲江”等等，都描绘了当时长安的游宴之盛，以及这种游宴习俗所展现的社会风情。

（三）五方杂处、文化交融所产生的社会风尚

根据《东城老父传》中贾昌老人回忆，开元盛世时的长安，四方来朝，但是不允许外国人在长安定居。而到了元和年间，“北胡与京师杂处，娶妻生子，长安中少年，有胡心矣。吾子视首饰靴服之制，不与向同”。这就写出了长安城里五方杂处、相互交融所产生的社会风尚的变化。唐人小说里胡人特别是胡僧的形象多带神秘感，例如李景亮的《李章武传》描写李章武得到情人王氏赠送的一块宝玉，后来“奉使上京，每以此物贮怀中。至市东街，偶见一胡僧，忽近马叩头云：‘君有宝玉在怀，乞一见尔。’乃引于静处开视。僧捧玩移时，云：‘此天上至物，非人间有也。’”又如牛僧孺的《崔书生》里的书生得到被母亲逼迫分离的妻子所赠送的白玉盒子，“忽有胡僧叩门求食曰：‘君有至宝，乞相示也。’崔生曰：‘某贫士，何有是。’僧请曰：‘君岂不有异人奉赠乎？贫道望气知之。’崔生试出玉盒子示僧，僧起，请以百万市之，遂往。崔生问僧曰：‘女郎谁耶？’曰：‘君所纳妻，西王母第三女玉卮娘子也。’”这些带有神秘感的描绘，既显示出胡人来到长安带给人们的新奇感，又表现出中外文化交融中所产生的好奇的社会风尚。而这种好奇的社会风尚对唐人小说“作意好奇”艺术风格的形成无疑具有重要的作用。

唐人小说对长安世俗风情的抒写绝不止这几个方面，而是构成了一个极为丰富多彩的长安世俗风情画长廊，从而使唐人小说在众多的中国古代文学作品中独具艺术特色，保持着永久的艺术魅力。

明代白话短篇小说所展现的陕西

伏漫戈

（西安文理学院文学院　陕西西安　710065）

摘　要：明代拟话本（即白话短篇小说）从都城气象、经济状况、宗教信仰、节日习俗、性格气质诸多方面展现了陕西和陕西人的特点，从中我们可以领略隋唐时期长安作为帝都的辉煌，了解唐代以后陕西失去影响力的原因。由于政治、经济、文化中心的转移，导致了陕西的衰微，同时，明代拟话本作者基本上是江浙地区人，他们缺乏关注陕西的热情，基于这两点，明代拟话本很少涉及唐代以后发生在陕西的故事。

关键词：陕西；辉煌；衰败；影响；兴趣

众所周知，明代拟话本（即白话短篇小说）描述了许多发生在汴梁、临安、苏州、南京、北京的故事，很少有人注意到明代拟话本中关于陕西和陕西人的故事。《鼓掌绝尘》[①]、《欢喜冤家》[②]、《西湖二集》[③]、《型世言》[④]、《石点头》[⑤]、《清夜钟》[⑥]、《贪欣误》[⑦]、《初刻拍案惊奇》、《二刻拍案惊奇》[⑧]、《喻世明言》、《警世通言》、《醒世恒言》[⑨]等明代拟话本中涉及陕西和陕西人的故事有53篇，其中《喻世明言》第八卷、《警世通言》第六卷头回、第十九卷、《欢喜冤家》第二十二卷、《清夜钟》第十四回，只是提及长安、陕西，小说主要情节没有发生在长安、陕西。另外，《醒世恒言》第二十七卷所说的陕西皋兰山、临洮府等地，现在并不归陕西管辖，而是属于甘肃所辖地区，这篇小说中的陕西并非现在的陕西。除去这1篇，在52篇小说中，时代不明的1篇，以唐代为背景的32篇，唐以前的5篇，唐以后的14篇，故事发生的地点在陕西的有36篇。虽然

① 金木散人编，李落、苗壮校点：《鼓掌绝尘》，春风文艺出版社1985年版。
② 西湖渔隐主人：《欢喜冤家》，吉林文史出版社1999年版。
③ 周清原著，周楞伽整理：《西湖二集》，人民文学出版社2006年版。
④ 陆人龙著，申孟校点：《型世言》，上海古籍出版社2001年版。
⑤ 天然痴叟著，竹官校点：《石点头》，岳麓书社1993年版。
⑥ 陆云龙著，路工、谭天编：《古本平话小说集·清夜钟》，人民文学出版社2006年版。
⑦ 罗浮散客：《贪欣误》，大众文艺出版社2002年版。
⑧ 凌濛初著，秦旭卿标点：《初刻拍案惊奇》、《二刻拍案惊奇》，岳麓书社1988年版。
⑨ 冯梦龙编，龙华标点：《喻世明言》、《警世通言》、《醒世恒言》，岳麓书社1992年版。

这些拟话本是明代人改编、创作的小说，但是由于其素材多数来源于唐、宋、元、明的笔记、小说、戏曲，因此从中能够考察出自唐代到明代陕西人文的变化及其特点，这些变化及特点在以下几个方面得以展现：

一、都城气象

从明代拟话本中可以领略到昔日长安的壮观和繁荣以及它的沧桑巨变。

隋唐时期，长安作为都城的气魄，从当时的宫殿可见一斑，宫殿的建筑气势宏伟、构造精巧。《醒世恒言》第二十四卷，详细描写了隋炀帝时期宫殿建筑的杰作——精美、富丽的迷楼，小说如此描绘：

> 楼阁高下，轩窗掩映，幽房曲室，玉栏朱楯，互相连属，回环四合，牖户自通，千门万户，金碧相辉，照耀人耳目。金虬伏于栋下，玉兽蹲于户傍。壁砌生光，琐窗曜日，工巧之极，自古未之有比也。费用金宝珠玉，库藏为之一空。人误入其中者，虽终日不能出。

长安城在隋末和安史之乱的战火中遭受了重创。《醒世恒言》第二十四卷，描写唐太宗领兵入京，“焚其宫殿，火经月不灭”。《醒世恒言》第六卷，描写安史之乱后，长安城：“屋宇残毁，人民稀少，街市冷落，大非昔日光景。”

隋唐时期，长安郊区的风景优美。《警世通言》第三十卷头回，描写长安南郊的景色：“灼灼桃红似火，依依绿柳如烟，竹篱、茅舍、黄土壁、白板扉，哞哞犬吠桃源中，两两黄鹂鸣翠柳。”

然而经过安史之乱后，长安郊区面目全非，《醒世恒言》第六卷，描写樊川“经兵火之后，村野百姓，俱潜避远方，一路绝无人烟，行人亦甚稀少”。

长安的都城气象不仅体现为宫殿富丽雄伟，而且体现为它是举世瞩目的政治文化中心，明代拟话本展现了长安独特的精神风貌。

隋唐时期，长安是一个令世人向往的地方。几乎所有的人都怀着梦想来到长安，文人到长安赴试，渴望金榜题名，官员到长安钻营，希望飞黄腾达。《贪欣误》第六回，描述不可一世的李登，到长安赴试，由于寻欢作乐，无心学业，结果名落孙山。《初刻拍案惊奇》第四十卷，描述松滋令到长安营求升迁，不幸病死客邸。在一批又一批奋斗者中，有人如愿以偿，《西湖二集》第二十一卷，描述齐人许贞到长安赴试，中了进士，得到官职。《喻世明言》第三十五卷头回，描述陕西咸阳人宇文绶到长安赴试，虽屡试不第，但决不放弃，最终美梦成真。《喻世明言》第五卷，描述唐代博州茌平人马周到长安寻求出路,在王媪的帮助下,成为常中郎的幕宾,由于所提20条建议受到皇帝赏识,被授予监察御史之职。《初刻拍案惊奇》第四十卷,描述李君从洛阳到长安赴试,在华阴道上遇到神仙,在仙人的指引下,李君发财为官。《醒世恒言》第二十五卷,描写洛阳人独孤遐叔精通经史,才思敏捷,到长安赴试,因批评时弊而落第,在历经坎坷之后,进士及第。长安虽然充满成功的机遇,许多人在此发迹,但是依然有人怀才不遇,《警世通言》第三十卷头回,描述博陵人崔护到长安应试,由于时运不济,失败而归。《西湖二集》第十五卷,描写罗隐到长安赴试,因为得罪了当朝宰相和某个官员,20多年没能中进士。《警世通言》第九卷,描写李白到长安求取功名,他的才能得到皇帝的赏识,但是,受到杨国忠、高力士等人的排挤,被唐玄宗疏远,李白愤然辞归,云游天下。不仅文人、官员希冀在长安改变命运,而且商人也憧憬在长安实现当官发财的愿望,《初刻拍案惊奇》第二十二卷,描写江陵富商郭七郎希望通过为官改变出身,在包大唆使下,郭七郎在长安买官,可惜上任途中遇到风浪,委任状被毁,黄粱美梦破灭。因为长安能够为世人提供成功的机会,所以三教九流云集长安,《初刻拍案惊奇》第七卷,描述唐明皇好神仙之术,为了扬名天下,叶法善、张果、罗公远等相继来到长安,他们在唐玄宗身边投其所好,各展其能,争奇斗异。

隋唐时期,长安文化气息浓厚,英才济济。诗仙李白、贤相裴度、忠臣褚遂良都是当时长安杰出人物的代表。《警世通言》第九卷,描述番王挑衅唐朝,满朝文武没有人认识番文,惟有李白通晓番文,李白所拟的国书,对番王产生极大的震慑力,番王服输归顺唐朝。《喻世明言》第九卷,描写"裴度领兵削平了淮西反贼吴元济,还朝拜为首相,晋爵晋国公。又有两处积久负固的藩镇,都惧怕裴度威名,上表献地赎罪"。裴度为维护唐朝社稷立下汗马功劳,但后来唐宪宗大兴土木,好神仙之术,裴度力谏受责。两个佞臣得到皇帝重用,裴度耻于和他们为伍,上书辞官。《西湖二集》第三十卷,描述褚遂良擅长书法,博学多才,忠孝仁义,敢于直谏,深受唐太宗倚重。褚遂良因得罪武则天,被奸邪之人许敬宗设计害死。当时的长安,不仅文人学士博学多才,而且社会地位低下的女士也风雅能文,曹文姬乃长安倡女,《初刻拍案惊奇》第二十五卷头回,称赞她:"出口落笔,吟诗作赋,清新俊雅。任是才人,见他钦伏。至于字法,上逼钟、王,下欺颜、柳,真是重出世的卫夫人,得其片纸只字者,重如拱璧,一时称他为'书仙'。"曹文姬择偶别出心裁,只有诗才出众者,才有资格成为她的丈夫。《西湖二集》第二十八卷头回,描述女道士鱼玄机,诗才高俊,与文人才子关系密切。

隋唐以后,长安失去了以往的辉煌。再也看不到人们争先恐后到长安追寻梦想的景象。52篇小说中有23篇描写外地人在陕西的故事,其中只有3篇故事的时代背景是唐代以后,比如《喻世明言》第十四卷,描述陈抟云游华山,他的超人本领,令当地人钦佩不已。《醒世恒言》第二十二卷,描写元代时吕洞宾跟随钟离权在终南山学道。

《西湖二集》第二十七卷，描述元代浙江人贾灵昭授陕西咸宁知县，母亲、姐姐跟随赴任，姐姐因为相思病亡，寄棺开元寺，贾小姐的爱人魏鹏，授陕西儒学提举，贾小姐的魂附在长安县丞宋子璧的女儿身上复活，魏鹏与贾小姐喜结良缘。这个故事中的西安府，不是让人向往的地方，对于贾家、宋家而言更是令他们伤心的地方。明代拟话本中有11篇小说，描述陕西人在外地的故事，其中8篇故事的时代背景是唐代以后，如《喻世明言》第十八卷、第八卷、第二十二卷、第十二卷，《初刻拍案惊奇》第四卷，《二刻拍案惊奇》第二十一卷，《欢喜冤家》第二十二卷，《鼓掌绝尘》第三十九回。这些数字已经说明，唐以后，陕西已经不是一个充满希望、富有吸引力的地方。

二、经济状况

明代拟话本展示了陕西经济的变化及其特点。

隋唐时期，陕西经济繁荣。即使长安附近的新丰市也是市井繁华，《喻世明言》第五卷，描写新丰市："红尘滚滚，车马纷纷，许多商贩客人，驮着货物挨三顶五的进店安歇。"新丰市是在汉代设立的，汉高祖的父亲思念家乡，汉高祖命令工匠按照故乡丰的原貌，在关中建造了一座城，迁丰人在此居住，太上皇赐名新丰。虽然这篇小说对长安城的景象没有做具体描绘，但是从这句话："行至长安，果然是花天锦地，比新丰市又不相同。"可以想见长安城是何等繁华、气派。

唐代以后，陕西的经济发展落后。同样是经商，隋唐时期，海内外客商云集长安，《醒世恒言》第三十七卷，描写长安西市波斯馆："都是四夷进贡的人，在此贩卖宝货，无非明珠美玉，文犀瑶石，动是上千上百的价钱，叫做金银窠里。"《初刻拍案惊奇》第二十二卷，描述一位商人向郭七郎借了大笔钱到长安做生意，几年之后，他"在京都开几处解典库，又有几所绸缎铺，专一放官吏债，打大头脑的"，成为京城无人不知的巨富。但是到了元明时期，陕西人在本地做生意，已经赚不到多少钱，《型世言》第三十七回，描写吕达"终年做生意，讨不上一个妻子"。为了赚钱陕西人只好跑到经济发达的沿海地区做生意，《喻世明言》第十八卷，描述杨复离开西安到福建做生意。隋唐时期，陕西的商人资金充足，生活豪奢，《醒世恒言》第三十七卷，描述杜子春家世代在扬州做盐商，家里有盐场、良田、豪宅，生活奢侈，他"宅后造起一座园亭，重价构取名花异卉，巧石奇峰，妆成景致。曲房深院中，置买歌儿舞女，艳妾妖姬，居于其内。每日开宴园中，广召宾客"。元明时期，陕西商人本钱小，生活艰辛，《喻世明言》第十八卷中，杨复读书不成，家事日渐消乏，他决定重操祖上旧业，杨复对妻子说："我欲凑些资本，买办货物。往漳州商贩，图几分利息，以为赡家之资。"几年之后，杨复在返乡途中被倭寇劫持到日本，19年后，倭寇再次入侵温州，杨复随行，被官军当成倭寇抓获。

陕西人热衷于经商。比如《醒世恒言》第三十七卷,长安人杜子春家代代相承在扬州做盐商。又如《喻世明言》第十八卷,西安府周至县人杨复,他的祖上在闽、广做生意,他本人继承祖业在福建做生意。《型世言》第三十七回,描写西安府农民李良雨,在土地上辛勤劳作,然而收入甚微,为了给弟弟娶媳妇,他决定跟同村一个经商的人学习做生意。《二刻拍案惊奇》第二十一卷,描述陕西人王禄出身于盐商之家,他读书缺乏灵性,但是"精于商贾榷算之事",其父"就带他去山东相帮种盐,见他能事,后来其父不出去了,将银一千两托他自往山东做盐商去"。《欢喜冤家》第十一回的主人公关西人蔡林也是一个商人。

三、宗教信仰

从明代拟话本可知,陕西人的宗教信仰具有多元化的特点,他们敬神、拜佛、崇道、信巫。

方术神仙之说在汉代已经盛行。《西湖二集》第三十二卷头回,透露了这个信息。张宽跟随汉武帝到甘泉宫祭祀,汉武帝看到一个奇异的女人在渭河洗澡,感到奇怪,张宽告诉汉武帝此女是女人星,因为斋戒不洁,她才出现。

隋唐五代时期,道教在陕西比较盛行。《醒世恒言》第三十七卷,描述长安人杜子春在扬州挥霍无度,穷困潦倒,走投无路之际,得到一位老人的慷慨援助。杜子春浪子回头,重振家业之后,到华山寻访那位老人,那位老人就是太上老君。杜子春幡然醒悟,他潜心修炼,并且将长安的祖居舍为太上老君的祠,铸造丈六金身,供奉香火。杜子春的虔诚,获得太上老君的信任,太上老君度杜子春夫妇升仙。小说描写华山的太上老君祠气派非凡:

> 子春抬头一望,早见两株桧,青翠如盖,中间显出一座血红的山门,门上竖着匾额,乃是'太上老君之祠'六个老大的金字。
>
> 这所在乃是那老者炼药之处。子春举目看时,只见中间一所大堂,堂中一座药灶,玉女九人环灶而立,青龙白虎分守左右。堂下一个大瓮,有七尺多高,瓮口有五尺多阔,满瓮贮着清水。西壁下铺着一张豹皮。

由此可见,太上老君祠香火旺盛。《醒世恒言》第三十四卷头回,描述岳州河东人吕洞宾,在长安酒肆遇到钟离权,被点破黄粱梦,吕洞宾修炼金丹,并发誓度尽天下众生。《喻世明言》第十四卷,描述陈抟曾在华山修炼,他不食人间烟火,一味酣睡,行为超常,令当地道士、百姓、官员非常惊异。

从唐到明，佛教在陕西都颇受欢迎。《西湖二集》第十四卷头回，介绍唐代以前“陕右并不晓得佛、法、僧三宝”，到了唐代“陕右多皈依三宝诵经念佛之人”。从此众多虔诚的善男信女对佛、菩萨顶礼膜拜，《初刻拍案惊奇》第三十卷头回，描述长安城南的王家斋僧，许多僧人在他家吃斋。正是由于众人尊崇佛教，一些僧尼便乘机为非作歹，比如《初刻拍案惊奇》第六卷头回，尼姑慧澄经常出入狄夫人家，滕生为了接近狄夫人，给予慧澄好处，贪财的慧澄利用狄夫人对她的信任，出卖狄夫人。狄夫人到静乐院施斋时，在慧澄安排下，滕生引诱狄夫人与他通奸。再如《欢喜冤家》第十一回，关西某寺的和尚欺骗奸污了许多前来烧香拜佛的妇女。另外，从长安寺院众多这一特点，也可以看出佛教的盛行。《醒世恒言》第三十卷，描述长安人房德，穷困潦倒，到云华禅寺躲避风雨。《初刻拍案惊奇》第四十卷，描述李君在青龙寺得到其父寄存在主僧那里的钱财，从此成为长安的富家。《西湖二集》第二十七卷，描述贾小姐死后，她的棺材被寄放在开元寺。佛教已经渗透到世俗人生的众多方面，人们的生老病死都与佛教关系密切，比如《石点头》第十三回，描述桃夫人得知杨贵妃缢死，请高僧建水陆道场荐度。

唐代，佛道争雄的局面依然存在。佛教传入中国之后，为了生存、为了弘扬佛法，便与道教展开竞争，《初刻拍案惊奇》第七卷，描述了佛道争胜的情况：“玄宗虽崇奉道流，那惠妃却笃信佛教，各有所好。”玄宗与惠妃为了取乐，让和尚与道士斗法，玄宗在去东洛之际，对惠妃说：“朕与卿同行，却叫叶罗二尊师、金刚三藏从去，试他斗法，以决两家胜负，何如？”于是叶法善、罗公远、三藏施展浑身解数，一争高低，由此可见，佛教与道教的较量是很激烈的。

唐代的长安人相信巫术。《醒世恒言》第三十二卷，描述黄损与玉娥相爱，玉娥被吕用之强纳为妾，胡僧为了帮助玉娥，到吕用之家驱邪，胡僧说自己“善能望气，预知凶吉。今见府上妖气深重，特来禳解”。吕用之对胡僧的言论深信不疑，完全按照胡僧的吩咐，把玉娥送还黄损。《西湖二集》第十六卷头回，描述杜陵人韦固急于成亲，一位老人预言韦固妻子的状况，韦固不满意这桩婚姻，派人刺杀其妻，结果一切都如预言所说。《初刻拍案惊奇》第五卷，描述长安西市有个算命的，预言非常灵验。他“星数精妙。凡看命起卦，说人吉凶祸福，必定断下个日子，时刻不差”。《石点头》第十三回，描述杨贵妃缢死马嵬，桃夫人念其恩德，招魂祭奠。

从唐代到明代，陕西人一直信仰鬼。《西湖二集》第十六卷头回，描述长安人韦固在宋城遇到一位老人，这位老人是幽冥之人，他告诉韦固：“今道途之行也，人与鬼各半，人自不识耳。”《西湖二集》第二十七卷，描述贾小姐因为相思病亡，寄棺开元寺，长安县丞宋子璧的女儿突然身亡，三日之后复活，却不认识父母，自言她是贾小姐，阴司判她还魂，借宋子璧女儿的身体还阳。《型世言》第三十七回，描述西安府镇安县人李良雨昏死后,到了阴间,他看见“当殿珠帘隐隐,四边银烛煌煌。香烟缭绕锦衣旁,珮玉声传清响。武士光生金甲,仙官风曳朱裳。巍巍宫殿接穹苍,尊与帝王相抗”。鬼吏传旨令李良雨为女身,李良雨苏醒之后发现自己变成女人。

陕西人相信因果报应。报应观念,春秋战国时期已经流行,《墨子·法仪》说:“爱人利人者天必福之,恶人贼人者天必祸之。”①《韩非子·安危》说:“祸福随善恶。”②儒、释、道三教都借助报应劝善惩恶。《尚书·汤诰》说:“天道福善祸淫。”③《周易·坤·文言》告诫:“积善之家必有余庆,积不善之家必有余殃。”④汉代由于佛教的传入因果报应的观念更加深入人心。《醒世恒言》第六卷头回,描述汉代华阴人杨宝,郊游时带回一只受伤的黄雀,精心调养,黄雀痊愈后,化为一个童子,送给杨宝一对玉环并保佑杨家累世为三公。《初刻拍案惊奇》第三十卷,描述唐长安城南王家夫妇曾经杀害贩胡羊的父子三人,被害者先转世成为他们的儿子,向王家夫妇讨债,再投胎成为一个小女孩儿,向他们索命。《警世通言》第二十二卷,描述明代有位陕西僧人,在苏州募化建庵,由于年老体弱,生活贫困,不幸病故,宋敦买棺材焚化了僧人。老和尚为了报答宋敦,投胎做了他的儿子。

四、节日习俗

明代拟话本中描述了汉代、唐代陕西某些节日的主要内容。据记载:“除夕、元旦、元宵、上巳、寒食、清明、端午、七夕、重阳及春秋社日、冬祭腊日等传统节日,大多在汉代形成定制。”⑤

从汉武帝太初元年开始,以农历正月初一为岁首,新年的日期便固定下来,一直延续至今。年节包括除旧迎新、祀神祭祖、阖家团圆、娱乐狂欢等主要内容。唐代长安人过年的景象,在《醒世恒言》第三十二卷有所交代,小说写到:“玉娥大喜,方欲开看,忽闻霹雳一声,蓦然惊觉,乃是人家岁朝开门,放火炮声响。玉娥想了一回,凄然不乐。其日新年,只得强起梳妆。薛媪往邻家拜年去了。”这段话提到了放炮、拜年等新年习俗。

元宵节形成于汉代,元宵节的主要活动是放烟火、张灯、赏灯、耍狮、舞龙、表演百戏等,放烟火、张灯,源于汉武帝祭祀太一神。唐玄宗时期,每逢元宵节,无论长安还是边远地区,灯火连绵数十里,车马骈阗,士女纷杂,热闹非凡,民间的元宵节喜庆欢乐,

---

① 孙诒让:《墨子闲诂》,中华书局 1954 年版,第 12—13 页。
② 王先慎:《韩非子集解》,中华书局 1954 年版,第 147 页。
③ 孔颖达:《尚书正义》,上海古籍出版社 1990 年版,第 109 页。
④ 杨伯峻:《周易译注》,中华书局 1991 年版,第 16 页。
⑤ 钟敬文:《民俗学概论》,上海文艺出版社 1998 年版,第 139 页。

宫廷的元宵节十分奢华。如《初刻拍案惊奇》第七卷写到"正月元宵之夜,玄宗在上阳宫观灯。尚方匠人毛顺心巧用心机,施逞技艺,结构彩楼三十余间,楼高一百五十尺,多是金翠珠玉镶嵌。楼下坐着,望去楼上,满楼都是些龙凤螭豹百般鸟兽之灯"。

中秋节起源于秋祀、拜月。先秦时期,已有帝王秋天祭月的礼制,汉代流传的嫦娥奔月的神话,丰富了拜月的内容,唐代祭月、拜月、赏月蔚然成风。《初刻拍案惊奇》第七卷,描写唐玄宗八月十五在宫中赏月、享乐的情景:"是年八月中秋之夜,月色如银,万里一碧。玄宗在宫中赏月,笙歌进酒。凭着白玉栏杆,仰面看着,浩然长想。"

重阳节最初与驱疫、辟邪有关,后来信仰成分日渐淡薄,成为游乐性节日。重阳节的主要活动包括登高、赏菊,佩茱萸、饮菊花酒等。通过明代拟话本,可以了解汉代陕西重阳节的一个侧面。如《醒世恒言》第六卷头回,就描述华阴人杨宝"正值重阳佳节,往郊外游玩"。

五、性格气质

陕西人尚武侠义的性格在明代拟话本中也有所展示。从中可以看出,陕西人的尚武精神、豪爽性情、见义勇为的特点从隋唐一直保持到明代。《醒世恒言》第六卷,介绍长安人王臣"略知书史,粗通文墨,好饮酒,善击剑,走马挟弹,尤其所长";"同胞兄弟王宰,膂力过人,武艺出众,充羽林亲卫"。《初刻拍案惊奇》第四卷,描述了一个关于剑侠的故事,长安人韦十一娘,武功超群,疾恶如仇,她把扶危济困,惩恶扬善当做自己应尽的义务。《鼓掌绝尘》第三十九回里的游方僧,乃明代汉中府白河县人,因为替父报仇,遂隐姓埋名,云游方上,他"以杀不仁诛不义"为己任。在山东时,他得知黄泥岭有强盗杀人抢劫,便毫不犹豫地剪除强盗,维护了一方平安。《二刻拍案惊奇》第九卷头回,描述王仙客与刘无双的婚姻被舅父阻挠,舅父遇害,无双为奴,侠肝义胆的古押衙同情他们的遭遇,设法救出无双。《警世通言》第八卷中的宋咸安郡王,乃关西延州延安府人,他英勇善战,脾气暴躁,郡王"杀番人时,左手使一口刀,叫做'小青';右手使一口刀,叫做'大青'。这两口刀不知剁了多少番人"。《二刻拍案惊奇》第三十卷头回,描述明代西安府易万户之子"精熟武艺,日夜与同伴驰马较射"。长大之后,他继承了父亲的职位。《清夜钟》第十四回,提到流寇当中"为首是山陕人,都弓马熟闲,善于战斗"。由此可见,勇敢、尚武、侠义是秦人的突出特点。

综上所述,明代拟话本中关于陕西人和陕西的故事,时代背景主要集中在唐代,地点多数以长安为主。从这些作品可以发现从汉代到明代陕西和陕西人在精神文化、节日习俗、经济状况、宗教信仰、性格气质等方面的变化及其特点。其中隋唐时期的陕西尤其是长安作为国都,气魄宏大、文化深厚、经济繁荣、信仰多元,然而,唐代以后,陕西失去了昔日的辉煌。究其原因主要有两点:一是政治、经济、文化中心由西北向东南转移,陕西开始衰败。五代以后,长安不再是首都,它在政治上失去了重要地位,在经济、文化方面渐渐落后,因此它的影响力也随之削弱,不再是一个令世人向往的地方,作者对它缺乏关注的热情,读者也对它感到陌生。二是拟话本的作者基本上是浙江、江苏人,他们熟悉的是浙江、江苏本土的人和事。明代时浙江、江苏在经济和文化方面占有举足轻重的地位,因此浙江、江苏的文人热衷于书写发生在养育他们并且让他们引以为豪的土地上的故事。而遥远的陕西,对于他们而言,只有那曾经的辉煌尚值得一提。

长安文化与当代秦地作家

赵学勇　王贵禄

（陕西师范大学文学院　陕西西安　710062）

摘　要：秦地作家在当代文化语境中对长安文化的承传、阐释与重构，是其文学精神生成的基础，也是其创作的根系与血脉所在。正是在这个意义上，秦地作家的创作才承载了丰厚的文化含量与意义深度。在题材的选择上，秦地作家将眼界一直延伸到了乡土和农民精神状态的深处，这种乡土叙事动机的产生，在很大程度上缘于他们对长安民间文化的怀旧与想象和对传统乡村现代化转型的深切焦虑。在主题话语的生成上，秦地作家承继长安士层文化的悲悯情怀和进取意识，培育出了一种深刻关注现实的文学精神，它具体化为对底层群体生存状态的展示，对狂欢式苦难图景和生命强力行为意志的反复呈现，共同推演着这种文学精神的基本向度。在叙述方略上，秦地作家以宏大叙事和传奇演绎为叙述的两极，其渊源正在于长安长期处于权力中心而在其文化中生成了一种美学规范，即以叙述的宏大与奇观为极致。长安文化的沉雄阔大，造就了当代秦地作家的襟怀与气度，表现在审美风格形态上，则被具象化为"恢宏气象"和"史诗品格"。长安文化之于秦地作家精神的深层联系和影响，成为秦地文学在多元格局中突出的身份指证。

关键词：长安文化；当代秦地作家；题材选择；主题话语；叙述方略；风格形态

引　言

文学活动与地域文化的关系问题，古代中国学者已多有涉及，魏晋南北朝之后，讨论的力度逐渐加大，但直到近代刘师培、梁启超等人的著作出现，才将此命题系统化。19世纪初的西方，斯达尔夫人《从文学与社会制度的关系论文学》和泰纳《〈英国文学史〉序言》的问世，将文学活动与地域文化的联系引向了更深入的讨论。在泰纳看来，影响文学活动的地域文化其实主要体现在精神领域，他在一系列著作中都从"种族"、"环境"和"时代"的层面解析精神文化，且把由其生成的精神现象看做是文学创作基本的和最终的力量。刘师培在《南北文学不同论》中，也认定地理人文环境对文学会产生巨大影响,地域文化对作家具有决定性的意义。循着泰纳、刘师培等人的理路,本文将着力研讨长安文化之于当代秦地作家在现代性语境中所播撒的种种影响及深层的精神联系,并以此探悉秦地作家文化心理结构转型与重构的契机。

陈寅恪较早提出过“长安文化区”的概念[①],他是偏重于从政治地缘进行划分的。“长安文化区”这一概念的提出无疑是极富启示性的,后来有人或从建筑史,或从交流史,或从经济史等角度进行区域文化的划分,也往往视“长安文化”为重要的文化地理。那么,该如何厘定长安文化的基本内涵呢?综合上述各种观点,我们认为,所谓长安文化不仅是一种空间概念,同时也是一种时间概念。以空间范畴而论,长安文化是以地理意义上的长安为中心而形成的文化综合,如有人就把长安文化看做是“以都城长安及其周围如周都镐京、秦都咸阳为中心的中国古代文化”[②],前者陈寅恪将长安文化以“区”论之,亦是一例,都特别强调长安文化在地理边界上的延伸性和宽泛性。从时间范畴而言,长安作为周、秦、汉、唐等十余个王朝的都城,在漫长的历史演变中其基本文化母体的内涵也在不断地充实和更新,陈寅恪认为,长安文化在唐以前一直处于发展和上升阶段,到唐宋之交的文化革命时刻开始衰落,但其影响却一直延续到现代。因此,在时间范畴上长安文化亦具有延伸性和宽泛性。基于时间和空间双重范畴的考虑,厘定长安文化的基本内涵就不能以一个时期的文化形态为规范,而应该检视所有历史时段所呈示的总体特征。

任何一种文化都会在物质和精神两个维度上体现出来,出于命题的需要,关于长安文化的讨论我们更重视从其精神维度上考察。长安文化的源起可以上溯到西周早期,这个时期是长安文化的胚胎孕育期,经过东周的发育,长安文化具备了大致的雏形。周代的长安文化雏形与秦文化合流之后,就形成了长安文化的基本母体。此文化母体在汉、唐这两个封建鼎盛时期,经过各民族间极为广泛的交流和渗透,逐渐演化成以周秦文化为内核,又融合了楚越文化、齐鲁文化及西域边疆文化等不同异质文化的结构,到唐代已达到极盛,终于形成了一种多元并存的综合性的精神文化形态。特别值得关注的是,长安文化兼容了儒家文化的济世思想、道家文化的天人理论、佛家文化的悲悯情怀,这些精神质态与开拓奋进意识、以大为美意识、历史言说意识等结合之后,就形成了长安文化的基本精神核体。尽管长安文化在不同的历史时段可能会表现出不同的图景,但都会显示出它一以贯之的精神核体,并从精神文化的维度上体现出来。而长安文化的精神核体一旦形成,便具有了稳定性,它“具有强大的自我更新能力,能适应千百年时代的变迁,不断将本民族精神与时代精神相调节,将各种营养消化

① 陈寅恪:《唐代政治史述论稿》,上海古籍出版社1997年版。
② 赵文润:《西魏北周时期的长安文化》,《人文杂志》1993年第3期。

于自己的肌肤中,并且抗衡企图改变民族基本精神的外来影响"[①]。这些精神核体不仅在古代众多作家如司马迁、李白、杜甫等的诗文中有饱满的表现,而且在20世纪的作家,尤其是在当代秦地作家的创作中亦有真切的释放。它的影响均及于题材的选择、主题的提炼、表述的方式、风格的形成和语言的传达等文学的众多层面。而史诗规模的构架、恢弘气象的追求、宏大叙事的营造,以及对厚重底蕴的格外器重等,是长安文化精神之于当代秦地文学生成的最为直接的美学规范。

另外,根据长安文化不同的传播和接受方式,大致又可以将它区分为士层和民间两个文化系统。这两个文化系统,对儒家文化、道家文化、佛家文化及地域性文化等进行了不同的择取与重构,在内容上既有交叉互渗,在价值判断上又迥然有异,但都影响着当代秦地作家的创作。长安士层文化的源头可追溯到先秦,确切地说,应该是远在孔子校订《诗经》之前。《诗经》中的"雅"和"颂",无疑是士层文化的见证,"颂"作为祭祀周人祖先的歌功颂德之作,代表了统治阶级的文化正统;"雅"作为官僚贵族之间的应答之作,或抒怀吟咏之作,其寓意之曲折和趣味之高雅当然与市井、草根之作泾渭分明。长安由于在封建社会长期处于政治、经济、文化的中心地位,这种士层文化作为一脉,在精神向度上经过后世文人士大夫的承袭与张扬,遂成为古代中国文学知识分子主要的创作资源之一。与士层文化相对应,长安民间文化的酝酿期也是在先秦,《诗经》中的"秦风"一类典型地体现了其精神底蕴。士层文化较为关注精神界面与制度界面,而民间文化则更倾向于人的心灵世界和风俗道义。长安士层文化曾几度成为古代中国的文化主流,深刻地影响了历代知识分子的人格构成和精神状态。长安民间文化,作为身处社会底层的弱势群体的精神寄托,以乡土文化、神秘文化、侠义文化和秦腔文化为其基本形态,同样深刻影响着中国传统文化的整体风貌。

在这样的文化背景上,纵览20世纪秦地作家的文学活动,可以发现,他们虽不像秦地古代作家一样长时间引领文学思潮的主流,但因为秉承了长安文化的精神核体,在创作的美学范式上仍别具格调,于"京派"、"海派"等流派之外独标神韵。本文的立意不是要梳理长安文化与历代文学知识分子创作之间的渊源脉络,而是要探查长安文化与当代秦地作家之间的精神联系。当然,关于这个问题可以从多种视角切入,但为了避免停留在浅表层次的现象描述,本文力图从"传统与现代"、"城市与农村"两个维度,以及"题材选择"、"主题话语"、"风格追求"和"叙述方略"等方面进行探析。

---

① 黄新亚:《长安文化与现代化》,《读书》1986年第12期。

一、乡土与农民:当代秦地作家的题材选择

如果将长安文化作整体观,我们会发现它是一种建构在农耕文明积淀基础上的综合形态的文化,这种文化在质态上与唐宋之际在东南沿海地带逐渐兴起的以商业活动为主体的城市文化有着天然的分别,农业文化的稳定性和持久性造就了长安文化最基本的性格特征,即“农”成为了秦地人原初的精神边界与范畴。这样,“农”的行为意识、“农”的审美趣味、“农”的精神取向也相应成为秦地作家基本的文化心理结构。冯友兰曾指出,“农的眼界不仅限制着中国哲学的内容,而且更为重要的是,还限制着中国哲学的方法论”,“农所要对付的,例如田地和庄稼,一切都是他们直接领悟的。他们纯朴而天真,珍贵他们如此直接领悟的东西。这就难怪他们的哲学家也一样,以对于事物的直接领悟作为他们哲学的出发点了”[①]。这种文化心理结构的传承是如此的夯实,以至于有些当代秦地作家如贾平凹,尽管在城市生活了很久,也无法从根本上有效转型,不能以城市人欣喜的心情看待瞬息万变的城市万象。贾平凹在物质文化繁荣的城市依然对遥远的山地故乡有着深切的凝望,他在这种眼神中有着更多的对长安文化的依恋,而当两种文化,即城市文化与乡土文化发生剧烈的碰撞时,他宁愿复归到乡土文化中去,从中寻找灵魂的栖息地,他说“慰藉这个灵魂安宁的,在其漫长的二十年里是门前那重重叠叠的山石和山石上圆圆的明月……山石和明月一直影响我的生活,在我舞笔弄墨、挤在文学这个小道上时,它又在左右我的创作”[②],贾平凹的文化心理的确具有极大的代表性。当代秦地作家大多出身于农家,从他们睁眼看世界的第一刻起,触摸和体验到的就都是“农”的形状、“农”的味道和“农”的颜色,当他们从事创作时,农民、农村和农业生产活动自然就走进了他们的文学空间,成为他们主要的题材选择。

乡情、乡思、乡恋,在路遥的小说世界中,构成了重要的审美内容。他曾说:“我是农民的儿子,对中国农村的状况和农民命运的关注尤为深切。不用说,这是一种带有强烈感情色彩的关注。”[③]路遥的“关注”,不是“爱”与“恨”的交织,更不是“怨”与“哀”的诅咒,而是以赤子之心的依恋,把自己融入生于斯长于斯的黄土地。尽管秦地作家在20世纪90年代之后,对长安民间文化浸润下的农村和农民不乏冷峻的反思和自觉的文化批判精神,如杨争光笔下的村社,但因为骨子里对这块大地的过于挚爱,血脉中流淌着长安文化的余热,终究难于建构起鲁迅一样的对传统文化的反思力度和

---

① 冯友兰:《中国哲学简史》,北京大学出版社1985年版,第32页。

② 贾平凹:《山石明月和美中的我》,《钟山》1983年第5期。

③ 路遥:《路遥文集》第2卷,陕西人民出版社1993年版,第376页。

深度。

乡土文化的稳定性和持久性又与城市文化的时尚性和短暂性形成了鲜明的比照，也许是出于一种警惕和提防心理，当代秦地作家对于城市文化的体验，更多的是城市文化中的消极与颓废，是城市文化对行为主体的人格异化与灵魂腐蚀。这也就不难理解，为什么出现在秦地作家文学空间的“城市”常常与“海派”作家笔下的城市大相径庭。“城市”不仅对秦地作家而言是陌生的，而且即使“城市”出现在他们的文学空间，也往往是喧嚣的、肮脏的、纷乱的，是一个“异化”之地。在《白鹿原》中，我们看到的西安城是一个死尸遍地、臭气熏天、瘟疫横行的地方，决不是安身立命的好去处。同样，在《废都》中，闯入城市生活的他者如庄之蝶，是不甘沉沦又难以自拔因而苦闷异常的文人，他们已被城市异化，不断咀嚼着失去自我的悲哀。路遥是一个执着于探究城乡交叉地带行为主体精神流变的作家，在《人生》中，主人公高加林尽管有过城市经历和体验，但后来他终于明白，他的精神家园还是在农村。这其实也昭示出秦地作家深层的文化心理结构，即他们离不开“乡土”这个精神家园，在面对“城市”与“农村”的抉择中，他们会毫不犹豫地选择“农村”。

乡土和农民作为秦地作家在题材上的整体性抉择，一方面是由于秦地作家敏锐地发现了长安文化关于乡土所提供的丰厚的话题资源，另一方面，他们也觉察到了长安文化对秦地人持久的塑捏意义，文化在三秦大地上似乎具有更柔韧而永恒的力量，使一切行走于这片大地上的行为主体不得不将长安文化作为他们行为的原点和支点，并由此而生发出一种强烈的身份认同感。秦地作家对乡土文化有着相当复杂而矛盾的情感，他们深知这种文化在全球化的今天决不会是主流，但对这种古老文化的眷恋又使他们在文化的质态上追加了过多的乌托邦式的幻想，也因而在上世纪的“文化寻根”热潮中很快就凝聚成了一个阵营——陕军东征。无庸置疑的是，当代秦地作家多多少少有种“文化保守主义”的迹象，这实际上也涉及“五四”以来一直争论的“现代与传统”的话题。“五四”启蒙者曾力主废除传统、全面西化，改革开放之后“西化”之风复燃，而伴随着“西化”滋生的流弊却足以触目惊心，这样，原本就对城市文化和西化现象怀有戒备甚至排拒心理的秦地作家一如既往地挖掘传统，在乡土文化中寻找题材也就成为情理之中的事情了。但终究城市化和现代化是中国社会发展的总趋势，这种趋势不是地域性力量可以逆转的，秦地作家迟早要告别农村而走向城市，长安文化所提供的一切资源也必须经历一个现代化的过程，而未来秦地作家的领航者也必须在传统文化的现代化方面把握住精神实质，才有可能再攀文学的新高度。

二、悲悯与进取：当代秦地作家的主题话语

如果说当代秦地作家在题材的选择上，更多的是从乡土文化，即长安民间文化着

眼的;那么,在主题话语的生成上则同时倚重长安士层文化系统,具体说,就是承继了其士层文化中的悲悯、济世情怀。“悲悯”是作家之于人类悲剧性存在的一种独特的心灵感受和精神把握,是个体建构在对群体命运的思考和感受基础上的崇高情感,其价值在于对人类苦难和悲痛的担当与救赎,《诗经》“秦风”中的《采薇》、《苕之华》、《何草不黄》等篇章已透露出浓厚的悲悯情怀,这种传统在司马迁的《史记》中得到了强有力的阐释与补充。有唐一代,抒发悲悯情怀更成为咏史诗的基本母题,那些随历史的风云变幻而产生的悲剧命运及由古今之变所带来的幻灭感,在李白、杜甫等的诗文中都得到了真切的表达。

当代秦地作家承继了司马迁、李白等古代作家的流风余韵,也无不在他们的作品中注入那种悲剧性的人生体验,揭示由于人性的种种邪恶而造成苦难的真相。他们不仅对一切道德高尚、心地善良而命运多舛的人物充满了同情,而且即使面对那些心灵卑琐、行为恶劣的小人也同样充满了悲悯,写出了他们无奈、寂寞而凄惶的心境。他们看到了世人所面临的苦难,对人类由于人性缺陷而遭致的灾难报以同情和怜悯,并希望通过自己的努力,暴露出真相,目的在于能使人们警醒,并设计了真正走出苦难的社会蓝图与人生图式。[①] 此外,当代秦地作家身处社会的大变迁、文化的大转型之中,他们所坚守的乡土文化正遭遇空前的颠覆,商业文化的枝蔓已延伸到长安文化的末梢,这同时在他们的文化心理深层滋生了一种浓重的忧郁感和彷徨感,也使他们更快地觉察到文化传统的日渐沦丧,以及精神家园的日渐颓败,并因之强化了他们悲天悯人的情怀和精神返乡的决心。以悲悯为主导意识,使当代秦地作家相应远离了肤浅,远离了游戏写作,一种厚重感油然而生。路遥对底层人的创伤、屈辱和苦难的展现的确是刻骨铭心的,他笔下的人物都在进行着痛苦的个体性生存价值的实现,他同时以缱绻之心为其笔下的乡土群体提供了精神尊严,给那些受伤的心灵以精神抚慰。

某种意义上说,“悲悯”是中国文学基本的审美情感之一,屈原之后,大凡有成就的作家似乎都具备这种品质。我们在此所谈论的“悲悯”,则多指长安文化所蕴育出的一种艺术精神,它除了一般意义上悲天悯人的情怀之外,还渗透着大同意念与乌托邦幻想,以及由此而来的现代性焦虑。这里的现代性焦虑,主要表现为鸦片战争以来潜意识支配下一定程度的民族失败感、民族国家主权的危机感和现代化进程中滋生的失望感。但当代秦地作家并非以救世主的姿态出现,也没有着意成为民族寓言的讲述者,他们的本意是要代弱势群体立言,为那些持久的沉默者诉说,以促使人类的大同与和谐早日到来。于是,这种悲悯在秦地作家的笔下更像是一种仪式,一种类似于宗教般

---

① 摩罗:《不灭的火焰》,中国工人出版社2002年版,第256页。

的虔诚与倾诉。而且,为了升华这种悲悯情怀,秦地作家又往往将其与另一种重要的精神资源,即进取精神相结合,也因此使这种悲悯超越了同情与怜悯的表象,最终使读者接受其生存的理由和劫后的痛思。

作为长安文化母体的周秦文化,以进取精神著称。我们今天所能看到的《诗经》"颂"当中的《生民》、《公刘》、《绵》、《皇矣》、《大明》等诗,就叙述了自周人始祖至武王灭商的全部历史,这也是一部奋斗史和进取史。秦国在东周早期是个地处西部边地的小国,后秦穆公、秦孝公等历经数代不断地开疆拓土、勇猛精进,终于至秦始皇而统一六国。其后的汉武帝、唐太宗亦以进取精神为垂范,缔造了两个文明史上的泱泱大国。所以,进取精神是长安文化中不可或缺的重要资源。

20世纪五六十年代,秦地作家的进取精神集中表现为民族国家想象及其构建,其最明显的表征就是对新中国建立前的历史的重新讲述,以及对新中国现实的由衷肯定,前者如杜鹏程的《保卫延安》,后者如柳青的《创业史》。在《保卫延安》中,洋溢着昂扬的进取精神,这种进取精神因与主流意识形态具有高度的一致性,并借此获得了充足的合法性。主人公周大勇的坚强的信仰力量,正来自于他对观念中的新中国的憧憬,也来自于他对新生活的激情想象。而在《创业史》中,梁生宝和他的互助组艰难的创业历程,体现了我们这个苦难民族自力更生、发愤图强的顽强意志,奏响了一曲新中国成立初期慷慨激越的主旋律。

进入新时期,这种进取精神又在长安民间文化中找到了更广阔的土壤,值得关注的是,当这种进取精神与本土性神秘文化、侠义文化和秦腔文化汇聚之后,便呈现出鲜明的地域风致。首先,从人物谱系来看,秦地作家多倾向于展示硬汉人物的精神世界,这些硬汉人物往往具有超常的行动能力和担当苦难的勇气,他们可以顶着各种逆境和困境,甚至是天灾人祸也要去实现其社会理想,决不轻言放弃人生信念,如《平凡的世界》中的孙少平,《白鹿原》中的白嘉轩。其次,是对底层群体另类生存状态的展示和强力意志的张扬,像高建群的《最后一个匈奴》,贾平凹的《五魁》、《白朗》、《美穴地》等,阅读此类作品,极易使人联想到《史记》中的《游侠列传》和《刺客列传》,这些作品中的人物类似于侠客,但不一定有过人的技击能力,他们呼唤身心的双重自由,率性而为,是底层社会中用行为言说的一群,他们与三秦苍凉辽阔的大地是融为一体的。再次,是狂欢式苦难图景的依次展现,"苦难"似乎在秦地小说中是生存的常态,人物在苦难中成长和成熟,正如同基督教徒必经历洗礼,并伴随着秦腔文化激越苍劲的情感宣泄。也正是在苦难图景的喧腾中生命得以升华,信念得以延传,民族向心力得以凝聚,从而使这种苦难图景的展现具备了大众狂欢的色彩,像《西去的骑手》中主人公马仲英、《关中匪事》中主人公墩子的成长和成熟就是如此。

三、恢宏气象与史诗品格:当代秦地作家的风格追求

中国传统文论在涉及文学与地域文化关系的命题时,其实主要是关注文学风格的形成及其审美效应,如梁启超《中国地理大势论》中有:“燕赵多慷慨悲歌之士,吴楚多放诞纤丽之文,自古然矣。自唐以前,于诗于文于赋,皆南北各为家数。长城饮马,河梁携手,北人之气概也;江南草长,洞庭始波,南人之情怀也。散文之长江大河一泻千里,北人为优;骈文之镂云刻月善移我情者,南人为优。盖文章根于性灵,其受四周社会之影响特甚焉。”①作家总是在一定地域中存在的,故其文学风格难免要携带大量地域文化的信息,不能不昭彰文学风格的地域性。我们在此研讨当代秦地作家的风格形态时,则略去作家的个体风格不论,主要窥视长安文化之于秦地作家的总体美学规范,尤其是现代化语境中当代秦地作家对这种美学范式的承继与融通。

长安作为历史悠久的都城,事实上在秦汉之际已培育出都市精神,汉武帝时期由于物质文化和经济实力的不断增长,使处于上升阶段的帝国意气风发,踌躇满志,而其时的社会风气之于文学的直接影响,是造就了闻一多曾总结的“以大为美”的审美趋向,这种审美趋向遂被作为长安文化的一个标志性传统一直延续下来。“以大为美”的审美趋向在汉赋中得到了完美、有力的表达,从《汉书·艺文志》所辑录的一千余篇汉赋来看,或歌颂王朝的威仪,或铺陈帝都的形胜,或渲染游猎的盛大,或夸饰宫殿的奢华,不仅体制大、规模大、立意大,而且弥漫着一种大气、一种豪气和一种霸气。司马相如的《上林赋》、《子虚赋》,班固的《西都赋》,扬雄的《甘泉赋》、《羽猎赋》,张衡的《西京赋》等都是此类文体的杰作。“以大为美”的审美趋向,在汉大赋中被具体化为雄浑壮阔的气势、奇谲飘逸的格调和疏朗跌宕的文采。汉赋中“以大为美”的审美趋向在唐代则更是演变为“盛唐气象”,成为后世作家毕生追求的理想境界。南北宋之交的叶梦得在《石林诗话》中关于杜诗的评论,就有“气象雄浑”的断语。南宋的严羽在《沧浪诗话》中指出唐、宋诗人之所以有差距,其最大的美学分别就是“气象不同”。而所谓“盛唐气象”,在美学风格上则主要指雄浑和豪放,这种美学风格特别在盛唐的边塞诗中得到了酣畅的展现,它也是一个时代的性格形象,是中国诗歌最为天籁的音调。从长安文化的主导审美趋向来判断,无论是汉代的“以大为美”,还是唐代的“盛唐气象”,我们都可以将其风格形态概括为“恢宏气象”。汉唐之际所形成的恢宏气象作为一种风格形态,早已根植于秦地作家的潜意识之中了,千百年之后,我们仍可以从

---

① 梁启超:《中国地理大势论》,刘梦溪主编:《中国现代学术经典·梁启超卷》,河北教育出版社1996年版,第707页。

当代秦地作家的创作中发现它强旺的生命力。

20 世纪 50 年代初期,《保卫延安》一经问世,便以其雄浑壮阔的美学风格震惊了文坛。当时的评论界虽然已经很熟悉茅盾《子夜》所开创的"社会剖析小说"范式——"大规模地、全景式地反映刚刚逝去不久的、甚至是正在发生中的社会现实,表现各种矛盾斗争中的阶级和人的创造气魄"①,而当他们面对《保卫延安》这个特殊的文本时,仍为其强烈的进取精神和英雄主义基调深受感染。《保卫延安》的确对其时的接受者来讲,是一个既熟悉又陌生的文本。说它"熟悉",是因为它在很多方面都表现得与《子夜》极其相似,如两者均有历史性的巨大内容、宏伟的结构和尽量追求客观的叙述;而说它"陌生",是因为它在文本中有一种特殊的"气象",这种气象与司马相如的汉大赋如出一辙,都尽显文本的肆意狂欢,事实上其美学效应比《子夜》范式显得更大气、更荡气回肠,以至于评论家一时难以找到恰当的风格术语来概括,只停留在"史诗性"这个话语场进行讨论。那个时代的研究者因为局限于意识形态解读,习惯性地从社会的整体语境进行分析,尚不能联系地域文化进行深入的探察,所以对《保卫延安》所呈现出的地域性风格语焉不详。现在看来,《保卫延安》正体现出长安文化对当代秦地作家的美学影响,即恢宏气象的风格追求。我们在上文谈到的"以大为美"和"盛唐气象"都是一种文本的狂欢式释放,其文本中昭彰的积极的人生态度和昂扬的社会精神,以及豪迈劲健的文学话语,标识出典型的汉唐式狂欢。《保卫延安》是当代语境中汉唐式狂欢的再一次释放,因为它深刻贯注了长安文化的神韵,所以,在"十七年"文学中,我们难能见到同时代不同地域的作家在风格形态上能与《保卫延安》相类似,尽管那是一个以史诗性文本和革命浪漫主义为规范的时代。

《保卫延安》发表五年之后,柳青的《创业史》在《延河》杂志开始连载。这部小说在结构上的宏伟壮美,气势上的阔大恢弘,堪称新中国成立以来的小说之最,它也是新文学史上屈指可数的多卷本系列长篇小说之一。《创业史》问世之后,成为文坛上的一个重大事件,当年参与研究的人数之众、研究规格之高就是在今天来看都是罕见的。在《创业史》风格形态的认知上,研究者普遍将其看做是一部"史诗性"的、"纪念碑式"的作品。关于"史诗性",洪子诚有过精彩的判断,他说:"'史诗性'在当代的长篇小说中,主要表现为揭示'历史本质'的目标,在结构上的宏阔时空跨度与规模,重大历史事实对艺术虚构的加入,以及英雄形象的创造和英雄主义的基调。"②《创业史》的史诗性在生成的维度上与《保卫延安》具有异曲同工之妙,正如冯牧所言,《创业史》"是一部深刻而完整地反映了我国广大农民的历史命运和生活道路的作品,是一部真实地记录了我国广大农村在土地改革和消灭封建所有制以后所发生的一场无比深刻、

---

① 钱理群等:《中国现代文学三十年》,北京大学出版社 1998 年版,第 222 页。

② 洪子诚:《中国当代文学史》,北京大学出版社 1999 年版,第 108 页。

无比尖锐的社会主义革命运动的作品”[①]。冯牧的确发现了弥散于《创业史》中的是一种历史言说的激情,一种探索“农民的历史命运和生活道路”的历史哲学意识。柳青怀着悲悯而振奋的心情,深刻关注着一个在苦难中长大的农家子弟如何在乌托邦想象中去艰苦创业,由梁生宝的个人奋斗到人民公社的群体创业,叙述者在历史的言说中完成了对新中国的由衷肯定,并确认了新秩序产生的历史必然性。

无论是《创业史》,还是《保卫延安》,作品中那种历史言说的激情都是有目共睹的,其史诗品格也是评论界所公认的。这个现象不能不让我们萌生疑问,为什么秦地作家如此热衷于历史言说?当然,除了柳青、杜鹏程所处时代的整体语境,即那是一个激情燃烧的时代,是一个讲史的时代之外,恐怕还很有必要从长安文化中进行追溯,因为新时期以来的秦地作家同样热衷于历史言说。历史言说意识是长安文化形成中极为重要的思维方式,它关涉一个群体的社会经验的沉淀和文化身份的确认。前文提及《诗经》“颂”当中的《生民》、《公刘》、《绵》、《皇矣》、《大明》等诗,叙述了自周人始祖至武王灭商的全部历史,已注入了浓厚的历史言说意识,由此开了风气之先,这种历史言说意识在随后漫长的岁月里被不断强化和深化,至司马迁更是把这种意识推向了极致。司马迁在《报任安书》中所阐述的“究天人之际,通古今之变,成一家之言”的史学观和文学观,千古而下,深刻影响着秦地作家的创作,故此我们不难理解,史诗品格的追求始终是当代秦地作家一个无法绕开的风格情结。

柳青的《创业史》和杜鹏程的《保卫延安》以其鲜明的美学风格赢得了人们的敬重,更为重要的是,他们也为当代秦地文学奠定了基本的美学范式,即文学风格形态上的“恢宏气象”和“史诗品格”。新时期以来,特别是进入90年代,这种美学范式得到了全面的张扬,《平凡的世界》、《白鹿原》、《废都》、《浮躁》、《八里情仇》、《最后一个匈奴》和《热爱命运》这些标志秦地重量级长篇小说的适时发表,引起了评论界的极大关注,研究者不能不惊叹在中国文学整体滑坡和萎靡的境遇中,在文坛盛行“私人化写作”的整体氛围中,当代秦地作家却能以刚健、清新的文风独领风骚,人们似乎又一次看到了渴望已久的“魏晋风力”。需要注意的是,新时期秦地作家所追求的史诗品格,某种意义上讲,也是一种历史意识的体现,这种历史意识的存在就是要透视历史本质,还原历史真相,所以,此类具有史诗品格的作品不一定要塑造英雄形象和创造英雄主义的基调。以此观之,我们也会发现,《白鹿原》、《最后一个匈奴》等作品所追求的史诗性,是民族秘史,是民族文化史与人性史、心灵史的融会。而贾平凹的一些中长篇和杨争光的一些中短篇,却是“立足于非史文化意识,主要描绘正史圈外的原生态野史,构成一种审美形态的‘非史之史’”[②]。

---

① 冯牧:《初读〈创业史〉》,《文艺报》1960年第1期。

② 肖云儒:《史诗的追求和史诗的消解——陕西小说历史观追溯》,《小说评论》1994年第10期。

当然,生成当代秦地作家“恢宏气象”和“史诗品格”风格形态的元素,除了长篇体式、历史言说之外,其所体现出的积极的现实主义艺术精神、劲健雄浑的文学话语等,也都是不可忽视的重要方面。秦地作家在其创作中表现出的这种美学追求在当代文学史上意义重大,《保卫延安》、《创业史》的经典范式影响深远,而《白鹿原》、《平凡的世界》等作品则在新时期多元文学格局中也构成了一种巨大而独特的存在。

四、宏大叙事与传奇演绎:当代秦地作家的叙述方略

在小说文本中,叙事是最大的现实,离开了叙事则一切都无从谈起。而所有的叙事均涉及两个问题,即“讲什么”和“怎么讲”,我们在此重点分析长安文化背景中当代秦地作家“怎么讲”的问题,也即叙述方略的问题,显得尤为重要。

法国理论家利奥塔在“后现代”研究中提出了“宏大叙事”的概念,他认为后现代主义的“基本态度”是“不相信宏大叙事”,利奥塔之所以如此抵触宏大叙事,是因为在他看来,宏大叙事中含有未经批判的形而上学的成分,它赋予了叙事一种霸权。[①] 无庸置疑的是,利奥塔的观念中多少有种意识形态偏见,他关于“启蒙”和“革命”的质疑,却正反映出极端化的自由主义者在“去中心”之后的迷惘与焦虑。我们的正题当然不是与利奥塔进行商榷,而是企图从利奥塔“不相信”的“宏大叙事”中洞悉一种影响最为深远的叙述方式。“宏大叙事”既是一种叙事观念,又是一种叙事方式,而且还是一种叙事策略,过去的研究者大多忽略了其后两种维度,因此在“宏大叙事”这一术语的使用上也是流弊丛生。本文因为论证的需要,实际上是在三个维度上使用这一术语的。从叙事观念而言,所谓“宏大叙事”,可以从利奥塔的反向来理解,即是对重大社会历史题材的把握,在主流意识形态主导下以哲学的和历史的眼光透视此类题材的深广度,全景式地钩沉社会内容和历史内容,以复现多层次的社会生活画卷。很显然,宏大叙事是建立在作家崇高的使命感和责任感基础上的一种叙事理念,它也是现实主义文学最为重要的叙述方式。宏大叙事的缘起与中国文以载道传统的关系极为密切,中国文学史上的经典之作大多具有宏大叙事的胎记。

作为长安文化精神核体的济世思想和悲悯情怀,本质上走的是重群体和整体的思维路线,加之道家文化中天人理论的渗透,使长安文化倾向于对事物的宏观把握,而这种倾向因为与历史言说意识具有更多的契合点,两者融合之后极容易形成宏大叙事。在古代中国,长安几度成为权力中心,也同样通过其文化系统培育出了胸怀全局、积极

① 朱立元、李钧主编:《二十世纪西方文论选》(下卷),高等教育出版社2002年版,第398页。

参政的行为主体,而当这些行为主体一旦走上“立言”的道路,宏大叙事必然成为他们的选择。《史记》叙述了从轩辕黄帝到汉武帝数千年间政治、军事、制度、文化、外交以及种种人物的历史轨迹,倘若不采纳宏大叙事的叙述方略从历史的全局宏观把握,司马迁又如何能完成这一浩大的叙述工程？安史之乱后的杜甫,亦以宏大叙事的眼光看待这段历史的悲剧,故能创作出“三吏”“三别”这样的旷世之作。当代秦地作家正是承续了宏大叙事这一传统,故而能够在当代文学的叙事中显示出其创作群体的凝聚力量,也才能将汉唐神韵在当代语境中重新释放。

在《白鹿原》中,其情节的时间跨度从辛亥革命、第一次国内革命战争、抗日战争、解放战争,一直到新中国成立,涉及大量的国事与民事,以及耕种、婚丧、教育、人际交往等民生事件,情节不可谓不浩繁。由此观之,作为一种叙述,宏大叙事的情节构成,往往具有较大时空跨度的大型化的情节规模。秦地作家因为深受《史记》的影响,强调讲史的格局,常以中心人物组织其情节结构,在情节的运作上也是以事带人,从而强化了文本的故事性。从人物形象的谱系来看,宏大叙事在全力创造典型形象的前提下,亦需创造类型化的形象,还是在《白鹿原》中,作家出于表明其文化立场的需要,创造了朱先生、黑娃等类型化的人物,这些人物虽然缺少性格的丰富性和生动性,但却能很有效地实现作家的文化指向。因为这些类型化人物“易于辨认,只要他一上场就会被读者感情的眼睛而不是视觉的眼睛所觉察”[①]。这些类型化人物的存在,对于营构宏大叙事很有意义,因为他们能与社会群体的价值想象相一致,从而深化读者的价值认同,换句话说,宏大叙事的“互文性”往往体现在社会的整个价值体系和观念体系之中。

在叙事学视野中,叙述主体具有举足轻重的意义,因此,当我们谈及当代秦地作家的叙事时就不能不研究其叙述主体。作为小说文本的叙述主体,是由小说的作者、隐含作者、叙述者构成的特殊关系。小说的作者是现实的人,处于文化网络中的人,但他可以超越现实,虚构种种可能的世界,从而建构一种诗意的人生样态。《白鹿原》的作者陈忠实是生活在长安文化背景中的现实的人,他的人生阅历、知识结构和美学经验,早已框定了他的文学眼界,因此他的创作决不会等同于张恨水或者张爱玲,对宏大叙事的偏执,是长安文化赋予他的一种地域气质。营构宏大叙事同样离不开叙述者和隐含作者的存在,有意味的是,作为当代秦地作家美学旨趣体现者的叙述者,却是清一色以第三人称全知全能的视角叙述的,他们甚至对限制性叙述都不采纳,但从文学接受的经验来判断,采用全知叙事却可以立体、交叉地观察被叙述的对象,叙述者可以从一个叙述位置任意移向另一个位置。宏大叙事因为既要反映生活的全景,又要从这种全

---

① 福斯特:《小说结构》,转引自王先霈等:《文学批评术语词典》,上海文艺出版社1999年版,第201页。

景中揭示历史的本质,故全知叙述成为他们必然采用的一种方式。如在《保卫延安》中,叙述者时而置身于我党我军的领导人之间,时而迂回于国民党高级将领之间,时而在战场,时而又在后方,时而在凝视我军将士的惺惺相惜,时而在观察国民党党棍与军阀之间的尔虞我诈,叙述者的无处不在为读者宏观、清晰地把握全景、全貌提供了极大的便利。而隐含作者的确立,拉开了现实的作者与小说价值体系的距离,替代了作家直接干预作品的主观情绪,承担起了种种读者对作家的非公正性诘难,也使作家的价值观更接近于受众,符合大众的情感欲望和价值标准①。以《创业史》的阅读经验而论,我们总是能感觉到一个隐含作者的存在,他凝视着梁生宝的创业行为,凝视着梁三老汉等一系列人物的守旧、自私和固执,并最终对所有人物进行了裁判。这个隐含作者实际上也聚合了柳青所有关于真、善、美的价值想象。

当代秦地作家的叙述方略,在宏大叙事之外,其传奇演绎也非常值得关注。鲁迅曾这样阐释"传奇":"传奇者流,源盖出于志怪,然施之藻绘,扩其波澜,故所成就乃特异。"②在鲁迅看来,传奇的根本在于叙述奇人怪事,而叙述中也不免夸饰与奇特。传奇演绎在长安文化中根深蒂固,由来已久,《诗经》"颂"中的《生民》、《公刘》、《绵》、《皇矣》、《大明》等这些叙述周人始祖及后辈艰苦创业的叙事诗,本身就是一部传奇故事,充满了神话意味,可视为传奇演绎的肇始。传奇演绎在《史记》中格外引人注目,《史记》虽以"实录"精神著称,但在叙述具体历史人物时却处处可见那些特异性的事件,这些特异性事件是《史记》艺术魅力的必要构成,如在《五帝本纪》中就叙述了舜帝、周人始祖后稷等经历的传奇人生,对其他人物,即使是一些布衣、草根群体的叙述也同样注重其经历、言行的传奇性。传奇演绎的叙述观念,发展到唐传奇可谓登峰造极,鲁迅在《中国小说史略》中曾专列三章,详细考察了传奇叙事的源流。

当代秦地作家不可能无视长安文化中传奇演绎的叙述传统,实际上这种叙述传统从《保卫延安》到《西去的骑手》都体现得非常鲜明。如果稍作分析,就会发现秦地文学中传奇演绎的共性特征,一是无论突显"纪实性"还是铺展"虚拟性",这种传奇演绎都追求非常态的奇特性和实质上的浪漫性;二是这种传奇演绎都表明了其非正史性和非正史意识。这两个叙述特征在本源上均与长安民间文化系统有关,即乡土文化、神秘文化和侠义文化使然。宏大叙事与传奇演绎在当代秦地作家的创作中是作为叙事的两极存在的。《保卫延安》、《创业史》、《白鹿原》、《西去的骑手》、《最后一个匈奴》等作品不仅追求宏大叙事,在壮阔的文学视野中多层次地展现生活真实和历史真实,同时以传奇演绎为叙事的另一维度,对一些奇闻逸事进行记录和推衍,尤其是对一些以地域性的风俗习惯、人情人事为依托而具有奇幻色彩的故事进行推衍。如果将《白

① W.C. 布斯著,华明等译:《小说修辞学》,北京大学出版社 1987 年版,第 84 页。
② 鲁迅:《中国小说史略》,百花文艺出版社 2002 年版,第 47 页。

鹿原》中的传奇演绎全部进行转换或者删除,其艺术性、可读性必然要大打折扣。仅以《白鹿原》的开篇为例,“白嘉轩后来引以为豪壮的是一生娶过七房女人”,体现了典型的传奇演绎的思维方式,将故事的奇特性置于最醒目的位置,以引起阅读者的最大关注,看到这段文字,读者会产生极大的新奇感,随之滋生阅读下去的兴趣。实现了这个意图之后,叙述者开始对白嘉轩奇特的婚姻展开演绎就具有了合理性与合法性。当然,在《白鹿原》中,宏大叙事与传奇演绎是经常进行交替、转换的,从而使接受者不断遭遇期待遇挫,也同时不断获得阅读的快感和满足感。

结　语

无论从何种意义上说,长安文化都给当代秦地作家提供了丰富的精神文化资源,借助这种资源的滋养,秦地作家获得了自我表达的内容与形式,获得了自我确认的艺术内涵与文学品格。面对复杂多变的生活万象与多元文化并存的当代境遇,秦地作家仍对置身其中的长安文化有着强烈的认同感与归属感。在这样的背景情态下,长安文化对当代秦地作家的创作产生了极为深刻的影响。

总体看来,当代秦地作家的叙事是以长安文化为底蕴的,这既是秦地文学的立足点,也是其叙事艺术展开的坐标。秦地作家对长安文化在现代化语境中的阐释与重构,是其文学精神生成的基础,也是其创作的根植与血脉所在,正是在这个意义上,秦地作家的创作才承载了丰厚的文化含量与意义深度。在题材的选择上,秦地作家将眼界一直延伸到乡土和农民精神状态的深处,而这种乡土叙事动机的产生,在很大程度上却是缘于他们对长安民间文化的怀旧与想象,并携带着对传统乡村现代化转型的深切焦虑。在主题话语的生成上,秦地作家承继了长安士层文化中的悲悯情怀和进取意识,由此培育出了一种深刻关注现实的文学精神,民族国家想象、底层群体生存状态的展示,及狂欢式苦难图景和生命强力意志的反复呈现,是这种文学精神的基本历史向度。在叙述方略上,秦地作家以宏大叙事和传奇演绎为叙述的两极,其渊源正在于长安长期处于权力的中心而在其文化中生成了一种美学规范,即以叙述的宏大与奇观为极致。长安文化的沉雄阔大,造就了当代秦地作家的襟怀与气度,表现在风格形态上,则被具象化为“恢宏气象”和“史诗品格”,秦地文学亦借此在多元格局中得到了身份确证。

虽然当代秦地作家迄今已成绩斐然,但就目前的力作而言,似乎还没有穷尽艺术探索的可能,更有推陈出新与完善的余地和空间。例如,如何使长安文化与当代秦地文学显现交相辉映、相得益彰,如何在文化的多元碰撞、融会并存中,强化秦地文学的艺术张力与表现力,使长安文化真正成为秦地文学之根,不仅成为文学寄生的土壤,而且成为文学得以滋润的源泉。各种途径显然是敞开的，一方面，需要通过当代秦地的优秀作家作品对长安文化进行更有力的整合、提炼和阐释，从而提升长安文化的现代精神内蕴，赋予长安文化以丰富的艺术表现形式和意义。另一方面，需要把长安文化置于多种文化的汇流中，追踪它既成的特性与衍变的命运，在新的文化阐释中获得更多表述与反映的可能性。再一方面，当代秦地作家对长安文化的自觉认同和接受也至关重要，这里既有历史传统作用力的因素，也有地域意识与文化倾向的因素，这就使得以长安文化为创作背景的秦地作家，总是能够突显其鲜明的地域特色，并使长安文化最终成为他们想象力和创作激情的来源。

祝、史"垂戒之辞"与连珠体的起源

马世年

（西北师范大学文史学院　甘肃兰州　730070）

摘　要："连珠体"是我国古代非常独特的文体之一。"连珠"的含义，前人多误解为一则作品中上下词句之间文辞事理的互相启发、历历相贯。其实它不是指一则作品，而是指一组体式相同或相近的作品。以《逸周书·周祝解》、《史记解》等为依据，可以考知连珠起源于西周以来祝、史之官戒勉君主的垂戒之辞。此种文体在战国时期不再为祝、史专用，而是流传开来在诸子著作中频频出现，这对于连珠体的形成是有着重要意义的。及至扬雄，乃开始着力创作这一文体，并将其定名，连珠体于是正式产生。其后，班固、贾逵、傅毅等人的"受诏作之"，遂使其一时兴盛起来，陆机的拟作更使其臻于鼎盛。

关键词：祝、史之官；垂戒之辞；连珠体；起源；定格

"连珠体"是我国古代文体中非常独特的一种。刘勰《文心雕龙》将其与"对问"和"七"并列为"杂文"一类，萧统《昭明文选》则单列"连珠"一体，皆可见其在当时之影响。从文体学的角度看，连珠体在古代文体流变史上具有很是特别的地位；同时，它对于辞赋与骈文的研究都有较为深远的意义。正因为如此，它也越来越受到学者们的重视，出现了很多学术价值颇高的著述。不过总体看来，关于其体制、特征、渊源等问题依然未能很好解决，需要进一步去研究，本文即对此予以探索。我们认为，有两个问题尤其需要辨明：第一，连珠体是指一组体式相同或相近的作品，而不是指一则作品；第二，以《逸周书·周祝解》、《史记解》等为依据，可以考知连珠体源于西周以来祝、史之官戒勉君主的垂戒之辞。

一

关于"连珠体"，今所见较早的说法当是傅玄的《叙连珠》：

所谓连珠者，兴于汉章之世，班固、贾逵、傅毅三子受诏作之。其文体辞丽而言约，不指说事情，必假喻以达其旨，而览者微悟，合于古诗讽兴之义。欲使历历如贯珠，易看而可悦，故谓之“连珠”。（《文选》卷五五“连珠”，李善注引）

《艺文类聚》卷五七、《太平御览》卷五九〇，题作《连珠序》，稍详于李善所引，《艺文类聚》在“班固、贾逵”句后多“而蔡邕、张华之徒又广焉”一句。

其后，沈约《注制旨连珠表》曰：

窃闻连珠之作，始自子云，放《易》象《论》，动模经诰。班固谓之命世，桓谭以为绝伦。连珠者，盖谓辞句连续，互相发明，若珠之结排也。（《艺文类聚》卷五七引）

刘勰《文心雕龙》将其与“对问”、“七”并入“杂文”中：

扬雄覃思文[阁]，业深综述，碎文琐语，肇为连珠，其辞虽小而明润矣……夫文小易周，思闲可赡；足使义明而词净，事圆而音泽，磊磊自转，可称珠耳。①

以上诸说所涉及的问题实际有两方面：一、连珠的渊源与流变；二、连珠的文体特征。这两点实际上也是紧密相关的，因为对某种文体渊源的追溯只能依据其文体特征来确定；反过来，对该文体形成与流变历史的考察有助于更为准确地把握其文体特征。正是如此，傅玄认为连珠兴于东汉章帝之时，“班固、贾逵、傅毅三子受诏作之”，蔡邕、张华等人对其又作了发展；而沈约与刘勰则认为始于西汉扬雄：“窃闻连珠之作，始自子云”，“扬雄覃思文阁，肇为连珠”，班固等人则是其流变。刘勰甚至认为在后世模仿者中，只有陆机的拟作才称得上“连珠”之名。这两种看法都有较大的影响。赞同前说者如明吴讷《文章辨体序说》，而附和后说者有梁任昉《文章缘起》、明徐师曾《文体明辨序说》等，如徐氏云：“盖自扬雄综述碎文，肇为连珠，而班固、贾逵、傅毅之流，受诏继作，傅玄乃云兴于汉景之世，误矣。”②直接否定了前一种意见。

明代以来，杨慎、陈懋仁等学者又有不同的意见。陈懋仁《文章缘起注》说：

《北史·李先传》“魏（明）帝召先读《韩子·连珠》二十二篇”，《韩子》，《韩非子》。韩非书中有连语，先列其目，而后著其解，谓之连珠。据此则连珠之体兆

① 刘勰著，郭晋稀注译：《文心雕龙》，岳麓书社2004年版，第118—123页。

② 徐师曾：《文体明辨序说》，人民文学出版社1998年版，第139页。

于韩非。任昉《文章缘起》谓连珠始于扬雄,非也。①

按:《北史》卷二七《李先传》载:“明元即位,问左右:‘旧臣中谁为先帝所亲信?’新息公王洛儿曰:‘有李先者,为先帝所知。’俄而召先,读《韩子·连珠论》二十二篇,《太公兵法》十一事。诏有司曰:‘先所知者,皆军国大事,自今常宿于内。’”故清人章学诚明确指出:“韩非《储说》,比事征偶,连珠之所肇也。”②这就将连珠体的渊源直接追溯到了韩非的内、外《储说》。这种见解颇有新意,但却有一个问题:《韩非子》中并无“《连珠论》二十二篇”,因此方以智《通雅》谓《韩子》并无此名,“连珠”作为文体之名,实始扬雄。对此,范文澜先生解释说“连珠论”即是指内、外《储说》三十三条:“疑二十二为三十三之误”,“此三十三条,《韩非子》皆称之曰经,李先嫌其称经,故改名为论;又以其辞义前后贯注,扬雄拟之称‘连珠’,因名为‘连珠论’。”“先以《连珠论》与《太公兵法》同读,更可信是内、外《储说》”③。

这种观点也广为研究者所采用,如周勋初先生《韩非子札记·历历如贯珠的一种新文体——储说》、沈剑英先生《论连珠体》、沈海燕先生《连珠体试论》等④,便都认为连珠体的首创就是《韩非子·储说》。

此外,清人孙德谦《六朝俪指》提出:连珠体始于《邓析子》。范文澜先生对此持否定意见,认为并不足信⑤。

近来,罗莹、耿振东等先生认为,连珠体起源于先秦子书⑥。此说实本于钱钟书先生《管锥编》所云:“盖诸子中常有其体,后汉作者本而整齐藻绘,别标门类,遂成‘连珠’。”⑦这种看法较之上引诸说要更为深入。不过,“先秦子书”的说法则过于宽泛,并不能明确反映出连珠体的渊源来。

探索连珠体的起源,需要明确两个方面:第一,一种文体的产生与形成总有一个较为漫长的过程,它不是由某一人在一时之间创造出来的——尽管个人可能在其发展史上起过很大的推动作用。这是文学的基本规律之一。从此角度看,前人以班固、扬雄或韩非为连珠体源头的溯源工作便都有些问题:将起源完全归结为某一个人的创造的做法是不妥当的。第二,在探索一种文体的渊源、辨析源与流时需要注意,不能将“上

---

① 陈懋仁:《文章缘起注》,《丛书集成》初编本;又见杨慎:《丹铅总录》卷一二“史籍类·韩子连珠论”。

② 章学诚著,叶瑛校注:《文史通义·诗教上》,中华书局1993年版,第61页。

③ 范文澜:《文心雕龙注》,人民文学出版社1998年版,第259页。

④ 周勋初:《韩非子札记》,江苏人民出版社1980年版;沈剑英:《论连珠体》,见《中国逻辑史研究》,中国社会科学出版社1982年版;沈海燕:《连珠体试论》,《文学遗产》1985年4期。

⑤ 范文澜:《文心雕龙注》,人民文学出版社1998年版,第259页。

⑥ 罗莹:《连珠体的归类与起源问题的再思考》,《古典文学知识》2007年4期;耿振东:《连珠源于先秦子书考》,《西南交通大学学报》2007年6期。

⑦ 钱钟书:《管锥编》(第3册),中华书局1979年版,第1136页。

源”等同于该文体本身。譬如楚地歌谣尽管是楚辞的上源之一，但它绝不是完整意义上的楚辞。同样，连珠体的上源虽然具有该文体的一些因素，但它依然不是连珠体。我们说一种文体的产生与形成，是指它已具备了严格的文体学特征。以此为视点，以前的溯源实际上是对连珠体文体形成标志的探索。

二

首先对“连珠”文体内涵中的一个问题予以辨析：“连珠”究竟是指什么？前人多将其误解为一则作品中上下词句之间文辞事理的互相启发、历历相贯，这是不准确的。所谓“连珠”，它不是指一则作品，而是指一组体式相同或相近的作品，“连珠”便是针对这一组作品前后连续、历历相贯而言的。无论是傅玄所说“历历如贯珠”，还是沈约所谓“辞句连续，互相发明，若珠之结排”，他们都是指一组作品中，各章之间体式一致、上下排比、前后连续、反复申说，如同珠玑颗颗相连，因此称为“连珠”，这才是其最本质的文体特征。姜书阁先生说：“‘连珠’亦大体上是定格联章的赋类。”[①]是否为“赋类”尚可讨论，但“定格联章”四字却是精当之极。《文选》列连珠一体，所收录的是陆机的《演连珠》50首，其原因也正在此。至于刘勰所说“文小易周，思闲可赡；足使义明而词净，事圆而音泽，磊磊自转，可称珠耳”，仅是阐明“连珠”中的每一则作品何以称“珠”的原因，而为何称做“连珠”，他并未作解释，大概在刘勰看来这本不是个问题。不过明清以来，人们对此已有误解，如吴讷所说的“穿贯事理，如珠在贯”[②]、徐师曾所说的“贯穿事理，如珠之在贯”[③]，将“连珠”的意思解释为一则作品中事理的上下贯穿，已去其本意远矣；而现代的研究者只是在一则作品中分析其“辞句连续、互相发明”的论说特征乃至逻辑形式，更是愈走愈远。倒是清人王兆芳《文体通释》说连珠是“若丝编珠，联续相属”，可谓紧紧抓住了连珠体“定格联章”的特征。

再来看前人关于连珠体渊源的探索。

很显然，将傅玄所说“兴于汉章之世，班固、贾逵、傅毅三子受诏作之”理解为连珠的起源是不对的，因为西汉扬雄已经有《连珠》之作（《全汉文》今存其原篇之二则，另有残文二则），故而无论如何也不能将班固等人的创作作为连珠体的渊源。而且，“受诏作之”四字也暗示出该文体已经形成。当然，如果将傅玄所说“兴于汉章之世”的“兴”训为“兴起”，则此说法倒可以作如下解释：连珠体形成之后，文人的创作在这一时期逐渐兴起。

---

① 姜书阁：《汉赋通义》，齐鲁书社1989年版。

② 吴讷：《文章辨体序说》，人民文学出版社1998年版，第54页。

③ 徐师曾：《文体明辨序说》，人民文学出版社1998年版，第139页。

同样,扬雄的作品也不是连珠体的源头。试看其所作之《连珠》:

臣闻:明君取士,贵拔众之所遗;忠臣荐善,不废格之所排。是以岩穴之士无隐,而侧陋章显也。

臣闻:天下有三乐,有三忧焉。阴阳和调,四时不忒;年谷丰遂,无有夭折;灾害不生,兵戎不作,天下之乐也。圣明在上,禄不遣贤,罚不偏罪,君子小人,各处其位,众臣之乐也。吏不苟暴,役赋不重,财力不伤,安土乐业,民之乐也;乱则反焉,故有三忧。(《艺文类聚》卷五七)

以此来对照班固《拟连珠》与陆机的《演连珠》(各节录一部分):

臣闻:听决价而资玉者,无楚和之名;因近习而取士者,无伯玉之功。故玙璠之为宝,非驵侩之术也;伊吕之佐,非左右之旧。

臣闻:马伏皂而不用,则驽与良而为群;士齐僚而不知,则贤与愚而不分。(《艺文类聚》卷五七引班固《拟连珠》)

臣闻:春风朝煦,萧艾蒙其温;秋霜宵坠,芝蕙被其凉。是故威以齐物为肃,德以普济为弘。

臣闻:性之所期,贵贱同量;理之所极,卑高一归。是以准月禀水,不能加凉;晞日引火,不必增辉。(《文选》卷五五陆机《演连珠》)

可以看出,在文体形式上,无论是语言还是结构,它都与班、陆之作无多大差别,这说明在扬雄之时连珠体也已成型。一种文体已经完全形成,若果再将其看做是"上源",那是不正确的。问题是,如何理解刘勰说扬雄"肇为连珠"呢?从现存文献资料来看,扬雄之前再没有直接命名为"连珠"的作品,在他之后,才出现了"拟连珠"、"演连珠"、"畅连珠"、"范连珠"等各种名称,更多的则径称为"连珠"。因此,如果将"肇为连珠"理解为连珠体在扬雄时正式产生,他也首次将其命名为"连珠",则是符合实际的。由此也可见出扬雄在连珠体发展史上的历史地位。

那么,韩非的内、外《储说》是否就是连珠体的源头呢?

《韩非子·储说》共6篇,分为经文与传文两部分,我将其性质界定为"韩非用来教授弟子的材料,相当于一个学派内部的教材"①。前人讨论它和连珠体的关系,只是就其中的经文而言,和传文并无多大关系。这些经文排列在一起成为一组,历历如贯

① 马世年:《〈韩非子·储说〉的题意、分篇与性质》,《甘肃社会科学》2004年5期。

珠，很类似于后来的连珠体。就每则经文而言，语言简练概括，既有形式上的逻辑关系，两句之间又大致相对，富有韵律。从逻辑形式来看，每则都有“前提”“论证”“结论”，很是严谨。例如《内储说上》的一则经文：“观听不参则诚不闻，听有门户则臣壅塞。其说在侏儒之梦见灶，哀公之称莫众而迷。故齐人见河伯，与惠子之言亡其半也。其患在竖牛之饿叔孙，而江乙之说荆俗也。嗣公欲治不知，故使有敌。是以明主推积铁之类，而察一市之患。”①此处“观听不参”二句是假言前提；“其说在”是正面实例论证；“其患在”是反面实例论证；而“是以”则又是形式结论。这种表述方式很类似于后来的连珠体，如前引陆机《演连珠》，“鉴之积也无厚”几句是前提，“应事以精不以形，造物以种不以器”是论证；“是以万邦凯乐”数句则是结论。二者的承继关系粲然可见。可以肯定，这种结构形式对于后来的连珠体有着很大的影响。

当然，内、外《储说》的经文与连珠体在文体形式上也有一定的差距：没有“臣闻”“盖闻”等引起语；篇幅相对而言还显得不够凝练；其中的逻辑关系也只是形式上的，不像后来的连珠体那样紧密结合内容。更为主要的是，它只是文章中的一部分，而不像连珠体那样本身就是完篇。因此，尽管范文澜先生解释《北史·李先传》“《韩子·连珠论》二十二篇”就是内、外《储说》的经文三十三则，但并不能其看做形式完备的连珠体。

三

如果进一步追问：能否再将连珠体的源头向前推求？则这个问题还值得我们深思。

刘师培先生在其《论文杂记》中有一段话很值得注意：“观荀卿作《成相》篇，已近于赋体。而其考列往迹，阐明事理，已开后世之连珠。”又说：“连珠，始于汉魏，盖荀子演《成相》之流亚也。”②他提出《荀子·成相》为连珠体的上源，其说很有新意，可惜并未展开论述；其后，姜书阁先生《汉赋通义》也说连珠“与‘成相’正同”，依然非常简略。尽管如此，他们的意见已给我们全新的思路，使得我们从文学演变的角度去探讨一种文体的发生与发展过程。

荀子的《成相》是一篇非常独特的文学样式，杨倞旧注以为就是《汉书·艺文志》著录的《成相杂辞》，清人卢文弨说：“审此篇音节，即后世弹词之祖……《汉书·艺文志》‘《成相杂辞》十一篇’，惜不传，大约托于瞽矇讽诵之词，亦古诗之流也。《逸周

① 王先慎：《韩非子集解》，中华书局 1998 年版，第 211 页。

② 刘师培：《中国中古文学史·论文杂记》，人民文学出版社 1998 年版，第 116 页。

书·周祝解》亦此体。"[1]这种文学样式的独特之处体现在两个方面:一是句式结构,一是布篇方式。先来看前者。《成相》每章五句,分别为三、三、七、四、七言,篇幅短小,"文小思闲",且用韵语写成。此即研究者所说的"成相体",主要是用来唱诵"而非简单的案头文字"[2]。至于它由什么人来唱诵、又用做什么,我们留待后面再说。其次来看其布篇方式。《成相》共56章,句式相同、前后连续、历历相贯,"定格联章"。这两方面表明,《成相》与连珠体的确很是相似。上引刘、姜之说,确非向壁虚造。

学者们还注意到,《成相》这种特别的形式并非其所独有。1975年湖北云梦睡虎地秦墓出土了大量的竹简,多为战国后期的文书,其中有一篇被拟题为《为吏之道》,其后半部分附有八首韵文,体制与《荀子·成相》极为接近。试比较二者:

> 请成相,世之殃,愚暗愚暗堕贤良!人主无贤,如瞽无相何伥伥!
> 请布基,慎圣人,愚而自专事不治。主忌苟胜,群臣莫谏必逢灾。
> 论臣过,反其施,尊主安国尚贤义。拒谏饰非,愚而上同国必祸。
> 盍为詈?国多私,比周还主党与施。远贤近谗,忠臣闭塞主势移。
> ——《荀子·成相》[3]
> 凡治事,敢为固,谒私图,画局陈棋以为籍。宵人慑心,不敢徒语恐见恶。
> 凡戾人,表以身,民将望表以戾身。表若不正,民心将移乃难亲。
> 操邦柄,慎度量,来者有稽莫敢忘。贤鄙既乂,禄位有序孰暋上?
> 邦之急,在体级,掇民之欲政乃立。上无间隙,下虽欲善独何急?
> ——秦简《为吏之道》[4]

其格式几乎完全一样。看来,"成相体"在当时已广为流传。这种文体形式的上源,还可追溯到《逸周书·周祝解》。

《周祝解》的写作时间,根据现代学者的研究,当在战国中期[5]。该文全篇为韵语,伏俊琏先生将其作为流传至今的"成相体"[6],这主要是就其"天为盖,地为轸,善用道者终无尽。天为轸,地为盖,善用道者终无害。天地之间有沧热,善用道者终不竭"等"三、三、七"的句式而言。其实,不只如此,《周祝解》全文除首句"曰:维哉!其时告

---

① 引文见王先谦:《荀子集解》,中华书局1988年版,第455页。

② 刘跃进:《七言诗渊源辑考》,收入作者《玉台新咏研究》,中华书局2000年版。

③ 王先谦:《荀子集解》,中华书局1988年版,第457—458页。

④ 《睡虎地秦墓竹简》,文物出版社1978年版。

⑤ 黄怀信:《〈逸周书〉源流考辨》,西北大学出版社1992年版,第124页;李学勤:《〈称篇〉与〈周祝〉》,《道家文化研究》第3辑,上海古籍出版社1993年版,第214—248页。

⑥ 伏俊琏:《〈汉书·艺文志〉"成相杂辞""隐书"说》,《西北师范大学学报》2002年5期。

汝”的领起语外，其余均由一则则小段落排列组成，“数句为一节，每节押韵，各节相对独立”①，形式基本整齐。这种篇章结构不仅与《荀子・成相》、《为吏之道》等相近，更与《韩非子・储说》的经文，以及后来的连珠体接近。如：

> 角之美，杀其牛，荣华之言后有茅。凡彼济者必不怠，观彼圣人必趣时。石有玉而伤其山，万民之患在□言。时之行也勤以徙，不知道者福为祸。时之徙也勤以行，不知道者以福亡。故曰：肥豕必烹，甘泉必竭，直木必伐。
>
> 地出物而圣人是时，鸡鸣而人为时，观彼万物且何为求？故天有时，人以为正；地出利，而民是争，人出谋，圣人是经。
>
> 陈五刑，民乃敬。教之以礼民不争，被之以刑民始听，因其能，民乃静。故狐有牙而不敢以噬，貛有爪而不敢以撅。
>
> 势居小者，不能为大。特欲正中，不贪其害。凡势道者，不可以不大。故木之伐也而木为斧，贼难而起者自近者。②

尤为重要的是，《周祝解》中每一则都有“故曰”、“故”等逻辑标识词语，此种表述方式在《韩非子・储说》的经文与连珠体中也都存在，由此可见其关系之密切。这样，我们就可以肯定：连珠体的上源，一直可以追溯到《周祝解》那里。

以上主要是从形式层面作的分析。现在我们需要对其思想内容予以考察。《周祝解》全篇所论，皆为国家治乱、立身处事、政治教化的宏大主题，这在《荀子・成相》、《为吏之道》、《韩非子・储说》等材料中依然是讨论的重点，后来的连珠体也继续着这些主题。我们不免会有一个疑问：从《周祝解》到连珠体，为什么都以此为文章的思想主旨呢？这就涉及《周祝解》的产生及其用途的问题。

关于该篇的性质，潘振注：“臣下作解，设为王训民之辞，祝官读之以讽王也。”以为是臣下所作而由祝官诵读于君王；陈逢衡则云：“此周祝垂戒之语，义与《史记解》同。”认为本篇就是周祝之作，用以戒勉君主；唐大沛亦云：“此篇作于周祝，故以名篇。祝即春官太祝，掌王诰命者也。古人垂戒之文不一体，此篇似箴似铭，尤为奇绝。”③据此，可以确定本篇为祝官讽戒君王之作。我们知道，祝与巫、卜、史一样，都是商周以来非常重要的职业，他们拥有丰富的知识，享有很高的社会地位，主要职责是“掌管法典

---

① 谭家健：《先秦散文艺术新探》，首都师范大学出版社 1995 年版，第 171 页。

② 据黄怀信：《逸周书汇校集注》（修订本），上海古籍出版社 2007 年版，第 1049—1058 页。分段则结合其文意与韵部两方面，在“故曰”、“故”等句后断开。韵读参考周玉秀：《〈逸周书〉的语言特点及其文献学价值》，中华书局 2005 年版，第 214—215 页。

③ 引文见黄怀信：《逸周书汇校集注》（修订本），上海古籍出版社 2007 年版，第 1048 页。

礼仪,执行宗法制度,举行祭祀典礼,沟通天地人神,预测吉凶祸福,记载国家大事"①。春秋以后,尽管其职业有所分化,地位有所变迁,但在国家事务与政治活动中依然起着很重要作用。此处"周祝"即对王作劝戒之人,故唐大沛说:"祝即春官太祝,掌王诰命者也。"我们更感兴趣的是祝官戒勉君王时所运用的文体形式。有一点需要明了:《周祝解》的作时尽管在战国中期,但它的文体形式应当源于西周以来祝官劝戒君王的传统,因而产生较早。我们看到,由于祝官"垂戒"的实际需要,《周祝解》这种文体表现出了与其功用密切相关的特征:就内容而言,自然是以论道强国、政治教化为核心;因为祝官要讲诵于王,所以采取韵文的形式以利于传播;又因为受众的特殊性——君王,故而每一段都很简短,便于理解和接受;全篇皆由此类短章组成,以供祝官反复申说;此外,这类垂戒之辞多是格言成语——谭家健先生便认为《周祝解》是"谣言集锦"②,所以常用"故曰"、"故"等逻辑标识词语凸显其结论的权威性、以便君主乐于接受,从而达到讽诵的目的。这些特征在后来的连珠体中几乎都有所体现。

回过头再看前文提出的有关《成相》用途的问题。我们看到,《成相》的形式对本篇借鉴颇多,而且又是讲唱之作,那么就可以推断,其用途与《周祝解》也应大致一致,即卢文弨所说"大约托于瞽矇讽诵之词",当是用于劝戒国君的。方孝岳先生说:"《成相》这种通俗的鼓词曲调,被一班瞽史祝宗用来作为应用文辞的格式。"又说:"《逸周书·周祝解》即是这种调子,《荀子·成相》恐怕是写给当时的巫祝拿来念给国君听的。"③其推测很有道理。同样,由内容与体式分析,秦简《为吏之道》也应是此种用途的余绪。

《逸周书》另有《史记解》,也是史官戒勉君王之作,文中开篇云:"维正月,王在成周。昧爽,召三公、左史戎夫。曰:'今夕朕寤,遂事惊予。'乃取遂事之要戒,俾戎夫言之,朔望以闻。"孔晁注:"集取要戒之言,月朔、日望于王前读之。"潘振注:"下文皆要戒之言,左史所读者也。"以下"历序炎黄以至周初二十八国灭亡之由"(陈逢衡注引郑环语)。联系《国语·周语上》所说"故天子听政,使公卿至于列士献诗,瞽献曲,史献书,师箴,瞍赋,矇诵,百工谏,庶人传语,近臣尽规,亲戚补察,瞽、史教诲",可以推知,《史记解》大约就是史官"献书"与"教诲"之所用,其性质与《周祝解》亦大致相近。从文章形式看,本篇也是由许多短章组成,并列展开,各节"××以亡"的句式也使得全篇形式较为整齐;不过本篇不是韵文(此或与史官的职责有关)。将《史记解》与《周祝解》比较,不难看出,二者的文体特征也很接近,都应当是在祝、史劝戒、教诲君主传统下出现的。

---

① 葛兆光:《中国思想史》第1卷,复旦大学出版社2001年版,第38页。

② 谭家健:《先秦散文艺术新探》,首都师范大学出版社1995年版,第171页。

③ 方孝岳:《关于屈原〈天问〉》,《中山大学学报》1955年1期。

总之,《周祝解》、《史记解》所体现的祝、史之官垂戒君王的文辞形式,其产生是较早的。战国以后,它不再是祝、史的专用,而是流传开来,不断出现在诸子文章中。除《荀子·成相》、《韩非子·储说》外,《老子》、《文子》等也都有其痕迹。如《老子》第二十八章:

> 知其雄,守其雌,为天下溪。为天下溪,常德不离,复归于婴儿。
>
> 知其白,守其黑,为天下式。为天下式,常德不忒,复归于无及。
>
> 知其荣,守其辱,为天下谷。为天下谷,常德乃足,复归于朴。
>
> 朴散则为器,圣人用之则为官长。故大制不割。

又如《文子·符言》

> 老子曰:道至高无上,至深无下,平乎准,直乎绳,圆乎规,方乎矩,包裹天地而无表里,洞同覆盖而无所碍。是故体道者,不怒不喜,其坐无虑,寝而不梦,见物而名,事至而应。
>
> 老子曰:时之行,动以从,不知道者福为祸。天为盖,地为轸,善用道者终无尽;地为轸,天为盖,善用道者终无害。陈彼五行必有胜,天之所覆无不称,故知不知,上;不知知,病也。①

如果将这里的“老子曰”替换成“臣闻”,则与定型后的连珠体极为类似。此外,《韩非子·亡征》所举亡国之事47项,每项都用“可亡也”作结,显然是受到《史记解》的影响。以上均可看出祝、史垂戒之辞在体式方面对于后来文学的影响。

至此,可以确定:连珠体起源于西周以来祝、史戒勉君主的文辞形式。这种“垂戒之辞”对于连珠体的形成,主要有以下几方面的影响:

第一,“定格联章”的结构。前面指出,祝、史之辞中由于实用性的要求,采用多则短章排列组成的方式,《成相》、《为吏之道》、《储说》等对此予以沿袭和发展。连珠体吸收了此种结构方式,每则内容均非常短小,多节并列,排比展开,历历相贯,“若珠之结排”。这也成为其文体特征的根本方面。

第二,政治教化的主题。祝、史垂戒之辞因为文体功用的限制,主要谈论国家兴亡、君臣治乱、立身之道等话题,而连珠体自扬雄开始,也都是谈论此类关乎政治教化的宏大命题。这既是对祝、史文化传统的继承,同时也与它最初创作的实用目的——

① 李定生、徐慧君:《文子校释》,上海古籍出版社2004年版,第143、147页。“老子”,原文校为“[文子]”。

讽喻君主——紧密相关,从而在内容方面形成了该文体自身的显著特征。

第三,讽喻君主的用途。祝、史的垂戒之辞是用来讲诵给国君听的,其目的就是讽喻。我们看到,连珠体在其正式产生之际,也承载着这种"晓谕人君"的任务。今所见文献虽然对此并无明确记载,但由扬雄、班固等人的作品分析,这一点是可以知晓的,一个显见的理由就是"臣闻"这样的领起语的存在(此后经过曹丕的改造,才出现"盖闻"的形式)。说"臣闻",自然是相对于君主而言的。而且,傅玄说班固等人"受诏作之",亦可见其创作与国君有着密切的关系,既"受诏",则以之来讽喻人主也是合乎情理的。

第四,韵文为主、韵散并存的语言形式。祝、史之官在戒勉君主时要讲诵于王,为了便于记忆,所以多用韵文以利传播,这一点为《荀子·成相》与秦简《为吏之道》等"成相体"所继承;另一方面,因为史官职责的原因,有时候并不用韵,如《史记解》,此则为《韩非子·储说》、《亡征》等采用。连珠体基本上继承了韵文的形式,同时在其流变中也出现了无韵的作品。魏晋以后,有韵与无韵的体式并行而不悖,这也使得后人对其性质的判定总是在诗、赋与骈文之间摇摆不定①。

第五,逻辑标识词语的定型。前文指出,祝、史垂戒之辞因为多是格言谚语,因而每节常用"故曰"、"故"等逻辑标识词语凸显其结论的权威性、以便君主乐于接受,从而达到讽诵的目的。《文子·符言》、《韩非子·储说》等对此也予以继承和发展——这对于连珠体的形成有着重要的意义。后来的连珠体中,"故"、"是故"、"是以"等逻辑标识词语便定型下来,从而成为其体式特征之一。

我们终于可以得出结论了:

连珠体不是指一则作品,而是指一组体式相同或相近的作品。它源于西周以来祝、史之官戒勉君主的垂戒之辞。早期的垂戒之辞因为祝、史文化的传统与实用的要求,逐渐形成了定格连章、韵散结合、前后相贯、反复申说的文体特征,用于讽喻君王;而其内容为国家治乱、立身处世、政治教化等。这种文体在战国时期不再为祝、史专用,而是流传开来,在诸子著作中不断出现——这是连珠体形成之前的一个颇为关键的阶段。及至西汉,扬雄开始着力于此类文体的创作,并将其命名为"连珠",这标志着连珠体的正式产生;东汉班固、贾逵、傅毅等人"受诏作之",遂使其一时兴盛起来;其后,陆机的拟作则更使其达到了鼎盛;魏晋以后,连珠体尽管渐次式微,但其遗绪却如地下暗泉,不时会涌现出来。

① 刘勰:《文心雕龙·杂文》所列"对问""七""连珠",本身就介于"文笔"也即韵文(有韵)与散文(无韵)之间。

谈《离骚》受祝辞的影响

伏俊琏　张艳芳

（西北师范大学文史学院　甘肃兰州　730070）

摘　要：先秦时期祝辞的范围很广，涉及国家重大祭祀、政治、礼仪、外交等多种场合，因而祝官要掌握多种文体写作、言辞特点及诵读技巧。屈原的出身、教育及生活环境，使他娴熟祝官的“六辞”写作，受其影响明显。通过《离骚》题意及写作目的的分析，可以看出它与祝祷仪式的关系密切。其自叙开篇更是受到了祝祷辞的影响，而且它还直接引用祝辞入诗。《离骚》炽热真诚的情感，也与早期祝辞的诚信精神相一致。祝辞“呼告陈辞体”与屈原的呼天倾诉具有共同的心理及文化基础，因而启发了屈原运用这样的体式来进行创作，并且促进了屈原的文学自觉。

关键词：《离骚》；祝辞；影响；文学自觉

一、祝官的职责与屈原的修能

祝官在商周时期有很高的地位，根据《国语・楚语》观射父的一段话，祝的地位远非巫史可比，他们必须是“先圣之后”，要掌握各种知识，“能知山川之号、高祖之主、宗庙之事、昭穆之世、齐敬之勤、礼节之宜、威仪之则、容貌之崇、忠信之质、禋絜之服而敬恭明神者”[①]。西周时封建诸侯，周王要赐予“宗、祝、卜、史，备物、典册，官司、彝器”[②]，作为诸侯国官制和文化方面最基本的建设。“宗（谓宗人，掌都宗祀之礼）祝卜史”为四种官职，“备物”为礼仪所用之物，“典册”谓典籍简册，“官司”指百官，“彝器”指宗庙祭祀之器。其中“祝官”在诸侯国的官制建设方面起着极其重要的作用。《周礼・春官・大祝》不仅记载了大祝“事鬼神示，祈福祥”的“六祝之辞”（顺祝、年祝、吉祝、化祝、瑞祝、策祝）[③]，还记载了太祝应掌握的六种文辞，即“生人酬接之辞”：

---

① 《国语・楚语下》，上海古籍出版社1998年版，第560页。

② 杨伯峻：《春秋左传注》定公四年，中华书局1981年版，第1563页。

③ 孙诒让：《周礼正义》云：“凡祈祭告神之辞命，有此六者。”

> 作六辞,以通上下、亲疏、远近:一曰祠,二曰命,三曰诰,四曰会,五曰祷,六曰诔。①

根据汉代人的解释,“祠”通“辞”,即辞令;“命”即“聘会往来使命之辞”,“诰”就是《尚书》的《康诰》、《盘庚》之类,“会”为会同盟誓之辞,“祷”谓祷于天地社稷示庙之辞,“诔”为追念死者生前德行之辞。可见早期祝辞的范围很广,涉及国家重大的祭祀、政治、礼仪、外交等多种场合。到了战国以后,祝官地位日益降低,其职权范围仅限于事鬼神方面。所以《说文解字·示部》云:“祝,祭主赞词者;从示从人从口。”段玉裁注说:“此以三字会意,以人口交神也。”特别强调了祝官在祭祀时诵读祝辞的重要作用。

先秦时期,不仅在祭祀的场合,而且在国家的内政外交等重大仪式上都离不开祝官的诵读辞令。祝官要掌握多种文体写作、言辞特点与诵读技巧,以便根据场合的不同恰当地运用。刘师培有《文学出于巫祝之官说》,虽未能讲明“巫”与“祝”之间的区别,但“今即《周礼》祝官职掌考之,若六祝六词之属,文章各体,多出于斯”的说法②,还是很有启发性的。

屈原出身于楚国贵族,受过良好的教育,又生活在比中原有更为浓厚的巫祝文化环境之中。《史记·屈原列传》中就特别强调屈原“博闻强志”、“娴于辞令”,此与祝官六辞中的“祠”相类;“入则与王图议国事,以出号令”、“造为宪令”,则与六辞之“诰”“命”相似;“出则接遇宾客,应对诸侯”,则含有六辞之“会”的内容。后来遭受楚国内部亲秦派的排挤,被降为三闾大夫、掌梦之职,掌管王族三姓子弟的教育、宗庙祭祀及管理云梦泽等职责,晚年又流放江南,修改民间的鄙陋祭辞;这些同祝官六辞中之“祷”“诔”相近。可见,屈原的写作受到当时祝辞的影响是明显的,已有不少学者论述过《天问》、《九歌》、《九章》、《招魂》、《大招》、《卜居》等作品与祝辞之关系。《离骚》也明显地受到祝祷仪式与祝辞的影响。

二、由《离骚》解题看其写作目的及其与祝祷仪式的关系

“离骚”的解题,汉代学者就意见不一。司马迁说:“离骚者,犹离忧也。”班固说:“离,犹遭也;骚,忧也。明己遭忧作辞也。”王逸则认为“离骚”之意为“放逐离别,中心愁思”。这些说法大体言明了屈原的写作背景及写作心理动机。

钱钟书在《管锥编》中认为前人说法有不精当之处,而提出了新说:

---

① 孙诒让:《周礼正义》,中华书局1987年版,第1992页。

② 《刘师培中古文学论集》,中国社会科学出版社1997年版,第217页。

> 王逸释“离”为“别”，是也，释“离骚”为以离别而愁，如言“离愁”，则非也。“离骚”一词，有类人名之“弃疾”、“去病”或诗题之“遣愁”、“送穷”；盖“离”者，分阔之谓，欲摆脱忧愁而遁避之，与“愁”告“别”，非因“别”生“愁”。[①]

首先，钱先生点明屈原作《离骚》的主观意图是为了“摆脱忧愁”，从《离骚》看屈原确实有过离别故国、周流他乡的思想。但因为最后“忽临睨夫旧乡”，终于难以摒弃对楚国宗族之亲的责任，而“蜷局顾而不行”。其次，钱先生的类比给人的启示也是很深刻的。因为古人的“去病”、“遣愁”、“送穷”等很多祝祷行为都是通过一定的仪式，并且在这样的仪式上要宣读祝辞来使自己远离苦痛疾病罪责杀戮等不幸灾难。而《离骚》的写作构思正是基于这样一种祝祷仪式，屈原在宗庙中面对楚国的先祖先烈，陈辞辩诬，希望自己的忠心能被楚之先祖及上古圣君知晓，而揭露斥责那些众小人之唯利是图、苟且偷乐、颠倒黑白，希望自己能够摆脱愁思，走出进退维谷的现实困境。并且屈原“与楚同姓，仕于怀王，为三闾大夫。三闾之职，掌王族三姓，曰昭、屈、景。屈原序其谱属，率其贤良，以厉国士”[②]。可见屈原的职责使他对楚之宗族谱属是非常清楚的，在祝祷祭祀时更能联想起楚国三王为楚之立国、强大所建立的功业，通过在先祖宗庙中祝祷陈辞，能够还己清白。《周礼》所记大祝“六祈”（六种祝祷方式）中有“攻”、“说”二种，“攻、说则以辞责之”，“说，论也，谓陈其事以责之”。《离骚》“上陈尧、舜、禹、汤、文王之法，下言羿、浇、桀、纣之失”（班固《离骚赞序》），所用的正是祝官的攻说二法。

三、《离骚》自叙开篇与祝祷辞的关系

《离骚》作为我国第一首浪漫主义长诗，其横空出世，前无古人，亦鲜乏来者。特别是其开篇，诗人以气贯长虹的浩然之气描述自己的显贵出身，与楚王族的宗亲关系；及自己秉承天地美质，修有多项才能的节操。其目的是在向楚国的列祖先王表明自己是楚宗室的成员，自己有责任维护宗族的利益，忠于王室、忠于楚国是自己义不容辞的责任。

《离骚》以自叙开篇，殊为兀然。它之前没有类似的作品，之后也鲜有自传体的长诗与之呼应，可谓“奇文郁起”。这种“自叙体”的开端何能以其卓然不群之姿突现？这似乎是文体学的一个谜团。

前人论及《离骚》开篇，只是认为这是文学史上“自叙发迹”。如唐刘知几《史通·

---

① 钱钟书：《管锥编》，中华书局1979年版，第582页。

② 洪兴祖：《楚辞补注》，中华书局1983年版，第1页。

序传》说:"盖作者自叙,其流出于中古乎? 案屈原《离骚传》,其首章上陈氏族,下列祖考;先述厥生,次显名字。自叙发迹,实基于此。"①清人贺宽《饮骚》说:"此屈子自叙年谱,开汉人韦氏及班、马、扬雄述祖德、言志等诗之祖也。"或者从写作心理上进行讨论,如清贺贻孙《骚筏》说:"《离骚》云朕皇考曰伯庸,即子长所谓人穷则反本也。"林云铭《楚辞灯》也说:"(首句)便有宗国不可去之义。"②

而论其自叙家世形式的源头,或者只从其对《诗经》风雅比兴传统的继承谈起。如王逸以为:"《离骚》之文,依经立义。"刘勰《文心雕龙·辨骚》云《离骚》"轩翥诗人之后,奋飞辞家之前。"但《诗》与《骚》在文体样式、篇幅、思想情感、文化背景诸方面皆有不小的距离,这种论断较笼统,难以让人信服。

我们换一个角度,从先秦的文化背景出发,从《离骚》文本的实际出发来考察,就会发现《离骚》的自叙开篇其实是深深的植根于先秦的时代特色及文化土壤中,与祝祷仪式及祝辞有着深刻的渊源。

形成于远古时期而后世不断完善成熟的祭祖仪式,追叙先祖的世系和功烈是其主要内容。正是这种形式造就了中国人慎终追远、缅怀先烈的民族文化心理。而追述先祖的目的是为了说明历史赋予自己的责任之重大,那么主体生命之可贵也蕴含其中。这就形成了先秦时期祝辞中自叙开头的固有格式。

近数年来,战国楚简大量出土,其中有相当一部分为祭祀时的祝祷之辞。在传世文献如《尚书》、《左传》中也有这样的祝辞,可见祝祷之辞的起源是很久远的。在古人心中,上帝、社稷之神、祖宗掌管着人间的祸福命运,向他们祈祷可以保佑福祥,攘除灾殃等。综合传世文献及出土材料,可以看出祝祷辞有以下几个特点:

1. 写作祝祷辞的目的都是为了向神灵、上天、祖先求福禳灾,所以祝祷辞一定有祝祷缘由及祝祷内容。

2. 祝祷辞的个人性特征是比较强的,在祝祷之前,祝祷者一般会向祝祷对象称说自己的身份,以便求得福祥降临到自己身上。

3. 祝祷者一般要虔诚地向祝祷之神言明自己祝祷所敬献的祭品,或牲或玉等,以示对神的报祭。

4. 在言辞上,祝祷者的语气一般都极为虔诚坦白,讲求诚心则灵。

虽然,《离骚》在文体上决不是祝辞,但《离骚》的自叙开篇确实受到了祝辞的影响。下面我们来看《论语·尧曰》中记载的汤的祝告辞:

予小子履,敢用玄牡,敢昭告于皇皇后帝:有罪不敢赦。帝臣不蔽,简在帝心。

① 刘知几撰,浦起龙释:《史通通释》,上海古籍出版社 2009 年版,第 256 页。

② 引贺宽、贺贻孙、林云铭之说,见游国恩主编:《离骚纂义》,中华书局 1982 年版,第 9 页。

朕躬有罪，无以万方；万方有罪，罪在朕躬。①

这是商克夏之后五年大旱时，商汤以自己的身体为牺牲，向上帝祷告。开篇即向上帝自报家门，希望上帝减除旱灾。这就是《周礼·春官》中太祝所掌的“瑞祝”，郑玄注为“逆时雨，宁风旱也”。

《尚书·金縢》篇在前半部分详细地记载了周公以自身为质，向周之三位有德先王祷告的祝祷辞：

祝曰：“惟尔元孙某，遘厉虐疾。若尔三王是有丕子之责于天，以旦代某之身。予仁若考能，多才多艺，能事鬼神……”②

这篇祝祷文与上篇不同的是，周公向周之先王祷告，并自称自己多才多艺，可以协助天上的先王做事，可以侍奉鬼神。综合这两篇祝祷文的特点来看：首先，祝祷并非大祝的专有职责，帝王与臣子也可以自行祝祷；其次，祝祷的对象可以是天帝，也可以是先王等；再次，祝祷可以是郊祀，也可以为宗庙。最后，这两篇的祷告意义虽十分重大，但其个人性还是比较明显的，比如商汤与周公要向先王自报名姓，要虔诚地自陈心曲，而且周公还自言多能，可以承担先祖在天界的重任。

就这些特点来看，确实可以让人更深入地理解《离骚》的文体特点及自我意识的凸显确实受到先秦祝祷文的影响。

又如《左传》哀公二年晋郑之战中：

卫太子祷曰：“曾孙蒯聩，敢昭告皇祖文王、烈祖康叔、文祖襄公：郑胜乱从，晋午在难，不能治乱，使鞅讨之。蒯聩不敢自佚，备持矛焉。敢告：无绝筋，无折骨，无面伤，以集大事，无作三祖羞。大命不敢请，佩玉不敢爱。”③

卫太子在赵鞅部下作战，望见郑国军队，心生恐惧，钻到战车底下，向自己的列祖祷告，让自己免受战争伤害，以成大事，报效列位先祖。在祝祷内容之前，也要先自称“曾孙”，以示虔敬与亲近。

在出土的新蔡葛陵楚墓竹简中，就有一篇以平夜君成的口吻写成的祝祷文。简文已不能完全复原，但据其大意可知是平夜君成向神明祝祷，使自己的病早日痊愈。其

① 杨伯峻：《论语译注》，中华书局2007年版，第286页。
② 黄怀信：《尚书注训》，齐鲁书社2002年版，第238页。
③ 杨伯峻：《春秋左传注》哀公二年，中华书局1981年版，第1616页。

中有“呜呼哀哉！小臣成暮生早孤……”，又有“自我先人，以……”。据残缺的简文可知，平夜君成向神明倾诉自己的不幸身世，追述自己的先人播迁此处云云。可知祝辞的第一个特点在西周到战国都是一样的，祝告神明之前一定要自述身世，表白自己祝祷缘由及诚意。

北京某人收藏有两块战国晚期秦人驱祷病的玉版，上面刻有一篇报神还愿的祷祝之文，保存得较为完整，与平夜君成祝辞可互相验证。在祝祷开篇就有“有秦曾孙小子骃曰”的自称，祝辞中还写道：“吾敢告之余无罪也，使明神智（知）吾情。若明神不□其行，而无罪□友（宥）刑，硁硁烝民之事明神，孰敢不敬！”[①]我要告诉您啊：我确实没有罪过，圣明的神灵，您知道我的实情吧。神灵，您原谅我吧，减轻对我的处罚吧！我们这些下方百姓将越发坚定奉侍您，谁敢对您不恭敬！祷文用直白的口气祈告神明，为自己辩解清白。而《离骚》之文是用诗歌的语言，含蓄地倾诉，如“就重华而陈辞”、“跪敷衽以陈辞”（《说文》：“辞，讼也。”）。洪兴祖《补注》云：“天下明德，皆自虞帝始，其于君臣之际详矣。故原欲就之而陈辞也。”屈原表白自己忠而被谤，无人知晓，希望舜帝知情，“皇天无私阿兮，览民德焉错辅。”与秦骃祷病时向神灵告知“余无罪也”的辩白是一样的。由此可见，出土的祝辞更多地保留了祝辞的原貌，更能证明《离骚》写作受祝辞的影响。

每篇祝辞中祝祷者都要言明自己所敬献的祭品，或牲或玉等从速答谢神灵，称之为“报”或“赛”。但《离骚》中没有出现报谢神明的祭品，这是为什么呢？《文心雕龙·祝盟》：“牺盛惟馨，本于明德；祝史陈信，资乎文辞。”在周代的德命思想中，神灵福佑的是有德之人。春秋以降，随着楚文化与中原文化的交流繁多，屈原接受了北方的礼乐文化和史官文化，所以在《离骚》中表现出了屈原对巫卜结果的怀疑，而对中原的史官文明进行了理智的思考，以期对自己彷徨的思想进行指引。所以《离骚》中并没有出现具体的“牺牲”、“玉帛”等祭品来“报赛”神明、先祖，而是运用大量篇幅描写自己的高洁品德与卓越才能，希望先祖神君重用“才德兼备”之人，希望重新回到君王身边，“来吾导夫前路”。

四、《离骚》直接引用祝辞入诗

《离骚》第三部分诗人在问卜灵氛之后，仍然不能下定决心离开楚国。于是又有巫咸夕降、百神扬灵的盛况。通过巫咸之口，要屈原离开楚国，寻求明君。

---

① 李零：《中国方术续考》，东方出版社2000年版，第451页。

曰:勉升降以上下兮,求榘矱之所同。汤禹严而求合兮,挚咎繇而能调。苟中情其好修兮,又何必用夫行媒?说操筑于傅岩兮,武丁用而不疑。吕望之鼓刀兮,遭周文而得举。宁戚之讴歌兮,齐桓闻以该辅。及年岁之未晏兮,时亦犹其未央。恐鹈鴂之先鸣兮,使夫百草为之不芳。

汪瑗《楚辞集解》说:"曰,巫咸词也。此下至'百草不芳'四章十六句皆是。王、洪、五臣只以升降二句为巫咸之言,馀为屈原语,非也。盖推吉占之意,以告屈子而劝之远逝者也。升降上下,重言之也。上下与前'上下而求索'之上下同,言上下而四方可知矣。"①诗人巧妙地把巫咸的祝辞作为自己作品的一部分,坚定自己远游他国、追求理想的志向和决心。

另外,《离骚》中强烈真挚的情感与祝辞的精神也是相似的。《左传》桓公六年记载季梁之言:"祝史正辞,信也。"襄公二十七年载赵孟的话:"其祝史陈信于鬼神,无愧辞。"昭公二十年记晏子的话:"祝史荐信,无愧心矣。"可见"陈信"是先秦祝官的基本精神。"祝史陈信,资乎文辞",祝辞强调的是"修辞立诚",在先祖及神灵面前,只能虔诚谦恭地坦白自己的祈请,而绝不能有虚妄之辞。千百年来,一代一代的读者不断被《离骚》中炽热真诚的诗句感动,触摸到屈原对楚国的拳拳深情,这一点不能说与祝辞的陈信精神没有关系。

五、祝辞中的"呼告陈辞体"对屈原"文学自觉"的影响

以《离骚》为代表的屈原的作品,鲜明地表现出屈原个体情况。我们可以从其作品了解他的个人身世、得名情况、人格操守、政治理想、情性才能、形容特征,甚至他的人生遭际、游历路线。所以当年郭沫若看到楚帛书《驭龙图》时,不禁惊呼:这就是我心目中的屈原。

屈原作品这种个性特征的凸显,我们认为同源远流长的祝祷仪式有很大关系。祝祷仪式源自于人们对宗族和国家命运的责任,对个人吉凶祸福、生老病死、子孙繁衍的强烈关注意识,或呼天而愬,或陈辞于先祖山川,皆带有强烈的关注自我生存境况,希望通过沟通人神来趋吉避凶、获得福佑的个人色彩。所以屈原作品中对个性特征表白,与祝祷仪式中的"呼告陈辞体"有密切关系。

祝祷辞中往往有"某某,敢昭告于……"的"呼告"文体格式,这一点源于人们对自

① 游国恩主编:《离骚纂义》,中华书局1982年版,第385页。

我与神灵相对身份的确认,虽然“自我”还匍匐于昭告对象的脚下,但接下来的“陈辞”部分则是祝祷人的长篇申诉与忘情的“个人演说”,在这种自我袒露胸襟的过程中,个人意识必然得到彰显。屈原的很多作品都在开篇就显示出强烈的个人特色与意志。如《惜诵》云:“惜诵以致愍兮,发愤以抒情。所作忠而言之兮,指苍天以为正。令五帝以折中兮,戒六神与向服。俾山川以备御兮,命咎繇使听直。”开篇就是呼天为证,命神“折中”的呼告体,并点明自己的写作目的是“发愤抒情”,向上天神灵致辞。《抽思》在开篇即表白自己“心郁郁之忧思,独永叹乎增伤”,接下来多次以“结微情以陈词兮”、“兹历情以陈辞兮”、“初吾所陈之耿著兮”来领起下文的自我表白与倾诉,并以“敖朕辞而不听”来为全诗作结。《思美人》中不仅有“申旦以舒中情兮”的直抒胸臆,而且还要“因归鸟而致辞兮”的传情达意。《惜往日》开篇及回顾自我遭际:“惜往日之曾信兮,受命诏以昭时。”文中反复昌言:“愿陈情以白行兮,得罪过之不意”,“不毕辞而赴渊兮,惜壅君之不识”。

文学的自觉源自作家个人的自觉,源自个人的独立人格,对自我价值的认定与追求,对自我命运的思索。所以屈原作品中这种强烈的个人风格,明确地通过诗歌来表白心迹的特点已是很大程度的文学自觉,而这一自觉性的导源不能不追溯到祝辞的“呼告陈辞体”。祝辞“呼告陈辞体”与屈原“劳苦倦极”、“疾痛惨怛”的呼天倾诉与具有共同的心理及文化基础,因而启发了屈原大量运用这样的体式来进行创作,并在客观上极大程度地表现了自我的个性。通过屈原的作品,我们完全感受到他已达到了“发愤以抒情”的创作自觉。

敦煌本伯二五二八唐钞《西京赋》残卷籀读札记

罗国威

（四川大学文学与新闻学院　四川成都　610064）

摘　要：本文以敦煌本《文选·西京赋》唐钞残卷为底本，以尤刻本、奎章阁本等9个版本为参校本，对其文句进行对读、比勘，充分证明敦煌本《西京赋》写卷是未经窜乱的本子，它基本上保留了薛综注和李善注的原貌，可正今本《文选》之讹，并为我们今天校理《文选》及其旧注提供了一份珍贵的文本。

关键词：《西京赋》；敦煌本；唐钞残卷；薛综注；李善注

《西京赋》是东汉张衡《二京赋》之一篇，西京者，西汉都城长安也。"时天下承平日久，自王侯以下，莫不踰侈，衡乃拟班固《两都》作《二京赋》，因以讽谏。静思傅会，十年乃成"（《后汉书》卷五九《张衡传》）。敦煌藏经洞出土的伯二五二八号《西京赋》（影印件见罗振玉《鸣沙石室古籍丛残》；又见饶宗颐编《敦煌吐鲁番本文选》，中华书局2000年版），前部已残，从"井干迭而百增"起，讫赋末李善注止，末标"文选卷第二"，卷末书"永隆年二月十九日弘济寺写"一行，共存三百五十九行，行大字十五，小字（双行夹批注语）二十九，注语间亦有单行书写者。写卷前六行多有残缺，字体介于行楷之间。案永隆（公元680—681年）为唐高宗年号，弘济寺在长安，此当出寺僧手录。"文选卷第二"者，李善注本之次第也。李善表上《文选》注在显庆三年（公元658年），至永隆相去22年，而善卒于载初元年（公元690年），是此卷缮写时，李善尚存，距李善之卒，尚有9年，此虽不敢遽定为善注定本，然其可勘正后人妄增或传写致误者夥矣。今以日本上野精一氏藏古钞卷子本《文选》卷一（简称上野本），日本猿投神社藏弘安五年（公元1282年）古钞卷子本《文选》卷一（简称弘安本），猿投神社藏正安四年（公元1302年）古钞卷子本《文选》卷一（简称正安本），国家图书馆藏南宋淳熙八年贵池尤袤刻李善注本《文选》（简称尤刻本），台湾"中央图书馆"藏并影印南宋绍兴三十一年建刊五臣注本《文选》（简称五臣本），日本足利学校藏汲古书院影印宋明州州学刊五臣李善注本《文选》（简称明州本），国家图书馆藏宋赣州州学刊李善五臣注本

《文选》(简称赣州本),四部丛刊初编影印宋建刊本李善五臣注本《文选》(简称丛刊本),韩国奎章阁藏彼邦明宣德三年铜活字翻北宋元祐九年秀州州学刊李善五臣注本《文选》(简称奎章阁本),与之对读、比勘。

一、正文文字可正今本《文选》之讹

伯2528《西京赋》"反宇业业",各本"反"作"及"。薛综注以"大屋扉边皆更微使反上"释"反宇",则敦煌本作"反"不误,各本作"及"讹。又"散似惊波,聚似京涛",各本"涛"作"峙"。薛注云:"水中有土曰涛。"检《尔雅·释水》:"小陼曰沚。"《经典释文》(卷二九)"沚"下注:"本或作涛,音同。"知"涛"即"沚",涛为小渚,与薛注"水中有土曰涛"同,则敦煌本作"涛"是,各本作"峙"误。又"乃振天维掝地络",各本"掝"作"衍"。检《玉篇·手部》:"掝,申布也",与薛注合,各本作"衍"误。又"乃使中黄育获之俦",各本"中黄"下有"之士"。《文心雕龙·指瑕》篇:"《西京》称'中黄育获之俦'。"是刘勰所见之本无"之士",与敦煌本合,各本"之士"二字误衍。又"膳夫骑驰",各本"骑驰"作"驰骑",薛注以"骑马行视"释"骑驰",若作"驰骑"则与薛注不合,各本作"驰骑"误。又"若惊鹤之群罢",五臣本、明州本、丛刊本"罢"作"罴"。案作"罴"与正文扞格不入,敦煌本、尤刻本作"罢"是,各本误。又"昭藐流眄",尤刻本、明刻本、丛刊本"昭"作"略",五臣本作"昭"。检《玉篇·目部》:"昭,目弄人也。"又"略,情不悦貌",作"昭"与正文原意合,各本作"略"、"昭"误。又"声烈弥楙",各本"声"作"馨"。按文意作"声"是,各本误。

二、保存了薛综注原貌

《西京赋》"消雰埃于中宸"句,薛注以"垢秽"释"雰埃"。各本注文"垢秽"作"埃秽"。"埃秽"与"垢秽"义近,而"垢秽"是中古习用成语,敦煌本作"垢秽",保存了薛注原貌,各本作"埃秽",误。又"旗不脱扃,结驷方蕲"句薛注:"熊虎为旗。"各本"熊"上有"《尔雅》曰"三字。案此句乃《周礼·春官》文,非《尔雅》文,各本误衍"《尔雅》曰"三字,敦煌本无,是薛注原貌。又"栎辐轻骛,容于一扉"句薛注:"驭车欲马疾,以棰栎于辐,使有声也。"明州本、丛刊本将此注置于"善曰"之下,误。又"似阆风之遐坂,横西洫而绝金墉"句薛注:"言阁道似此山之长崖。"各本"崖"作"远",敦煌本注作"长崖",与赋文之"遐坂"相应,各本作"长远",误。又"尔乃商贾百族,裨贩夫妇"句薛注:"裨坂,买贱卖贵,以自裨益者。"各本无"者"字,下有"裨,必弥切"四字。薛注无音切,敦煌本无,各本有,乃后人所加。又"隐隐展展"句薛注:"隐隐展展,重车声也”。尤刻本“也”下有“丁瑾切”三字,此三字亦为后人所加。又“右极盩厔,并卷酆鄠”句敦煌本无薛注,各本有,作“盩厔山名,因名县”七字。案考之地志,盩厔非山名,此注非,敦煌本无此七字注是,各本有乃其后人妄加。又“泱莽无疆”句薛注:“言其多无境限也。”各本“言”上有“泱莽,无限域之貌”七字。案敦煌本薛注以“多无境限”释“泱莽无疆”,其意已足,各刻本此七字乃衍文,非薛注所有。又“沸卉軯訇”句薛注:“奋迅声也。”明州本、丛刊本此四字在“济曰”之下,胡氏《考异》因袁本、茶陵本善注无此四字而“济曰”下有,便谓“无者是”。敦煌本薛注以“奋迅声也”释“沸卉軯訇”,其义甚明,尤刻本有此四字不误,明州本、丛刊本误刊入五臣注中,胡氏未见敦煌本,故有此说,敦煌本有此四字,保存了薛注原貌。又各本此句下有薛注“隼,小鹰也”四字,敦煌本无,敦煌本乃未经混乱之本。又“于是孟冬作阴,寒风肃煞”句薛注:“孟冬十月,阴气始盛,万物雕落也。”各本“孟”上有“寒气急杀于万物”七字,薛注句末“也”下有“善曰:《礼记》曰:‘孟秋天气始肃,仲秋杀气浸盛’”十七字。案敦煌本薛注十三字,已将此句解释清楚,各刻本“寒气急杀于万物”七字纯属画蛇添足。各本此下之善注,亦不合李善注书体例,凡旧注有误或有漏注者,李注便补正;凡旧注已完备者,李善便不再注。此句薛注已完备,善注不当有,当是后人所加。又“迒迹蹊塞”句薛注:“迒,菟道也。”各本无“菟”。检《尔雅·释獸》“兔,其迹迒。”“菟”与“兔”通。此条薛注,本之《尔雅》,各本无“兔”,误。又“戴翠帽,倚金较”句薛注“黄金以饰较也”下,各本有“《古今注》曰:‘车耳重较,文官青,武官赤。’或曰:车蕃上重起如牛角也”二十五字。敦煌本薛注以“黄金以饰较”释“金较”,其义甚明,各本注引《古今注》纯属多余,乃后人所加甚明。又“栖鸣鸢,曳云梢”句薛注:“《礼记》曰:‘前有尘埃,则载鸣鸢。’”此下,各本有“栖,谓画其形于旗上”八字。检《考工记·梓人》“张皮侯而栖鹄”句贾公彦疏:“缀于中央,似鸟之栖。”又《毛诗·小雅·宾之初筵》“大侯既抗,弓矢斯张”句郑笺引《梓人》此文,又引《释文》云:“栖,着也。”“着”与“缀”意同,非谓画于其上,此八字非薛注甚明,敦煌本薛注无之,是。又“不徼自遇”句薛注“往自得之”下,各本有“趣,向也;邀,遮也”六字。各本文注“趣”字并作“趋”,此作“趣”,显系后人所加,敦煌本无,是薛注原貌。又“猎昆駼”句薛注:“昆駼如马,枝蹄,善登高。”各本“枝”作“岐”。检《尔雅·释畜》:“騉駼枝蹄趼,善升甗。”敦煌本注作“枝”,与《尔雅》合,各本作“岐”,误。又“攫猢猢”句薛注:“攫,谓握取之”。各本“攫”作“掘”。检《说文·手部》:“攫……一曰握也。”敦煌本薛注与《说文》合,各本作“掘”误。又“置互摆牲,颁赐获卤”句薛注:“摆,谓破磔悬之。”各本“磔”作“砾”。检《说文·桀部》:“磔,辜也。”段注:“按凡言磔者,开也,张也,刳其胸腹而张之,令其干枯不收。”敦煌本薛注“破磔悬之”,即谓“刳其胸腹张之”而悬挂。敦煌本作“磔”是,各本误。又“察贰廉空”句薛注:“察、廉皆视也。”各本“也”下有“贰为廉重也”五字。案薛注此下以“言宰人骑马行视肴有兼重及减无者也",用"兼重"释"贰",则"贰为兼重也"五字重出,不当有,乃后人所加明也。又"皇恩溥,洪德施"句薛注:"皇,皇帝也;普,博。"尤刻本此六字薛注,置于"善曰"之下,明州本、丛刊本无此六字注。其原因是,尤刻本将此二句赋文与上文二句合为一节,误将此六字薛注置于善注之下,明州本、丛刊本合并六家注时刊落此六字,遂无之。敦煌本有此六字,保存了此条薛注,可正各本之误。又"登豫章,简矰红"句薛注:"缴射矢长八寸,其丝名矰红也。"各本无"红也"二字。案此处以"豫章"与"矰红"相对为文,敦煌本薛注言"矰红"乃缴射之丝名,其义甚明,各本无"矰红",反使文义转晦。又"跳丸剑之徽霍,走索上而相逢"句薛注:"徽霍,跃丸剑之形也。"各本"跃"作"谓"。案"跃"者跳也,敦煌本薛注以"跳丸剑之形"释"徽霍",甚洽,各本作"谓",误。又"被毛羽之襳襹"句薛注:"毛羽之襳襹,衣毛形也。"各本作"衣毛羽之衣,襳,衣毛形也"。敦煌本薛注以"衣毛形也"释"毛羽之襳襹",其义甚明,各本"襹"字讹"衣",又与"襳"字误倒,反使文意变晦。又"树修旃"句薛注:"旃,谓橦也。"各本"橦"作"旌",案下文"上下翩翻"句薛注:"翩翻,戏橦形也。"各本并同,则敦煌本薛注以"橦"释"旃"不误,各本作"旌"误。又"百马同辔,骋足并驰"句薛注:"于橦上作其形状。"各本"橦上"作"橦子",误。又"促中堂之陿坐,羽觞行而无筭"句薛注:"中堂,堂中央也。"尤刻本、丛刊本"堂"字不复。案此处"堂"字复文义方足,各本"堂"字不复,误。又"尔乃逞志究欲,穷身极娱"句薛注:"逞,快也。"各本"快"作"娱"。敦煌本作"快"不误,各本"娱"当涉下文"娱,乐也"而讹。又"鉴戒《唐诗》,他人是偷"句薛注:"《唐诗》曰:'子有衣裳,弗曳弗娄。宛其死矣,他人是偷。'言今日之不极意恣娇,亦如此也。"各本《唐诗》下有"刺晋僖公不能及时以自娱乐"十二字。案敦煌本薛注引《毛诗·唐风·山有枢》篇四句诗及以下十三字解说以释赋文此二句,其意已足,不需再引《诗序》,各本此十二字,乃后人所加无疑。

以上例证充分说明,敦煌本《文选·西京赋》写卷,是未经窜乱的本子,它基本上保留了薛综注的本来面貌,为今天校理《文选》,整理《文选》旧注提供了一份珍贵的文本。

三、保存了李善注原貌

《西京赋》"正睹瑶光与玉绳"句善注:"《春秋运斗枢》曰:'北斗七星,第七曰摇光。'"各本"摇"作"瑶"。检马国翰《玉函山房辑佚书》所辑《春秋运斗枢》,引《曲礼》正义、《檀弓》正义、《史记·天官书》索隐、《艺文类聚》卷一、《太平御览》卷五,并作"摇光",与敦煌本注引合。各本作"瑶光",是改注文以合正文,误。又"怵悼栗而怂兢"句善注:"《方言》曰:'怂,悚也。'"各本作"耸,栗也"。案"怂"与"耸"同,检《方言》卷一三"耸，悚也"，与敦煌本注引合，各本作"栗"误。又"门千户万"句善注"《苍颉篇》曰：'闬，垣也'。胡旦切"下，各本有"《说文》曰：'诡，违也'"六字，敦煌本无。检《说文·言部》曰："诡，责也。"又《心部》曰："恑，变也。""诡，违也"非《说文》文，此非善注甚明，各本有，乃他注混入。又"顾临太液，沧池漭沆"句善注："《汉书》曰：'建章宫其北治太液池。'"尤刻本、明州本作"太液已见《西都赋》"。丛刊本复引《西都赋》"前唐中而后太液"句善注，"北治"作"北沼"。案敦煌本作"北治"，与《汉书·郊祀志》合，各本《西都赋》注引及丛刊本复引作"北沼"，并误。又"海若游于玄渚，鲸鱼失流而蹉跎"句善注引薛君《韩诗章句》云"水一溢一否为渚"，各本无"一否"。检陈乔枞《韩诗遗说考》卷一："《韩诗》云：'水一溢一否'，谓一溢而一涸，即今俗所谓水滨之洲，东坍而西涨者也。《毛传》云：'渚，小洲也，水枝成渚'。亦谓江水之枝分者，溢而为渚也。"各本无"一否"，非善注原貌。又"若历世而长存，何遽营乎陵墓"句善注"若历世不死而长存"，各本并作"若历代而不死"。敦煌本此条注文，当是李善注初貌，各本并有删削。又"廛里端直，甍宇齐平"句善注："《周礼》曰：'以廛里任国中之地。'"各本无"里"。考之《周礼·地官·载师》，有"里"字，与敦煌本注引合，各本脱误。又"程巧致功，期不陀陊"句善注："《说文》曰：'陊，落也'"。各本"陊"作"陁"。检《说文·𨸏部》"陊，落也"，与敦煌本注引合，各本作"陁"误。又"非石非董，畴能宅此"句善注："《汉书》曰：'事无大小，因显自决。'"各本"自"作"口"，而《汉书·石显传》作"白"。案敦煌本作"自决"为胜，《汉书》"白"字当是"自"之讹，各本作"口"，误。又"旗亭五种，俯察百隧"句善注："隧，列肆道也。"尤刻本、明州本作"隧已见《西都赋》"。丛刊本复引《西都赋》"货别隧分"句下善注："薛综《西京赋》注曰：'隧，列肆道也。'"案此当是后世刻书者以"重见者云见某篇亦从省也"之例将此条薛注删削，反不如敦煌本简明直接，敦煌本保存了善注原貌。又"周制大胥，今也惟尉"句下善注："《汉书》曰：'京兆尹，长安四市皆属焉，与左冯翊、右扶风为三辅，更置三辅都尉。'"尤刻本、明州本、丛刊本无"更置三辅都尉"六字，作"然市有长丞而无尉，盖通呼长丞为尉耳"十六字。敦煌本此条善注，乃删节《汉书·百官公卿表》文，以"三辅都尉"释"今也惟尉"，其义甚明，各刻本无"更置三辅都尉"而增十六字，反与正文不相应，其为后人误增甚明，敦煌本未经窜乱，保留了善注原貌。又"鬻良杂苦，蚩眩边鄙"句善注引郑司农《周礼》注曰："苦读为盬也。"各本"郑司农"作"郑玄"。检《周礼·天官·典妇功》，此乃郑玄引郑司农众说，敦煌本作"郑司农注"不误，各本误。又"阳石污而公孙诛"句善注引《汉书》(《公孙贺传》)云云，各本此下有"阳石，北海县名也"。考之地志，阳石不属北海，敦煌本注引与《汉书》合，各本误增七字殆铣注混入，此又敦煌本注未经窜乱之明证。又"五都货殖，既迁既引"句善注："王莽于五都立均官，更名雒阳、邯郸、淄、宛、成都，市长皆为五均司市师也。"尤刻本、明州本"成都"讹"城都"，丛刊本讹"城郭";"市长"下各本衍"安";"五均"下丛刊本脱"司市师也"四字,各本衍"迁,谓徙之于彼;引,谓纳之于此"十四字。案敦煌本此注,乃删节《汉书·食货志》文而成,唯"淄"上脱"临"。各本有脱有衍有误,非善注原貌。又"方辕接轸"句注引扬雄《蜀都赋》"方辕齐毂,隐轸幽輵",各本"隐轸幽輵"作"隐隐轸轸"。检《古文苑》卷四扬雄《蜀都赋》,此二句与敦煌本注引合,各本误。又"木则枞栝椭,梓棫楩枫"句善注引《尔雅》"梅、椭"下,各本有"郭璞曰:'椭木似水杨'。又曰:'棫,白桵'"十三字。检《尔雅·释木》,郭注无此文,而"棫,白桵"是《尔雅·释木》正文非郭璞注。薛注前已释"棫",善注不须重出,敦煌本无此十三字,是未经窜乱之本。又"蔚若邓林"句善注引《山海经》"……渴,饮河渭,河渭不足……",与《山海经·海外北经》合,各本"河渭"二字不复,误。又"戎葵怀羊"句善注引《尔雅》"葥,茙葵",与《尔雅·释草》合,各本"葥"作"葿",误。又"筱荡敷衍,编町成篁"句善注引《尚书》云:"筱荡既敷。"各本"筱"上有"瑶琨"二字。检《尚书·禹贡》,与敦煌本注引合,各本"瑶琨"二字误衍。又"日月于是乎出入,象扶桑与蒙汜"句善注引《楚辞》云:"出自汤谷,次于蒙汜。"各本"于"作"入",尤刻本"汜"下有"汜音似"。检《楚辞·天问》,作"于",与敦煌本注引合,尤刻本"汜音似"三字误衍。又"诡类殊种"句善注引郭璞《山海经》注云:"鼍似蜥蜴。"各本"《山海经》"下无"注"字。此乃郭注,"注"字当有,各本误脱。又引《尔雅》曰:"鳢,鲖也,音重"("鲖也"二字为郭璞注,非《尔雅》文,"音重"二字亦非《尔雅》文,当是李善注音)。各本"音重"作"音童"。检《博雅音》卷十"鲖"下注音"重",与敦煌本合,各本作"音童",与敦煌本异,"童"与"重"音同,故敦煌本与各本并不误,而敦煌本则保存了善注原貌。又善注云:"毛苌《诗》传曰:'鲔似鮥'。鲔,乎轨反。鲇,奴谦反。"各本"鲔似鮥"作"鲔似鲇"。检《诗·卫风·硕人》篇毛传:"鲔,鮥也。"正文无"鲇",何以忽出此"鲇,奴谦反"之音？正文云:"鲔鲵鳍鲨。"敦煌本注前释"鲔",下释"鳍",中间应当有释"鲵"之注。检《尔雅·释鱼》,注文有"鲵鱼似鲇"之文,似为善注所引,但传钞时因"鮥"、"鲇"形近而讹,遂使上下文有混有脱,此条注文或当为:"毛苌《诗》传曰:'鲔,鮥也',于轨反。《尔雅》注曰:'鲔似鲇'。鲇,奴谦反。"胡氏《考异》明知此注有脱误,但未见此写卷之"鮥"字,故其考定未洽,此写卷虽有脱误,然保留一"鮥"字,使今人据此可窥此注之原貌并恢复之,此"鮥"字可谓一字千金。又"麀鹿麌麌"句善注引《毛诗》曰"麀鹿麌麌",尤刻本作"麀鹿攸伏",明州本、丛刊本作"麀鹿攸服"。检今本《毛诗》,"麀鹿攸伏"乃《大雅·灵台》诗句,而"麀鹿麌麌"乃《小雅·吉日》篇诗句。金甡、朱珔、胡绍煐皆讥李善注引《灵台》,何不径引《吉日》成句,不知此唐写本正作"麌麌",后来因传钞翻刻而讹作"攸伏"。又"戴翠帽、倚金较"句善注引《说文》云:"较,輢上曲铜也。"各本"铜"作"钩",今本段注《说文》亦作"钩"。案敦煌本作"铜",与大小徐本《说文》同,诸家注《说文》者据《文选·西京赋》

误本及卷三四《七启》"俯倚金较"句善注"《说文》:'较,车上曲钩'",便改"铜"为"钩"。今敦煌本作"铜",与大小徐本《说文》同,可正今本《文选》之误,亦可正今本《说文》之误。又"建玄戈(当做'弋',敦煌本误),树招摇"句善注引郑玄《礼记》注云:"画招摇星于其上,以起居坚劲军之威怒,象天帝也。"各本"起居"作"起军"。检《礼记·曲礼》郑注,作"起居",孔疏云:"故军旅士卒,起居举动,坚劲奋勇,如天帝之威怒也。"敦煌本作"起居"与《礼记》合,各本误。又"弧旌枉矢,虹旃蜺旄"句善注引《周礼》云:"弧旌枉矢以象弧。"各本"以象弧"作"以象牙饰"。检《周礼·考工记·辀人》,作"弧旌枉矢以象弧",与敦煌本注引合,各本误。又此句下善注引《高唐赋》曰:"蜺为旌。"各本作"《上林赋》曰:'栴蜺旌也。'"检尤刻本《上林赋》"拖蜺旌"句善注:"《高唐赋》曰:'蜺为旌。'"据此,知敦煌本注引《高唐赋》不误,各本注引《上林赋》误,敦煌本为未经窜乱之本。又"小说九百,本自《虞初》"善注引《汉书》曰:"《虞初周说》九百四十三篇。"尤刻本"篇"下有"初,河南人也,武帝时以方士侍郎乘马,衣黄衣,号黄衣使者"。明州本、丛刊本"篇"下有"虞初者洛阳人,明此医术,武帝时乘马,衣黄衣,号黄车使者。《周说》九百四十三篇"。案敦煌本善注引《汉书·艺文志》止取虞初一句,各本或连注文,或杂他说,皆概括于"《汉书》曰"之下。敦煌本乃善注真貌,后人欲据误本《文选注》以补《汉书》(详王先谦《汉书补注》引钱大昕说),敦煌本即可杜此妄说。又"从容之求,寔俟寔储"句下,各本有"善曰:《尚书》曰:'从容以和'。《尔雅》曰:'俟,待也'。《说文》曰:'储,具也'"二十一字。检今本《说文》,其所引《说文》无一字与《说文》合,此非善注甚明,敦煌本无,保存了善注本来面目。又"奋鬣被般"句善注"长毛曰鬣",尤刻本、明州本、丛刊本"长毛"讹"毛苌"。又"魑魅魍魉,莫能逢旃"句善注引《左传》云:"魑魅魍魉,莫能逢之。"各本"之"作"旃"。检《左传》宣公三年,作"之",与敦煌本合,各本作"旃",是改注文以就正文。又善注云:"杜预曰:'魑,山神,兽刑。'"各本"魑"前有"《说文》曰"三字。检今本《说文》,无"魑,山神"三字,则各本"《说文》曰"三字乃他注混入可知。又"缇衣韎韐,睢盱跋扈"句善注:"《毛诗》曰:'韎韐有奭',毛苌曰:'韎者茅搜染也。'"今本《毛诗·小雅·瞻彼洛矣》篇毛传"韎"下有"韐","染"下有"草",敦煌本注引毛传此六字,可证今本毛传之失,并可止王氏《经义述闻》纷如之谈(见《经义述闻》卷六"韎者茅搜染韦也"条王氏之说)。又"吴岳为之陁堵"句善注引《汉书》曰:"自华西名山七,有岳山、吴山。"各本"有岳山、吴山"作"一曰吴山,郭璞云:吴岳别名"。案敦煌本此注,是删节《汉书·郊祀志》文,《郊祀志》云自华以西有名山七,华山、薄山、岳山、歧山、吴山、鸿冢、渎山。敦煌本注以"有岳山吴山"释正文"岳吴",各本但释吴山不释岳山,甚至以岳吴为吴山别名之说以相混,乃浅人所改,敦煌本未经混乱,是李善注旧貌。又"百禽惨遽,骙瞿奔触"句善注,各本有"《白虎通》曰:'禽,鸟兽之总名,为人禽制'"十四字,敦煌本无。案李善顺文作注,“禽”字之释当在“悛遽”之前,今反居其后,当是后人混入。又“鋋不苟跃”句善注引《说文》云:“鋋,小矛也。”各本“矛”作“戈”。检今本《说文·金部》,此字作“矛”,又检《方言》卷九“矛……或谓之鋋”,与敦煌本注引《说文》合,各本作“戈”,误。又“比诸东郭,莫之能获”句善注引《战国策》云:“夫卢,天下之骏狗也;东郭逡,海内之狡兔也”。各本此下有“环山三,腾冈五,韩卢不能及之”十二字。检今本《战国策·齐策三》,作“韩子卢逐东郭逡,环山者三,腾冈者五,兔极于前,犬废于后”,注:“韩卢不能及之”。各本文注并引,而置于《战国策》曰之下,甚违原意,敦煌本无此十二字,未经混乱。又“韩卢噬于绁末”句善注“绁音薛”下,尤刻本有“《礼记》曰‘大则执绁’,郑玄注曰:‘绁、纼、靮,皆所以系制之者。守犬、田犬问名,畜养者当呼之名,谓若韩卢、宋鹊之属’”四十二字。胡氏《考异》云:“袁本茶陵本无此四十二字。”今敦煌本、明州本、丛刊本并无此四十二字。高步瀛云:“无者盖是李注,音在注末,‘绁音薛’三字下似不宜再注也。此盖是后人附益。”高说是,尤刻本误。又“莫之敢伉”句善注,各本有“郑玄《毛诗》笺曰:‘慑,恐惧也’”十字。检今本《毛诗》郑笺,无此注,敦煌本无此十字,是李善注原貌。又“慕贾氏之如皋,乐北风之同车”句善注引《左传》曰:“昔贾大夫恶……”各本无“昔”。检《左传》昭公二十八年,有“昔”,与敦煌本注引合,各本脱“昔”,误。又“般于游畋,其乐只且”句善注引《尚书》云:“文王弗敢般于游田。”各本无“文王”。此乃《尚书·无逸》篇成句,《尚书》有“文王”,与敦煌本合。又“蒲且发,弋高鸿”句善注引《列子》云:“蒲且子之弋,弱弓纤缴,乘风而振之,连双鸧于青云。”各本“弓”作“矢”,“乘”前有“射”。检《列子·汤问》篇,与敦煌本注引合,各本误。又“磻不特絓,往必加双”句善注:“《说文》曰:‘磻以石缴也。’”各本“以”作“似”。检《说文·石部》,作“以”,与敦煌本注引合,各本误。又“擭胎拾卵,蚳蝝尽取”句善注引韦昭《国语》注云:“未孚曰卵。”尤刻本作“未乳曰卵”,明州本、丛刊本作“去乳曰卵”。检《国语·鲁语上》韦昭注,与敦煌本注引合,各本误。又“乌获舡鼎”句,各本“舡”作“扛”,善注引《说文》作“扛”,注云:“扛与舡同。”据此,知李善本原作“舡”,各本依注文改正文,误。又“都卢寻撞”句善注引《史记》云:“秦武王有力,力士乌获孟说皆至大官……”各本“力”字不复,无“至”。检《史记·秦本纪》,与敦煌本注引合,各本误。又引《说文》曰:“扛,横关对举也。”各本“关”作“开”。检《说文·手部》,与敦煌本注引合。又“百马同辔,骋足并驰”句善注引陆贾《新语》曰:“楚平王增驾百马而行。”尤刻本、明州本、丛刊本作“楚平王增驾百马同行也。”检《新语·无为》篇,作“增驾百马而行”,与敦煌本注引合,各本误。又“般乐极,怅怀萃”句善注引《孟子》云:“般乐饮酒,驱骋田猎。”各本“般乐”作“盘游”,“驱”作“驰”。检《孟子·尽心下》,与敦煌本注引合,各本误。又“微行要屈”句善注引《汉书》云:“武帝微行始出。”各本“始”作“所”。检《汉书·东方朔传》,作“始”,与敦煌本注引合。又善注引“张晏曰”

云云,“故曰微行也”,各本“行”下有“要屈至尊,同乎卑贱”八字。今本《汉书》注无此八字,与敦煌本合,足见敦煌本乃未经混乱之本。又“周观郊遂”句善注引《字林》曰:“闾,里门也;阎,里中门也。”各本无“《字林》曰”三字,故任大椿《字林考异》卷七“闾阎”条所引,只《后汉书·班固传》注及《西都赋》注而不及此注,因其所见之《文选》脱此三字也。此注,不仅可补今本《文选》之脱误,且为辑佚家增添一征引出处。又“若神龙之变化,章后皇之为贵”句善注引《管子》云:“龙被五色,欲小则如蚕蠋,欲大函天地。”各本“蠋”作“蝎”。检《管子·水地》篇,作“蠋”,与敦煌本合,各本作“蝎”误。又“捐衰色,从嬿婉”句善注引《韩诗》曰:“嬿婉之求”,又引“薛臣善曰:‘嬿婉,好貌也’”。各本无“薛臣善曰”四字。案此四字当是“薛君曰”或“薛君章句曰”之误。高步瀛云:“治《韩诗》者不见此本,故不敢辑入韩君章句中,然则此本虽误,有益于古书亦大矣。”又“𠻳于虞氏”句善注云:“𠻳,条畅也,勑亮反”下,各本有“蛊,媚也”三字。案此条善注,前已释“蛊”,此处不当重出,敦煌本无,未经窜乱。又“展季桑门,谁能不营”句善注引《国语》曰:“臧文仲闻柳下季之言。”各本“季”作“惠”。检《国语·鲁语上》,作“季”,与敦煌本注引合,各本误。又注引《家语》曰:“昔有妇人曰柳下惠妪,不逮门之女,国人不称其乱焉。”尤刻本作“《家语》曰:昔有妇人召鲁男子不往,妇人曰:‘子何不若柳下惠?然妪不逮门之女也,国人不称其乱焉。’”明州本、丛刊本作“《家语》曰:昔有妇人召柳下惠,不往,曰:‘妪不逮门之女也,国人不称其乱焉’”。案《家语》乃后人所托,此条注引所记本于《毛诗·小雅·巷伯》毛传及《荀子·大略》篇,敦煌本节引二十一字,意义自明,各本增加字数,且多一“召”字,有违原意。敦煌本未经混乱,甚可贵。又“列爵十四,竞媚取荣”句善注引《汉书》云:“汉兴,因秦之称号,帝正适称皇后,妾皆称夫人,称号凡十四等云。”尤刻本、明州本作“列爵十四,见《西都赋》也”。丛刊本复引《西都赋》“十有四位”句善注,先引《汉书·天文志》九字,次引《外戚传》,于“号十四等云”下并录十四等之称号、爵位凡一百余字,有遗漏也有误併。敦煌本所引至“称号凡十四等云”便止,未经浅人混乱,甚可贵。又“增昭仪于婕妤,贤既公而又侯”句善注引《汉书》曰:“孝元帝傅婕妤有宠,乃更号曰昭仪,在倢伃上,昭仪,尊之也。”各本作“孝元帝傅婕妤有宠,乃更号曰婕妤,在昭仪上”。检《汉书·外戚传》,与敦煌本注引同,各本误。又“无为而治”句善注引《汉书》曰:“今汉继体承业三百余年”。各本“业”作“基”。检《汉书·平当传》,作“业”,与敦煌本合,各本作“基”,是改注文以就正文,误。又“帅人以苦”句善注:“《尚书》曰:盘庚迁于殷,人弗适有居,率喻众戚,出矢言。”各本无“《尚书》曰”三字。案此乃《尚书·盘庚》篇文,各本无“《尚书》曰”三字,误。又“方今圣上,同天号于帝皇”句善注引《尚书刑德放》前有“方今,犹正今也”六字。案此六字与善注体例不合,当是他注混入,敦煌本无,未经混乱。又各本注引《尚书刑德放》,删去“皇者煌煌也”,注引《春秋元命苞》,删去“道烂显明也”,敦煌本并有,未经混乱。又“徒恨不能以靡丽为国华”句善注引《国语》曰:“吾闻以德荣为国华。”各本无“荣”。检《国语·鲁语上》,与敦煌本注引合,各本无“荣”,误。

论《西京杂记》的文学史料价值

刘　宁

（西安文理学院文学院　陕西西安　710065）

摘　要：《西京杂记》全书6卷，共132条，其中46条与文学活动有关。从内容上来看，书中完整保存了19篇汉代文学作品，记录了当时24位文人，提及23篇（部）作品，还有一些作家、作品评论等方面的重要资料，蕴含着西汉文学发展的重要信息。

关键词：《西京杂记》；文学史；史料价值

《西京杂记》是关于汉代帝王后妃、王侯将相、方士文人等的杂史作品，内容涉及宫廷制度、礼节习俗、社会传闻、名人轶事，反映了汉代帝都生活及其丰富的文化内涵。明代孔天胤《刻西京杂记序》中全面总结了《西京杂记》的内容，充分肯定了其所具有的文学史料价值：

> 《西京杂记》以记汉故事名……乃若此书所存，言宫室苑园，舆服典章，高文奇技，瑰行伟才，以及幽鄙而不涉淫怪，烂然如汉之所极观，实盛称长安之旧制矣。故未央、昆明、上林之记，详于郡文，卿、云辞赋之心，闳于本传；《文木》等八赋，雅而独陈；《雨雹对》一篇，天人茂著。①

孔天胤概括了影印本《西京杂记》所记内容：宫室苑园、舆服典章、高文奇技、瑰行伟才，尤其肯定了其中收录的8篇辞赋作品是“雅而独陈”、《雨雹对》一篇是“天人茂著”。《四库全书总目提要》尽管将《西京杂记》归入子部小说类，但还是充分肯定了其文学史料价值：

> 其中所述，虽多为小说家，而摭采繁富，取材不竭。李善注《文选》，徐坚作《初学记》已引其文，杜甫诗用事谨严，亦多采其语，词人沿用数百年，久成故实，

---

① 葛洪：《西京杂记》，周天游校注，三秦出版社2006年版，第276—277页。以下关于本书的引文只随文括注页码。

固有不可遽废者焉。①

可以看出,清代学者注意到了《西京杂记》是一部重要的著作,而且注意到了其所记内容在千余年流传过程中所产生的广泛而深刻的影响,在后代注释、著作、诗词创作中被大量引用,成为人们深信的史实,经久不衰。

一

《西京杂记》为研究汉代的文学创作、文学发展提供了重要信息。全书6卷,共132条,其中46条与文学活动有关。从内容上来看,书中完整保存19篇作品,记载了当时文人24位,提及23篇(部)作品名称,还有作家、作品评论,作家比较等极丰富的资料,蕴含了当时文学发展的重要信息。

《西京杂记》中与文学活动有关的记载是:第八条戚夫人歌舞、第二十一条黄鹄歌、第二十五条昭阳殿、第三十条飞燕昭仪赠遗之侈、第三十一条宠擅后宫、第三十二条画工弃市、第三十三条方朔设计救乳母、第三十五条公孙弘粟饭布被、第三十九条相如死渴、第四十条赵后淫乱、第四十三条扬雄梦凤作《太玄》、第四十四条百日成赋、第四十五条仲舒梦龙作《繁露》、第四十六条读千赋乃能作赋、第四十七条闻《诗》解颐、第五十九条梁孝王宫囿、第六十三条篆术制蛇御虎、第六十四条淮南与方士俱去、第六十五条扬子云载輶轩作《方言》、第七十七条戚夫人侍儿言宫中乐事、第七十九条生作葬文、第八十条淮南《鸿烈》、第八十一条《公孙子》、第八十二条长卿赋有天才、第八十三条赋假相如、第八十四条《大人赋》、第八十五条《白头吟》、第八十六条樊哙问瑞应、第八十八条文章迟速、第九十三条三馆待宾、第九十六条韩嫣金弹、第九十七条司马良史、第九十八条梁孝王忘忧馆时豪七赋、第一百九条陆博术、第一百一十一条东方生、第一百一十二条古生杂术、第一百一十四条母嗜雕胡、第一百一十六条赵后宝琴、第一百一十七条邹长倩赠遗有道、第一百一十九条董仲舒天象、第一百二十二条贾谊《鹏鸟赋》、第一百二十三条金石感偏、第一百二十四条文木赋、第一百二十五条广川王发古冢、第一百三十条书太史公事、第一百三十二条两秋胡曾参毛遂。

《西京杂记》中保存了19篇文学作品:黄鹄歌、昭仪遗飞燕书、梁孝王忘忧馆时豪七赋、文木赋、杜子夏自撰墓志铭、邹长倩赠公孙弘书信、角抵戏:"东海黄公";戚夫人侍儿言宫中乐事、陆博术口诀1套;谣谚2首("闻诗解颐"、"韩嫣金弹")、《雨雹对》、《金石感偏》。在这些保存完整的作品中值得我们关注、极具文学史价值的作品如下:

① 纪昀总编:《四库全书总目提要》卷一四〇,子部五〇,小说家类一。

(一)八篇咏物赋

《梁孝王忘忧馆时豪七赋》中包括了枚乘的《柳赋》、路乔如的《鹤赋》、公孙诡《文鹿赋》、邹阳《酒赋》、公孙乘《月赋》、羊胜的《屏风赋》、邹阳代韩安国作的《几赋》。7人中,除路乔如、公孙乘2人事迹不详,其余5人的行迹在《汉书》中都有记载,他们均为梁孝王的宾客。这7篇赋是同时创作出来的,属于游宴之作。据《西京杂记》中说:"梁孝王游于忘忧之馆,集诸游士,各使为赋",当场评论,有赏有罚,"邹阳、安国罚酒三升,赐枚乘、路乔如绢,人五匹"。其中枚乘的《柳赋》、羊胜《屏风赋》见于唐徐坚等撰的《初学记》中。中山靖王刘胜写作《文木赋》,据《西京杂记》云:"鲁恭王得文木一枚,伐以为器,意甚玩之,中山王为赋曰……"赋后又云:"恭王大悦,顾盼而笑,赐骏马二匹。"《古文苑》将两段合并置于赋前。鲁恭王刘徐与中山靖王刘胜是异母兄弟。史载鲁恭王"好治宫室苑囿狗马,季年好音",曾"坏孔子旧宅以广其宫",忽闻钟磬琴瑟之声,乃止。显然也是个骄奢淫逸、声色犬马之辈,与刘胜为一丘之貉。《西京杂记》及《古文苑》所载伐木为器,作赋赐马之事,符合二人的性格及趣味。

关于这八篇赋学界有过争论,主要辩论的是作者及写作时间,但目前大家普遍认为在没有确凿证据出现前,还是以《西京杂记》所记为准。如严可均校辑《全上古三代秦汉三国六朝文》,其中就根据《西京杂记》的记载而收录了这八篇作品,又如费振刚整理编辑《全汉赋》时,也根据《西京杂记》中这两条资料记载,整理出了枚乘、路乔如、公孙诡、邹阳、公孙乘、羊胜、刘胜的辞赋作品。

近年来,这些作品引起辞赋研究者关注,章沧授等学者先后撰文论述汉代的咏物赋①,基本观点归纳出如下:1. 西汉赋中有不少咏物之作,赋史上第一次的咏物赋创作高潮出现在西汉时期。枚乘是汉初咏物赋的代表作家。2. 由于西汉初年赋的游戏娱悦作用的影响,以及藩国君臣赋中咏物之作的存在,汉初这种以四言为主、杂以六言等句式、表达自由灵活的咏物赋,它的产生可能与骚体赋同时,但要早于散体大赋。3. 这批作品透露出这样一条信息,文学已开始在铺陈渲染、藻丽夸饰、锤炼辞句方面探索一条发展的新路,刻意求美、求全、求新、求奇成为有汉一代辞卿创作的主导倾向。4. 咏物赋的创作表明汉初赋作者们注重身边的日常用物,托物言志在这些赋作中已露端倪,这为魏晋南北朝室内小物赋的发展开了先河。《西京杂记》中记载保存下的这八篇赋作,其价值、意义确实很大。

① 章沧授:《论汉代咏物赋》,《安庆师范学院学报》1998年第4期;陈春保:《汉代咏物赋的模式及其变迁》,《山东师范大学学报》1999年第5期等。

（二）中国最早的戏——《东海黄公》

据《西京杂记》载，汉代有一出称做《东海黄公》的“角抵戏”。角抵戏，竞技之戏，类似于杂技，因其种类繁复，故后世命名为“百戏”。汉代著名的《东海黄公》最早流传于三辅地区，后进入宫廷：

> 有东海人黄公，少时为术，能制御蛇虎，佩赤金刀，以绛缯束发，立兴云雾，坐成山河。及衰老，气力羸惫，饮酒过度，不复能行其术。秦末，有白虎见于东海，黄公乃以赤刀往厌之。术既不行，乃为虎所杀。三辅人俗用以为戏，汉帝亦取以为角抵之戏焉。（第120—122页）

《东海黄公》之用为“角抵”，大概是因为最后出现了人物与“老虎”争斗的戏份。在此戏中，黄公是有装扮的，如“佩赤金刀，以蜂增束发”，而老虎也是由人扮演的。此外还出现了故事情节，即黄公以术擒虎反而为虎所杀。因此，此戏具备了成熟戏曲的一些基本要素，周贻白先生认为“后世戏剧，实于此发端”。

（三）中国最早的“话本”（仅具有话本的一些因素）

根据《西京杂记》卷三“戚夫人侍儿言宫中乐事”、《搜神记》卷二“贾佩兰说宫内事”[①]，两书记载基本一致（《搜神记》中没有“戚夫人死，侍儿皆复为民妻也”一句）。

汉代一统天下，经济逐步繁荣，帝都文化生活丰富多样，在此背景下，民间原始的讲故事也得以逐步向伎艺化方向发展，从而形成为早期的说唱艺术。20世纪50年代以来，有上百件汉代说唱俑陆续出土，通过这些形象生动的陶俑，可以真实反映汉代说唱艺术的发展情况，帮助我们推断出中国早期说唱艺术职业化、“话本”作品酝酿的大体时期。戚夫人侍儿贾佩兰，后出宫，嫁给扶风人段儒为妻。贾佩兰讲述的有关宫廷歌舞和行乐之事，是其亲眼所见，这对于与宫廷相隔绝的民间群众来说，无疑是十分新鲜奇特的，宫廷的神秘使他们对高大宫墙后所发生事情有了解的渴望。另外《西京杂记》还记述汉成帝时造昭阳殿，关于昭阳殿的情况是由樊延年说出来的：“匠人丁缓、李菊巧为天下第一。缔构既成，向其姊子樊延年说之，而外人稀知，莫能传者。”他们的经历与贾佩兰相似，把自己的所见所闻向他人宣讲，大量宫中生活、趣闻就这样流传出来，为人们所津津乐道。故事的讲述者亦由此成为宫廷与民间联系的重要中介，成为早期的“说唱”艺人，他们所讲述的故事就可能成为我国最早的“话本”。

---

① 干宝：《搜神记》，曹光甫校点，见《汉魏六朝笔记小说大观》，上海古籍出版社1999年版，第292页。

(四)中国最早的自传墓志

据《西京杂记》卷三“生作葬文”一条记载：

> 杜子夏葬长安北四里，临终作文曰：“魏郡杜邺，立志忠款，犬马未陈，奄先草露。骨肉归于后土，气魄无所不之。何必故丘，然后即化。封于长安北郭，此焉宴息。”及死，命刊石，埋于墓侧。墓前种松柏树五株，至今茂盛。（第150页）

墓志即埋于墓中并刻有墓主传记之石刻。一般而言，其往往于安葬时与棺椁一起埋于墓内。墓志中所镌之文字多以散文记死者姓名、籍贯、郡望、官爵、生平及生卒年月，称之为“志”；而文末多有数句四言韵文加以概括并表达悼念之意，称之为“铭”，合称则为“墓志铭”。出土于1929年洛阳邙山王窑村，志文写明为东汉延平元年（公元106年）之《贾武仲妻马姜墓志》，据考是我国最早之墓志。可见墓志至迟在东汉时就已出现。《西京杂记》中这条宝贵的资料为我们提供了文献资料中的最早的墓志记载。近些年，墓志的研究渐成热点，追溯最早的墓志记载必然会提及《西京杂记》中的这篇“墓志”，而且这篇作品还是墓主人生前自己写成，它对于研究中国的自传文也具有标志性的价值。

二

上面所列46条中提到的汉代文人、歌诗人分别有戚夫人、汉昭帝刘弗陵、东方朔、公孙弘、司马相如、盛览、扬雄、董仲舒、淮南王刘安、杜子夏、卓文君、陆贾、枚皋、司马迁、枚乘、路乔如、公孙诡、邹阳、羊胜、许博昌、汉高祖刘邦、邹长倩、贾谊、中山靖王刘胜。《西京杂记》中记载的有关作家事迹简单、排列散乱，但如果我们将这些简单、散乱的资料按照某位作家连贯在一起，它们就会提供给我们一些珍贵的作家研究资料。这些资料主要集中在司马相如、卓文君、公孙弘、司马迁身上，笔者试作分析。

与司马相如有关的记载最多，共6条，第三十九条相如死渴，第四十四条百日成赋，第八十二条长卿赋有天才，第八十三条赋假相如，第八十四条《大人赋》，第八十五条《白头吟》。这6条资料主要揭示了四个方面的信息：司马相如好色钟情的浪漫个性、长期患有“消渴”顽疾、他的辞赋创作在当时影响巨大、司马相如主要辞赋作品《美人赋》、《上林赋》、《子虚赋》、《大人赋》及写作这些作品的具体情况。

第三十九条相如死渴中揭示了相如创作《美人赋》的目的：“欲以自刺”。在第四十四条百日成赋中介绍了相如创作《上林》、《子虚》赋时，精神思想自由放松，“不复与外事相关,控引天地,错综古今,忽然如睡,焕然而兴,几百日而后成”。《大人赋》的创作缘于晚上做梦,梦见一位穿黄色衣服的老头,让他写一篇《大人赋》。这篇赋主要是关于神仙之事,写成后献给武帝,武帝很满意,赐给司马相如四匹锦缎。这些记录丰富了我们对作品的了解,当然是珍贵的资料。“赋假相如”:

> 长安有庆虬之,亦善为赋,尝为《清思赋》,时人不之贵也。乃托以相如所作,遂大见重于世。(第154页)

由此我们可以想象司马相如在当时如日中天的文坛影响力,一篇假借他名字的作品居然被世人看重、推崇,看来汉代就有借名人炒作作品的文坛趣闻。佩服司马相如才华的除了普通人外,还有重要的文人扬雄,在第八十二条长卿赋有天才中,记载了扬雄发自肺腑的感叹:“长卿赋不似从人间来,其神化所至邪?”这是非常难得的记录,我们不仅看到了扬雄这位重要辞赋家对司马相如的高度崇拜,也认识了相如赋在汉代的崇高地位、巨大影响。围绕着这位辞赋大家有如此鲜活记录,这当然会激活后人对这位两千多年前文坛大腕的真切认识。

与卓文君有关的记载是:第三十九条相如死渴、第八十五条《白头吟》,从中我们可以了解到文君喜好音乐,酷爱文学,貌美多才:她“眉色如望远山,脸际常若芙容,肌肤柔滑如脂”,她的著作有诗《白头吟》一首,《悼相如诔》一篇。卓文君不仅是一位古代有名的敢于追求爱情生活的美女子,还是一位笔底情深的女诗人。因“相如将聘茂陵人女为妾”,卓文君作《白头吟》以自绝。《西京杂记》中没有记录《白头吟》诗句,这就使得后人对这篇作品有了猜测。一部分观点认为卓文君《白头吟》已经不存在了,另一部分观点认为卓文君《白头吟》就是沈约在《宋书·乐志》以《白头吟》为题的“古辞”:

> 晴如山上云,皎若云间月。闻君有两意,故来相决绝。平生共城中,何尝斗酒会。今日斗酒会,明旦沟水头。蹀躞御沟上,沟水东西流。郭东亦有樵,郭西亦有樵。两樵相推与,无亲为谁骄?凄凄重凄凄,嫁娶亦不啼。愿得一心人,白头不相离。竹竿何嫋嫋,鱼尾何离簁。男儿欲相知,何用钱刀为?齿立如五马,川上高士嬉。今日相对乐,延年万岁期。①

沈约在《乐志·大曲》下所录的这首“古辞”并没有著明其作者,首先将这首乐府古辞

① 沈约:《宋书》,中华书局1974年版,第622—623页。

与卓文君《白头吟》联系在一起的是李善,《文选》卷二八鲍明远《白头吟》诗题下,李善注:

> 《西京杂记》曰:司马相如将娉茂陵一女为妾,文君作《白头吟》以自绝。相如乃止。沈约《宋书》古辞《白头吟》曰:凄凄重凄凄,嫁娶不须啼。愿得一心人,白头不相离。①

按照前后叙说逻辑,在李善看来,《宋书》所录《白头吟》即是《西京杂记》所载"文君白头吟"。后世有黄鹤、阮阅、严羽、谢维新、谢榛、陆时雍、冯惟讷、王士禛、沈德潜等人持此观点。文君《白头吟》是否就是《宋书》中所录的这首古辞《白头吟》,学界还有争论,但我们至少可以断定文君作过一篇情真意切的《白头吟》,它感动了相如,使他最终放弃了再娶的打算,这是值得大家注意的。

与公孙弘有关的记载有:第三十五条公孙弘粟饭布被、第八十一条《公孙子》、第九十三条三馆待宾、第一百一十七条邹长倩赠遗有道。这4条资料我们可以颠倒顺序来阅读,第一百一十七条所记当是公孙弘被举荐做官之际,得到了乡里贤者邹长倩的资助与教诲,所记生动。公孙弘在元光五年(公元前130年)应贤良文学征,拜博士。乡人邹长倩觉得他家境贫困没有什么收入,就脱下衣裳给他穿上,脱下戴的帽子、穿的鞋子送给他,又赠给他青草一把,素丝一襚,扑满一枚,并附上了一封信,信中说明送上青草、素丝、扑满寄托的意愿与希望,可谓语重心长,发人深省!第九十三条所记是公孙弘作宰相后开设东阁,营建客馆,招揽天下贤才。客馆有三个,分别是钦贤馆、翘材馆、接士馆,花费都来自公孙弘的俸禄。第八十一条提到公孙弘生前完成了《公孙子》,这部书的核心内容是刑名之事,遗憾的是这部书已经亡佚了,但仅靠《西京杂记》中这条简单的记录我们还是可以看出汉代儒家外王内法的政治特点。第三十五条所记是公孙弘发达后,仍然生活俭朴,以致遭到了故人高贺的不理解,竟诽谤他:"公孙弘内服貂蝉,外衣麻枲,内厨五鼎,外膳一肴,岂可以示天下?"这样的言论给公孙弘带来了巨大的负面影响,朝廷上下怀疑他是一个虚伪的人,信任危机出现后,公孙弘不由得感叹,"宁逢恶宾,不逢故人",由此我们也可以真切感受到当时的人情世故。

与司马迁有关的记载有两条:第九十七条司马良史,第一百三十条书太史公事。其中第九十七条中是研究司马迁、《史记》的一条重要材料,其中明确指出司马迁写作《史记》是"发愤之作"、高度评价司马迁为"良史",还对《史记》中的重要作品《伯夷列传》、《项羽本纪》、《屈原贾生列传》有所评论,可见在《西京杂记》成书前,人们对《史

---

① 萧统:《文选》,李善注,中华书局1981年版,第404页。

记》中的重要作品已经有了深入地研究。第一百三十条书太史公事,也是一条备受文学史研究者关注的资料。由于《汉书·司马迁传》中没有记载司马迁卒年,更没有交代司马迁是如何死的,其他史料中也都没有记载,致使“史圣”司马迁卒年、死因成为一个当前还未解决的学术问题困扰着人们。《西京杂记》此条记载了:“(司马迁)作景帝本纪,极言其短及武帝之过,武帝怒而削去之。后坐举李陵,陵降匈奴,下迁蚕室。有怨言,下狱死。宣帝以其官为令,行太史公文书事而已,不复用其子孙。”这条材料说明了五点:1. 司马迁写《景帝本纪》直接批评了景帝和武帝的过失与错误,武帝盛怒之下删除了《史记》中的相关记录;2. 因李陵投降匈奴司马迁被下狱;3. 司马迁死于第二次投放狱中;4. 宣帝在位时改太史公这一官职为太史令,其职能不变;5. 司马迁的子孙再没有到朝廷中任职。郭沫若认为《报任安书》是充满了“怨言”的,又辨析了桓宽《盐铁论·周秦》中“载卿相之列,就刀锯而不见闵(悯)”之“就刀锯”,说是指在“既下蚕室之后”又“就刀锯”,就是暗指司马迁的再度下狱致死。[①] 聂石樵也持此说。总之,关于太史公的死,《西京杂记》还是给我们提供了宝贵的线索,值得关注。

三

《西京杂记》中有关创作理论的有扬雄所谈的“读千赋乃能作赋”,体现了当时对于文学创作原理的把握认识情况。书中有多条内容谈到“赋”,最为文学史家、文论家关注的是第四十四条中记录的:

> 其友人盛览,字长通,名士,尝问以作赋,相如曰:“合纂组以成文,列锦绣而为质,一经一纬,一宫一商,此赋之迹也。赋家之心,苞括宇宙,总揽人物,斯乃得之于内,不可得而传。”览乃作《合组歌》、《列锦赋》而退,终身不复敢言作赋之心矣。(第93—95页)

这就是司马相如的“赋心”、“赋迹”说。所谓“赋迹”,就是指“赋心”表现于外的形式、技巧。“赋心”强调艺术想象的运用,使赋体文学在创作论意义上突破了以往的“饥者歌其食,劳者歌其事”(何休《春秋公羊传·宣公十五年》解诂)的简单的描写现实的手法,大量地运用浪漫夸张的艺术想象,在司马相如的作品中有直接的表现。刘勰对此进行过准确的概括:“故上林之馆,奔星与宛虹入轩;从禽之盛,飞廉与鹪鹩俱获……”(《文心雕龙·夸饰》),之所以会有如此大胆的夸张性的描写,显然是自觉地运用艺术

---

① 郭沫若:《关于司马迁之死》,见《郭沫若全集历史编》第3卷,人民出版社1994年版。

想象而呈现出的直接结果。简言之,所谓的“赋心”、“赋迹”,就是要求讲究铺写的条理(“一经一纬,一宫一商”)与张扬(“苞括宇宙,总揽人物”)的统一。条理与张扬看似矛盾,实则在赋中实现了和谐的统一。“一经一纬,一宫一商”的“赋迹”,要求的是辞赋篇章辞采的华美与声韵的变换有序,“苞括宇宙,总揽人物”的“赋心”,要求的是内容的包罗万象与超越时空,而这二者的统一,形成了赋体文学以极条理化的其南、其北、其东、其西的模式,并在这一无限延展的空间意识中容纳宏阔博大而又想落天外的时空世界的这一特征。也正是因为这一特征,使赋区别于其他的任何文学样式,在创作实践上打破了“诗言志”(《尚书·尧典》)的传统,由此完成了由抒情向描写的转变。中国古代文学创作由“言志”转向“体物”,由主观抒情转向客观描写,标志这一转换开端的便是蔚然兴起的大赋,而无论从创作实践还是从创作理论上,为后世奠定这一范式的正是司马相如。

有关作家比较的研究,在《西京杂记》中也有记载,见第八十八条文章迟速:

> 枚皋文章敏疾,长卿制作淹迟,皆尽一时之誉。而长卿首尾温丽,枚皋时有累句,故知疾行无善迹矣。扬子云曰:“军旅之际,戎马之间,飞书驰檄,用枚皋;廊庙之下,朝廷之中,高文典册,用相如。”(第160—161页)

这条资料不仅比较了枚皋、司马相如写作一快一慢,而且指出相如文章特点“首尾温丽”、枚皋文章存在的问题“时有累句”,另外还借扬子云的话指出两人的文章写作可有不同的用处:枚皋行文适于军旅戎马,相如行文适于廊庙朝廷。

书中第七十二条,提出了对周公作《尔雅》这一说法的怀疑,体现了当时人们对《尔雅》的重视与研究程度。第四十七条匡衡说《诗》,人皆解颐,不仅体现了匡衡精通《诗经》,也反映了汉代普遍重视学习《诗经》情况。

汉代是中国历史上的鼎盛时代,也是一个充满自信和奔放的时代。鲁迅先生说“唯汉代艺术,博大沉雄”。《西京杂记》中不仅保留了汉代珍贵的文学作品、文人活动、文学评论等史料,同时其他章节中描写了汉长安城内建筑雄伟、园林秀丽、用品先进,这些记录为读者提供了广阔的文化背景,有助于读者解读汉代文学作品。总之,《西京杂记》是一部重要的文献,有助于我们研究汉代文学。

司马相如集版本叙录

踪　凡

（首都师范大学文学院　北京　100089）

摘　要：明清以来辑录的司马相如文集有十余种之多，本文在描述其版本状态的基础上，指出它们或本于《汉书》，或源出《文选》，或广蒐佚文，或详加校注，有的还辑录了较为丰富的研究资料，其功过得失，值得我们总结、取舍和完善。

关键词：司马相如；文集；版本；功过；叙录

司马相如（公元前169？—公元前118年），字长卿，蜀郡成都人。他是"汉赋四大家"之首，在赋体文学发展史上有着十分崇高的地位，被后人誉为"赋圣"，而与"骚圣"屈原并驾齐驱（王世贞《艺苑卮言》卷二）。但在相如生前，他的作品不仅没有结集，甚至曾大量散失。《史记》相如本传载其妻卓文君语："长卿固未尝有书也。时时著书，人又取去，即空居。"[①]西汉末年刘向父子在校理群籍时，曾辑录《司马相如赋》29篇（《汉书·艺文志》），虽然远非完备，但也许是历史上规模最大的一次结集了，可惜这些作品在王莽之乱中被毁。此后，相如作品仍主要以单篇的方式流传。降至六朝，曾有人辑录《汉文园令司马相如集》1卷（《隋书·经籍志》），从卷数看，作品数量已经锐减。《旧唐书·经籍志》、《新唐书·艺文志》皆曾著录《司马相如集》2卷，郑樵《通志·艺文略》也著录《文园令司马相如集》2卷，但皆在唐宋时佚失。今天所能见到的司马相如文集，大多是明代以后辑录的，远非旧帙。本文即对司马相如文集的不同辑本略作介绍，旨在表彰明代以后（尤其是明代）文人在文献辑录方面所作的贡献，同时为学术界研究司马相如、研究汉代文学提供一些最基本的资料。

一、《司马长卿文钞》1卷

明末李宾《八代文钞》本。今日可见者有明刻本，天津图书馆藏，《四库全书存目

---

① 司马迁：《史记》，中华书局1959年标点本，第3063页。

丛书·集部》第341—345册据此影印。李宾,字烟客,梁山人,生平不详。其《八代文钞》凡106卷,辑录自楚、汉以迄明代共92名作家的诗文。此本左右双边,单鱼尾,鱼尾上方镌篇目名,下方镌页码。正文半叶9行,行20字。其中《司马长卿文钞》仅1卷,24叶,所辑录篇目有:《子虚赋》、《大人赋》、《美人赋》、《长门赋》、《谏猎书》、《封禅书》、《谕巴蜀父老檄》、《与蜀父老诘难》、《答牂牁盛览》,各篇均不载出处。核其文字,《子虚赋》以"其辞曰"三字开头,显然录自史传;赋中"齐王悉发境内之士,备车骑之众"句同于《史记》,异于《汉书》、《文选》;但"江蓠蘪芜,诸柘巴苴"句又异于《史记》而与《汉书》、《文选》略同①。看来此篇乃综合《史记》、《汉书》、《文选》三书文字而成,不本一家。其余各篇,《美人赋》录自《古文苑》,《长门赋》录自《文选》,《答牂牁盛览》录自《西京杂记》,《大人赋》等录自《汉书》并参照了《史记》。该钞缺《上林赋》、《哀二世赋》等篇,系明显遗漏。文字亦有讹误,如《大人赋》"靡屈虹绸"句,《史记》、《汉书》并作"靡屈虹而为绸",此处脱"而为"二字。但该书系司马相如作品的早期辑本,亦不可谓之无功也。

二、《司马长卿集》1卷

明汪士贤校订,明万历十一年(公元1583年)南城翁少麓刊刻《汉魏诸名家集》本,国家图书馆善本部藏,索书号为14112。《汉魏诸名家集》乃大型诗文总集,共辑录两汉三国时期21家诗文,132卷。全书封面正中刻"重刻新版汉魏名家"字样,可见国图所藏乃重刻(或重印)本。第一函第二种为《司马长卿集》,仅1卷,此集封面刻"梅禹金先生订正/司马长卿集/南城翁少麓梓"字样。卷首为明天启六年(公元1626年)春三月王忠陛撰写的《司马长卿集序》,比初刻时间(公元1583年)晚43年,应是重刻(或重印)时补入的。版框高195厘米,宽280厘米,四周单边,单鱼尾,鱼尾上方刻"司马长卿集"5字,下方刻卷次和页码。正文半叶9行,行20字,共26叶。所辑篇目按文体分为6类,依次是:赋(《子虚赋》、《上林赋》、《哀二世赋》、《大人赋》、《美人赋》、《长门赋并序》),琴歌二首,书(《谏猎书》、《遗言封禅事》),檄(《谕巴蜀父老檄》),难(《与蜀父老诘难》),共12篇,附卓文君《白头吟》1篇。体例较为严谨。正文首页题"汉成都司马相如著,明新安汪士贤校"字样,可知该集校定者为汪士贤,明末新安人,但其生平难考。《子虚赋》开篇仍有"其辞曰"三字,首句同于《史记》,而下文却大多同于《汉书》,看来此集乃是以《汉书》为底本,参照《史记》、《文选》诸书而成。

① 班固:《汉书》,中华书局1962年标点本;萧统:《文选》,中华书局1977年影印胡克家本。

该书国家图书馆所藏尚有3套：索书号00259者藏于善本部，版式全同，但没有王忠陛序，或许是初刻本；索书号80740:1者藏于普通古籍阅览室，版式亦同，惟使用黑鱼尾，亦无王忠陛序，但有误字，不详刻印时间；索书号XD6982者为郑振铎先生捐出之本，亦藏于普通古籍阅览室，白鱼尾，行款、版式亦同。

三、《司马文园集》2卷

明张燮《七十二家集》本，明末天启、崇祯间刻本。张燮，字绍和，别号海滨逸史，福建龙溪人，万历二十二年（公元1594年）举人。所辑《七十二家集》始于战国宋玉，终于隋薛道衡，共72家，409卷，可谓洋洋大观。该书有国家图书馆善本部藏本，索书号为02941。《总目》页钤有"长春室图书记"和"江安傅增湘沅叔珍藏"二枚小篆印章，可见曾为傅增湘先生收藏。版式左右双边，白口，单鱼尾，鱼尾上方刻文集名，下方刻卷次、页码，最下以小字刻刻工名。涉及刻工有江荣、吴德、张杰、陈英、黄恩、张柱、余子朝、梁弼、王宇、陈今、陈五弟、杨明、叶华等十余人。正文半叶9行，行18字。第一函第三种即为《司马文园集》，凡2卷。卷首有张燮所撰《重纂司马文园集引》，论及相如的人生际遇、文学成就及政治风采，认为"长卿它文，俱以赋家之心发之，故成巨丽，凡拙速辈无此格力"，见解独到，令人击节叹赏。卷之一辑录赋体，有《子虚》、《上林》、《大人》、《长门》、《美人》、《哀二世》，共6篇，19叶；卷之二辑录诗文，有歌（《琴歌》二首），书（《谏猎书》、《报卓文君书》），檄（《谕巴蜀檄》），难（《难蜀父老文》），符命（《封禅文》），传（《自序传》）6体，共8篇，13叶。全书合计14篇，22叶。较之汪本，多出《报卓文君书》和《自序传》2篇，但这2篇是否作于相如，本有争议，所以张燮在《自序传》之后又附有数百字的考证文字。另外，张氏将汪本中的《遗书言封禅事》从"书"类独立出来，恢复《封禅文》之名，另立"符命"一体（《文选·符命》首篇为相如《封禅文》），尽管文体分类各有所据，见仁见智，但张氏回归传统之举，庶可免去不少纷扰。最值得注意的是，张燮在《司马文园集》之末附有不少研究相如的资料，包括司马迁《司马相如传略》、嵇康《司马相如传》2篇传记资料，卓文君《长卿诔》、陈子良《祭司马相如文》、苏轼《梦作司马相如赞》等历代题咏17篇，遗事11条，集评13条，凡8叶，用功勤苦，便利研究，创拓之功，实堪称道。其中遗事、集评还以小字标注材料出处，尤为可贵。可惜后来的张溥、严可均、丁福保等皆未继承这一传统。取《子虚赋》33条异文加以比勘，发现有19条同于《文选》李善注本，13条同《史记》，9条同《汉书》，另有数条采自《文选》五臣注、六臣注本。看来张燮乃是根柢于《文选》李善注本，参照其他诸书而成。其文字明显优于汪士贤校本。如《子虚赋》"其石则赤玉玫瑰"句，汪校各本皆讹作"其土"，张氏予以订正；《大人赋》"载云气而上浮"句，汪本误

"浮"为"游"(上句韵脚字为"游",当是涉上而讹),张氏纠正之;"靡屈虹而为绸"句,汪本脱"而为"二字,张氏补之,等等。由上可见,张氏校本后来居上,远胜汪本,但有学者却以汪本为底本撰写《司马相如集校注》,去取不可谓当也。该书国家图书馆善本部所藏尚有另外两套:索书号 A01785 者与此版式全同,原为贵阳某氏藏本(印鉴模糊难辨),《续修四库全书》第 1583 册据此影印,易得;索书号 15183 者亦同此,封面钤有"程四得"印,首页钤有"五知斋"阴文方章、"国立'中央'图书馆考藏"阳文方章和"香港图书馆管理"长形印,可知该书曾数易其主。

四、《司马文园集》1 卷

明张溥辑,《汉魏六朝百三家集》(又称"百三名家集"或"一百三家集")本。此书易寻,各大图书馆多有。张溥(公元 1602—1641 年),字天如,江苏太仓人。所辑《汉魏六朝百三家集》始于汉贾谊,终于清薛道衡,凡 103 家,118 卷。该书乃是以张燮《七十二家集》为根柢,又吸收冯惟讷《诗记》、梅鼎祚《文纪》的部分内容而成。有明末娄东张氏刊本,国家图书馆善本部藏,索书号为 19394。此套书共 80 册,《司马文园集》在第一函第一册《贾长沙集》之后。封面无标签,仅在右上方以铅笔书"61498/共 80 册"字样。书根印有"凡八十/一/汉魏六朝百三家集/贾长沙集/司马文园集"字样。《贾长沙集》正文首页右下方钤"饮冰室"小篆章,可知曾为梁启超收藏。该书版框高 195—200 毫米,宽 278 毫米。左右双边,白口,单鱼尾,鱼尾上方刻"司马文园集"5 字,下方刻"卷全"二字,再下刻页码。题辞半叶 6 行,行 14 字,凡 2 叶;目录、正文皆半叶 9 行,行 18 字,凡 41 叶。

《司马文园集题辞》效法张燮《重纂司马文园集引》的写法,而更为精湛。如称"《子虚》、《上林》非徒极博,寔发于天材,扬子云锐精揣炼,仅能合辙","琴心善感,好女夜亡,史迁形状,安能及此?"等等,在与司马迁、扬雄等人的比较中彰显出相如才华横溢、风流潇洒的个性特征,乃千古的论。所辑篇目、篇名及其次序亦与张燮略同,首先列赋 6 篇,其次为书 2,檄 1,难 1,符命 1,传 1(目录缺篇名),歌 2,共 14 篇。细加比较,可知《琴歌二首》的位置由赋之后移至最后,乃是遵循赋—文—诗的排列顺序。值得注意的是,张溥于集后仅附本传 1 篇,而将张燮所附录的其他参考资料全部删除,反不及燮书内容丰富。对此,张溥在《叙》中也有明确交代:"古人诗文,不容加点,随俗为之。聊便流涉,无当有无。评骘之言,惧累前人,何敢复赘?"原来他担心后人的圈点评论可能会误读原著,亦会误导读者,于是因噎废食,删削殆尽。逐字比勘,我们吃惊地发现,张溥所辑文字与张燮书几乎全同,甚至在刊刻时也使用了半叶 9 行、行 18 字的版式,其袭用燮书之迹,可谓昭昭在焉。

由上可见,二张辑录的《司马文园集》各有所长,张燮以资料丰富取胜,而张溥以题辞精湛著称。但由于张溥的声名和威望,其书在清代广为流传,多次重印,成为家喻户晓的辑本。今日可见者除文渊阁《四库全书》本外,尚有清光绪五年(公元 1879 年)彭懋谦信述堂刊本,江苏古籍出版社 2002 年据此影印;国家图书馆普通古籍阅览室还藏有光绪十八年(公元 1892 年)善化章经济堂刊本(索书号 90973:1)和同年长沙谢氏翰墨山房刊本(索书号 88303:1)。但是,仔细比对书影,发现光绪十八年的两个刊本,其版式、文字、笔画、圈点皆与光绪五年刊本全同,很可能是使用信述堂旧版重印的,只有《叙》版式略异,属于重刻。而谢氏刊本尽管在扉页背面刻有"长沙谢氏翰墨山房重刊"字样,但在每卷之末仍保留着"善化蓝田章氏重刊"字样,两处矛盾,正说明谢氏刊本乃是使用章氏旧版重印之本,但挖改未尽,露出破绽,其重印时间当然要晚于光绪十八年。此外,国家图书馆还藏有民国六年(公元 1917 年)上海扫叶山房刊本,不赘。

五、《司马长卿集》1 卷

明末张运泰、余元熹《汉魏六十名家集》(又称《汉魏名文乘》)本。此书辑录西汉三国时期 60 家文集,但并不限于集部,而以《京氏易传》、《吴越春秋》、《法言》诸书入之,颇为庞杂。有清刻本,国家图书馆普通古籍阅览室藏,索书号为 107349。函面蓝色,书签上未题书名,但印有"图整库"简体楷书章、"石"(第一函作"金")字和"尚德堂图书"小篆章。《司马长卿集》在第二函第二册《东方曼倩集》之后,题"武陵杨鹗无山、豫章黄国琦五湖鉴定,古潭张运泰来倩、余元熹延稚汇评"。诸家生平不详,惟知杨鹗为崇祯四年进士,后归南明弘光帝,大略与张溥年辈接近,但编纂时间不详,姑置于张溥之后。版框高 210 毫米,宽 248 毫米,四周单边,白口,无鱼尾,无界行。版心上方镌刻"西汉文"三字,中间刻"长卿"二字,下方刻篇名、卷数和页码。正文半叶 10 行,行 27 字,共 25 叶。本集收相如文、赋凡 12 篇,依次是:《上谏猎书》、《谕巴蜀檄》、《难蜀父老文》、《报卓文君书》、《答靲祠盛览书》、《封禅书》、《子虚赋》、《上林赋》、《大人赋》、《长门赋》、《美人赋》、《哀二世赋》。赋居文后,与诸书迥异。《子虚赋》开篇无"其辞曰"三字,首句同于《史记》,但核其篇内文字,则与张燮、张溥本略同,大致是录自《文选》李善注本,而以《史记》、《汉书》等校之。值得注意的是,是集卷首有黄石斋所撰《司马子》一文,简介相如生平及成就。集中各篇多有圈点批评,而以旁批为主。如《上谏猎书》"是胡越起于毂下,而羌夷接轸也,岂不殆哉!虽万全无患,本非天子之所宜近也"诸字侧有圈,句旁批以"老成之言,何等婉曲"8 字。文末又录陈明卿语:"忧深肯款,语厚意长,可为奏疏法。"这些鉴赏之语,颇便读者。

六、《司马相如文》2卷

清严可均辑,清光绪年间王毓藻刻《全上古三代秦汉三国六朝文》本,中华书局1958年据此影印。严可均(公元1762—1843年),字景文,号铁桥,浙江乌程人。所辑《全上古三代秦汉三国六朝文》旨在囊括先唐时期的所有散文,多达3497人,746卷,规模庞大,功垂青史。其中《全汉文》卷二一、卷二二主要辑录司马相如文,卷二二之末还有廷尉翟公、张汤、缯它、杨贵文数篇。该集四周单边,大黑口,单鱼尾,鱼尾下刻"全汉文卷二一"字样,接下以小字刻"司马相如"4字,又以大字刻页码。正文半叶13行,行25字。卷二一开篇有相如生平简介,共62字,接下全文辑录《子虚》、《哀秦二世》、《大人》3赋,凡8叶;卷二二辑《美人》、《长门》、《梨》(残句)、《鱼葅》(佚)4赋,和《上书谏猎》、《谕巴蜀檄》、《报卓文君书》、《答盛擥问作赋》、《难蜀父老》、《封禅文》、《题市门》7文,最末有《凡将篇》残句,亦8叶。其中《子虚赋》实含《子虚》、《上林》2篇,严氏在"何为无用应哉"下以小字注"案:《文选》以此下为《上林赋》"10字。由此,该集实辑录8赋7文,凡15篇,比张溥《司马文园集》多出《梨》、《鱼葅》2赋和《答盛擥问作赋》、《题市门》2文。因本集专选散文,故不录《琴歌》2首。这是明清时期辑录相如作品最为完备的一部文献,厥功至伟。不惟如此,本书所辑各篇皆注明出处,便于读者检核。如在《子虚赋》下以小字标注"《史记》本传、《汉书》本传、《文选》、《艺文类聚》六十六"字样,《梨赋》"嗍嗽其浆"下又标注"《文选·魏都赋》刘逵注"字样,《凡将篇》"淮南宋蔡舞嗙喻"下又标注"《说文》二上"字样,等等。《报卓文君书》不详出处,则以阙字号"□□□□□□"标之,态度审慎,体例严谨。这比明代诸家向前迈进了一大步。有些文句下还附有简单的校勘记,如《美人赋》"金鉔薰香,黼帐低垂"下以小字标注"《文选·别赋》注作'金炉香薰,黼帐同垂',《舞赋》注亦作'周垂'。"《封禅文》"上第垂恩储祉,将以庆成"句下以小字标注"《文选》少此二语"6字。不难看出严氏心思之细腻,用功之勤苦。不足之处在于,由于时间和精力的限制,严氏未能为所有作品撰写详细的校勘记。另外,《哀二世赋》亦名《吊二世赋》或《宜春宫赋》,此为古代通称,严氏却题作《哀秦二世赋》,衍出了"秦"字。

七、《司马长卿集》2卷

近代丁福保《汉魏六朝名家集》初刻本,上海文明书局宣统三年(公元1911年)出版,国家图书馆普通古籍阅览室藏,索书号为79325:1。丁福保(公元1874—1952年),字仲祜,别号畴隐居士,江苏常州(后居无锡)人,所辑《汉魏六朝名家集》初刻本共收40家诗文集,分装4函。每函皆双函套,蓝色,上贴绿色封皮。函脊处贴一长形标签,上书编者名、书名、各家文集名等详细信息。《司马长卿集》在第一函第一册《枚叔集》之后。该集封页分三竖栏,刻有“宣统三年七月出版/司马长卿集/上海文明书局发行”字样。版框高154毫米,宽228毫米,四周双边,单鱼尾,鱼尾上方刻大字“司马长卿集”,鱼尾下以小字刻卷次、页码,再下为象鼻,象鼻右侧以小字刻“无锡丁氏藏版”6字。正文半叶14行,行31字,凡12叶。因系32开本,故排字颇密,有句读。该集所收篇目、顺序及分卷情况与严可均《全汉文·司马相如》全同,惟将《凡将篇》替换成《琴歌》二首,略有差异。细核文字,亦与严氏所录几乎全同,甚至连出处、校勘记等基本信息亦因袭严氏,很少改进。总之,该集乃严氏辑本之摘录,在相如作品之辑校方面并无突出贡献。

八、《司马相如集》校注(或笺注)本4种

当代学人撰述。20世纪80年代以来,古典文学研究渐趋兴盛。司马相如作为汉赋代表作家而得到较多关注,对其作品的校注本至少已有四五种,远远超过了扬雄、班固、张衡、蔡邕诸家。下面即略作介绍。

1. 金国永《司马相如集校注》,上海古籍出版社1993年版,226页,约16万字。金国永,四川省成都市杜甫草堂研究员。该书以张溥《司马文园集》(明末娄东张氏刊本)为底本,以汪士贤《司马长卿集》(明万历间汪氏刻本)为校本,并取《史记》、《汉书》、《文选》、《艺文类聚》等参校。故其所录篇目与张燮、张溥本全同,依次为赋6、书2、檄1、难1、符命1、传1、歌2,共14篇。附录一包括《题市门》、《答盛擥问作赋》、《梨赋》和《凡将篇》残句,附录二为《史记·司马相如列传》的结尾部分,附录三为张溥《司马文园集题辞》。所辑相如作品较为完备。该书开头有《前言》1篇,简介相如生平仕履、文学创作、后人论争及本书的校注体例,有一定参考价值。各篇均有题解,言简意赅,且有独到之见。如《美人赋》题解驳斥《西京杂记》所谓“长卿素有消渴疾,作《美人赋》,欲自刺”的观点,认为此说与《长门赋序》相类,“皆好事者强以寓言托辞攀附史实,以耸人听闻”,实际上是相如“自许为远胜孔墨之徒坐怀不乱之君子,固非所以自刺也”,并对该赋的创作背景进行蠡测(第125页)。析理深刻,令人信服。校勘与注释是全书的主体内容,作者将其合在一处,俾省篇幅。如《子虚赋》“子虚过诧乌有先生,而亡是公存焉”句校注云:“诧,夸耀,夸饰。诧,《汉书》、《文选》作‘姹’,同声相假。存,《史记》作‘在’。”(第3页)该书的长处在于态度审慎,对于聚讼较多的问题往往诸说并举,让读者自作取舍。

2. 朱一清、孙以昭《司马相如集校注》,人民文学出版社1996年版,138页,约10

万字。朱、孙二人系安徽大学教授。该书以明末汪士贤辑刻《司马长卿集》为底本,以张燮《司马文园集》、张溥《司马文园集》为校本,并取《史记》、《汉书》、《文选》等参校。首录赋6篇,其次为歌2,书2,檄1,难1,凡12篇,附古辞《白头吟》。比金国永本少《报卓文君书》、《自叙传》2篇,且不及金本附录资料之丰富。各篇正文之后先列校记,再作注释。校注简明,便于阅读。

3. 李孝中《司马相如集校注》,巴蜀书社2000年版,189页,约16万字。李孝中,四川南充人,四川师范大学(原四川师范学院)文学院教授。该书鉴于明人辑本多所舛讹,于是从旧籍中径行辑录。前8篇《子虚赋》、《上林赋》、《喻巴蜀檄》、《难蜀父老》、《谏猎疏》、《哀二世赋》、《大人赋》、《封禅书》即录自《史记》宋黄善夫刻本(即《四部丛刊》本),《长门赋》录自《文选》胡克家刻本,《美人赋》录自《古文苑》,《琴歌》录自《玉台新咏》,《报卓文君书》录自张溥《司马文园集》,《答盛擥问作赋》录自《西京杂记》,《凡将篇》(残句)录自诸书,凡14篇。《自叙传》聚讼纷纭,删之。虽然未按文体类型排列,但出处明确,版本较优,方法亦甚得当。该书前有《校注说明》,介绍相如作品存佚情况及校注体例宗旨;后有附录,附有《史记》本传、轶事9条,历代题咏72首,集评58条,有关自叙传的论争2则,侯柯芳论文2篇,约5万字,较之张燮所辑可谓广博宏富矣。其中有些资料辑自方志文献,尤为罕见。校勘与注释合在一处,每条校注皆先注后校。最近,李孝中、侯柯芳合作出版了《司马相如作品注译》一书(四川人民出版社2007年版),篇目及校注与上书相同,只是增加了侯柯芳的译文;附录亦略有调整,增加了《风月瑞仙亭》话本和《杂剧传奇中相如文君戏曲目录》等内容。

4. 张连科《司马相如集编年笺注》,辽海出版社2003年版,337页,约25万字。张连科(1955—　),宝坻人,天津师范大学文学院教授。该书以《史记》中华书局标点本为主要依据,参考《汉书》颜师古注本、《文选》李善注本、六臣注本、《艺文类聚》、《古文苑》诸书汇辑而成。既是"编年笺注",自应以作年先后为序。正文部分依次辑录《美人赋》、《子虚赋》、《上林赋》、《长门赋并序》、《谕巴蜀檄》、《难蜀父老》、《哀秦二世赋》、《上书谏猎》、《大人赋》、《封禅文》,凡10篇,校注甚详;辑佚部分依次编录《梨赋》、《凡将篇》、《题市门》、《答盛擥问作赋》、《报卓文君书》凡5篇,亦有注释;附录部分有《琴歌》二首、《司马相如列传》和《司马相如研究资料选辑》。其中《资料选辑》部分辑录历代相如资料,约8万字,超出李孝中本,用功勤苦,实堪称道。该书前有《前言》、《体例》,末有《后记》。《前言》中称:"司马相如不仅有《子虚赋》、《上林赋》之巨丽,也有《长门赋》之缠绵、《大人赋》之高远,应该能够占尽宇宙间赋之归趣。"(第21页)高屋建瓴,见解十分精湛。该书用力最多者应为各篇之注释,以引证丰富、注而兼校见长。如《子虚赋》"阳子骖乘,纤阿为御"句注释,指出阳子、纤阿皆有二解,徵引《史记集解》、《史记索隐》、《汉书》颜师古注等加以说明,最末指出"若阳子为伯乐,纤阿则应以后者为是”(第25页)。

九、《司马相如赋》

费振刚等《全汉赋》、《全汉赋校注》本。费振刚(1935—　),辽宁辽阳人,北京大学中文系教授。费氏曾与仇仲谦合作出版《司马相如文选译》(巴蜀书社1991年版),是较早的相如集译注本。1993年,北京大学出版社出版了费振刚、胡双宝、宗明华辑校的《全汉赋》,该书是第一部汉赋文学总集,在学术界影响很大。其中“司马相如”部分依次辑校相如《子虚赋》、《上林赋》、《哀二世赋》、《大人赋》、《美人赋》、《长门赋》全文,《梨赋》残句,《鱼葅赋》(存目)、《梓桐山赋》(存目)和赋体散文《难蜀父老》,共10篇,65页,约5万字。该书最大的贡献就是对相如诸赋进行了十分详细的校勘。如《子虚赋》以《汉书》本传为底本,以《史记》本传,《文选》李善注本、五臣本、六臣本和《艺文类聚》卷六六为校本,搜罗颇为完备。其中“齐王悉发车骑”句校记云:“‘王’上《文选》李善本无‘齐’字。《史记》、《类聚》、五臣本‘悉发’下有‘境内之士备’五字,‘车骑’下有‘之众’二字。”(第50页)体例规范,交代明晰,比严可均《全汉文·司马相如文》前进了一大步。

2005年,广东教育出版社又出版了费振刚、仇仲谦、刘南平的《全汉赋校注》,这是汉赋研究领域的又一桩盛事。该书第69—144页为“司马相如”部分,约8万字,所辑篇目与《全汉赋》无异,但后出转精,不仅纠正了《全汉赋》的文字错误,而且增加了注释。注释与校语合并,先注后校,层次井然。如第92页《上林赋》校注第四条云:“封彊划界,划定诸侯国的疆界。‘彊’,《史记》、《文选》作‘疆’。”此外,《子虚赋》之前有司马相如小传,简介相如生平、仕履及文学成就。各赋之后大都列有“历代赋评”,资料十分丰富。如《子虚赋》之末即辑录了班固、葛洪、刘勰等45家评论,约7000字,对理解、欣赏该赋有极大帮助。编者为此付出了巨大劳动,着实令人钦佩。刘南平另外撰有《司马相如考释》(天津古籍出版社2007年),其中作品考释部分对此略有改进,且增补了“今译”的内容,不赘。

除以上所录外,高步瀛《文选李注义疏》(中华书局1985年版)第四册对司马相如《子虚》、《上林》二赋有极其详细的疏注,约18万字,引证富赡,观点精湛。张启成等《汉赋全译》(限于《文选》所选诸赋,贵州人民出版社1994年版)、龚克昌等《全汉赋评注》(篇目同费振刚本,花山文艺出版社2003年版)等书亦对相如赋有所注释、翻译或评析,可以参考。

总之,自明代以来,对相如作品的辑录、校勘、注释、翻译工作已经取得很大进展,但还有一些领域需要加强。比如,相如作品大多已经佚失,对它们的研究有助于我们认识相如多方面的艺术才能与学术造诣,并且能为以后的辑佚工作提供线索。严可均《全汉文》曾列举《鱼葅赋》并注明出处,难能可贵。李孝中在《司马相如集校注·校注说明》中有简单勾勒,张连科在《司马相如集编年笺注》中专列"辑佚"部分,但还很不够。相如已佚作品除《鱼葅赋》、《梓桐山赋》、《梨赋》、《凡将篇》之外,起码还有:

1.《玉如意赋》。明曹学佺《蜀中广记》卷七〇引《西京杂记》云:"司马相如作《玉如意赋》,梁王悦之,赐以绿绮之琴,文木之几,夫余之珠。琴铭曰:桐梓合精。"《西京杂记》旧题汉刘歆撰,今人多以为出自晋葛洪之手。今见《西京杂记》本无此条,但元陶宗仪《说郛》卷一〇〇、清王琦《李太白集注》卷二六引宋虞汝明《古琴疏》、明董斯张《广博物志》卷三十四等文献皆载此事,所言略同。据此,司马相如应有《玉如意赋》,今已佚。该赋很可能是咏物小赋,与刘安《屏风赋》、刘胜《文木赋》等同俦。它的发现表明:司马相如除创作《子虚赋》、《上林赋》、《哀二世赋》、《长门赋》等散体大赋、抒情小赋之外,还创作过一些咏物小赋,其成为汉赋代表作家,决非偶然。

2.《遗平陵侯书》。《史记》本传载:"相如他所著,若《遗平陵侯书》、《与五公子相难》、《草木书篇》不采,采其尤著公卿者云。"此为书信体,具体内容待考。

3.《与五公子相难》。出处同上。此为答难体散文,与《难蜀父老》结构相似,但其论难的主题与过程皆不得而知。

4.《草木书篇》。出处同上。司马相如既是文学家,也是文字学家、书法家,所谓"草木书"很可能是一种书体。也有可能是博物学著作,罗列众多花草树木的名称。

5.《荆轲赞》。南朝梁任昉《文章缘起》云:"赞——司马相如《荆轲赞》。"刘勰《文心雕龙·颂赞》亦云:"至相如属笔,始赞荆轲。"皆将司马相如视为赞体的鼻祖。清方熊《文章缘起补注》:"昔汉司马相如初赞荆轲,后人祖之,著作甚众。唐时用以试士,则其为世所尚久矣。"可见相如《荆轲赞》的影响。不仅如此,此篇咏史述怀,还反映了相如渴望建功立业、报效祖国的豪迈情怀,当是相如早期的作品。这与相如少时慕蔺相如之为人、更名相如的举动可以互证。每每有人指责相如阿谀奉承,不敢劝谏,皆皮相之见也。

6.《钓竿诗》。晋崔豹《古今注》卷中:"《钓竿》,伯常子妻所作也。伯常子避仇河滨,为渔父。其妻思之,每至河侧,作《钓竿》之歌。后司马相如作《钓竿》之詩,今传为古曲也。"据此,相如《钓竿诗》很可能是怀人之作,可配乐歌唱。

7.《乐歌》。《广东通志》卷五二《物产志·果》引《草木状》云:"诸蔗一名甘蔗,南人云可消酒,又名干蔗。司马相如《乐歌》曰'太尊蔗浆析朝酲',是其义也。泰康六年秋,扶南国贡诸蔗一丈三节。"元陶宗仪《说郛》卷一百四下"诸蔗"条亦如是说。可见司马相如曾作有《乐歌》一篇,诗中"太尊蔗浆析朝酲"一句,可能是关于甘蔗汁的最早的记载和歌咏。

8.《郊祀歌》数章。《汉书·佞幸传》载:"是时上方兴天地诸祠,欲造乐,令司马相如等作诗颂。(李)延年辄承意弦歌所造诗,为之新声曲。"《汉书·礼乐志》亦有类似记载,可见司马相如曾经参与了汉代《郊祀歌》的创作,但具体篇目不详。有学者考证,今存《郊祀歌》中的《练时日》、《帝临》、《青阳》、《朱明》、《西颢》、《玄冥》、《天地》、《五神》八章,为相如所作的可能性比较大①,可以参考。

另外,明陆深《俨山外集》卷三二云:"气候直時书。司马相如采日辰之虫,屈伸其体,升降其势,以象四时之气云。又后汉东阳公徐安子,搜诸史籀,得十二時书,盖象神形云。"此条材料反映了司马相如在书法领域的造诣。又明王世贞《寄许左史兼讯西亭王孙》云:"还夸白雪相如赋。"(《弇州山人四部稿》卷一九)《写晋王存问》亦云:"已夸相如赋梁雪。"(同上卷四一)似乎相如曾作过《雪赋》。其实《雪赋》乃南朝宋谢惠连所作,见《文选》卷一三,此处系王世贞误记。至于《题市门》、《自叙传》和《琴歌》2首,颇有些传说的成分,所以历来受到质疑。在证据不足的情况下,我们只能暂从旧说,将其归入相如名下,且待以后再考。

---

① 李昊:《相如作品考辨》,《中华文化论坛》2006年第3期。

商务本《全汉文·别录七略》佚文整理之探考

姚　军

（宝鸡文理学院中文系　陕西宝鸡　721003）

摘　要：本文对商务本《全汉文·别录七略》佚文的标点与整理作了探考，归纳了一些致误的原因，诸如不查文献、不审文意、未补夺字、未改误字、未出校记等，还认为不该删略文献，应尽量使其保持原貌，并指出古文献整理者应该详审文意、细查文献、留意衍夺误倒，以逐步培养其专业方面的学养。

关键词：商务本；《全汉文》；《别录七略》；佚文整理；探考；举误

清代著名学者严可均（公元1762—1843年）校辑的《全上古三代秦汉三国六朝文》以其辑录广泛、校勘精湛和多采善本而享誉学界。

该书自问世以来，重要的版本有清光绪王毓藻刻本，中华书局1958年断句影印本，中华书局1965与1986年重版本。1965年中华书局再版重印时还新编了一个目录索引和作者姓名索引，颇便读者查阅，学者们一般收藏和参考的都是中华书局的影印本。该书原稿有156册，现藏上海图书馆，丹黄涂乙，贴有许多校签。

为了适应时代需要，便利人们阅读，20世纪末，分别有两家出版社出版了新式标点本。1997年河北教育出版社出版了新版横排点校本《全上古三代秦汉三国六朝文》，1999年商务印书馆也出版了横排标点本《全上古三代秦汉三国六朝文》，后者分作11册出版，《全汉文》便是其中的一册，2006年2月第2次印刷，销量不少，影响也不小。

商务本《全汉文》为中国古代历史和古代文化的传播做着实实在在的贡献，但由于《全汉文》已是距今两千多年的文献，其内容涉及历史、文化、学术等诸多问题，所以，对它进行整理和标点，应当是一项难度相当大的工作，稍不留心，失误便纷至沓来。

审订者以王刻本为底本，参校了有关古籍成果，做出了自己的判断甄别并加以删衍补脱纠错，但是，也正如审订者所言，仍然免不了存在错讹，希望得到批评指正。

遵从审订者的良好心愿，笔者将《全汉文·别录七略》佚文的整理失误条列如下，希望以后的修订本不再沿袭类似的错误。

为使行文简便并便于复核,文中引录商务本文句时,均用括号标明该本的页码。

一、不查文献,标点致误者

(1)神输者王道,失则灾害生,得则四海输之祥瑞。(388 页)

查《汉书·艺文志》注引,“王道”一词应属下。

(2)师之尚之父之。(389 页)

查《史记·齐世家》集解注引,前面两个“之”字应加逗号点开。

(3)文帝所造书,有《本制》《兵制》《服制》篇。(389 页)

查《史记·封禅书》索隐注引,三文应用两顿号隔开。

(4)案:《隋书·牛弘传》云;案:刘向《别录》,及马宫蔡邕等所见……(389 页)

查《隋书·牛弘传》,知“云”字后应改加冒号,第二个“案”字后的冒号应删,“《别录》”后的逗号也应删,“宫”字后应添加顿号。

(5)晏平仲名婴,东莱夷维人,事齐灵公庄公,以节俭力行重于齐。(案:《史记·管晏列传集解》引。莱者,今东莱地也)(392 页)

查《史记·管婴列传》,知“人”字后应改加句号,“灵公”后应添加顿号。又查本传集解,以为“引”字后的句号该删,“莱”与“也”字应分加前后双引号。

(6)稷,齐城门名也……(392 页)

查《史记·田敬仲完世家》集解注引,“也”字后应加句号。

(7)鬻子名熊,封于楚,辛甲故殷之臣,事纣,盖七十五谏而不听,去至国,召公与语贤之,告文王,文王亲自迎之,以为公卿,封长子。(案:自《辛甲下》当别为一条)(393 页)

查《史记·周本纪》集解注引,知“楚”字后应该加句号,“辛甲”后应添加逗号,“纣”后应改加句号,“语”后应添加逗号,第一个“文王”后应改加句号。

“辛甲下”三字不应加书名号,应把双引号加在“辛甲”二字上。鬻子封于楚和辛甲之事是两回事,因此案语才说自“辛甲”下应当别立条目。

(8)九府书民间无有,《山高》一名《形势》。(393 页)

查《史记·管晏列传》集解注引,“九府”当添加书名号,“有”字后应改加句号。另外,还可参看本传的“太史公曰”。

(9)案:《后汉书》注引作邹奭修衍饰之文,若雕龙文。《御览》卷四六四引云,邹奭者,颇采邹衍之术,迂大而闳辨,文具难胜,齐人美之颂曰谈天邹,文与此异。(394 页)

查《后汉书·崔骃传》注引,知“文”字后不应加逗号,“邹”与“文”应分加前后双引号。查《御览》卷四六四,知“云”字后应改加冒号,第二个“邹”字前应加前双引号,“美之”字后应添加逗号,“谈天邹”应添加单引号,还应更添后双引号,以便和“文与此异”的严氏按语相区别。

(10)都尉有《种葱》书……(395 页)

汪绍楹在《艺文类聚》的校语中说:“‘曹公’以下《太平御览》九百七十七引作《华阳国志》,当另条。”若另列一条的话,“书”字后的逗号应当改为句号。

(11)故外有太常太史博士之藏,内有延阁广内秘室之府。(420 页)

查《汉书·艺文志》如淳注引,知“太常太史博士”及“延阁广内秘室”三者之间应分别添加两顿号。

二、不审文意,标点致误者

(12)所校雠中《易传》《淮南九师道训》,除复重,定著十二篇。(388 页)

(13)所校雠中《易传》《古五子书》,除复重,定著十八篇……故号曰《五子》。(388 页)

上两条所列两书实为一书,标点应作《易传淮南九师道训》和《易传古五子书》。据文意,(13)中的“五子”不是书名,应标双引号。

(14)百篇次第于序孔、郑不同,孔依壁内及序为文,郑依贾氏所奏《别录》为次。(389 页)

两个“序”字应添加书名号。第一个序前应加顿号。另,“孔”指孔安国,“郑”指郑玄,“贾氏”指贾逵。

(15)案:《士冠礼疏》云,大戴,戴圣与刘向为《别录》十七篇次第,皆《冠礼》为第一,《昏礼》为第二,《士相见》为第三,自兹以下,篇次则异,其刘向《别录》,即此十七篇之次是也。(390 页)

“疏”字应在书名号之外,“云”后应改加冒号,大戴是戴德,其后的逗号应改加顿号,“次第”一词应属下,“下”字后逗号应删,“《别录》”后的逗号也应删。

(16)《乐记正义》云,依《别录》所次,有《宾牟贾》,有《师乙》,有《魏文侯》。今此《乐记》有魏文侯,乃次《宾牟》《贾师乙》为末,则是今之《乐记》与《别录》不同。(390 页)

“正义”应在书名号外,“云”字后应改加冒号,“魏文侯”应加书名号,“《贾师乙》”中的“贾”字应属上。

(17)刘向校书得《乐记》二十三篇,著于《别录》,今《乐记》所断取十一篇,余有十

二篇,其名案《别录》十一篇余次……(391 页)

刘向的《别录》著录《乐记》二十三篇,今《乐记》仅有十一篇,剩余的十二篇案《别录》所列,其次序为……文意如此理解,“《别录》”后应改加句号,“十二篇”后也应改加句号,第二个“十一篇”后应添加逗号,“余次”后应改加冒号。

(18)雠校一人读书,校其上下,得谬误为校。一人持本,一人读书,若怨家相对,故曰雠也。(392 页)

第一个“校”后应添加逗号,“误”后应添加逗号,第二个“校”字后应改加分号。

(19)鹖冠子常居深山,以鹖为冠,故号《鹖冠子》。(393 页)

此人名,非书名,书名号误,应加双引号。

(20)《方士传》言,邹衍在燕,燕有谷,地美而寒,不生五谷,邹子居之,吹律而温气至,而黍生,今名黍谷。(393 页)

“言”字后应改加冒号,第二个“谷”字后应改加句号。

(21)《申子》学号曰刑名,刑名者,循名以责实,其尊君卑臣,崇上抑下,合于六经也。(394 页)

“《申子》”不应加书名号,第一个“刑名”应添加双引号,“实”字后应改加句号,“六经”二字应添加双引号。

(22)与李斯、子由同时。(394 页)

一人名误作二人名,李斯的儿子叫李由,中间的顿号应删。

(23)名家者流,出于礼官,古者名位不同,礼有异数,孔子曰:“必也正名乎。”(395 页)

“官”字后应改加句号,因与其后所述实为两事。

(24)墨子书有文子……(395 页)

“墨子”在此为书名,应添加书名号。

(25)楚有尸子,疑谓其在蜀,今案尸子书,晋人也,名佼,秦相卫鞅客也。卫鞅商君,谋事画计,立法理民,未尝不与佼规也,商君被刑,佼恐并诛,乃亡逃入蜀,自为造此二十一篇,凡六万余言,卒,固葬蜀。(395 页)

第二个“尸子”应添加书名号,“商君”后的逗号应删,第三个“也”字后应改加句号,第二个“蜀”后应改加句号,“言”后也应改加句号。

(26)疑李悝及商君所说……(案:《史记·货殖列传》,《李克务尽地力》。《索隐》云,刘向《别录》则云李悝也)(395 页)

“传”后应改加冒号,“李克务尽地力”句应改加双引号,“云”后应改加冒号,“也”后也应添加句号。

(27)尹都尉书有《种芥》《葵》《蓼》《薤》《葱》诸篇。(395 页)

细审文意,最好去掉所有书名号,并在五种名词间添加四个顿号。

(28)向有合赋。有麒麟角杖赋。(396 页)

“合赋”及“麒麟角杖赋”均应添加书名号。

(29)《有行过江上弋雁赋》《行弋赋》《弋雌得雄赋》。(396 页)

“有”字应在书名号外,三赋之间应添加两顿号。

(30)有丽人歌赋,汉兴以来,善雅歌者鲁人虞公,发生清哀,远动梁尘,受学者莫能及也。(《事类赋注》十一。案:《初学记》十五,鲁人虞公,见刘向《别录》)(396 页)

“赋”后应改加句号,此句与后述分属两义。“注”字不应括在“事类赋”里边,“十五”后的逗号应改加冒号。

(31)《春秋》两家文,或具四时,或不于古文,无事不必具四时。(421 页)

“或不”后承上省“具四时”三字,“或不”后应添加句号。第二个“文”字后应删去逗号。因它是对“或不”做法的进一步解释。

(32)邹子有终始五德,言土德从所不胜,木德继之,金德次之。火德次之,水德次之。(《文选·魏都赋》注,应贞《华林园集诗》注)(422 页)

“金德次之”后应改加逗号,“魏都赋”与“华林园集诗”均应改加单书名号,因为两者皆为《文选》中篇目。

(33)《方士传》言邹子在燕,其游,诸侯畏之,皆郊迎而拥彗。(《文选·阮嗣宗诣蒋公奏记》注,扬子云《解嘲》注)(422 页)

“言”字后应添加冒号,“诣蒋公奏记”与“解嘲”均应改加单书名号,因两者皆是《文选》中篇目。

(34)齐有稷,城门也,齐谈说之士,期会于稷下者甚众。(《文选·曹子建与杨德祖书》注)(422 页)

“也”字后应改加句号,“与杨德祖书”应添加单书名号,因它是《文选》中篇目。

(35)邹赫子齐人,齐为语曰:雕龙赫赫,言邹衍之术,文饰之若雕镂龙文。(422 页)

“子”后应添加逗号,“人”后应改加句号,“雕龙赫”三字应添加双引号及句号,第三个“赫”字后应删去逗号。

(36)盘盂书者,其传言孔甲为之。孔甲,黄帝之史也,书盘盂中,为诫法,或于鼎,名曰铭。(《文选·陆佐公新刻漏铭》注)(422 页)

“盘盂书”三字应添加书名号,“也”字后应改为句号,“新刻漏铭”是《文选》中篇目,应添加单书名号。

(37)蹴鞠者,传言黄帝所作……蹴鞠亦有治国之象……(《文选·西都赋》注,《景福殿赋》注)(423 页)

“作”字后应改加句号。“西都赋”与“景福殿赋”皆《文选》中篇目,应改添单书名号。

(38)蹴鞠,其法律多微意,皆因嬉戏以讲练士,至今军士羽林无事,使得蹴鞠。(423页)

“士”字后应改添句号,“军士羽林”两词间应添加顿号。

三、严本夺字,未作校补者

(39)月初,光见西方,望已后,光见东,皆月所照也。(388页)

查《御览》四,“东”字后有“方”字,应据补。

(40)孔依壁内及《序》为文。(389页)

查《尚书·尧典》正义,“内”后有“篇次”二字,应据补。

(41)《仪礼》疏郑《目录》。(389页)

(42)《乐记》正义云:《别录》《礼记》四十九篇,《乐记》第十九。(390页)

按文意,(41)的“疏”后少一“引”字,(42)的“《别录》”后也少一“引”字,应以意据补。

(43)案:《隋书·牛弘传》云:案刘向《别录》及马宫、蔡邕等所见,当时有《古文明堂礼》、《王居明堂礼》、《明堂图》、《明堂大图》、《阴阳》、《太山通义》、《魏文侯孝经传》等,并说古明堂之事,其书皆亡。(389页)

查《隋书·牛弘传》,“阴阳”前有“明堂”二字,应据补。

(44)邹子曰:“彼天下之辨有五胜三至,而辞正为下……”(393页)

查《史记·平原君列传》集解注引,“彼”前有“不可”二字,应据补。

(45)《列子目录》曰:“至于《力命篇》,一推分命。”(393页)

查《文选·王康琚〈反招隐诗〉》注,“《列子目录》”前有“刘向”二字,应据补。

(46)案:《后汉书》注引作“邹奭修衍饰之文,若雕龙文”。(394页)

查《后汉书崔骃传》注引,“邹”前有一“言”字,第二个“文”后有一“也”字,应据补。

(47)京,今河南京县也。(394页)

查《史记·申韩列传》索隐注引,“县”后有一“是”字,应据补。

(48)卫鞅商君谋事画计,立法理民,未尝不与佼规也。商君被刑,佼恐并诛,乃亡逃入蜀。自为造此二十篇,凡六万余言。(395页)

查《史记·荀卿列传》集解注引,“规”后有“之”字,“二十篇”后有“书”字,均应据补。

(49)朔之文辞,有《封泰山》、《责和氏璧》及《皇太子生禖》,《屏风》,《殿上柏柱》,《平乐观赋猎》,八言、七言上下,《从公孙弘借车》,凡刘向所录朔书具是矣。(395 页)

查《汉书·东方朔传》本传,“朔之文辞”后有“此二篇(指《答客难》、《非有先生论》)最善,其余”等字,应据补。

(50)文子,子夏之弟子,(395 页)

查《史记·荀卿列传》索隐注引,“文子”后有一“即”字,应据补,并删掉其后的逗号。

(51)孝武皇帝末,有人得《泰誓》于壁中者,献之……(案:《尚书》正义引作《别录》……)(421 页)

查《文选·刘子骏〈移书让太常博士〉》注,“誓”后有一“书”字,查阮元《十三经注疏》本,“尚书”后有一“序”字,均应据补。

(52)《晏子》七篇,在儒家。(422 页)

查《史记·管晏列传》正义注引,“子”后有“春秋”二字,应据补。

(53)邹赫子,齐人。齐为语曰“雕龙赫”,赫言邹衍之术,文饰之若雕镂龙文。(422 页)

查《文选·宣德皇后令》注引,“齐为语”作“齐人为之语”,应据补。“赫言邹”作“言赫修”,应据正。

(54)《甘泉赋》,永始三年,待诏臣雄上。(423 页)

查《文选·甘泉赋》注引,“年”后有“正月”二字,应据补。

(55)《羽猎》,永始三年十二月上。(423 页)

查《文选·羽猎赋》注引,“猎”后确无“赋”字,但《文选·长杨赋》注引则有“赋”字,“赋”字夺,应据补。

(56)《齐安陆昭王碑文》注引有左思《七略》,或是其文,今姑附此。(423 页)

查《文选》目录,“齐”后脱一“故”字,应据补。

四、严本误字,袭而未改者

(57)古文或误以“见”为“典”(392 页)

查《北堂书钞》卷一百一,此句作“古文或误以典为舆”,形近而误,应据改。

(58)新竹有汗,善朽蠹,凡作简者,皆于火上炙干之。陈楚间谓之汗,汗者,去其汗也。(392 页)

第一个“汗”,《御览》卷六〇六引作“汁”;末句“去其汗也”之“汗”,《御览》也引作“汁”,均应据改。

(59)芋子。(392页)

查《史记·荀卿列传》索隐,“芋”字作“芈”字,形近而误,应据改。

(60)郑人,不知其名。(393页)

查《汉书·艺文志》注引,“其”字作“姓”,应据改。

(61)抒意通指……(393页)

查《史记·平原君列传》集解,“抒”作“杼”;其后索隐又言“杼者,舒也”。应据改。

(62)(祭癸)邯郸人。(396页)

查《汉书·艺文志》,“祭”作“蔡”,严辑丢了草字头,属形近而误,应据改。

(63)与博士,使赞说之。(421页)

查《尚书序》正义,“赞”字作“读”,应据改。又,“赞”,《说文》解作“见也”,“读”,《说文》解作“诵书也”。

(64)忽期者。(422页)

查《汉书艺文志》注引,“期”字作“奇”,应据改。

(65)《风后孤虚》十二卷。(《史记·龟策列传》索隐)(423页)

查《史记·龟策列传》注引,“索隐”作“集解”,应据改。

五、严本不误,今本失误者

(66)其道闭塞悲悉。(391页)

“悉”字,严本原作“愁”字。审订者弄错。

(67)《后汉书·崔驷传》注。(394页)

“驷”字,严本原作“骃”字,审订者弄错。

六、径改严本,未出校记者

(68)月与星,至阴也,有形无光,日照之,乃有光。(388页)

中华书局影印本书端校语:“日与星之‘日’当做‘月’。”审订者已据改,但未作说明。

(69)(申子)今民间所有上下二篇,申书六篇,皆合二篇,已备。过太史公所记也。(《史记·申韩列传》集解)(394页)

中华书局影印本是“索隐”,非“集解”,审订者据《史记·申韩列传》集解改,未作说明。

(70)《雅畅》第十七。(421 页)

严氏作“畼”,审订似作“畅”,查《文选·长门赋》注引,“畼”作“畅”,应据改,但未作说明。

(71)扬雄卒,弟子侯芭负土作坟,号曰玄冢。(423 页)

中华书局影印本是“冢”作“家”,审订者据《文选·刘先生大人墓志》注引径改,未予说明。

(72)蹴鞠,兵势也。蹴鞠,其法律多微意,皆因嬉戏以讲练士。至今军士、羽林无事,使得蹴鞠。(423 页)

中华书局影印本“蹴”作“蹋”,审订者据《文选·景福殿赋》注引径改,未予说明。

《七略》佚文中还有一重出条目,审订者也未见指正,即“尚书有青丝编目录”条。另外,《别录》与《七略》佚文中还分别有引错出处者各 1 条,卷数引据失误者共 11 条,也未见审订者予以指正。

行文至此,笔者还想对审订者删略王毓藻《序》和严可均《总叙》、《凡例》及三个《附录》,而代之以《整理说明》的做法再说几句。《整理说明》虽对《全上古三代秦汉三国六朝文》的纂辑价值有所称扬,说它“是中国古代文献中涵盖时间最长的一部文学总集”,“是对先唐文献典籍具有总结性的一件伟业”,“所辑文字均注明出处,有利于重检、核校”,“善于利用文献,检校文献范围较广。对以后总集的编纂有一定的启发作用”。但是,完全刊落王《序》及严氏《总叙》、《凡例》和三个《附录》,这对于整理古籍应使之最大限度地恢复本来面貌而言,则相去较远。另外,站在读其书知其人的角度,当代读者也无法理解严氏为什么要以一人之力去编纂 156 册的皇皇巨著。

这就得从严可均的《总叙》中去探测缘由,他说:“嘉庆十三年,开全唐文馆,不才越在草茅,无能为役,慨然曰:‘唐之文胜矣哉! 唐以前要当有总集。斯事体大,是不才之责也!’”严氏向以“网罗放失旧闻,以羽仪经业,导扬儒风”(《铁桥漫稿》卷三)为己任,编全唐文却没有召聘他,他发愤编纂唐前文,从嘉庆十三年起,“肆力九年,草创粗定。又肆力十八年,拾遗补缺,抽换之,整齐之,画一之。已,于事而竣”。(《总叙》)后又进行过补充修改。可以说,严氏倾其一生精力成就了文化史上的一件盛事。

严氏家贫,生前无力刊刻。他死后 36 年,蒋壑刻《目录》103 卷。又过了 8 年,王毓藻集合了 28 个文人,耗时 8 载,8 次校雠,于 1892 年才出齐全书。是宝珠,总会有闪光的一刻,王刻本距严氏成书逾半个多世纪,它自身的价值终使它避免了亡佚的命运。

这些被刊落的王《序》及严氏《总叙》等材料还可说明一些问题。如《全上古三代秦汉三国六朝文》的著作权应归严氏,王毓藻在其《序》中说:“余假而阅之,点窜涂乙,丹墨粉如，皆广文手笔。”钱钟书先生在《管锥编》第三册《全汉文总叙》中也力挺王说，他说：“王氏（毓藻）目验手稿，庶足息讼，真相白而主名定也。”次如《全上古三代秦汉三国六朝文》辑录广泛这一特点，严氏在其《总叙》中说：“广搜三分书，与夫收藏家秘籍，金石文字，远而九泽，旁及释道鬼神，鸿裁巨制，词组单辞，罔费综録，省并复迭，联类畸零。作者三千四百九十七人，分代编次为十五集，合七百四十六卷”。网罗面相当广泛，人们可以于一部书中看到唐以前现存的单篇文章以及一些史论、子书等的辑佚材料，而且还便于翻查。次如《全汉文》校勘精湛这一特点，严氏在《凡例》中说：“东汉、三国、晋文散见群籍者，各自删节。往往有文同此篇，从数处采获，或从数十处采获，合而订之，可成完篇……至乃碎锦残圭，义不连贯，则为散条，附当篇之末，词组单辞未敢遗弃”。辑佚费时费力，严氏合订完篇之功尤见其辑校之识力。他在《凡例》中还言及“皆为小传”的义例，作家生平皆有所据，无一字无来历，不查阅大量资料是根本形诸不成介绍文字的。次如《全上古三代秦汉三国六朝文》多采善本这一特点，使严氏之书有着很高的版本价值。在辑唐前文时，严氏很注意使用善本。他在《凡例》中说：“唐已前旧集见存今世者，仅阮籍、嵇康、陆云、陶潜、鲍照、江淹六家。蔡邕集宋时得残本，重加编次，余无存者。”还有唐石经本，有宋本《庄子》、《孟子》、《战国策》、《晏子》、《荀子》、《韩非子》、《列子》、《山海经》、《史记》、《御览》、《广韵》，有仿宋本和明刻本，《附录》中有《见存汉魏六朝文集板刻本目录》，计 31 种，其中 24 种集本为明人纂辑。严氏在《附梅鼎祚文纪目录》后的案语中说：“后人覆检，未可据梅氏书辄补鄙书也。”在《附张溥汉魏六朝一百三家集目录》后的案语中又说：“张氏未载出处，错误甚多。后人覆检，未可辄补鄙书也”。由严氏在《凡例》中对版本的介绍，在《附目》中对梅氏和张氏书的评价及对后人的告诫，还有他实际纂辑过程中所用仿宋本《西京杂记》、《方言》，明刻本《御览》、《肘后备急方》，明抄本《北堂书钞》，日本国本《论语义疏》、《群书治要》等书来看，严氏当是依据了众多善本，传统所谓严氏所从辑“多数为坊间俗本”的看法是偏颇的，严氏辑本的质量应该是高的，值得采信的。点校古籍时应该拿它去“参考”和“比对”所校之书，以提高我们的古籍校勘质量。

有鉴于此，为了使当代读者更充分地理解严氏其人，更真切地感受严氏辑本的特点及其刊刻历程，笔者建议修订再版时应该将王毓藻的《序》和严可均的《总叙》、《凡例》及《附录》重加标点并附入每一分册。同时，作为古文献整理者，应该详审文意，勤查文献，时刻留意文字的衍夺误倒，逐步培养起自己在文化史、古文献等方面的学养。

参考文献：

1. 严可均辑：《全上古三代秦汉三国六朝文》，中华书局 1987 年影印本。

2. 严可均辑，任雪芳审订：《全汉文》，商务印书馆 1999 年第 1 版。

3. 严可均辑:《全上古三代秦汉三国六朝文》第1册,新版横排本,河北教育出版社1997年第1版。

4. 司马迁撰:《史记》,中华书局1959年点校本。

5. 班固撰:《汉书》,中华书局1959年点校本。

6. 王先谦:《汉书补注》,中华书局1983年据虚受堂本影印本。

7. 范晔撰:《后汉书》,中华书局1965年点校本。

8. 萧统撰:《文选》,中华书局1974年影印尤刻本。

9. 虞世南撰:《北堂书钞》,四库全书本。

10. 欧阳询等编:《艺文类聚》,中华书局1965年排印汪绍楹校勘本。

11. 徐坚等编:《初学记》,中华书局1979年重印本。

12. 李昉等编:《太平御览》,上海古籍出版社1990年影印本。

清雍正《陕西通志·经籍志》著录宋人文集述考

贾三强

（西北大学文学院　陕西西安　710069）

摘　要：本文根据历代文献尤其是方志和目录学著作，对《陕西通志·经籍志》著录的宋代文集作者或编者的生平和其集初刊、历代流传、今时存佚以及研究整理状况作了较详细的考辨。

关键词：《陕西通志》；经籍志；集部；诗文集；述考

笔者近年来承担陕人文集研究课题，故必须对历代陕籍文人编纂的诗文集撰著及其流传以及今时之存佚状况有了解。明代及清初人编"陕志"五种，均为三四十卷，著录文集，阙略颇夥。清雍正《陕西通志》一百卷，为明清人所编"陕志"中最为翔实者，其《经籍志·集部》著录约四百种，尤以元代以前部分较为全面。前曾撰汉魏至唐五代部分，今续考宋人之部。文中"诸目"，盖指《中国古籍善本书目》（上海古籍出版社 1993 年版，以下简称《书目》）、《稿本中国古籍善本书目书名索引》（齐鲁书社 2003 年版，以下简称《索引》）、"中国国家图书馆、中国国家数字图书馆联机公共目录检索系统"（以下简称"国图"）、《中国丛书综录》（上海古籍出版社 1986 年版，以下简称《综录》）、《中国丛书广录》（湖北人民出版社 1999 年版，以下简称《广录》）。文中黑体字部分为志之原文，"按"以下为笔者述考。

《三峰寓言》、《高阳集》、《钓潭集》二卷。俱宋华山隐士陈抟撰

"抟读经史百家之言，一见成诵，辄无遗忘。颇以诗名，有《三峰寓言》、《高阳集》、《钓潭集》，诗六百余首。"（《宋史》本传）

按：宋张方平《乐全集》卷三三《华山重修云台观记》："庆历初，某领史官，尝阅《国书》，见抟《本传》云：'抟字图南，亳州真源人（中略）及长，读经史百家之言，一见成诵，无复遗忘，尤工诗。后唐长兴中，举进士不第，遂不仕，肆意山水间（中略）徙居（华山）云台，又止少华石室，每寝，辄百余日不兴。抟好读《易》，手不释卷，自号"扶摇子”。著《指玄篇》八十一章，言导养及还丹之事。旧相王溥亦著八十一章，以笺其旨。又有《三峰寓言》及《高阳集》、《钓潭集》，诗六百余首（中略）仁宗皇祐三年，云台观道士武元亨进《希夷先生传》，所载尤详云。’”

《宋史》卷四五七《隐逸》上《陈抟传》即撮录其文而成。

此三集“诸目”均失载，已佚。

《全宋诗》（北京大学出版社）第1册《小传》谓有诗十八首，录诗十六首。

《全宋文》（上海辞书出版社、安徽教育出版社）卷九辑录其文六篇。

《丁年集》十卷。京兆李澣撰，兄涛编

“澣幼聪敏，慕王、杨、卢、骆为文章。澣卒，涛编之，为《丁年集》。”（《宋史》本传）

按：宋陶岳《五代史补》卷三《李澣作钱镠碑》：“李瀚有逸才，每作文，则笔不停缀。而性嗜酒。杨凝式尝受诏撰钱镠碑，自以作不逮瀚，于是多市美酒，召瀚饮，俟其酣，且使代笔，经宿而成，凡一万五千字，莫不词理典赡。凝式叹服。久之，少主入蕃也，宰相冯道等至镇州，戎主皆放还。瀚时为翰林院学士，北主以其才，特留之，竟卒于蕃中。其后人有得其文集者，号曰《丁年集》，盖取苏武丁年奉使之义。”

《宋史》卷二六二《李涛传》附：“涛弟澣，字日新。幼聪敏，慕王、杨、卢、骆为文章。后唐长兴初，吴越王钱镠卒，诏兵部侍郎杨凝式撰神道碑，令澣代草，凡万余言，文采遒丽，时辈称之（中略）契丹应历十二年六月卒，时建隆三年也。涛收澣文章编之为《丁年集》。”

《宋史》卷二〇八《艺文志》七：“李澣《丁年集》十卷。”

《辽史拾遗》卷一六《补经籍志·集类》：“李澣《丁年集》十卷。”

“诸目”均失载，已佚。

《全唐诗》卷七三七收诗一首《留题座主和凝旧阁》。

《全唐文》卷八六一收其文三篇。

《陶穀集》十卷。新平人，官吏部侍郎

“穀十余岁能属文，强记嗜学，博通经、史，诸子、佛、老咸所总览。多蓄法书、名画，善隶书。为人隽辨宏博。”（《宋史》本传）

按：传为宋曾巩《隆平集》卷一三《侍从》：“陶穀，字秀实，邠州人（中略）因避晋祖讳，而更为陶，遂不复其旧（中略）幼有俊才，汉相李崧奇之，自单州判官擢为集贤校理，未几，遂知制诰。在周为翰林学士承旨。宋兴，历礼、刑、户部三尚书，卒年六十八，赠右仆射。宋之南郊法物、制度，皆其所定。博记，美词翰，滑稽。好大言佛老之书，阴阳之学亦能详究。”

《宋史》卷二六九《陶穀传》:“陶穀,字秀实,邠州新平人(中略)十余岁能属文,起家校书郎,单州军事判官。尝以书干宰相李崧,崧甚重其文。时和凝亦为相,同奏为著作佐郎、集贤校理,改监察御史,分司西京。迁虞部员外郎、知制诰。会晋祖废翰林学士,兼掌内外制。词目繁委,穀言多委惬,为当时最。”

《宋史》卷二〇八《艺文志》七:“《陶穀集》十卷。”

“诸目”均失载,已佚。

《全宋诗》第1册《小传》谓有诗七首,录诗三首。

《全宋文》卷一〇辑录其文二十三篇。

《杨砺文集》二〇卷。鄠县人,官枢密副使

“砺为文尚繁,无师法。每诗一题或数十篇。在翰林,制诰迂怪,见者哂之。有《文集》二十卷。”(《宋史》本传)

按:《隆平集》卷九《枢密》:“杨砺,京兆人(中略)砺建隆间登进士第,真宗在藩邸,尝为记室,即位擢给事中、翰林学士。咸平元年枢密副使,二年薨于位,年六十九,赠兵部尚书(中略)砺为文无师法,诏诰迂怪,见者哈之。”

其《文集》唯《宋史》卷二八七本传言及。

“诸目”均失载,已佚。

《杨希闵集》二〇卷。冯翊人

“希闵属文善缄尺。赵普守西洛府中,笺疏皆希闵所为。有集二〇卷。”(《宋史·杨克让传》)

按:《宋史》卷二七〇《杨克让传》:“杨克让,字庆孙,同州冯翊人(中略)子希闵,字无间,生而失明,令诸弟读经史,一历耳,辄不能忘(中略)卒年三十九,有集二十卷。”

“诸目”均失载,已佚。

《宋湜文集》二〇卷,长安人,官枢密副使

“湜器识冲远,好学,美文辞,善谈论饮谑。晓音律,妙于奕棋,笔法遒媚,书帖之出,人多传之。有《文集》二十卷。”(《宋史》本传)

按:宋杨亿《武夷新集》卷八《宋故枢密副使、正奉大夫、行给事中、上柱国、广平县开国伯、食邑八百户、食实封二伯户、赐紫金鱼袋、赠尚书吏部侍郎宋公神道碑铭二首并序》:“公讳湜,字持正,其先广平人(中略)公之远祖占籍关中(中略)恣阅黄卷圣贤之言,蔑闻青衿城阙之刺。既而究六经之微旨,通百家之杂说。服勤学问,日引月长;

刻意著述,朝成暮传。"

"诸目"均失载,已佚。

《全宋诗》第1册辑录其诗三首。

《全宋文》卷一二九辑录其文二篇。

《韩丕诗》三卷。华州郑人

按:《宋史》卷二九六《韩丕传》:"韩丕,字太简,华州郑人(中略)太平兴国三年举进士,声名藉甚,公卿多荐之者。尝著《孟母碑》、《返鲁颂》,人多讽诵之(中略)丕属思艰涩,及典书命,伤于稽缓。"

《宋史》卷二〇八《艺文志》七:"《韩丕诗》三卷。"

"诸目"均失载,已佚。

《全宋诗》第1册辑录其诗三首。

《种明逸集》六卷。工部侍郎、长安种放撰

晁氏曰:"种放,长安人,隐终南之豹林谷。咸平中召授左司谏,累迁工部侍郎。放通经史,七岁能属文,不喜释氏,尝裂佛书以制帷帐。著《嗣禹说》。在朝有所启奏,时无知者。杨亿讥其循默,真宗乃出其议十三篇,以示辅臣。晚年颇嗜酒,盛舆服。壮不娶,无子。《集》乃族孙说所编,范巽为之序,首载真宗诏书及御制诗十首。"(《读书志》)陈氏曰:"淳化中,李介序之于九江,名《江南小集》,凡二卷。《馆阁书目》别有《正集》十卷云,大略与此同。"(《文献通考》)

按:《隆平集》卷一三《侍从·种放传》:"种放,字明逸,京兆人。父卒于长安。放才七岁,能属文。与其母隐于终南山豹林谷,结茅为庐。博通经史,士大夫多从之学,得束修以养。著《蒙书》十卷,人多传之(中略)著《嗣禹说》、《表孟子》上下篇。善为歌诗,自称'退士',作《退士传》(中略)放在朝廷,有所启奏,必据经义,时无知者,或讥其循默。真宗乃以放《议》十三篇示辅臣曰:'放为朕言事甚众,但外廷不知耳,其奏常焚藁故也。'"

《宋史》卷四五七《隐逸》上《种放传》:"种放,字名逸,河南洛阳人也。父诩,吏部令史,调补长安主簿。放沉默好学,七岁能属文(中略)每往来嵩华间,慨然有山林意。未几,父卒。数兄皆干进,独放与母俱隐终南豹林谷之东明峰(中略)所著《蒙书》十卷,及《嗣禹说》、《表孟子》上下篇、《太一祠录》,人颇称之。多为歌诗,自称退士,尝作《传》以述其志。"

《郡斋读书志》卷四中《别集类》中:"《种明逸诗》六卷。"

宋赵希弁《郡斋读书志》卷五下《附志·别集类二》:"《种隐君江南小集》二卷。

《集》凡二百九十四篇,乃淳化三年李介所编者。《序》谓:'以所集之地定名,故曰《江南小集》云。'"

辑本《直斋书录解题》卷一七《别集类》中:"《江南小集》二卷。工部侍郎、终南种放明逸撰。淳化中,有李介者序之于九江,故以为名。《馆阁书目》别有《正集》十卷,大略与此同。(原注:《正集》名《豹林》)"

《宋史》卷二〇八《艺文志》七:"《种放集》十卷。"

"诸目"均失载,已佚。

"国图"、《综录》录文目《退士传》。

《全宋诗》第2册《种放小传》谓有诗十三首,录诗九首。

《全宋文》卷二〇六辑录其文十三篇。

《寇忠愍诗》三卷。莱国公、华州寇准撰

晁氏曰:"寇准,字平叔,华州人。笃学,喜属文,尤长诗什,多得警句。在相位,论议忠直,不顾身谋,仇邪媒蘖,以谪死。《集》有范雍《叙》,共二百四十首。'野水无人渡'及《江南春》二首皆在,独'到海只十里'之诗,已亡其全篇矣。"(《读书志》)

按:《宋史》卷二八一《寇准传》:"寇准,字平仲,华州下邽人也(中略)准少英迈,通《春秋三传》。年十九,举进士。"

《通志》卷七〇《艺文略》第八:"《寇忠愍集》三卷。"

辑本《直斋书录解题》卷二〇《诗集类》下:"《忠愍公集》三卷。河阳守范雍得寇公诗二百首,为三卷,今刻板道州。"

《宋史》卷二〇八《艺文志》七:"《寇准诗》三卷。"

明杨士奇编《文渊阁书目·月字号第一厨书目·诗词》:"《寇忠愍公集》一部一册。"

《四库全书总目》卷一五二《集部》五《别集》五:"《寇忠愍公诗集》三卷。两淮盐政采进本。宋寇准撰。准事迹具《宋史》本传。初,准知巴东县时,自择其诗百余篇,为《巴东集》。后河阳守范雍裒合所作二百余篇,编为此集。考《石林诗话》有《过襄州留题驿亭》诗一首,《侍儿小名录拾遗》有《和蒨桃》诗一首,《合璧事类前集》有《春恨》一首,《春昼》一首,皆《集》中所无。盖《题驿亭》、《和蒨桃》二篇,语皆浅率,《春昼》、《春恨》二首,格意颇卑冗,殆有所持择,特为删汰,非遗漏也。准以风节著于时,其诗乃含思凄婉,绰有晚唐之致,然骨韵特高,终非凡艳所可比。惟《湘山野录》尝称其《江南春》二首,及'野水无人渡,孤舟尽日横'二句,以为深入唐格;则殊不然。《江南春》体近填词,不止秦观之[小石调];'野渡无人舟自横',本韦应物《西硐绝句》,准点窜一二字,改为一联,殆类生吞活剥,尤不为工。准诗自佳此二句,实非其佳处,未足据为定论也。”

《书目》:《忠愍公诗集》三卷,明嘉靖十四年蒋鏊刻本;《忠愍公诗集》三卷、《文集》一卷,嘉靖十四年刻、清道光十八年增修本;《寇忠愍公诗集》三卷,清康熙吴调元辨义堂刻本;《寇忠愍公诗集》三卷,清圣香楼刻本;另有清抄本数种。

《索引》:《忠愍公诗集》二卷,清史宝安影宋抄本。

《综录》:《寇莱公集》七卷,《两宋名贤小集》本;《忠愍公诗集》三卷,《关中丛书》本。

《广录》:《寇莱公集》七卷,《北宋人小集》传抄本。《静嘉堂秘籍志》卷三三《别集类》三:《寇忠愍集》刊一本。谓此刻出自辛敦隆兴本,以旧抄本校之。

《全宋诗》第2册录其诗三百首,编为四卷。

《全宋文》卷一八二录其文九篇。

《巴东集》三卷[①]。寇准撰

陈氏曰:“《巴东集》三卷。公初以匠作监丞知巴东县,自择其诗百余篇,且为之序,今刻于巴东。”(《文献通考》)

按:《郡斋读书志》卷五下《附志·拾遗》:“《巴东集》一卷。右莱国忠愍公寇准之诗也。《读书志》云:‘《寇忠愍诗》三卷。’希弁所藏《巴东集》乃公自编,而为之序,凡一百五十有六篇。《秋风亭记》附。按,公《本传》云:‘巴东有秋风亭。’公析韦应物一言为二句,云:‘野水无人渡,孤舟尽日横。’识者知其必大用。凡五年不得代。邑庭有二栢,民以比甘棠。《集》后有范忠文诸公《题秋风亭》诗。然东坡亦有诗曰:‘莱公昔未遇,寂寞在巴东。闻道山中树,独余手种松。’惜不之载焉。”

《遂初堂书目》:“《寇莱公巴东集》。”

《宋史》卷二〇八《艺文志》七:“又《巴东集》一卷。”

《文渊阁书目·月字号第一厨书目·诗词》:“《寇忠愍公巴东集》一部一册。”

《广录》:《巴东集》不分卷,附《杨亿》、《丁谓》,刘毓盘编《唐五代宋辽金元名家词集》民国十四年铅印本[②]。

《杨偕集》十卷。中部人

按:欧阳修《文忠集》卷二九《翰林侍读学士右谏议大夫杨公墓志铭》:“公少师事

---

① 据《人民网》武汉2001年3月22日电,记者罗盘报导:寇准诗集《巴东集》在巴东县一农民家中发现。寇准被贬谪巴东当县令后将所作487首诗全部编入《巴东集》。珍藏此书者是巴东县绿葱坡镇杨家坪村六组村民李绪升。按:此事颇为怪异。

② 按:此为词集。

种放学问,为文章长于议论,好读兵书,知古兵法(中略)公有《文集》十卷、《兵书》十五卷。”

《宋史》卷三〇〇《杨偕传》:“杨偕,字次公,坊州中部人(中略)偕少从种放,学于终南山,举进士(中略)偕性刚而忠朴,敢为大言,数上书论天下事,议者以为迂阔难用。与人少合,尤喜古今兵法,有《兵书》十五卷、《集》十卷。”

“诸目”均失载,已佚。

《全宋诗》第3册辑录其诗一首。

《全宋文》卷三二五辑录其文六篇。

《师颃集》十卷。关右人,官郎中

按:《宋史》卷二九六《师颃传》:“师,字霄远,大名内黄人。父均,后唐长兴二年进士,终永兴节度判官,因家关右。颃少笃学,与兄颂齐名。建隆二年举进士(中略)有《集》十卷。”

“诸目”均失载,已佚。

《全宋诗》第1册辑录其诗一首。

《冠凤集》十二卷。龙图阁学士、京兆李仲容撰

“仲容举进士甲科。天圣中,以起居郎知制诰,久之,兼龙图阁学士。自集制草为《冠凤集》。”(《宋史》本传)

按:仲容为李涛孙。《隆平集》卷一四《侍从》:“李仲容,字仪父,济阴人,唐郇王祎十三世孙(中略)集制草为《冠凤集》十二卷。”

《宋史》卷二六二《李涛传》附:“仲容,字仪父,举进士甲科。”

“诸目”均失载,已佚。

《全宋文》卷二七八辑录其文三十三篇,几全为制草。

《漆水集》十卷。朝散大夫、邠州史天常撰

按:史天常(公元1050? —1110年?)字道立,号漆上先生,北宋邠州人。康熙《邠州志》卷之三《人物·先哲·宋》:“史天常,字道立。元和八年朝散大夫骁骑尉张彦逸志其墓,其略曰:‘史君,熙宁六年举进士。初仕耀州云阳县簿,转天水县令、朝请郎、骁骑、通判环州,官至朝散大夫、勾管环庆路经略安抚都总管、司机宜文字、骁骑尉。为人端厚沉敏,强学多记,文词温润,诗亦闲远。孝谨见称,而友爱加厚,雅怀溪山趣适。享年甲子三百六十有七。号漆上先生。有《漆水集》十卷行于世。’”

“诸目”均失载,已佚。

《杨乐道集》二十卷。龙图阁学士、知谏院、神木杨畋撰

《序》曰:“公所为文,庄厉谨洁,类其为人,而尤好为诗,其词平易不迫,而能自道其意。读其书,咏其诗,视其生平之大节如此,所谓善人之好学而能言者也。”(本书王介甫《序》)

按:《宋史》卷三〇〇《杨畋传》:“杨畋,字乐道,保静军节度使重勋之曾孙。进士及第(中略)性清介谨畏,每奏事,必发封数四而后上之。自奉甚约,为郡待客,虽监司,菜果数器而已。及卒,家无余赀,特赐黄金二百两。”

《文献通考》卷二三四:“《杨乐道集》二十卷。龙图阁学士、知谏院杨畋乐道撰。王介甫《序》略曰:‘公所为文,庄厉谨洁,类其为人,而尤好为诗。其词平易不迫,而能自道其意。读其书,咏其诗,视其平生之大节如此,所谓善人之好学而能言者也。’”①

“诸目”均失载,已佚。

《全宋文》卷六六二辑录其文四篇。

《赵懿简集》三十卷。同知枢密院、盩厔赵瞻撰

晁氏曰:“赵瞻,字大观,盩厔人。少善为古文。庆历五年登进士第,治平中为侍御史,论濮邸事及贬。元祐中终于同知枢密院,谥‘懿简’。学《春秋》,著书十卷,其他文不皆奇也。”(《读书志》)

按:宋范祖禹《范太史集》卷四一《同知枢密院赵公神道碑铭》:“公讳瞻,字大观,其先亳州永城人(中略)考太子宾客,赠太尉,讳刚(中略)自太尉始徙凤翔,今为盩厔人。公少力学见分晓,以行义高乡里。登庆历六年进士第(中略)公所著《春秋论》三十卷、《史记抵牾论》五卷、《唐春秋》五十卷、《奏议》十卷、《文集》二十卷、《西山别录》一卷。”《宋史》卷三四一列传第一百有传,与此略同。

《宋史》卷二〇八《艺文志》七:“《赵瞻集》二十卷,又《奏议》十卷。”

“诸目”均失载,已佚。

《全宋诗》第9册《小传》谓有诗六首,录诗五首。

《全宋文》卷一一一五收文二十二篇。

《崇文集》十卷。郿人张载撰

晁氏曰:“张载,字厚之,京师人,后居凤翔之横渠镇。学者称曰‘横渠先生’。吕晦叔荐之于朝,命校书崇文。未几,诏按狱浙东,既归,卒。”(《读书志》)

按:《宋史》卷四二七《道学》一《张载传》:“张载,字子厚,长安人,少喜谈兵(中

① “中国网”有香港理工大学何冠环教授在“首届全国杨家将历史文化研讨会”(2007年8月)上发表的《杨家将第四代传人杨畋生平考迹》主题报告。

略)年二十一以书谒范仲淹,一见知其远器,乃警之曰:'儒者自有名教可乐,何事于兵。'因劝读《中庸》。载读其书,犹以为未足,又访诸释老,累年究极其说,知无所得,反而求之《六经》(中略)举进士,为祁州司法参军(中略)载学古力行,为关中士人宗师,世称为'横渠先生'。著书号《正蒙》,又作《西铭》。"

《宋史》卷二〇二《艺文志》一:"张载《易说》十卷、张载《诗说》一卷、张载《经学理窟》三卷。"

同书卷二〇五《艺文志》四:"张载《正蒙书》十卷,又《杂述》一卷。"

同书卷二〇八《艺文志》七:"《张载集》十卷。"

《四库全书总目》卷九二《子部》二《儒家类》二:"《张子全书》十四卷、《附录》一卷。编修励守谦家藏本。宋张载撰。考载所著书,见于《宋史·艺文志》者,有《易说》三卷、《正蒙》十卷、《经学理窟》十卷、《文集》十卷。虞集作《吴澄行状》,称尝校正张子之书,以《东西铭》冠篇,《正蒙》次之,今未见其本。此本不知何人所编,题曰《全书》,而止有《西铭》一卷、《正蒙》二卷、《经学理窟》五卷、《易说》三卷、《语录抄》一卷、《文集抄》一卷,又《拾遗》一卷,又采宋元诸儒所论及《行状》等作为《附录》一卷,共十五卷。自《易说》、《西铭》以外,与史志卷数皆不相符。又《语录》、《文集》,皆称曰'抄',尤灼然非其完帙,盖后人选录之本,名以《全书》,殊为乖舛。然明徐时达所刻,已属此本。嘉靖中吕柟作《张子抄释》,称《文集》已无完本,惟存二卷。康熙己亥,朱轼督学于陕西,称得旧稿于其裔孙、五经博士绳武家,为之重刊,勘其卷次、篇目,亦即此本。则其来已久矣。张子之学,主于深思自得,本不以著作繁富为长,此本所录虽卷帙无多,而去取谨严,横渠之奥论微言,其精英业已备采矣。"

《书目·子部》卷一五《儒家类》、《索引·子部·儒家》:《合刻周张两先生全书》二十二卷,宋朱熹注,明万历三十四年徐必达刻本;《张子全书》十五卷,朱熹注,明万历凤翔府刻本。

"国图"《张子全书》三册十五卷,清抄本。《静嘉堂秘籍志》卷二三:《张子全书》刊四本,十四卷、《附录》一卷。谓其虽称全书,然止有《西铭》一卷、《正蒙》二卷、《经学理窟》五卷、《易说》三卷、《语录钞》一卷、《文集钞》一卷,又《拾遗》一卷。又采宋元诸儒所论,及《行状》等作,为《附录》一卷。共十五卷。为后人选录之本。康熙朱亥重刊。

《综录》:《张横渠先生文集》十二卷,《正谊堂全书》本、《丛书集成初编·文学类》本;《张子全书》,朱文端公藏书(康熙至乾隆本、光绪本),《四部备要·子部儒家》本。

《广录》:《张子全书》,《国学基本丛书·哲学·儒家》1935 年初版。

《全宋诗》第 9 册《小传》谓有诗九十首,收诗八十首,编为一卷。

《全宋文》卷一二九九——一三〇五收文五十六篇。

章锡琛点校《张载集》,中华书局 1978 年版。

《张载集》,《四部刊要·子部·儒家类》,台北,汉京文化事业有限公司 2004 年版。

《辋川集》五卷、《奏议》十卷。宝文阁直学士、蓝田吕大忠撰

晁氏曰:"吕大忠,字晋伯,蓝田人。汲公之兄。皇祐中进士,除检详枢密院吏房文字,累迁宝文阁直学士。三帅秦凤。晋伯博极群书,为文尚理致,有益于用。章奏皆亲为文。"(《读书志》)

按:《宋史》卷三四〇《吕大防传》附:"大忠,字进伯。登第为华阴尉、晋城令。"

"诸目"均失载,已佚。

《全宋诗》有小传,谓有诗一首。

《全宋文》卷一五一〇——一五一一辑录其文二十二篇。

《汲公文录》二十卷、《文录掇遗》一卷。尚书左仆射、蓝田吕大防撰

晁氏曰:"大防既拜相,尝分其俸之半以录书,故所藏甚富。其在翰林,书命典丽,议者谓在元绛之上云。"(《读书志》)

按:《宋史》卷三四〇《吕大防传》:"吕大防,字微仲。其先汲郡人,祖通太常博士,父蕡比部郎中。通葬京兆蓝田,遂家焉。大防进士及第(中略)与大忠及弟大临同居,相切磋论道,考礼冠昏丧祭,一本于古关中。言礼学者惟吕氏。"

"诸目"均失载,已佚。

《全宋诗》有《小传》,谓有诗九首,录诗六首。

《全宋文》卷一五七〇——一五七三收文六十九篇。

《诚德集》三十卷。宣义郎、蓝田吕大钧撰

晁氏曰:"吕大钧和叔,嘉祐进士,大防仲弟也。师张厚之,赡学博文,无所不该,其文非义理不发。"(《读书志》)

《宋史》卷三四〇《吕大防传》附:"大钧,字和叔。父蕡六子,其五登科。大钧第三子也,中乙科(中略)大钧从张载学,能守其师说而践履之(中略)后乃于冠昏、膳饮、庆吊之间,节文粲然可观,关中化之。尤喜讲明井田兵制,谓治道必自此始,悉撰次为图籍,可见于用。虽皆本于载,而能自信力行,载每叹其勇为不可及。"

"诸目"均失载,已佚。

《全宋诗》有《小传》,谓有诗一首。

《全宋文》卷一七〇四收文十三篇。

《玉溪集》二十五卷、《玉溪别集》十卷。秘书省正字、蓝田吕大临撰

晁氏曰:"吕大临,字与叔,汲公季弟也。登进士第,历秘书省正字。从程正叔、张厚之学,通《六经》,尤精于《礼》,解《中庸》、《大学》等篇行于世。尝赋诗云:'学如元凯方成癖,辞类相如始近俳。独倚圣门无一事,愿同回也坐心斋。'正叔可之。"(《读书志》)朱子曰:"《吕与叔文集》煞有好处,他文字极是实。说得好处,如千兵万马,饱满伉壮。"(《朱子语录》)

按:《宋史》卷三四〇《吕大防传》附:"大临,字与叔。学于程颐,与谢良佐、游酢、杨时在程门,号'四先生'。通《六经》,尤邃于礼,每欲掇习三代遗文旧制令可行,不为空言以拂世骇俗(中略)元祐中,为大学博士,迁秘书省正字,范祖禹荐其好学修身如古人,可备劝学,未及用而卒。"

《宋史》卷二〇八《艺文志》七:"吕大临《玉溪先生集》二十八卷。"

其集"诸目"均失载,已佚。

《全宋诗》有《小传》,谓有诗十二首,收诗十二首。

《全宋文》卷二三八五—二三八七收文三十八篇。

《画墁集》一百卷、《奏议》十卷。吏部侍郎、新平张舜民撰

晁氏曰:"张舜民芸叟,邠州人。庆历中,范仲淹帅邠,见其文,异之。用温公荐,为谏官,仕至吏部侍郎,后羁置房陵,政和中卒。其文豪重有理致,而最刻意于诗,晚年为《乐府》百余篇,自序称'年逾耳顺,方敢言诗。百世之后,必有知音者'云。"(《读书志》)

按:宋王偁《东都事略》卷九十四《张舜民传》:"张舜民,字芸叟,邠州人也。举进士(中略)元祐初,宰相司马光举舜民才气秀异,刚直敢言,召试秘阁校理,除监察御史(中略)舜民少慷慨善论事(中略)自号浮休居士,有《画墁集》一百卷。"

其文多篇为《宋史》本传所录。

《宋史》卷二〇八《艺文志》七:"张舜民《画墁集》一百卷、《张舜民集》一百卷。"

《四库全书总目》卷一五四《集部》七《别集类》七:"《画墁集》八卷,《永乐大典》本,宋张舜民撰。舜民有《画墁录》,已著录。舜民为人忠厚,质直慷慨,喜论事。叶梦得《岩下放言》称其'尚气节而不为名,北宋人物中殆难多数'。其初从高遵裕西征灵夏,无功而还。舜民作诗有'灵州城下千枝柳,总被官军斫作薪',及'白骨似沙沙似雪,将军休上望乡台'之句,为转运判官李蔡所奏,谪监郴州酒税。其后起为台官,浸至通显。而议论雄迈,气不少衰。崇宁初又以《谢表》讥谤坐贬。晁公武称其文'豪纵有理致,最刻意于诗'。晚作《乐府》百余篇,自序云'年逾耳顺,方敢言诗。百世之后,必有知音者'。其自矜重如此。周紫芝《太仓稊米集》有《书舜民集后》一篇,称世所歌东坡《南迁词》'回首夕阳红尽处,应是长安'二语,乃舜民《过岳阳楼作》。又舜民《题庾楼》诗有:'万里秋风吹鬓发,百年人事倚阑干'之句,世或载之《东坡集》中,盖由其笔意豪健,与苏轼相近,故后人不能辨别,往往误入《轼集》也。《文献通考》载舜民《画墁集》一百卷,《奏议》十卷。周紫芝谓,政和七八年间,京师鬻书者忽印是集,售者至填塞衢巷,事喧,复禁如初。而南渡后又有临川雕本《浮休全集》。盖其著作在当日极为世重。而自明以来,久佚不传,惟《永乐大典》尚间载之。计其篇什,虽不及什之一二,然零玑断璧,倍觉可珍。谨搜辑排比,厘为八卷,用存崖略。其《郴行录》,乃谪监酒税时纪行之书,体例颇与欧阳修《于役志》相似,于山川古迹,往往足资考证,今亦并附《集》末焉。"

另:《宋史》卷二〇三《艺文志》二:"张舜民《使边录》一卷、张舜民《郴行录》一卷。"

《宋史》卷二〇六《艺文志》五:"张舜民《南还录》一卷、张舜民《画墁录》一卷。"

《四库全书总目》卷一四〇《子部》五十《小说家类》一:"《画墁录》一卷,内府藏本,宋张舜民撰。舜民字芸叟,自号浮休居士,又号矴斋,邠州人。中进士第,为襄乐令,累官龙图阁待制,知定州。坐元祐党籍,谪商州,复集贤殿修撰,卒。事迹具《宋史》本传。舜民所著诗文,名《画墁集》。是书乃所作笔记,亦以'画墁'为名。中多载宋时杂事。于《新唐书》、《五代史》,均屡致不满之词,盖各有所见,不足为异,其说不妨并存。至徐禧于永乐死事,朝廷赠恤之典,见于史册甚详,而舜民乃云徐禧'不知所归,人无道者。或曰有人见之夏国,疑亦有之',是直以禧为屈节偷生,殊为诬妄。舜民尝从高遵裕西征,喜谈兵事,殆因恶禧之失策,故丑其词欤?其他载录,亦颇涉琐屑。以一时典故颇有藉以考见者,姑存以备宋人小说之一种云尔。"

《综录》:《画墁集》八卷《补遗》一卷,清长塘鲍氏《知不足斋丛书》本、《笔记小说大观》本、《丛书集成初编·文学类》本。《画墁词》一卷,《强村丛书》本。《画墁录》一卷,元陶宗仪辑《说郛》本、明左圭辑《百川学海》本、明张遂展辑《唐宋丛书》本、明商浚编《稗海》本。

《广录》:《画墁录》一卷,明司马泰编《广说郛》本、明编《说集》抄本、明编《说海汇编》本、清赵兆熙编《思补过斋残书》本。《静嘉堂秘籍志》卷二六载有明抄本一卷,有何焯题记。

《全宋诗》第14册有《小传》,谓有诗三百一十首,编为六卷。

《全宋文》卷一八一三—一八二〇收文九十八篇。

李之亮:《张舜民诗集校笺》,黑龙江人民出版社1989年版。

《济南集》二十卷。华山李廌撰

陈氏曰:"乡贡进士、华山李廌方叔撰,又号《月岩集》。东坡知贡举得试卷,以为方叔也,置之首选,已而不然。赋诗有'生平漫说古战场,过眼还迷日五色'之句,后竟不第。"(《文献通考》)

按:《东都事略》卷一一六《文艺传》九十九:"李廌者,字方叔,阳翟人也①。博学,溢于词章。受知于苏轼。轼知贡举,有程文瑰异,轼曰:'此必廌也!'既而,乃非是,怅然久之。廌竟无成而卒。然文益奇。"

《宋史》卷四四四《文苑》六:"李廌,字方叔,其先自郓徙华。廌六岁而孤,能自奋立。少长,以学问称乡里。谒苏轼于黄州,贽文求知,轼谓其笔墨澜飜,有飞沙走石之势。拊其背曰:'子之才,万人敌也。抗之以高节,莫之能御矣。'廌再拜受教(中略)益闭门读书。又数年,再见轼。轼阅其所著,叹曰:'张耒、秦观之流也。'乡举,试礼部。轼典贡举,遗之,赋诗以自责。吕大防叹曰:'有司试艺,乃失此奇才耶?'轼与范祖禹谋曰:'廌虽在山林,其文有锦衣玉食气,弃奇宝于路隅,昔人所叹,我曹得无意哉!'将同荐诸朝。未几,相继去国,不果,轼亡(中略)喜论古今治乱,条畅曲折,辩而中理。当喧溷仓卒间,如不经意,睥睨而起落,笔如飞驰。元祐求言,上《忠谏书》、《忠厚论》,并献《兵鉴》二万言论西事。"

《宋史》卷二〇八《艺文志》七:"《李廌集》三十卷。"

同书卷二〇六《艺文志》五:"李廌《师友谈记》十卷。"

《四库全书总目》卷一五四《集部》七《别集类》七:"《济南集》八卷,《永乐大典》本,宋李廌撰。廌有《德隅斋画品》,已著录。《文献通考》载,廌《济南集》二十卷,而当时又名曰《月岩集》。周紫芝《太仓稊米集》有《书月岩集后》一篇,称滑台刘德秀借本于妙香寮,始得见之。则南渡之初,已为罕觏,后遂散佚不传②。惟《苏门六君子文粹》中载遗文一卷而已。《永乐大典》修于明初,其时原《集》尚存,所收颇夥,采掇编辑,十尚得其四五,盖亦仅而得存矣。廌才气横溢,其文章条畅曲折,辩而中理。大略与苏轼相近,故轼称其笔墨澜飜,有飞沙走石之势;李之仪称其如大川东注,昼夜不息,不至于海不止;周紫芝亦云,自非豪迈英杰之气过人十倍,其发为文词何以痛快若是!盖其兀奡奔放,诚所谓不羁之才,驰骤于秦观、张耒之间,未遽步其后尘也。史又称其喜论古今治乱,尝上《忠谏书》、《忠厚论》,又《兵鉴》二万言。今所存《兵法》、《奇正》、《将才》、《将心》诸篇,盖即所上《兵鉴》中之数首。其议论奇伟,尤多可取,固与局促辕下者异焉。案吕本中《紫微诗话》极称廌《赠汝州太守》诗,而今不见此首。又其《祭苏轼文》所云:'皇天后土,鉴一生忠义之心;名山大川,还万古英灵之气'者,当时传诵海内,

① 李廌晚居阳翟,故云。

② 其集明初尚存,如后所云,多为《永乐大典》所收录。

而亦不见其全篇。则其诗文之湮没者,固已不少。其幸而未佚者,固尤足珍矣!"

嵇璜等《续文献通考》卷一九七《经籍考·集》:"《苏门六君子文粹》七十卷,不著编辑者名氏。臣等谨案,旧本传为陈亮所辑,今无可考。史称黄庭坚、张耒、晁补之、秦观为苏门四学士,此称六君子者,益以陈师道、李廌二人也。"

《四库全书总目》卷一八七《集部》四十《总集类》二:"《苏门六君子文粹》七十卷,原任工部侍郎李友棠家藏本,不著编辑者名氏。卷首《凡例》称,或传为陈亮所辑。然亮《辑欧阳文粹序》载《龙川集》,而此书之《序》无考,则未必出于亮也。《宋史》称,黄庭坚、张耒、晁补之、秦观为苏门四学士,而此益以陈师道、李廌称苏门六君子者,盖陈、李虽与苏轼交甚晚,而师道则以轼荐起官,廌亦以文章见知于轼,故以类附之也。其文皆从诸家集中录出,凡《淮海集》十四卷、《宛邱集》二十二卷、《济北集》二十一卷、《济南集》五卷、《豫章集》四卷、《后山集》四卷。颇有一篇之中刊去首尾繁文,仅存其要语者。观其所取,大抵议论之文居多,盖坊肆所刊,以备程试之用也。陆游《老学庵笔记》曰:'建炎以来,尚苏氏文章,学者翕然从之,而蜀士尤盛。有语曰"苏文熟,吃羊肉;苏文生,吃菜羹"'云云,盖风会所趋,并其从游之士,亦为当代所摹拟矣。然其去取谨严,犹工文之士所辑。且《李廌集》世无传本,今始从《永乐大典》裒辑成帙,颇藉此书相补苴。又《张耒集》写本仅存,字多舛误;《陈师道集》刊本,校诗差详,校文则略,亦颇藉此书以勘正云。"

《书目》、《索引》:《济南集》八卷,有清·李氏研录山房、丁氏八千卷楼抄本等四种。

《综录》:《济南集》八卷,《四库全书·集部别集类》本;《济南先生文粹》五卷,《苏门君子文粹》本;《李方叔遗稿》一卷,《两宋名贤小集》本。

《广录》:《李方叔文抄》一卷,明李宾集、明末刻《八代文抄》本;《月岩集》不分卷,刘毓盘编《唐五代宋辽金元名家词集》,民国十四年铅印本。《静嘉堂秘籍志》卷三四:《济南集》文澜阁传抄本,四本八卷。

《全宋诗》第20册有《小传》,谓有诗四百三十六首。

《全宋文》以文渊阁四库全书本为底本,校以《宋人集》丙编本,并增收其《德隅堂画品》和佚文七篇,统编为五卷。

《潏水堂集》四十卷。集英殿修撰、长安李复撰

陈氏曰:"集英殿修撰、长安李复履中撰。元丰二年进士。博学有气节,其为熙河漕,有旨造战舰、战车,复议奏者之谬,以为儿戏,遂罢其议。时论韪之。"(《文献通考》)

按:宋洪迈《容斋随笔·容斋四笔》卷第六《记李履中二事》:"崇宁中,蔡京当国,欲洗邢恕诬谤宗庙之罪,既拔拭用之,又欲令立边功以进身,于是以为泾原经略使。遂谋用车战法,及造舟五百艘,将直抵兴灵,以空夏国。诏以付熙河漕臣李复。复长安人,久居兵间,习熟戎事,力上疏诋切之。予顷书之《国史·恕列传》中。比得上饶所刊《潏水集》,正复所为文,得此两奏,叹其能以区区外官,而排斥上相之客如此。恨史传为不详尽,乃录于此。《乞罢造战车疏》云(中略)其《乞罢造船奏》云:'(中略)观恕奏请,实是儿戏(中略)'疏既上,徽宗见其言忠,遂罢二役。复字履中,为关内名儒,官至中大夫、集贤殿修撰。李昭玘尝赠诗云:'结交赖有紫髯翁,鹤骨崭新烂修自。五言长城屹千丈,万卷书楼聊一读。'可知其人矣。"

宋朱熹《晦庵集》卷七一《杂著》:"闽中人李复[1],字履中,及识横渠先生。绍圣间为西边使者。博记能文。今信州有《潏水集》者,即其文也。其间有论孟子养气者:'动必由理,故仰不愧于天,俯不怍于地,无忧无惧,其气岂不充乎!故曰,是集义所生者。舍是,则明有人非,幽有鬼责,自歉于中,气为之丧矣。故曰:无是馁也。'此语虽疏,然却得其大旨。近世诸儒之论,多以过高而失之甚者,流于老庄而不知,不若此说之为得也。惜其乱于诗文博杂之中,学者或不之读。故表而出之。"

《宋史》卷四七一《邢恕传》:"恕乞筑萧关,采其里人许彦圭车战法,为浅攻计。又欲使熙河造船,直抵兴灵,以空夏国巢穴。其谋皆迂诞。转运使李复言,恕所为类儿戏,不可用。帝亦烛其妄。"

《文献通考》卷一五八《兵考》十:"徽宗时,泾原邢恕建兵车之议,下令创造,买牛以驾,凡数千乘。已而,蔡硕又请河北置五十将,兵器仍为兵车万乘。蔡京主其说,行之。奸吏旁缘,即日散行郡县,掠民缗钱矣。崇宁三年,河北、陕西都转运司皆奏,兵车用许彦圭所定式,则车大而费财实多;依往年二十将兵车式,轻小易用,复可省费。诏卒用许彦圭式行下。时熙河转运副使李复先奏曰(中略)其后,彦圭卒得罪。"按,李复先当为"李复"。李复复出,官秦凤经略使,降于金,不知所终。宋李埴《宋十朝纲要》卷二一"建炎二年正月":"金人陷秦州,本略经略使李复降,虏势益张,引兵犯熙河。"宋李心传《建炎以来系年要录》卷一三"建炎二年二月":"壬午,(金将)罗索既陷同州,系桥以为归路,西陷陕、华、陇、秦诸州。秦凤经略使李复生降,陕右大扰。"

明危素《危学士集》卷四《序·潏水集叙》:"《潏水集》四十卷,宋中大夫、集贤殿修撰李公之文。公讳复,字履中,世家开封之祥符,其先人累官关右,遂为京兆人。公年十有六,取国学解,自以年少,十年不试礼部,益刻苦学问。元丰二年登进士第,不就制举。宋用兵灵夏,时相诱公为侍从,公毅然却之。边臣请造战船战车,肥则又力疏其非,役乃罢。其节概之粗见者若此。所蕴之大者,固未试也。参知政事、观文殿学士吴

---

① "闽"当为"关"。潏水在今陕西西安南。

越钱忠肃公,从公之孙龟年、龟朋得公文集,将刻而传之,不果。钱公之孙、左丞相、成国公象祖,称公学问渊源,文章尔雅,议论淳正。淳熙九年守信州,乃刻于公库,以成先志。今百七十年矣。素少读《夏书》,建安蔡氏于《禹贡》'导河积石'之下,引公数言,且谓公之学甚博。自是欲求公他文,久而勿得。比供奉翰林,始获读公全集,犹是贾丞相似道家本。广信舒彬文质以书来言曰:'吾郡所刻《潏水集》仅存而多脱落。'彬游京师,遂摹刻其书以来。彬又从儒学假以旧藏本,补其阙以遗素,仍假翰林本较定。然彬与素皆贫,恨力不能完其板姑遂识之,使吾后之人行先正之文日就湮没,其难致如此。彬之高谊,其可忘哉!公尝自谓,汉唐之人,皆竭其精思,自谓阔步一时,曾何所补,亦小技而已,其志必欲发道之奥,明理之隐,宜其文可传也。"

明黄宗羲辑,清全祖望订补,冯云濠、王梓材校正《宋元学案》卷三一《吕范诸儒学案表·修撰李潏水先生复》:"李复,字履中,长安人也(云濠先生案:先生世居开封祥符,以父官关右,遂为长安人。《朱子语录》称为闽人,盖传写之误)。学者称为潏水先生。以进士累官中大夫、集英殿修撰。先生于吕、范诸子为后辈,然犹及横渠之门。紫髯修目,负奇气,喜言兵事,于书无所不读,亦工诗。崇宁中,邢恕为泾原经略使,谋立边功,以洗诬谤宗庙之罪,因纳许彦圭之说,请用车战法,及造舟五百艘(中略)先生奏云(中略)疏上,徽宗感悟,罢之。已而卒以议事不合罢官。久之,金人犯关中,先已老且病,高宗以旧德强起之知秦州。空城无边卒,死于贼。"

祖望谨案:《宋史》不为先生立传,洪文敏公特载二疏于《随笔》中,称其忠鲠,然似未知先生之死事者。若知之,则《宋史》曾经文敏之手,不应但附见之《邢恕传》中也。予读《楼宣献公集》,始得之先生集义养气之旨(中略)朱子称其能得大旨。所著有《潏水集》,今无传。予从三馆中得见《永乐大典》,则先生之集在焉,(云濠案:《潏水集》四十卷,干道间刻于饶郡,即朱子所谓信州本。后多散佚,今存十六卷,其间有经解、易象、算术、五行、律吕,及所奏议,诗则失传久矣)大喜,欲抄之,而予罢官,遂不果。

梓材谨案:宋有两李复,一即先生,一字信仲,见《水心集》。谢山《答临川杂问》云:"潏水是关中之李复,在元祐、绍圣时。极称博学,关中之有文名者也。信仲与之同名,时之相去甚远。

全祖望未详李复死事。李复之不入正史,或当因降金故也。

《宋史》卷二〇八《艺文志》七:"李复《潏水集》四十卷。"

嵇璜等《续文献通考》卷一六二《艺文略·文类》第一二上:"《潏水集》十六卷,宋李复撰。"

《四库全书总目》卷一五五《集部》八《别集类》八:"《潏水集》十六卷,《永乐大典》本,宋李复撰。复字履中,先世家开封祥符,以其父官关右,遂为长安人。登元丰二年进士,历官熙河转运使,终于中大夫、集贤殿修撰。其事迹不见于《宋史》。洪迈

《容斋随笔》载其于蔡京邢恕谋用战车、战舰一事,上疏排诋,甚为切直,而恨史传之不能详尽。《朱子语录》亦曰:'闽人李复(原注:案,复非闽人,此句或传写之误。按:《朱子语录》原文为"闽中人",显系"关中人"之误)及识横渠先生。绍圣间为西边使者,博记能文,今信州有《潏水集》者,即其文也。其间有论孟子养气,谓:"动必由理,故仰不愧于天,俯不怍于人,无忧无惧,其气岂不充乎!舍是,则明有人非,幽有鬼责,自歉于中,气为之丧矣!"此语虽疏,却得其大旨。近世诸儒之论,多似过高,流于老庄而不知,不若此说之为得也。'今观是《集》,如谓扬雄不知道,谓井田兵制不可遽言复古,皆确然中理。其他持论,亦皆醇正,不止朱子所称一条。又久居兵间,娴习戎事,故所上奏议,大都侃侃建白,深中时弊,亦不止洪迈所称二疏。至其考证今古,贯穿博洽,于易象、算术、五行、律吕之学,无不剖晰精微,具有本末,尤非空谈者所可及,在宋儒之中可谓有体有用者矣!《集》本四十卷,乾道间尝刻于饶郡,即朱子所谓信州本也。后散佚无存,谈宋文者多不能举其名氏,今从《永乐大典》裒辑编缀,厘为一十六卷,著之于录,既以发潜德之光,且以补史传之阙略焉。"

"国图":《潏水集》十六卷四册,陕西文献征辑处民国十一年《关陇丛书》本。

《全宋诗》第19册有《小传》,谓有诗四百六十首。

《全宋文》据四库本为底本,校以清守经堂影抄四库本和关陇丛书本,仍编其文为八卷,并辑录其佚文四篇。